Erich Schmidt-Schell

# DOCH WIR MEINEN DAS LEBEN

Andachten für jeden Tag des Jahres

Erich Schmidt-Schell

# DOCH WIR MEINEN DAS LEBEN

## Andachten für jeden Tag des Jahres

Missionswerk
FriedensBote
2005

ISBN 3-937032-21-5
Erich Schmidt-Schell
Doch wir meinen das Leben. Andachten für jeden Tag des Jahres
Umschlag: Kirill Schulga


Postfach 1416
D-58530 Meinerzhagen

# VORWORT

„Noch ein Andachtsbuch!“ haben Sie vielleicht beim Lesen des Untertitels gedacht. Doch Ihre Befürchtung ist unbegründet. Sie halten zwar ein Andachtsbuch in den Händen, aber es ist kein Andachtsbuch im herkömmlichen Sinne. In ihm wird nicht die übliche Form der Auslegung eines Schriftwortes vorgenommen, sondern die Schriftworte werden durch kurze Erlebnisberichte von den Arbeitsfeldern unserer Mission ausgelegt. Die Auslegungen sind also Lebensführungen; sie zeigen, wie der Herr die Seinen durch schwierigste Situationen führt und wie das biblische Wort sich im Leben der Gläubigen erfüllt. So regen sie zum andächtigen Innehalten, zum Nachdenken und zum Überprüfen des eigenen Standpunktes an. Auch können sie als Beispielgeschichten in Predigten und anderswo Verwendung finden.

Der Herr segne den Gebrauch des Buches.

Der Autor
Im Herbst 2005

## 1. Januar

Ich hebe meine Augen auf zu den Bergen.
Woher wird meine Hilfe kommen? –
Meine Hilfe kommt von dem Herrn.
Psalm 121,1-2

Wie soll es weitergehen? Wie soll ich das schaffen? So fragte sich eine Mutter aus einem Dorf bei Omsk in Sibirien, deren Mann kurz nach der Verhaftung erschossen wurde.

Mit den gleichen Fragen treten auch viele Menschen über die Schwelle des Neuen Jahres, weil seine Tage unbekannt und dunkel vor ihnen liegen. Sie ängstigen sich und sinken in Hilflosigkeit.

Aus der verhängnisvollen Spirale nach unten wurde die sibirische Mutter befreit, als eines ihrer Kinder zu ihr sagte: „Gelt, Mama, der Papa ist jetzt beim Heiland. Ihm geht es nun sehr gut. Deshalb weine doch nicht mehr!" – Dieses Vertrauen des Kindes rüttelte die Mutter auf. Sie konnte von dem erlittenen Verlust weg und auf Den sehen, der die Berge und alle Welt gemacht hat, der auch jetzt noch ihr Herr war. – Gottlose Menschen hatten ihr zwar den Mann von der Seite gerissen, aber nicht aus den Händen des Herrn! Das war das Entscheidende. Was hätte er davon gehabt, wenn er sich dem Willen der gottlosen Menschen gefügt und hier noch ein paar Jahre länger gelebt hätte? – Einmal wäre er doch abberufen worden, hätte dann in der himmlischen Heimat aber nicht das erhalten, was ihm der Herr Jesus zugedacht hatte.

Trotz des Abschiedsschmerzes konnte die sibirische Mutter nun getrost ihren Weg gehen und durfte erfahren, dass der Herr, der die wunderbaren Berge und alle Dinge schuf, auch mit ihren Problemen fertig wurde.

Mit Ihm kann jeder getrost ins Neue Jahr gehen, auch du!

Glückselig sind, die reinen Herzens sind;
denn sie werden Gott schauen.
Matthäus 5, 8

In einer ukrainischen Stadt nahe Kiew wohnte eine junge Frau, der der Herr aufs Herz gelegt hatte, sich um notleidende Kinder zu kümmern. Als sie davon hörte, dass ein dunkelhäutiges Mädchen von seiner Mutter wegen der Hautfarbe verstoßen und in ein Kinderheim gegeben wurde, beschloss sie, das Mädchen bei sich aufzunehmen.

Sie setzte sich mit dem Heim in Verbindung und machte die erschreckende Erfahrung, dass das arme Kind wegen seiner dunklen Haut auch hier nicht geliebt wurde. Man sagte der Frau, das Mädchen sei nicht nur schwarz, sondern auch schwachsinnig.

Die Frau gab nicht auf. Sie informierte sich über Schwachsinnigkeit und führte ein persönliches Gespräch mit dem Mädchen. Die Kleine gab zwar schüchterne, aber vernünftige Antworten, und die Frau beschloss das Mädchen bei sich aufzunehmen.

Kurz vor dem Ausgang des Heimes holte ein kleiner Junge die beiden ein und stellte die verblüffende Frage: „Stimmt es, Tante, dass du die Inna in den Zoo zu den Affen bringst, wie die Erzieherinnen gesagt haben?“

Monate später, das Mädchen hatte schon den Herrn Jesus liebgewonnen, fragte es unerwartet: „Mama, bringst du mich auch wirklich nicht zu den Affen?“

„Nein“, versicherte die Frau, „da gehörst du nicht hin. Du hast zwar eine schwarze Haut, aber ein weißes Herz, das im Blut des Herrn Jesus gereinigt wurde. Die anderen, die dich abgelehnt haben, haben eine weiße Haut aber ein schwarzes Herz.“

Was für ein Herz hast du? Vor Gott kommt es nicht auf die Herkunft und das Aussehen, aber auf das Herz an!

Der Herr ist der wahrhaftige Gott, der lebendige Gott.
Jeremia 10,10

Die Bibel widerspricht eindeutig den Behauptungen, dass unser Gott einer unter vielen Göttern sei, und nichts tun kann. – Wer hat nun Recht, die Bibel, oder die Menschen?

Da kann die Geschichte des Mädchens Jana aus Tschuwaschien die entsprechende Antwort geben.

Janas Mutter hielt sich für eine kluge Frau. Und wie viele, die sich für klug halten, lehnte sie die Botschaft der Bibel als dummes, rückständiges Zeug ab. Folglich teilte sie auch das Los von vielen, die den Menschen an die Stelle Gottes setzen. Sie rutschte ab und immer tiefer in den Sumpf der Ungerechtigkeit und Verwerflichkeit.

Jana bat und warnte die Mutter, auf ihrem Weg umzukehren. Doch die Mutter schlug alle Worte überheblich in den Wind. Schließlich verstrickte sie sich in kriminelle Machenschaften. Diese wurden von der Polizei verhältnismäßig schnell aufgedeckt, und die Mutter wurde für fünf Jahre ins Gefängnis gesteckt.

Jana betete für die Mutter und schickte ihr ein Neues Testament. Die Mutter las darin und versicherte Wochen später: „Jana, nach der Haft werde ich mit dir zusammenziehen und ein neues Leben beginnen."

Was menschliche Worte nicht vermochten, bewerkstelligte Gottes Wort! Ist dieser kurze Lebensbericht nicht Beweis genug dafür, dass wir es mit einem lebendigen Gott zu tun haben?

Zu Ihm darf jeder kommen, weil der Glaube keine Frage des Könnens, sondern des Wollens ist. Also ist jeder gefragt, ob er will. Willst du, oder willst du nicht...?

## 4. Januar

Man muss Gott mehr gehorchen
als den Menschen.
Apostelgeschichte 5,29

Alle wahrhaft Gläubigen werden dem zustimmen. Sollten sie es nicht tun, wäre ihr Glaube nicht wahrhaftig. Gott, der nicht nur Himmel und Erde geschaffen, sondern auch das Problem unserer Sünde gelöst hat, indem Er seinen einzigen und geliebten Sohn qualvoll sterben ließ, hat ein Anrecht darauf, zumindest von den Erlösten an die erste Stelle in ihrem Leben gesetzt zu werden. – Wie sieht jedoch die Praxis aus? Ist da nicht viel Menschenfurcht, stehen da nicht Existenzängste an erster Stelle?

Gulnas, ein Mädchen aus Kasachstan, erlebte in besonderer Weise, was geschehen kann, wenn Gott mehr als den Menschen gehorcht wird. Ihre Mutter, die als erste erfuhr, dass Gulnas den Herrn Jesus in ihr Herz aufgenommen hatte, war sehr verärgert.

„Warum bist du so wütend? Du kennst den Herrn Jesus ja nicht, und weißt nicht, was Er auch für dich getan hat. Ich will dir von Ihm erzählen“, bot Gulnas der Mutter an.

Das war der Mutter zuviel. Sie schlug ihrem Mädchen ins Gesicht, nahm ihm die Bibel ab und verbrannte sie im Ofen. Außerdem durfte Gulnas das Haus nicht mehr allein verlassen. Die Mutter ahnte wohl, dass das Mädchen sonst wieder zu den „Frommen“ gegangen wäre.

Als sich eine Gelegenheit bot, tat Gulnas das auch. Sie bat die Glaubensgeschwister, für sie und ihre Familie zu beten. Dann öffnete sich der Vater für das Evangelium.

Wie hättest du an Gulnas Stelle gehandelt? – Tut sich bei uns oft deshalb so wenig, weil wir Gott so wenig gehorchen, Ihn nicht an die erste Stelle in unserem Leben setzen?

Wenn mir gleich Leib und Seele verschmachtet, so bist du doch, Gott, allezeit meines Herzens Trost und mein Teil.

Psalm 73,26

Dieses Wort zeugt von einem tief gegründeten Glauben. Kann der überhaupt bei einem Menschen Wirklichkeit werden, oder wird er immer nur ein frommer Wunsch bleiben? – Viele werden wohl letzterem zustimmen.

Zu ihnen gehörte auch der Junge Nikolaj Melnikow aus der Ukraine. Deshalb wurde er in der Schule gebeten, ein Referat zu halten und darin wissenschaftlich nachzuweisen, dass es keinen Gott gibt. Als überzeugter Atheist, machte Nikolaj sich mit Eifer an die Arbeit und forschte gründlich. Doch was niemand für möglich gehalten hatte geschah, der Junge kam über seinem Forschen zum Glauben an Gott.

Unerschrocken wie Nikolaj immer war, trug er auch jetzt sein Forschungsergebnis vor, und flog von der Schule. – Später kam er zum Militär und missionierte erfolgreich unter den Soldaten. Auch das passte den Verantwortlichen nicht, und sie versuchten Nikolaj umzuerziehen. Doch diese Versuche schlugen fehl, und er wurde gegen Ende seiner zweijährigen Militärzeit zu drei Jahren Straflager verurteilt. Anschließend schickte man ihn noch zwei Jahre in die Verbannung. Diese Zeit war noch nicht zu Ende, als man ihn zu weiteren drei Jahren Straflager verurteilte.

Nach zehn Jahren kam er gesundheitlich stark angeschlagen nach Hause, und heiratete seine Braut, die die ganze Zeit auf ihn gewartet hatte. Ein knappes Jahr später kam seine Tochter zur Welt. Nikolaj konnte sie aber nicht mehr in den Arm nehmen, da er zwischenzeitlich an Darmkrebs verstorben war.

In allem Leid war Nikolaj aber kein unglücklicher Mensch. Das oben angeführte Wort, war in seinem Leben Wirklichkeit geworden. Es hielt und trug ihn. Und diese Kraft steht allen Nachfolgern Jesu zur Verfügung.

Wenn wir unsere Sünden bekennen,
so ist er treu und gerecht, dass er uns die Sünden
vergibt und reinigt uns von aller Untugend.
1. Brief des Johannes 1,9

Mit der Sünde ist es eine eigenartige Sache. Keiner schämt sich sie zu begehen, aber alle schämen sich sie zu bekennen. Die meisten müssen erst sehr tief gesunken sein, sich durch das Verschweigen ihrer Schuld viel Leid und Not zugefügt haben, bis sie zum Bekennen bereit sind.

Als Beispiel dafür steht der Junge namens Oleg aus Woskresensk in der Ukraine. Mit 8 Jahren verlor er, beim Versuch auf einen fahrenden Zug aufspringen, ein Bein. Dann packte ihn der Stolz. Er wollte sich und den anderen beweisen, dass er mit den Gesunden mithalten konnte. Er begann zu rauchen, zu trinken und nahm später auch Drogen.

Beim Antritt seiner Lehre als Chemielaborant war er schon drogensüchtig, was aber nur wenige ahnten. Trotzdem schaffte er den Abschluss mit Auszeichnung. Dann wurde er bei der Beschaffung von Substanzen, die zur Herstellung von Drogen dienten, erwischt und zu einem Jahr Haft verurteilt. Nach seiner Entlassung machte er weiter, wurde wieder gefasst und tauchte aus Angst vor einer härteren Strafe bei einer gläubigen Tante unter. Hier kam er zum Glauben, tat Buße und wurde von allen Süchten frei. Dann stellte er sich der Polizei und wurde zu drei Jahren Haft auf Bewährung verurteilt. – Jetzt schalt Oleg sich einen Dummkopf, dass er sich so lange gegen die Einladung des Herrn Jesus gewehrt hatte. Er wusste nun, dass die Bibel kein museumsreifes Buch, sondern Gottes Wort ist, das durchs irdische Leben helfen und zum ewigen Leben führen möchte. Wie hältst du es mit dem Bibelbuch?

Es ist gut, auf den Herrn vertrauen
und nicht sich verlassen auf Menschen.
Psalm 118,8

Warum werden Menschen ungeduldig, wenn es mit der Arbeit, der Gesundheit, mit dem ganzen Leben nicht so läuft, wie sie es sich vorgestellt haben? – Es liegt daran, dass sie kein Vertrauen zu Gott besitzen.

Wie gut haben es da jene, die sich dem Herrn anvertrauen. Sie können Menschen in kritischen Situationen Wegweiser aus der Verzagtheit und zum Vertrauen hin sein. Ein solcher Wegweiser war auch Alexander aus der Gemeinde von Charkow. Er war nicht aus der Ruhe zu bringen, wenn einmal etwas anders als geplant lief. – „Gott weiß, wie es uns geht, und wird schon recht führen", sagte er immer.

Dass dies bei ihm kein Lippenbekenntnis war, zeigte sich, als er einen Kleinbus von Deutschland in die Ukraine zu bringen hatte. Unterwegs versagte die Kupplung seines Wagens. Alexander polterte nun nicht los. Da zur Reparatur keine Zeit war, hängte er seinen Bus an das Fahrzeug des Glaubensbruders, der ihn begleitete.

Nach einiger Zeit tauschte Alexander mit dem Glaubensbruder den Platz. Für den Bruder, der bisher den vorderen Bus gesteuert hatte, war das eine gewaltige Umstellung. Der vordere Bus versperrte ihm die Sich, er sah nicht mehr wo es hinausging, musste sich ganz auf Alexander verlassen. Er tat es mit Gelassenheit, weil er sicher war, dass dieser den Weg kannte.

Nicht lange und die Sache wurde ihm zum Gleichnis. – War das im Glaubensleben nicht auch so? Jeder, der sich dem Herrn hingab, war ganz auf Ihn angewiesen. Natürlich sah auch er oft nicht die Wegführung. Trotzdem konnte er ruhig bleiben, weil er wusste, dass der Herr den Weg kennt. – Weißt du das auch?

Lass meinen Gang in deinem Wort fest sein
und lass kein Unrecht über mich herrschen.
Psalm 119,133

Wer fest im Wort steht, wird zur Zielscheibe Satans. Das trifft auf den einzelnen, wie auf die Gemeinde zu. Das ist auch nicht verwunderlich, denn Satan ist nicht der Dummkopf, als der er oft und gerne von der Welt dargestellt wird. Nach dem Zeugnis der Bibel ist er außer Gott die höchste Intelligenz und weiß deshalb, dass ihm nur von fest im Wort stehenden Gläubigen und Gemeinden Menschen abgenommen werden können. Folglich greift er solche Leute und Gemeinden an, um sie zu zerstören, zumindest aber wirkungslos zu machen. Seine Kampfmittel sind sehr verschieden.

Bei der jungen Gemeinde in Morgauschi, das in Tschuwaschien liegt, benutzte er die Leiterin der städtischen Leihbücherei als Kampfmittel. Als sie zum ersten Mal in die Versammlung kam, freuten sich die Gemeindeglieder darüber. Das änderte sich aber schon bald, denn nach jeder Zusammenkunft diskutierte sie heftig mit den Gläubigen, und verspottete sie wegen ihrer Einstellung.

Jedesmal ging sie mit der Erklärung: „Nie wieder werde ich meinen Fuß über die Schwelle dieses Hauses setzen.“ – Doch sie kam immer wieder und die Gemeinde wünschte sich, dass sie nicht mehr kommen möchte. – Dann, während einer Gebetsgemeinschaft, begann diese Frau zu beten: „Herr, ich bin müde geworden, ich kann Dir nicht mehr widerstehen. Ich will Dir nachfolgen, nimm mich als Dein Kind an!“

Warum ging diese Geschichte so aus? Nur weil die Gemeinde fest im Wort stand und sich nicht irremachen ließ, dem menschliche Geist dieser Frau, dem Unrecht keine Möglichkeit gab, in die Versammlung einzuziehen.

Da ist keiner, der gerecht sei, auch nicht einer.
Römer 3,10

Das ist eine der vielen biblischen Aussagen, die keinem so recht schmecken wollen. Die Nachbarn, die Arbeitskollegen, die Mitschüler, ja die sind ungerecht; aber wir, – ich – doch nicht!

Diese Ansicht vertraten auch die Insassen eines russischen Gefängnisses, in dem Gottesdienste durchgeführt wurden. Sie meinten, dass sie ganz gute Menschen seien und nur von den Verhältnissen und den Mitmenschen auf die schiefe Bahn gebracht wurden.

Aus diesem Grund fühlten sie sich nicht angesprochen, als ein Prediger in seiner Ansprache erklärte, alle Versammelten seien Sünder und hätten die Vergebung durch den Herrn Jesus Christus nötig.

Da stand der zweiundsiebzigjährige Bruder Jastrebow auf, der mit dem Prediger gekommen war und viele Jahre wegen seines Glaubens in Gefängnissen verbracht hatte. Er kannte die Denkart und Sprache der Gefangenen und sagte: „Ich weiß aus Erfahrung, dass Gefangene in ihren Reihen keine Diebe dulden. Ihr auch nicht. Wenn ein Gefangener seine Mitgefangenen bestiehlt, wird er hart bestraft, manchmal sogar umgebracht.

Die meisten Menschen sind solche Diebe, zumindest Gott gegenüber. Sie stehlen Ihm die Zeit und vieles andere mehr. Sie stehlen sie Ihm, weil sie noch nicht einmal daran denken, Ihm für jeden neuen Tag zu danken. Davon, dass sie Gott auch nicht dienen, wollen wir erst gar nicht reden..."

Auf einmal wurde es still – und am Schluss bekehrten sich fünf Leute.

Wie sieht es bei uns aus? Sind wir nicht auch Gott gegenüber Diebe, die die Vergebung brauchen, jeden Tag neu?

Das Dichten und Trachten des menschlichen
Herzens ist böse von Jugend auf.
1.Mose 8,21
Denn ich weiß, dass in mir,
das ist in meinem Fleische, wohnt nichts Gutes.
Römer 8,21

Das sind anstößige Aussagen! Auf das Anstößige kann im Glaubensleben aber nicht verzichtet werden. Durch den Anstoß wird etwas angeschoben, das zum Stillstand gekommen ist und wieder Fahrt aufnehmen soll. Deshalb wird auch unser Herr in der Bibel, als Stein des Anstoßes bezeichnet. – Aus diesem Grund darf nicht so sehr auf die uns ärgerlich erscheinende Anstößigkeit gesehen werden, sondern darauf, was sie aufzeigen und anstoßen möchte!

Wer nicht blind durch das Leben geht, wird zugeben müssen, dass im Menschen nichts Gutes wohnt. Hin und wieder tritt das voll zu Tage, wie im Jahre 1941 in der Schlucht „Babij Jar" nordwestlich von Kiew; dort wurden von den Nazis in drei Tagen 100.000 Juden, Zigeuner, Russen und Ukrainer erschossen. Seitdem liegt die Sohle der Schlucht 40 Meter höher.

Bei einer Gedenkfeier, zu der zahlreiche Juden gekommen waren und bei der die Politiker viel vom Weltfrieden sprachen, sagte Michail, der Gemeindediakon der messianisch-jüdischen Gemeinde in Kiew: „Das in der Schlucht ‚Babij Jar' zutage getretene Problem steckt in allen Menschen. Solange sie nicht Jesus Christus annehmen, wird es ihnen nicht gelingen, den wahren Frieden herbeizuführen. Zuerst muss das Herz des Menschen zur Ruhe gekommen sein, erst dann kann er Frieden stiften..."

Am Schluss der Veranstaltung bekehrten sich 17 Juden. Sie wurden ehrlich zu sich selbst, kündigten dem Unguten in ihrem Herzen und vertrauten ihr Leben dem Heiland Jesus Christus an.

Du sollst dich nicht fürchten vor ihren Worten...
sondern du sollst ihnen meine Worte sagen.
Hesekiel 2,6 – 7

Wie oft sind wir traurig darüber, dass sich in unserer Umgebung im Bezug auf den Glauben nichts tut. Die Schuld haben wir schnell gefunden. Sie liegt bei den anderen. Doch wie steht es um uns? Haben wir schon einmal ernstlich gefragt, ob es nicht daran liegen könnte, dass wir Gottes Wort verschweigen, weil wir uns vor den Worten unserer Mitbürger fürchten? Haben wir das schon einmal bedacht...?

Eduard aus Kasachstan, ein Vater von sechs Kindern, verhielt sich da anders. Er fürchtete sich vor den Worten der Kommunisten nicht und sagte das Wort Gottes ungeniert weiter. Deshalb steckte man ihn zweimal in ein Straflager. Doch auch hier schwieg er nicht und wurde strenger behandelt als andere Gefangene. Sein unmittelbarer Bewacher, ein junger Hauptmann, zeigte oft, dass es ihm widerstrebte, Eduard streng zu behandeln. Aber er traute sich nicht, sich den Anweisungen des Geheimdienstes zu widersetzen. In dem, was er bestimmen konnte, versuchte er allerdings Eduard so weit als möglich entgegen zu kommen.

Nach der politischen Veränderung im Land schrieb Eduard diesem Hauptmann (nunmehr Oberstleutnant a.D.) einen Brief, und erhielt auch Antwort: „Ich erinnere mich noch sehr gut an unsere Gespräche“, schrieb der Oberstleutnant a.D. „Ich bin jetzt Leiter der psychologischen Abteilung einer Strafvollzugsanstalt für Jugendliche. Wir haben beschlossen, hier regelmäßigen Bibelunterricht durchzuführen ...“

Wäre das auch so gekommen, wenn Eduard sich vor den Worten seiner Mitbürger gefürchtet hätte? – Wohl kaum! Deshalb gilt es wie Eduard zu handeln.

Meine Kraft ist in den Schwachen mächtig.
2. Korinther 12,9

Viele Gläubige wissen um ihre Schwächen. Dieses Wissen ist unangenehm, man möchte nicht schwach sein, und dieses Nicht-schwach-sein-Wollen nutzt der Gegenspieler Gottes vorzüglich aus. Er redet selbst den Gläubigen ein, so zu tun, als ob sie keine Schwächen mehr hätten. Dadurch verfallen sie nicht selten in unfrohe Heuchelei und lassen sich den Mund verschließen, weil sie denken: „Menschen wie du können nichts über den Glauben sagen."

Wie passt das mit dem oben erwähnten Bibelwort zusammen? – Überhaupt nicht! Deshalb handelte Marfa Skurlatova aus St. Petersburg auch ganz anders. Als sie zum Glauben kam und sich einer Gemeinde anschloss, war sie keine unfehlbare Frau geworden. Sie wurde immer wieder schuldig, aber sie stand zu ihrer Schuld, brachte sie dem Herrn und bat um Vergebung. Damit lebte sie in der biblischen Spur, und der Herr Jesus erfüllte an ihr seine Verheißung: „Meine Kraft ist in den Schwachen mächtig."

Wie kraftvoll Marfa war, zeigte sich zum ersten Mal, als einige Brüder, die nicht bereit waren sich den antichristlichen Forderungen des Staates zu fügen, aus der Gemeinde ausgeschlossen wurden. Ohne zu zögern ging Marfa mit diesen Brüdern. Es entstand eine neue Gemeinde, obwohl verschiedene Mitglieder verhaftet wurden. Marfa nahm sogar Verfolgte bei sich auf. Auch als die Hausgottesdienste zu gefährlich wurden und die Waldversammlungen begannen, ließ sich Marfa nicht einschüchtern. Sie zählte regelmäßig zu den ersten Besuchern und durfte vierzig Leuten den Weg zum Herrn zeigen. Unter ihnen befand sich auch Vadim Grigorjew, der spätere Leiter der St. Petersburger Heilsarmee.

Bist du schwach? Der Herr sucht solche Menschen wie dich, um sie mit seiner Kraft zu füllen!

## 13. Januar

Wenn euch nun der Sohn frei macht,
so seid ihr recht frei.
Johannes 8,36

Jeder möchte frei sein. Um Freiheit wird deshalb auch überall gekämpft. Die verschiedensten Gruppen wissen auch von entsprechenden Fortschritten zu berichten. Trotzdem wird der Ruf nach Freiheit immer lauter. Warum? Haben die Freiheiten, die da erkämpft werden, mit der „rechten Freiheit" vielleicht nichts, oder nur wenig zu tun?

Vor der Perestrojka war im Straflager Charkow eine gläubige Frau inhaftiert. Ihr wurde vorgeworfen, Widerstand gegen die Sowjetmacht geleistet zu haben. Sie führte sich so gut, dass ihr der Abteilungsleiter riet, einen Antrag auf vorzeitige Entlassung zu stellen.

Zum Erstaunen des Mannes lehnte die Frau ab. „Wollen Sie denn nicht frei werden?" fragte er sie.

„Was meinen Sie denn, wer von uns beiden freier ist, Sie oder ich?" entgegnete die Frau.

Der Mann verstand sie nicht, doch ihre Frage ließ ihn nicht mehr los. Nach der Perestrojka kam der Abteilungsleiter mit gläubigen Männern in Berührung und erzählte ihnen diese Begebenheit. Sie konnten ihm klar machen, dass nur der wirklich frei ist, der dem Herrn Jesus die Möglichkeit gibt, ihn innerlich frei zu machen. Für den, der innerlich frei wurde, spiele der Aufenthaltsort keine entscheidende Rolle mehr.

Wirkliche Freiheit beginnt also zuerst bei einem jeden selbst, jeder muss zunächst einmal von sich selbst befreit werden. Und diese Freiheit steht nicht nur einigen wenigen zur Verfügung, sondern ist für alle da. Sie muss nur gewollt und an der richtigen Stelle gesucht werden.

Denn die Liebe Christi drängt uns.
2. Korinther 5,14

Echte Liebe ist erfinderisch. Was denkt ein junger, verliebter Mann sich nicht alles aus, um seiner Geliebten zu gefallen! – Umgekehrt ist das beim Mädchen natürlich genauso.

Auch im Glauben, wenn er echt ist, bricht dieses Verhalten durch. Jeder Gläubige hat begriffen, dass er ein Sünder ist, der nichts als den ewigen Tod verdient hat und nur durch die Erlösungstat des Herrn Jesus Christus davon befreit wurde. Diese Befreiung führt zur Dankbarkeit und weckt drei Dinge: den Gehorsam, das Trachten dem Herrn zu gefallen und den Trieb andere für das Evangelium zu gewinnen.

Diese drei Dinge kamen bei zwei Glaubensbrüdern aus der Gemeinde in Dergatschi bei Charkow in schöner Weise zum Tragen.

Als das Brüderpaar herausfand, dass verschiedene Leute nicht zu den evangelistischen Veranstaltungen der Gemeinde kamen, weil ihre Schuhe kaputt waren, beschlossen sie, deren Fussbegleitung zu reparieren. Sie sammelten in den Häusern die Schuhe ein und gaben sie vor der Versammlung repariert wieder zurück, ohne einen Cent dafür zu nehmen.

Die Brüder gaben diesen Dienst auch nicht auf, als sich herausstellte, dass sie mit den reparaturbedürftigen Schuhen Läuse, Wanzen und Flöhe in ihr Haus trugen. Einmal fanden sie sogar ein Mausenest in einem Stiefel vor...

Wäre nicht die Liebe des Herrn Jesus der Antrieb dieser Brüder gewesen – sie hätten spätestens zu diesem Zeitpunkt ihre Tätigkeit aufgegeben. So machten sie aber weiter und erlebten die Frucht, dass Leute zum Glauben kamen.

Gerechtigkeit erhöht ein Volk,
aber die Sünde ist der Leute Verderben.
Sprüche 14,34

Das wird von vielen Menschen anders gesehen. Für sie ist der Glaube nichts Gutes, sondern etwas Einengendes, etwas Behinderndes. Doch stimmt diese menschliche Sicht?

Wenn sie stimmen würde, müssten die Menschen, die nichts nach Gott fragen, zufrieden und glücklich sein. Dann müssten gerade die Länder in der ehemaligen Sowjetunion, in denen jahrzehntelang der Atheismus gelehrt und gelebt wurde, Staaten der Glückseligkeit sein! Aber – sind sie das?

Was bietet, um nur ein Beispiel zu nennen, Georgien für ein Bild? Glückseligkeit herrscht dort wahrhaftig nicht vor! Not und Elend sind anzutreffen, oft fehlt es am Allernötigsten. Eine Folge davon ist das erschreckende Ansteigen der Kriminalität und Brutalität.

So wurde einem Bauern über Nacht das ganze Vieh gestohlen. Die Diebe ließen nur eine Granate im Stall zurück. Als der etwa 8-jährige Junge des Bauern am anderen Morgen im Stall nachsehen wollte, ob das, was die Erwachsenen erzählt hatten, auch stimmte, fand er die gefährliche Munition. Er hob sie auf und brachte sie mit ins Wohnhaus.

Der Großvater zuckte zusammen und wollte dem Enkel das gefährliche Ding abnehmen. Der Junge erschrak und ließ die Granate fallen. Sie explodierte, und der Junge war sofort tot. Der Großvater überlebte schwer verletzt.

Zu diesem Vorfall, wie auch zu der gesamten Situation in Georgien wäre es nicht gekommen, wenn man sich nach dem Willen Gottes gerichtet hätte. Es ist und bleibt nun einmal so: Wo in der Gerechtigkeit Gottes gelebt wird, geht es mit einem Volk aufwärts, sonst nicht!

Machet euch Freunde mit dem ungerechten Mammon,
auf dass, wenn er zu Ende geht,
man euch aufnehme in die ewigen Hütten.
Lukas 16, 9

Dieses Wort unseres Herrn kann leicht missverstanden werden. Doch es steht fest: Weder mit Geld noch sonstigen materiellen Dingen können wir die Erlösung schaffen, die vor Gott gilt. Gott ist nicht käuflich. Aber durch den rechten Gebrauch der irdischen Güter können wir Menschen für den Herrn Jesus gewinnen.

Die folgende Begebenheit aus Belogorje, einer ukrainischen Kreisstadt, zeigt das deutlich. Der Leiter der dortigen Gemeinde hatte eines Tages auf der Stadtverwaltung zu tun und erzählte, dass in Chmelnitzkij Hilfsgüter aus Deutschland angekommen seien. Einige Güter davon seien für die örtliche Versammlung bestimmt, doch man habe keine Möglichkeit, sie in Chmelnitzkij abzuholen. Sofort wurde ihm ein voll betanktes Auto zur Verfügung gestellt, um die 500 kg Kleidung nach Belogorje zu holen. Zusätzlich stellte man dem Bruder noch einen Raum zur Verfügung, in dem die Kleider an sozial Schwache verteilt werden konnten.

Unter denen, die Kleider haben wollten, war eine Frau, die sehr üble Gerüchte über die Gemeinde verbreitet hatte. Als sie den Raum betrat und sah, dass die Kleider von den Christen ausgegeben wurden, lief sie tiefrot an und wollte wieder gehen. Sie war überzeugt, dass sie keine Kleider bekommen würde. Doch sie wurde eines besseren belehrt. Die Gemeindeglieder überredeten sie zu bleiben und sich das zu nehmen, was sie brauchte.

Daraufhin sah die Frau ihr Unrecht ein, bekannte es, übergab ihr Leben dem Herrn Jesus und trat der Gemeinde bei. Sind auch wir bereit, unseren Mammon für die Sache des Herrn einzusetzen?

Ist Gott für uns, wer mag wider uns sein?
Römer 8,31

Welche Erfahrung muss der Apostel Paulus mit Gott gemacht haben, daß er zu dieser Aussage kam! Doch diese Erfahrung ist keine Sache, die nur der Apostel machen konnte. Sie kann auch heute noch und von jedem gemacht werden, der dem Herrn gehorsam ist. Dafür steht die Gemeinde einer 444.000 Einwohner zählenden tschuwaschischen Stadt als Beispiel.

Trotz Einspruch des orthodoxen Priesters, gelang es den Gläubigen, die Genehmigung der Stadtverwaltung, zur Durchführung einer Evangelisation in einem Park, zu erhalten. Die Veranstaltung wurde von einigen Hundert Leuten besucht, die von der Botschaft so angesprochen waren, dass sie selbst nach drei Stunden, die Verkündiger noch nicht gehen lassen wollten.

Die zweite Evangelisation war in einem anderen Park geplant. Doch als sie beginnen sollte, funktionierten die Lautsprecher nicht, weil plötzlich der Strom weg war. Eine Weile später wurde bekannt, dass die ganze Stadt ohne Strom sei. Ein Anruf beim Elektrizitätswerk brachte die Lösung des Rätsels. Der orthodoxe Priester hatte im E-Werk angerufen und die Bediensteten angewiesen, den Strom abzuschalten.

Für diesen Tag waren in der Stadt auch Wahlen angesetzt, deren Durchführung wegen des Stromausfalls in Gefahr stand. Das rief die zu wählenden Kandidaten auf den Plan. Sie fuhren zum Elektrizitätswerk und setzten dem Treiben des selbstherrlichen Priesters ein Ende.

Wir sollten viel mehr dem Herrn vertrauten und mutiger in seinem Namen auftreten als wir es oft tun. Es steht doch die Verheißung, dass Er die Seinen nicht im Stich lassen wird.

Du musst von Neuen geboren werden.
Johannes 3,7

Viele Leute möchten sich gerne ändern und basteln an ihrem Verhalten herum. Nach einiger Zeit stellen sie fest, dass bei ihnen bleibend sich nichts verändert und sind enttäuscht. Ist da etwas schief gelaufen? Wenn ja – was denn?

Jeder weiß um die Sinnlosigkeit, Farbe auf verfaultes Holz zu streichen. Wenn der Anstrich Sinn machen soll, muss zuvor das verfaulte Holz beseitigt werden. – Um diese Erkenntnis ging es auch bei Tatjana, einer 26-jährigen Anästhesistin aus Odessa. Sie war schon sehr früh Alkoholikerin geworden, und hatte ein fatales Liebesverhältnis zu einem verheirateten Mann. In beiden Fällen wusste sie um das Unrecht und versuchte sich zu ändern. Das gelang ihr aber nicht. Sie kam weder vom Alkohol noch von dem Mann los. Diese Erfahrung brachte sie an den Rand des Selbstmordes.

Doch bevor sie Hand an sich legte, kam sie mit einer Christin zusammen, die ihr Wegweiser auf den Herrn Jesus wurde. Tatjana tat Buße und schloss sich einer Gemeinde an, die auf dem Boden der ganzen Bibel stand. Nach einiger Zeit merkte sie, dass der Herr in ihr Leben eingriff. Sie wurde von den Gefühlen zu diesem Mann und vom Zwang zum Alkohol befreit. Sie konnte nun heiraten und mit ihrem Mann ein schriftgemäßes Leben führen. Sie war jetzt zu Dingen fähig, die sie sich vorher noch nicht einmal hatte vorstellen können. Sie konnte Kinder haben und sie anständig versorgen. Sie konnte kochen, die Wohnung in Ordnung halten usw. Damit wurde sie auch zum Zeugnis für ihre Bekannten und Nachbarn.

Also basteln wir nicht länger an unserer Oberfläche herum, lassen wir unseren Untergrund erneuern; der Meister wartet darauf, dass wir Ihn an uns arbeiten lassen.

Er demütigt auf dem Wege meine Kraft.
Psalm 102,24

Gott weiß wie er uns anzupacken hat, damit aus uns etwas zu seiner Verherrlichung werden kann. Wegen unserer Kurzsichtigkeit, erscheint uns Sein Führen aber oft nur als Last. Doch Gott möchte uns nicht quälen. Wenn er uns anders zum Gehorsam bringen könnte, würde er uns nicht demütigen. Offensichtlich geht es aber nicht anders, wie auch die Geschichte von Waldemar Balzer zeigt.

Seine Mutter wurde wegen ihres Glaubens in eine Siedlung bei Krasnojarsk in die Verbannung geschickt. Hier wurde Waldemar geboren. An den Versammlungen, die im Haus der Mutter stattfanden, nahm er später nicht teil, weil nur Erwachsene kamen. Mit 17 verließ er die Mutter, er wollte beweisen, dass er allein durchkommen konnte. – Schon bald wurden ihm durch unangenehme Erlebnisse seine Grenzen aufgezeigt. Er hatte zwar Menschen um sich, aber keine, denen er sich anvertrauen konnte. Um seiner Einsamkeit zu entrinnen, ritt er oft mit einem Pferd aus. Eines Tages wollte er einen zugefrorenen Fluss überqueren und brach ein. Sein Pferd kämpfte gegen das Ertrinken an. Doch vergebens. Da rief Waldemar zu dem Gott seiner Mutter. Augenblicke später machte das Pferd einen verzweifelten Satz und kam aus dem Wasser.

„Weil mich Gott nicht umkommen ließ, muss er noch etwas mit mir vorhaben", sagte sich Waldemar. Was Gott mit ihm vorhatte, erfuhr er Jahre später als er in Turuchansk eine Schuhmacherei betrieb und fremde Männer ihm Schuhe zur Reparatur brachten. Die Männer waren Evangelisten und luden ihn zu ihren Veranstaltungen ein. Er ging hin und kam zum Glauben. Später zogen noch weitere Gläubige nach Turuchansk und Waldemar gründete mit ihnen eine Gemeinde.

...auf dass ich ihrer viele gewinne.
1. Korinther 9,19

Diese Worte, enthalten das Hauptanliegen des Apostels Paulus. Er wollte viele Menschen zum Glauben führen. Dafür war er bereit alles aufzugeben, nur nicht seine enge Bindung an den Herrn Jesus. Ähnlich war auch eine Gemeinde in St. Petersburg eingestellt. Sie setzte, um Menschen für das Evangelium zu gewinnen, unter anderem auch ihr Orchester ein. Dass dies vom Herrn gesegnet wurde, dafür steht das Mädchen Larissa Jewsilowa.

Larissa wurde schon sehr früh Halbwaise. Ihre Mutter verfiel dem Alkohol und kümmerte sich nicht um das Mädchen. So kam es zur Großmutter.

Dann fuhr Larissa auf Besuch zu ihrer Tante, die in St. Petersburg wohnte. Die Tante war eine gläubige Frau und nahm Larissa zu den Gottesdiensten mit. Schon nach dem ersten Gottesdienstbesuch sagte das Mädchen: „Ich geh nicht mehr zur Großmutter zurück. Ich bleibe für immer bei dir.“ Die Tante war damit einverstanden, weil sie wusste, was Larissa bewegte. Im Gottesdienst hatte ein Kinderorchester mitgewirkt, und Larissa war von einigen Mädchen zum Mittun eingeladen worden. Das war etwas Neues für sie. Sie hatte noch nie erlebt, dass man sich um sie kümmerte, ihr etwas zutraute.

Larissa erwies sich als gelehrige Schülerin und konnte bald Balalaika spielen. Sie fühlte sich im Kreis der Kinder so wohl, dass sie nicht nur alle Orchesterproben besuchte, sondern auch zu allen gemeindlichen Unterweisungen und Gottesdiensten mitkam. Schließlich übergab sie ihr Leben dem Herrn Jesus.

Was setzt du ein, dass Menschen aus der Finsternis in das wunderbare Licht des Glaubens kommen, also gerettet werden?

Wenn jemand zu mir kommt und ich
werde ihm nicht wichtiger als Vater und Mutter ...
so kann er nicht mein Jünger sein.
Lukas 14,26

Harte Worte! Wie kann der Herr Jesus eine solche Forderung aufstellen? Sie hat mit Liebe doch nichts zu tun! Das meinen wir, doch der Herr Jesus blickt tiefer. An der Geschichte von Bogdan, einem Jungen aus der Ukraine, können wir erkennen, dass diese Forderung keine Härte, sondern wahre Liebe ist.

Bogdan war ein begabter Leichtathlet, hatte schon einige Erfolge zu verzeichnen und die Verantwortlichen sagten ihm voraus, dass er einmal ein „Großer" auf seinem Gebiet werde. Doch da kam Bogdan mit Gläubigen in Berührung, besuchte die Jugendstunden und Gottesdienste der Gemeinde und bekehrte sich. Von da an setzte er immer mehr Zeit für Gott ein und weniger für das Training. Als sich auch andere Jungen für den Glauben zu interessieren begannen, versuchte der Trainer, das zu unterbinden und stellte Bogdan vor die Entscheidung: Gott oder Sport! – Bogdan entschied sich für Gott.

Das rief seine Mutter auf den Plan, die sich in ihren Phantasien schon im Glanz der Erfolge ihres Jungen sonnte. Einige Male kam sie in die Gottesdienste, packte Bogdan am Kragen und zerrte ihn aus dem Raum. Auch sie stellte ihn vor die Entscheidung: „Wenn du noch zu Hause leben willst, dann bleib von dem Frommen weg!" – Bogdan zog aus und lebte bei einer gläubigen Familie. Daraufhin erschien die Mutter im Gottesdienst und schlug in ihrer Wut einige Fensterscheiben ein. Doch Bogdan blieb in der Gemeinde. Er hatte begriffen, dass ihn der Herr Jesus von der Sünde befreit und ihm das ewige Leben geschenkt hatte. Das wollte er nicht mehr aufs Spiel setzen! Er wusste also, dass des Herrn Forderung Liebe war.

Ich will meine Herrlichkeit erweisen an dem Pharao.
2. Mose 14,2

Diese Verheißung machte Gott wahr. Der Pharao konnte mit seiner Macht vor der des Herrn nicht bestehen. Im Verlauf der Geschichte hat sich des Herrn Wort auch immer wieder als zuverlässig erwiesen. Trotzdem verhalten sich bis auf den heutigen Tag viele Gläubige, wenn sie unter den Druck weltlich Starker geraten, noch immer so, als stünden sie nicht auf der Seite des Siegers. Woran liegt das? Am Herrn? Bestimmt nicht! Es liegt an den Gläubigen. Sie trauen ihrem Herrn nur wenig zu und erfahren deshalb nur wenig von Seiner Kraft. Wie gut, dass der Herr Seine Macht trotzdem immer wieder zeigt.

Denken wir nur an den politischen Umschwung in der Sowjetunion! Menschlich gesehen, schien sie unerschütterlich fest zu stehen, und niemand hätte im Traum daran gedacht, dass in einer Weiterbildungsstätte für Milizbeamte jemals das Evangelium verkündigt würde. Trotzdem wurde das in Nowotschebokсarsk, Republik Tschuwaschien, Wirklichkeit. Im Anblick der Bilder von Karl Marx, Friedrich Engels und Wladimir Lenin, die immer noch an einer Wand hingen, wurde den Beamten das biblische Menschenbild nahegebracht. Zum Schluss der Unterweisung erhielt jeder Interessent ein Neues Testament mit rotem Einband. Als die Gläubigen mit ihrem Auto davonfuhren, begegneten sie einer Gruppe von Milizionären, die sich auf dem Weg zur Bushaltestelle befanden. Als sie die Evangelisten erkannten, winkten sie ihnen mit ihren roten Testamenten zu. Wenig später trafen die Autofahrer auf einen Milizbeamten, der den Straßenverkehr regelte. Aus seiner Jackentasche ragte ein rotes Testament.

Ist das nicht frohmachend und stärkend, ein Beweis, dass die Starken dem Herrn zum Raube gegeben werden?

Wenn ihr mich von ganzem Herzen suchen werdet,
so will ich mich von euch finden lassen.

Jeremia 29,13-14

Dieses Wort macht deutlich, dass der biblische Glaube nicht eine Frage des Könnens, sondern des Wollens ist. Jeder kann suchen, also glauben, es ist nur die Frage, ob er es will!

Dafür steht die Lebensgeschichte des Wasilij Forkosch aus Dymer in der Nähe von Tschernobyl. Wasilij war ein großer Spötter und verachtete die Gläubigen. Selbst bei Beerdigungen machte er sich noch über die Trauernden lustig.

Dann bewarb sich Wasilij beim KGB in Leningrad und wurde abgelehnt. Wütend fuhr er nach Hause. Im Zug saß ihm ein Mann gegenüber, der in der Bibel las. Wasilij schüttete seinen ganzen Spott über diesen Mann aus. Trotzdem ließ der sich nicht abschrecken und erzählte von Jesus. Jetzt begann Wasilij zu fluchen. Doch gleichzeitig machte sich in seinem Herzen das Gefühl breit: Dir fehlt etwas – und raubt dir die Ruhe. Zum Schluss steckte ihm der Mann einen Zettel mit einer Adresse zu. „Wenn du dahin schreibst, wird man dir kostenlos eine Bibel schicken", sagte der Mann.

Tage später und nach einigem Zögern schrieb Wasilij an die überreichte Adresse. Er bezweifelte aber, dass ihm jemand etwas schenken werde und legte das Versprechen ab: „Wenn ich kostenlos eine Bibel erhalte, ist das ein Beweis dafür, dass es Gott gibt. Dann will ich an Ihn glauben!"

Wochen später kam die Bibel, Wasilij löste sein Versprechen ein. Er sah nun seine Aufgabe darin, neben seiner beruflichen Tätigkeit in Dymer, mit der Hilfe Gottes, Gemeinde Jesu zu bauen.

Hast auch du schon wirklich glauben wollen?

Ich will zunichte machen die Weisheit der Weisen,
und den Verstand der Verständigen will ich verwerfen.
1.Korinther 1,19

Für die Mathematiklehrerin Bronislava Gontscharenko in Tschernowzy stand fest, dass es Gott nicht gab. Zu den wesentlichsten Punkten ihrer Überzeugung gehörte der: Wenn es Gott geben würde und Er den Menschen, einschließlich seines Verstandes geschaffen hätte, dann könnte Er von niemandem verlangen, Dinge zu glauben, die dem von Ihm geschaffenen Verstand widersprechen.

Ihrer Ansicht nach war es keinem vernünftig denkenden Menschen klarzumachen, dass jemand, der sich von den Menschen auf die schändlichste Weise quälen und am Kreuz töten ließ, Gott sein sollte! Kein Mensch würde es zulassen, sich von Dingen misshandeln zu lassen, die er geschaffen hat. Bevor das geschähe, würde er seine Schöpfung vernichten. – Zu allem Überfluss sollte dieser so geschändete Schöpfer, durch Seine Schändung auch noch die Erlösung aller Menschen von der Sünde erwirkt haben! Das, – nein – das war ihr, der Lehrerin, wirklich zu viel!

Dann bekehrte sich ein Studienrat, der zu den überzeugtesten Kommunisten seiner Umgebung gezählt wurde, und alle Lehrer der Hochschule, einschließlich Bronislava, waren erschüttert. Bei Bronislava war die Erschütterung so stark, dass sie ihre Einstellung sehr kritisch überdachte, ins Zweifeln kam und sich bekehrte. Nun ging auch ihr auf, weshalb Gott die Sache mit dem geschändeten Erlöser den Menschen zumutete.

Im Sündenfall war der Mensch überheblich geworden, hatte den geschenkten Verstand absolut gesetzt, gemeint Gott hinterfragen und alles verwerfen zu können, was er nicht begriff. Um vom hohen Ross seines Verstandes herunterzukommen, wurde ihm jetzt die Torheit des Kreuzes zugemutet. Und jeder, der sich herunterholen lässt, ist erlöst.

Wo aber der Geist des Herrn ist, da ist Freiheit.
2. Korinther 3,17

Nach dem Tod ihres Mannes entstand in Fenja, die zum Volk der Udmurten gehört und in Kes wohnt, eine große Leere. Sie konnte in nichts mehr einen Sinn erkennen. Um diesen Zustand ertragen zu können, griff sie zur Flasche und wurde Alkoholikerin. Schließlich sprach man von ihr, als einem „hoffnungslosen Fall“. Fenja glaubte das auch selbst, weil sie noch nichts davon gehört hatte, dass es bei Gott keine „hoffnungslosen Fälle“ gibt.

Die Zukunft ihrer drei Kinder sollte aber einmal sicherer sein als die ihre. Deshalb fuhr sie eines Tages mit dem Zug nach Perm, um die Kinder in der orthodoxen Kirche taufen zu lassen, ohne dass weder die Kleinen noch sie selbst an den Herrn Jesus glaubten. Unterwegs begegnete sie einem gläubigen Mann, der nicht nur Zeugnis von Christus gab, sondern ihr am Schluss, weil sie nicht wusste wo sie übernachten sollte, auch die Anschrift einer gläubigen Familie überreichte.

So fand sich Fenja mit ihren Kindern am Abend nicht in einer orthodoxen Kirche wieder, sondern in einer bibeltreuen Gemeinde. Nach der Predigt sank die Frau auf die Knie, bekannte weinend ihre Schuld und übergab die Führung ihres Lebens dem Herrn Jesus.

Nun erhielt Fenja auch die Kraft, von der Flasche zu lassen. Sie griff auch nicht mehr danach, als ihr nach der Rückkehr in Kes, wo es bis dahin keine Gläubigen gab, Schwierigkeiten wegen Ihres Glaubens gemacht wurden. Statt zu verzagen betete Fenja um Glaubensgeschwister, die sie nach einiger Zeit durch den Zuzug von drei gläubigen Familien auch erhielt. So wurde aus dem „hoffnungslosen Fall“ ein Werkzeug zur Gemeindegründung in Kes.

Schaffe in mir, Gott, ein reines Herz
und gib mir einen neuen, gewissen Geist.
Psalm 51,12

Dr. Martin Luther sagte einmal: „Buße ist eine fröhliche Sache." – Davon ist in vielen Gemeinden heute aber so gut wie nichts mehr zu spüren. Warum nur? – Weil das Wort Gottes nicht mehr in seiner Ganzheit gepredigt wird, weil nur noch von der Liebe und Gnade gesprochen wird, aber nicht mehr vom Zorn Gottes und dem ewigen Verlorensein. Warum handelt man so, wo die Bibel doch von beidem spricht? Man fürchtet wohl, damit die Leute zu verprellen, die sowieso nur noch schwerlich in die Gemeinde zu holen sind. Aber ist den Leuten wirklich damit gedient, dass man ihnen nur die halbe Wahrheit sagt? Die halbe Wahrheit – das steht doch fest – ist eine ganze Lüge! Wozu benötigt ein Mensch denn Gnade, wenn es kein Verlorensein gibt?

Der Apostel Paulus bekennt im Römerbrief Kapitel 7 Vers 18: „Denn ich weiß, dass in mir, das ist in meinem Fleische, wohnt nichts Gutes. Wollen habe ich wohl, aber vollbringen das Gute finde ich nicht." Nur wer seine ganze Verderbtheit so tief erkennt und bekennt, wird seine Schuld schnell los werden wollen, die Vergebung als eine große Erleichterung erfahren und fest bei dem Herrn bleiben, der immer wieder gerne und reichlich vergibt.

Als ein beredetes Zeugnis für das bisher gesagte steht die alte Frau aus Vatutinki, die nach der Predigt im Gottesdienst nach vorne kam, niederkniete, Buße über ihre Sünden und ihr verpfuschtes Leben tat und es mehrmals bereute, dass sie ein schlimmes Leben geführt hatte. Wie froh war sie dann, als sie die Wirkung der Vergebung erfuhr.

Von da an klagte sie nicht darüber, dass es in der Gemeinde zu eng und die Predigten zu hart seien.

Gehet hin und lehret alle Völker
und taufet sie im Namen des Vaters
und des Sohnes und des heiligen Geistes.
Matthäus 28, 19

Der Missionsauftrag des Herrn Jesus hat schon für vieles herhalten müssen. Da fühlte sich einer zum vollzeitlichen Dienst berufen und wollte nicht wahrhaben, dass es ihm nur darum ging, aus seinem Beruf herauszukommen, der ihm, aus welchen Gründen auch immer, lästig geworden war. Ein anderer meinte, unbedingt irgendwo missionieren zu müssen und wollte dabei nur aus der Gemeinde heraus, weil man hier festgestellt hatte, dass bei ihm einiges im Argen lag und er nicht bereit war, sich verändern zu lassen, und so weiter und so weiter. Dass die Arbeit solcher Diener im Letzten dann nicht gesegnet sein kann, liegt auf der Hand. Trotzdem wird immer wieder so gehandelt. Ist das nicht auch der Punkt, dass sich oft nur so wenig oder gar nichts in den Gemeinden tut?

Nach dem Sinn des Herrn sollte es aber so laufen wie bei den Sergejews, die aus der Ukraine nach Udmurtien gingen.

Oleg schrieb in einem Brief: „Wir hatten es gut in unserer Heimatgemeinde. Es bestand kein Anlass wegzugehen. Wir wären auch gerne geblieben. Doch Gott hatte ein anderes Einsatzgebiet für uns vorgesehen. Er legte uns die Lage des tief im Okkultismus und in der Gottlosigkeit verstrickten Volkes der Udmurten aufs Herz. Unsere Gemeinde entließ uns im Frieden und wir zogen nach Nord-Urdmutien..."

Muss noch besonders erwähnt werden, dass Gott in den Sergejews brauchbare Werkzeuge hatte und deshalb auch segnen konnte?

Wer an den Sohn glaubt, der hat das ewige Leben.
Wer dem Sohn nicht glaubt, wird das Leben nicht sehen,
sondern der Zorn Gottes bleibt über ihm.
Johannes 3,36

Daß dieses Wort Wladimir Reschetnik aus Dymer zum Auftrag wurde, kam so: Als Busfahrer wude er, nach der Atomreaktor-Geschichte von Tschernobyl, wie viele andere seines Berufsstandes, zur Evakuierung der Bevölkerung von Pripjatj, das nur 700 m vom Atomkraftwerk entfernt liegt, abkommandiert. Nach einiger Zeit zeigten sich bei ihm die ersten Symptome der Verstrahlung: heftige Kopfschmerzen, endlose Müdigkeit und Hände und Füße wurden schwer wie Blei. Der Arzt sagte ihm: „Wenn du nicht wie viele deiner Kollegen sofort sterben willst, musst du schnellstens wegziehen."

Wladimir zog mit seiner Familie nach Moldawien, und kam dort nach einigen Jahren zum Glauben an den Herrn Jesus Christus. Nicht lange und seine Freude über die Vergebung der Sünden, wurde durch das obige Bibelwort gedämpft. Er sagte sich: „In deiner Heimatstadt sterben viele Menschen, und niemand weist sie auf den Heiland hin, weil es dort keine Gemeinde gibt!"

Wladimir wollte wieder zurück und evangelisieren, doch seine Frau lehnte ab, sie sah darin einen glatten Selbstmord. Dann brach in Moldawien ein Bürgerkrieg, mit all seinen Schrecken und Gefahren aus, und Tatjana war zur Rückkehr nach Dymer bereit. In dem, wie sie aus der streng bewachten Stadt herauskamen, sah auch sie eine Bestätigung von Wladimirs Auftrag. An ihem Ausreisetag begann plötzlich so heftig zu regnen, dass die Sichtweite auf weniger als 5 m schrumpfte und alle Verkehrsmittel stehen blieben, nur Wladimir fuhr mit seinem Wagen weiter und kam durch. Außerhalb des Stadtbereiches schien die Sonne. Schon bald entstand in Dymer auch eine Gemeinde.

Erst wenn jemand Gottes Willen tun will,
wird er innewerden, ob diese Lehre von Gott ist,
oder ob ich von mir selbst rede.
Johannes 7,17

Nur so kann Gottes Willen erfahren werden. Ohne das Tun gibt es kein Verstehen. Das sagt kein Geringerer, als der Sohn Gottes selbst.

Auch Andrej, ein junger Berufsoffizier der russischen Streitkräfte, musste das erfahren. Als er dem Herrn noch nicht gehorchen wollte, meinte er, das Christsein wäre nur eine Krücke für Pechvögel. Er war das aber nicht. Er hatte einen guten Schulabschluss und eine gute Stelle bekommen. Doch in seinem Herzen saß eine eigenartige Unzufriedenheit. Er wurde mit seiner Schuld nicht fertig, die er immer wieder beging.

Nach der Hochzeit und der Geburt einer Tochter, begann er sich mit seiner Frau auseinanderzuleben. Ihre Interessen waren zu verschieden, fanden sie. Olga versuchte die Sache zu retten, wälzte psychologische, philosophische und astrologische Bücher. Aber es besserte sich nichts. Sie griff zur Bibel und kam mit einer gläubigen Gemeinde in Verbindung.

Olgas Veränderung nach der Bekehrung fand Andrej sehr gut. Sie war geduldiger geworden und konnte vergeben. Den Verwandten und Bekannten gefiel die Veränderung gar nicht. Andrej ließ sich von ihnen anstecken und verbot Olga, die Tochter mit zu den Versammlungen zu nehmen. Olga betete trotzdem für Andrej. Er hörte das, wenn er an der Küchentür lauschte. Das bewegte ihn und er bekehrte sich. Jetzt erkannte auch er, dass die Bereinigung seiner Schuld, um die er sich bisher vergeblich bemüht hatte, durch den Herrn Jesus schon geschehen war, er brauchte sie nur anzunehmen und Danke zu sagen. Andrej wurde nun zu einem eifrigen Zeugen dafür, dass das ewige Leben nicht erst nach dem Tod, sondern schon hier beginnt.

Es sei denn, dass jemand von neuem geboren werde,
so kann er das Reich Gottes nicht sehen.
Johannes 3,3

Hier spricht der Herr Jesus von der Bekehrung als von einer neuen Geburt. Nicht ohne triftigen Grund. Der Neubekehrte, ganz gleich wie alt er auch sein mag, ähnelt in vielem einem Säugling. Folglich muss er auch wie ein neugeborenes Kind betreut werden, das man nach seiner Geburt nicht in ein Bettchen legt und sagt, jetzt sehe zu, dass du heranwächst. Würde so verfahren werden, würde das Neugeborene bestimmt nicht wachsen, unter Garantie aber sterben.

Dessen eingedenkt, hat es sich die Gemeinde zu Dergatschi bei Charkow zur Aufgabe gemacht, jedem Neubekehrten in den ersten 24 Stunden einen Besuch abzustatten. Dann, das ist bis heute so geblieben, werden die Neubekehrten hin und wieder zu Hause besucht. Man betet mit ihnen, beantwortet aufgekommene Fragen und festigt sie so im Glauben.

Außerdem wird ihnen die Bedeutung der Gemeinde als Leib Christi erläutert, weil nur die Gemeinde die Verheißung des Herrn hat, dass nur sie – auf keinen Fall das Einzelchristentum – von den Pforten der Hölle nicht überwältigt wird.

Ferner wird den Neubekehrten nahegebracht, dass jeder von ihnen zumindest eine besondere Gabe erhalten hat, und diese als Glied nun dem Leib zur Verfügung zu stellen hat.

So kommen die neubekehrten Kinder zur Gemeinde, wachsen zu Jünglingen heran und reifen zu Männern, an denen der Herr der Gemeinde und seine Versammlung ihre Freude haben.

Willst du dich diesem Prozess entziehen?

Ist jemand in Christus, so ist er eine neue Kreatur;
das Alte ist vergangen, siehe, es ist alles neu geworden!
2. Korinther 5,17

Dieses Wort hat schon manchen Gläubigen Probleme bereitet, weil sie dachten, mit der Bekehrung seien die bösen Gedanken, die lüsternen Blicke und die unguten Gewohnheiten für immer Vergangenheit. Dem ist aber nicht so. In Römer 8 Vers 7 wird uns auch gesagt warum: Das Fleisch ist dem Geist nicht untertan! – Also darf nicht übersehen werden, dass es in unserem Vers hauptsächlich auf die Worte „in Christus“ ankommt. Nur in Christus sind wir jene Kreatur, die in die Gegenwart Gottes passt.

Das lernte auch ein Junge aus einer ungläubigen Familie begreifen, der an einer christlichen Freizeit in der Ukraine teilnahm. Am Ende der ersten Bibelarbeit versicherte er noch im Brustton der Überzeugung, dass er sich nie bekehren und dem Herrn Jesus nachfolgen werde. Auf die Frage nach dem Warum, erklärte er: „Ich will nicht in den Himmel, ich will in die Hölle. Dort verbrenne ich schnell und dann ist Schluss!“

Der Junge hatte schon viel Schlimmes erlebt und nur noch den einen Wunsch, endgültig ausgelöscht zu werden...

Gegen Ende der Freizeit kam er aber mit der Bitte: „Ich will doch dem Herrn Jesus nachfolgen.“

„Warum?“ fragte ihn einer der Freizeitleiter.

„Weil ich doch in den Himmel möchte, dort ist es viel schöner als hier und ich kann nur durch den Herrn Jesus hineinkommen.“ – Der Junge hatte begriffen: das Neue, das auf dieser Erde erfahren werden kann, ist, sein eigenes Leben in die Hände des Herrn zu legen, also in Christus zu sein. Daß unser Wille und unsee Tat voll mit Seinem Wort übereinstimmen, das wird erst nach seiner Wiederkunft geschehen.

Ich selber möchte verflucht und von Christus
geschieden sein meinen Brüdern zugut,
die meine Stammverwandten sind nach dem Fleisch.
Römer 9,3

Im Klartext sagt der Apostel Paulus: Ich würde meine Erlösung darangeben, wenn dadurch mein Volk, Israel, zum Glauben an den Herrn Jesus käme. – Das ist etwas ganz Großes! Über welche Liebe muss dieser Bote Gottes verfügt haben! Doch der Herr forderte dieses Opfer nicht von ihm, Er wusste wohl, dass Israel sich auch dadurch nicht bekehren würde.

Bei Anna Ladmann verlief das anders. Obwohl sie aus einer gläubigen Familie stammte, heiratete sie einen ungläubigen Mann. Bald wurde ihnen ein Sohn geschenkt. Kurze Zeit später erkrankte der Mann psychisch und fügte Anna großes Leid zu. Besonders schlimm wurde es nach ihrer Bekehrung. Anna wünschte sich nun vor allen Dingen, dass ihr Sohn Christ werde. Doch je älter der Junge wurde, um so mehr entfernte er sich vom Glauben.

In ihrer Not schrie Anna zu Gott, bat Ihn, den Jungen zu retten, selbst wenn es ihr eigenes Leben kosten sollte. Bei einer erneuten Misshandlung griff Annas Mann zur Axt und wollte ihr den Kopf zertrümmern. Sie konnte nicht mehr fliehen und sich nur dadurch retten, dass sie die Arme über den Kopf hielt. Im Krankenhaus mussten ihr die Hände und die Unterarme amputiert werden.

Wieder zu Hause, wurde Anna oft von einer christlichen Jugendgruppe besucht. Der sie pflegende Sohn hörte alles mit, was die jungen Leute sagten und sangen. Nach kurzer Zeit ging Annas Wunsch in Erfüllung: Ihr Sohn kam zum Glauben! Er bastelte unter ihrer Beratung sogar zwei Prothesen, so dass sie wieder viele Dinge selbst tun konnte. „Jetzt bin ich rundum zufrieden“, sagte Anna, „und bitte Gott um nichts mehr.“

Wer sich meiner und meiner Worte schämt...
dessen wird sich auch der Menschensohn schämen.
Lukas 9,26

Gewiss hatte schon jeder einmal das Empfinden, dass von oben keine Hilfe mehr kommt. Dann ist die Gefahr groß, dass Gott angeschuldigt, dass so geredet wird, als könnte man sich in entscheidenden Situationen nicht auf Ihn verlassen. Aber wer fragt sich schon, weshalb es zu der kritischen Situation kam? Wem kommt schon der Gedanke, an den heiklen Situationen selbst Schuld zu sein? Wer gesteht sich schon ein, dass der Herr Jesus sich in diesem Augenblick unsrer schämen könnte, weil wir uns Seiner geschämt haben?

Das ist aber oft die Ursache, dass wir so wenig Hilfe erfahren. Alexander aus Litauen, Bordmechaniker auf einem Schiff, bekam das sehr deutlich vor Augen geführt. Während einer großen Fahrt brach ein gewaltiger Sturm los. Die Wellen klatschen mit Wucht gegen das Schiff und brachten es in große Bedrängnis.

Da versagte auch noch die Hauptmaschine. Alexander und seine Helfer arbeiteten fieberhaft. Vergeblich. Nach fünfstündiger Arbeit hatten sie den Motor nicht in Gang gebracht. Das Schiff, nun ein Spielball der Wellen, trieb auf die Felsen einer Insel zu. Es war nur noch eine Frage der Zeit, bis es zerschellen würde. Da half nur noch beten, alle wussten das. Sie blickten auf Alexander, der als Gläubiger bekannt war. Der schämte sich aber, vor den anderen seinen Herrn anzurufen. Schließlich überwand er sich doch, riss die Arme hoch und rief: „Herr Jesus hilf uns!" Dann rannte er in den Maschinenraum, drehte am Griff des Generators und der Motor sprang an. „Uns hat Gott geholfen!" schrie die Mannschaft und Alexander schämte sich. Das war gut so, doch besser wäre es gewesen, wenn er sich vorher nicht geschämt hätte.

Wie lange hinket ihr auf beiden Seiten?
Ist der Herr Gott, so wandelt ihm nach;
ist's aber Baal, so wandelt ihm nach.
1. Könige 18,21

Auf das Aussehen und den Zustand des äußeren Menschen legen viele großen Wert. Damit wir uns nicht missverstehen: Ich rede nicht dem Schmutzfinkentum das Wort! Wir sollen unseren Körper schon pflegen, aber nicht vergötzen! – Wenn jemand, um auf unser Bibelwort zurückzukommen, solche Hüftschmerzen hätte, dass er sich nur noch beidseitig hinkend fortbewegen könnte, würde er alle Hebel in Bewegung setzen, um Abhilfe zu schaffen. Was im körperlichen Bereich – nicht zu Unrecht – als vordringliche Aufgabe angesehen wird, wird im geistlichen Bereich oft aber noch nicht einmal beachtet.

Welches Hinken spricht nun Gottes Wort an? – Das ist sofort klar, es hat nur das geistliche Hinken im Blick. Warum? Zum einen, weil dem körperlichen Hinken jeder selbst zu Leibe rückt und zum anderen, weil das geistliche Hinken schlimmere Folgen hat. Es kostet jeden, bei Nicht-Behebung, das ewige Leben!

Das war die große und frohmachende Erkenntnis von Dazia, einer Studentin aus Riga, bei einem christlichen Jugendtreffen. Dazia, die behindert war und sich ohne Rollstuhl nur mühsam fortbewegen konnte, hatte bis zu diesem Zeitpunkt große Probleme mit ihrem hinkenden Körper, sie kam sich benachteiligt und minderwertig vor. Doch jetzt konnte sie das beiseite schieben. Gottes Wort hatte ihr gezeigt, dass sie mehr hatte, stärker war als so mancher „Gesunder". Sie hinkte zwar körperlich, aber nicht geistlich und hatte deshalb eine Zukunft, in der auch das körperliche Hinken aufhörte, denn in der Ewigkeit erhalten alle Erlösten einen neuen Körper.

Denn mit sehenden Augen sehen sie nicht...
Matthäus 13,13

Unausgesprochen bringt dieses Wort des Herrn Jesus zum Ausdruck, dass Augen, die nicht „sehend“ sind, unter bestimmten Voraussetzungen mehr sehen als „sehende“ Augen.

Als Beispiel dafür steht ein Mädchen aus Kasachstan, das den Namen „Vera“ trägt, was zu Deutsch „Glaube“ bedeutet. Doch als es den Namen erhielt, glaubten weder das Mädchen noch seine Eltern. Zum Glauben fand Vera, die an den Folgen einer im Babyalter durchgeführten Rückenmarkpunktion erblindete, erst viele Jahre später. Durch Bekannte kam sie in eine Evangelisations-Veranstaltung.

Wie die meisten des Sehens beraubten Menschen, hörte sie viel besser als die anderen. So vernahm sie aus der Predigt den Anruf Gottes an sie, der bis in ihr Herz drang, und sie sagte „Ja“ zum Herrn Jesus. Dadurch verbesserten sich Veras Lebensverhältnisse allerdings nicht. Im Gegenteil. Ihr wurden Schwierigkeiten gemacht, am meisten von ihrer Mutter. Sie stellte Vera ein Ultimatum: „Entweder bleibst du von diesen Christen weg, oder du brauchst überhaupt nicht mehr nach Hause zu kommen!“

Die Entscheidung fiel Vera nicht leicht. Aber sie, die mit ihren blinden Augen mehr gesehen hatte als die Mutter, konnte sich nicht für die erste Möglichkeit entscheiden und fand bei Glaubensgeschwistern eine Unterkunft. Wer sie in den Gottesdiensten mit dem großen Blindenschrift-Liederbuch auf den Knien singen hörte und ihre blinden, aber dennoch strahlenden Augen sah, konnte nicht behaupten, dass diese leidgeprüfte Frau zu bedauern war. Im Gegenteil. Sie war glücklicher als viele andere Leute; und hätte, vor allem mit ihrer Mutter, nicht tauschen wollen.

## 5. Februar

Zu der Zeit werden die Tauben hören
die Worte dieses Buches.
Jesaja 29,18

Dieses Wort aus dem Propheten Jesaja und noch viele andere Schriftworte, die von der Aufhebung der Taubheit reden, waren einem gläubigen Elternpaar aus einer Moskauer Gemeinde bekannt. Für die Eltern stand auch fest, dass Gott allmächtig ist und jede Krankheit heilen kann. Aber sie hatten Bedenken, dass der Herr bei ihnen, deren Kinder gehörlos waren, wirken werde, da sie schon einige Jahre um Heilung gebetet hatten, und sich ihrer Ansicht nach nichts getan hatte. Die Gehörlosigkeit der Kinder, legte sich nun als Last auf das Leben der Eltern. Diese Last drückte um so mehr, da sie die Kinder zum Herrn führen wollten, diese das Wort Gottes aber nicht hören konnten.

Doch eines Tages erwachte in einem ihrer Söhne das Suchen nach Gott. Er ging mit in die Gemeinde und weil ihn die Atmosphäre ansprach, brachte er schließlich auch seine gehörlosen Freunde mit in den Gottesdienst, die größtenteils aus ungläubigen Elternhäusern stammten. Damit diese jungen Leute auch den Wortverkündigungen folgen konnten, ließen sich einige Geschwister aus der Gemeinde in der Gebärdensprache ausbilden.

Das hatte zur Folge, dass die gehörlosen Jugendlichen alle zum lebendigen Glauben fanden.

Wie freute sich das Elternpaar, dass nicht nur ihre Jungen und Mädchen, sondern alle, die durch ihre Kinder in die Gemeinde gekommen waren, in den Gottesdiensten beteten, Zeugnis gaben und auch Lieder sangen.

Leider freuten sich aber nicht alle, über die Veränderung der gehörlosen jungen Menschen. Jene, die aus ungläubigen Familien kamen, erfuhren eine Verhärtung ihrer Verwandten. Dennoch ließen sie sich die jungen Leute nicht irre machen.

## 6. Februar

Seid allezeit bereit zur Verantwortung vor jedermann, der von euch Grund fordert der Hoffnung, die in euch ist.

1. Petrus 3,15

Es sollte uns nicht erschrecken, sondern erfreuen, wenn wir auf unseren Glauben hin angesprochen werden. Denn angesprochen werden nur jene, deren Glaube sichtbar wird. Mit diesem erfreulichen Geschehen ist nach Gottes Wort aber auch ein Auftrag verbunden, nämlich: uns zu verantworten! Das heißt, davon zu berichten was unser Leben erfüllt, ihm Sinn gibt. Schlimm wird es, wenn wir nun überlegen, ob es denn die rechte Zeit dafür sei. Solches Überlegen führt meistens zum Schweigen. Deshalb spricht Gottes Wort in diesem Zusammenhang nicht von Überlegen, sondern von der Bereitschaft zu jeder Zeit!

Daran hielt sich auch eine Reisegruppe, die im Baltikum evangelisieren wollte, und folglich die Staaten Estland, Litauen und Lettland vor Augen hatte. Doch schon auf der Fähre dorthin, geschah für die Gruppe etwas Unerwartete.

Nach etwa einstündiger Fahrt auf der Ostsee, kam der litauische Kapitän auf die Glaubensgeschwister zu, und bat sie einen Gottesdienst auf der Fähre zu halten. Diesem Wunsch kamen sie gerne nach und bezeugten etwa einem Viertel der Reisenden, das durch den Herrn Jesus erfahrene Heil in Liedern, persönlichen Zeugnissen und einigen Kurzpredigten.

Natürlich schickte auch der Gegenspieler Gottes sofort einen Boten aus. In der Gestalt eines betrunkenen Passagiers versuchte er den Gottesdienst zu stören. Hätte der Betrunkene nicht rechtzeitig geschwiegen, wäre er von den Versammelten vertrieben worden. Einige schickten sich schon dazu an. Am folgenden Tag bat der Kapitän wieder um einen Gottesdienst. – Oh, wie schöne wäre es, wenn man unseren Glauben auch so bemerken würde!

Alle eure Sorgen werfet auf ihn;
denn er sorget für euch.
1.Petrus 5,7

Kurz nachdem Irina zum Glauben gefunden hatte, kam ihr zum ersten Mal in ihrem Leben eine Bibel in die Hände. Sie las darin und stieß im 1. Petrusbrief auf den oben erwähnten Satz. Das war für sie eine überwältigende Aussage. – Sie brauchte sich nicht mehr zu sorgen – wunderbar! Doch wie sollte das praktisch ablaufen, wie konnte der Herr sie mit alltäglichen Dingen versorgen? – Irina hatte keine Ahnung! – Dann wünschte sie sich eine Bibel sowie christliche Literatur, um im Glauben weiterzukommen, und betete darum. Nach einer gewissen Zeit bekam sie das Gewünschte geschenkt. Sie freute sich darüber, hatte nun eine Vorstellung davon wie Gott ganz praktisch helfen konnte und dachte, es würde in diesem Sinne weitergehen.

Doch dann stiegen die Preise und Irina wurde zum drittenmal schwanger. Sie, die aus den vorangegangenen Führungen wichtige Erfahrungen gesammelt und gemeint hatte, die Sache mit dem Sorgen überwunden zu haben, erlebte, dass der Sorgengeist wieder nach ihrem Herzen griff. – Wie sollten sie bei den gestiegenen Kosten mit der Familie durchkommen? – Vor allem fragte sie sich, wie sie an Babysachen kommen sollte, sie besaß keine mehr, ihre beiden Söhne waren schon groß? – Sie sah keinen Ausweg! Diesmal würde sie die Schwierigkeiten nicht meistern können! – Da ging Irina auf, dass sie die Situation meistern wollte, und vergessen hatte ihre Sorgen auf den Herrn zu werfen. Sie tat Buße und betete. Wochen später kam ein Hilfstransport unseres Missionswerkes, der viele Babysachen mitbrachte.

Irina war tief beschämt. Sie erfuhr, dass Gott auch dann noch einen Ausweg hatte, wo sie keinen mehr sah!

Wenn der Herr mir hilft, so ist mir geholfen.
Jeremia 17,14

Valentina, aus der ukrainischen Stadt Saporoshje, war menschlich gesehen, eine arme Frau. Trotzdem, sie war eine Glaubensschwester, die das obenstehende Schriftwort in seiner ganzen Tiefe begriffen hatte, und hat uns deshalb viel zu sagen.

Als sie zum Glauben fand, sich einer bibeltreuen Gemeinde anschloß, trennte sich der Mann von ihr, und ließ sie mit drei unmündigen Kindern zurück. An Unterhaltszahlungen dachte er nicht. Valentina versuchte über den Rechtsweg den Mann zur Einhaltung seiner Vaterpflichten zu bewegen. Doch alle Bemühungen führten nicht zum Erfolg.

Die Gemeinde in Saporoshje war leider auch nicht in der Lage, Valentina finanziell oder materiell so zu unterstützen, dass ihr Lebensunterhalt voll gesichert war, da sich jedes der Gemeindeglieder selbst an der unteren Grenze seines Auskommens bewegte.

Da wandte sich Valentina an unser Missionswerk. Sie bat darum, wenn es möglich sei, ihr Geld, Kleidungsstücke oder Schuhe zukommen zu lassen. Doch sie werde nicht böse sein, wenn ihr dies nicht gewährt werden könnte, versicherte sie. Vor allem aber, das sei ihr dringlichstes Anliegen, sollte man ihr eine Bibel schicken. – Eine solche Einstellung, – sind wir ehrlich und schlagen wir uns alle an die Brust, – ist bei uns, wenn überhaupt, dann nur noch selten anzutreffen. Darin ist wohl auch die Ursache unserer Not auf allen Gebieten zu suchen.

Wir sind darauf aus, uns unser Leben durch selbsterarbeitete Güter zu sichern und merken, dass wir mit dem Sichern nie zu Ende kommen. Valentina war darauf aus, ihr Leben vom Herrn sichern zu lassen und damit war ihr wirklich geholfen.

Damit meine Freude in euch bleibe
und eure Freude vollkommen werde.
Johannes 15,11

Daß sie eine Jüdin war, erfuhr Olga Reitfahrt erst von anderen Kindern. Sie schleuderten ihr oft unschöne Bemerkungen an den Kopf und meinten, sie sollte nach Israel verschwinden. Zu Hause war bei Reitfahrts nie die Rede vom Judentum gewesen, sie lebten atheistisch und erzogen ihre Kinder auch so. – Als Olga später erfuhr, dass Jesus, der Erlöser der Christen, ein Jude war, konnte sie nicht verstehen, dass die Juden von den Christen so ablehnend behandelt wurden. Hätten die Christen den Juden nicht dankbar sein müssen, dass aus ihren Reihen der Heiland kam?

Jahre später erkrankten Olga und ihre Mutter. Beider Krankheit blieb den Ärzten ein Rätsel. Sie und auch die Wunderheiler, konnten ihnen nicht helfen. In ihrer Not ging Olga mit ihrer Mutter zur orthodoxe Kirche und zündeten dort Kerzen an, wie ihnen geraten worden war. Auch das brachte nicht die erwartete Hilfe, und die Angst der beiden nahm ständig zu. Schließlich suchten sie Hilfe in der Synagoge und fanden sie hier auch nicht. – Was sollten sie noch tun? Waren sie ihrem „Schicksal" hilflos ausgeliefert? –

Da begegneten sie einer Nachbarin, der sie in der Vergangenheit oft ausgewichen waren, sich sogar vor ihr versteckt hatten, weil sie immer wieder zur „Messianisch-Jüdischen Gemeinde" eingeladen hatte. Diesmal gelang es Olga und ihrer Mutter nicht, der Frau aus dem Weg zu gehen. Sie ließen sich zum Gottesdienst einladen, wurden vom Wort angesprochen, schlossen sich selbst der Gemeinde an, und ihre Krankheiten wurde eingedämmt, breitete sich nicht mehr aus. Damit zog nicht nur die Freude des Herrn bei ihnen ein, sondern machte ihre Freude vollkommen.

Da ihr euch befleißiget der geistlichen Gaben,
trachtet danach, dass ihr sie reichlich habet,
auf daß ihr die Gemeinde erbaut.
1. Korinther 14,12

Eine wesentliche Aufgabe der Gläubigen besteht darin, den persönlichen Fleiß auf die Gaben zu richten, die der Heilige Geist gibt. Mehr noch: Der Gläubige soll sich nicht damit begnügen, eine oder mehrere Gaben zu haben, sondern soll danach trachten, die verliehenen Gaben reichlich zu haben, das heißt: sich so verhalten, dass die Gaben zur vollen Vollendung gelangen können. Natürlich geschieht das nicht, wenn man sich mit ihnen schmücken, also persönliches Ansehen erringen möchte, sondern nur, wenn man sie dazu benutzt, um die Gemeinde zu erbauen, beziehungsweise um Gemeinde zu bauen.

Diesem Auftrag stellten sich Alexander und Andrej. Sie gingen mit ihren Familien nach Turuchansk um ihre zur Reife gebrachten Gaben zur Gründung einer Gemeinde einzusetzen. Doch bei ihrer Ankunft mussten sie sich mit der Frage auseinandersetzen: „Von was sollen wir leben?“ – Sie hatten keine Arbeitsstelle und es schien so, als würden sie auch keine finden. Aber auch als Missionare brauchten sie Geld, um auf dieser Erde sich Nahrung beschaffen zu können.

Als ihre Hoffnung schon zu schwinden drohte, erfuhren sie, dass für die Wasser- und Stromversorgung eine neue Dienststelle eingerichtet worden sei, für die man Arbeiter suche. Sofort bewarben sich die beiden. Wenn sie diese Stellen bekommen könnten, sagten sie sich, wäre das für sie als Missionare ausgezeichnet. Bei Wasser und Strom gab es immer wieder Probleme. Sie würden in viele Familien kommen und Kontakte knüpfen können. Der Herr, der sie lange hatte warten lassen führte es so, dass sie die Stellen bekamen. Nun entstand auch bald ein Hauskreis, der selbst evangelistische Einsätze durchführte.

Nehmet das Schwert des Geistes,
welches ist das Wort Gottes.
Epheser 6,17

Dieses Wort entstammt der „Geistlichen Waffenrüstung“ und zeigt auf, dass Christen zu kämpfen, und wie sie zu kämpfen haben. Ihre einzige Waffe ist das Wort Gottes. Daran hielten sich auch die Gläubigen in Usbekistan, einem traditionell moslemischem Land. Während der Perestrojka kamen dort junge Menschen zum Glauben an den Herrn Jesus. Und die Mutter eines gläubig gewordenen Mädchens beschwerte sich darüber beim Mulla. Der wollte daraufhin mit den Verantwortlichen der Gemeinde reden. Die willigten ein und das Gespräch fand in einem Park statt, weil die Christen nicht in die Moschee wollten, und der Mulla nicht in das Gemeindehaus. Im Verlauf des Gesprächs erklärte der Mulla, dem Mädchen drohe die Todesstrafe, weil es den Islam verraten habe.

Das Mädchen, eine Studentin, hielt dagegen, bei ihm liege kein Verrat vor, da es atheistischen erzogen worden und somit nie eine Moslime gewesen sei. Der von dem Mulla mitgebrachte usbekische Geschichtsprofessor stimmte dem Mädchen zu.

Zum Schluß fragten die Christen nach dem Ziel des Islam. Der Mulla gab unumwunden zu, dass der Islam die Weltherrschaft anstrebe. Darauf die Christen: „Dann müssen Sie Menschen zum Übertritt bewegen. Wenn aber nun welche den umgekehrten Weg wählen, drohen Sie ihnen mit Mord. Das kann doch nicht richtig sein! Da müssen alle die gleichen Rechte habe. Und Jesus Christus hat befohlen in alle Welt zu gehen, und Menschen zu seinen Jüngern zu machen. Christen haben also die Legitimation dazu. Christus wird in ihrem Koran als großer Prophet bezeichnet, also würden wir schon von daher im Auftrag eines Ihrer Propheten handeln.“ – Darauf wusste der Mulla nichts zu antworten. Das Gespräch war beendet.

Es ist dir besser, dass eines deiner Glieder verderbe und nicht der ganze Leib in die Hölle fahre.
Matthäus 5,30

Ja, Gesundheit ist ein hohes Gut. In den meisten Fällen wird uns das aber erst bewußt, wenn wir sie, aus welchen Gründen auch immer, nicht mehr haben. Oft setzt dann ein Klagen und Stöhnen ein. Vor allen Dingen wird ein Arzt aufgesucht. Der soll nach Möglichkeit, – und ziemlich rasch, – den Zustand wieder herstellen, der vor der Krankheit bestand. Das wird ihm in allen Fällen aber nicht gelingen. Ab einem gewissen Alter wird bei bestimmten Krankheiten keine grundsätzliche Heilung mehr möglich sein, bestenfalls nur noch Linderung. Was dann? Ist alles sinnlos?

Unser Schriftwort weißt auf ein erstrebenswertes Ziel hin, das selbst dann noch besteht, wenn nicht mehr alle Glieder gesund werden. Wohl uns wenn wir in unserem Leid einen Arzt finden, der beides im Blick hat: die körperliche Heilung und das erstrebenswerte Ziel.

Dr. Chorche aus Kiew ist ein solcher Mediziner. In seiner Praxis wird jeder Patient über das wertvolle Gottesgeschenk der Gesundheit aufgeklärt. Jeder erfährt aber auch, dass die Gesundheit nicht alles ist. In jedem Leben wird sich früher oder später ein Unfall oder eine Krankheit einstellen, die den physischen Tod herbeiführen. Deshalb greift jeder zu kurz, ist jeder falsch beraten, der die zwar wichtige Pflege der Gesundheit zum obersten Lebensgrundsatz erhebt, und dabei die geistliche Gesundung, die zum ewigen Leben führt, aus der Lebensmitte verdrängt, oder ganz vergißt.

So werden in Dr. Chorches Praxis Menschen äußerlich und innerlich geheilt. In seinem Sprechzimmer fanden schon viele Lebensübergaben an den Herrn Jesus statt.

Er erscheine denen, die da sitzen in Finsternis...
und richte unsere Füße auf den Weg des Friedens.
Lukas 1,79

Nikolaj und Marina Kalaschnikow, aus Valga in Estland, lebten lange Jahre im Unglauben. Sie dachten auch nicht, dass sie Gott jemals brauchen würden. Doch Gott wollte sie nicht im Unglauben lassen, sondern für sich haben und stellte sich ihnen eines Tages in den Weg. Menschlich gesehen, geschah das durch einen unverständlichen, schweren Schritt. Der älteste Sohn der beiden, erkrankte an einem Gehirntumor. Während dieser für die Familie so schweren Zeit ging Marina häufig in die Orthodoxe Kirche. Doch jedesmal ging sie wieder so leer fort, wie sie gekommen war. Nach dem Tod des Jungen stellte sie die Kirchenbesuche auch wieder ein. Allerdings hatte sie und auch ihr Mann den inneren Frieden verloren, und beide dachten bis an ihr Lebensende so leben zu müssen.

Doch Gott hatte Sein Plan mit ihnen noch nicht geändert. Eines Tages kam Marina kam der Gedanke, dass Fruchtsaft für ihre kleine Tochter Jana gut wäre. In der ganzen Stadt war aber kein Saft zu haben. Auf der Suche nach dem Getränk, kam Marina zu der Kioskbesitzerin Ljuba, einer Bekannten von ihr. Die hatte zwar auch keinen Fruchtsaft, sagte Marina aber:

„In unserer Gemeinde gibt es welchen aus dem Westen. Den kannst du sogar kostenlos haben. Geh hin und sage, dass ich dich geschickt habe.“ Marina kam während einer Bibelstunde und Ljuba bat: „Warte bis sie zu Ende ist.“ Marina tat das, und wurde von dem Wort so angesprochen, dass sie ihre ganze Familie mit in die Gemeinde brachte. Später kamen alle zum Glauben. Nun war Gott zu seinem Ziel gekommen und man sagte scherzhaft: Hier wurde eine Kalaschnikow mit Fruchtsaft geladen.

Wer zwei Röcke hat, der gebe dem, der keinen hat.
Lukas 3,11

Diese Anweisung befolgte ein Glaubensbruder aus Ostdeutschland. Er gab noch sehr gut erhaltene Kleidungs- und Wäschestücke bei einer entsprechenden Sammlung an die Mission ab. Er wusste, dass er damit manchem Glaubensbruder in den Ländern der ehemaligen Sowjetunion helfen werde. Allerdings nur dann, wenn die Sachen bei den bedürftigen Geschwistern auch ankamen. Genau das war aber der leise Zweifel des ostdeutschen Glaubensbruders. Man hörte ja auch so viel über Unredlichkeiten, selbst bei Missionswerken!

Schließlich tröstete sich der Bruder mit dem Gedanken: „Ich bin der Anweisung der Schrift nachgekommen. Ich habe auch mit aufrichtigem Herzen und gerne gegeben; wenn nun unredlich mit meinen Spenden gehandelt wird, dann müssen es die vor Gott verantworten, die diese Unredlichkeiten begehen!“

So ging eine gewisse Zeit ins Land. Dann war in der Gemeinde des besagten ostdeutschen Bruders ein Vortrag des Missionswerkes angesetzt, dem er seine Sachen gespendet hatte. Für den Vortrag war ein Bruder aus Tscherkassy vorgesehen, der zum Abendbrot bei dem erwähnten ostdeutschen Bruder eingeladen war. – Wie sie nun zu Tisch saßen, sah der ostdeutsche Bruder den Gast aus Tscherkassy mit großen Augen an. Der Grund: dessen Hemd kam ihm so bekannt vor. Als der Gastgeber feststellte, dass sein eigenartiges Beobachten vom Gast bemerkt worden war, erklärte er sich.

Der russische Bruder sagte frei, dass er das Hemd durch einen Hilfstransport aus dem Westen erhalten habe. – „Dann ist das zweifellos ein Hemd von mir!“ rief der ostdeutsche Bruder. „Ich hätte nicht gedacht, dass es auf diesem Weg wieder in mein Haus käme.“ Gleichzeitig wusste er, dass bei diesem Missionswerk in Verantwortung vor Gott gehandelt wurde.

Ehe sie rufen, will ich antworten.
Jesaja 65,24

Poliktim und Valentina Janowskij wollten viele Kinder haben. Ihr Wunsch schien aber nicht in Erfüllung zu gehen. Velentina gebar zwar drei Kinder, aber alle verstarben kurz nach der Geburt. – Plötzlich fiel Poliktim die Fahrt zur Arbeit, die ihn an einem Waisenhaus vorüberführte, von Tag zu Tag schwerer. Dort standen jedesmal Kinder am Zaun, die sich unter den verbeikommenden Männern und Frauen Eltern aussuchten, und dann auch nach ihnen riefen. – „Mama! Du bist meine Mama!“ – „Papa! Du bist mein Papa!“ – Auch Poliktim wurde von einem Jungen angerufen. Nach einigen Tagen meinte er, ihm reiße das Herz entzwei. Er sagte sich: „Wir merken oft nicht, dass uns geholfen wird, weil unser himmlischer Vater schon eher antwortet, bevor wir rufen. Doch diese Kinder rufen, und wir geben ihnen keine Antwort!“

Zuhause sprach Poliktim mit seiner Frau darüber. Bald waren sie, deren Kinder der Herr wieder zu sich genommen hatte, sich einig, eines dieser Kinder bei sich aufzunehmen, und gingen zum Waisenhaus. Als sich Valentina für einen Jungen entschieden hatte, stellte sich heraus, dass er noch zwei Schwestern hatte von denen er sich nicht trennen wollten. Sie waren zu dritt von den Eltern in einer außerhalb der Stadt stehenden Hütte ausgesetzt, vor dem Verhungern und Erfrieren aber im letzten Augenblick gerettet worden, und wollten unter allem Umständen auch jetzt zusammenbleiben.

Kurz entschlossen nahmen Poliktim und Valentina auch noch die Mädchen zu sich. Mit einem Mal hatten sie wieder drei Kinder, die, nach Überwindung einiger Schwierigkeiten, heute auch den Familiennamen ihrer neuen Eltern tragen dürfen.

Gott will, dass allen Menschen geholfen werde
und sie zur Erkenntnis der Wahrheit kommen.
1.Timotheus 2,4

Aus irdischer Sicht führt Gott die Menschen oft eigenartige Wege, um sie zur Erkenntnis der Wahrheit zu bringen, und ihnen helfen zu können. Ohne Erkenntnis über sich selbst, zeigt der Mensch nämlich keine Bereitschaft, sich von Gott helfen zu lassen. – Von der eigenartigen, aber wirksamen Führung Gottes zeugt auch die folgende Begebenheit aus dem Leben der Tanja Nikolajewitsch aus Tscherkassy in der Ukraine. Ihr Mann hatte einen Schlaganfall erlitten und die Ärzte sprachen von einem „hoffnungslosen Fall", vor allem deshalb, weil sie keine Medikamente hatten und Tanja die teuren in den Apotheken nicht kaufen konnte.

Da hörte sie von einer „christlichen Apotheke" in der Medikamente aus dem Westen kostenlos abgegeben würden. Tanja hatte Bedenken. Ihr, der Ungläubigen, würde man bestimmt nichts abgeben. Doch sie überwand sich, ging hin und erhielt eine ganze Menge Medikamente, mit denen man sie zum Arzt schickte. Zum Schluß schenkte man ihr noch einen guten Mantel, weil sie einen abgeschabten trug. – Am nächsten Sonntag war Tanja in der Gemeinde und bekehrte sich wenig später. Auch ihr Mann fand zum Glauben; und ein halbes Jahr später verstarb er.

Bei der Abschiedsfeier bekannte Tanja zeugnishaft: „Durch die Medikamente hat Gott meinem Mann das irdische Leben verlängert, damit er den Herzensfrieden erlangen konnte. Er ist im Herrn gestorben und so wurde ihm der Tod zum Gewinn! Und ich habe auf der Suche nach den Medikamenten das ewige Leben gefunden."

Übrigens sind die meisten in dieser Gemeinde, durch den Dienst der „christlichen Apotheke" zur Versammlung gekommen und haben sich bekehrt.

Gott sprach zu dem reichen Kornbauer: Du Narr! Diese Nacht wird man deine Seele von dir fordern; und wes wird's sein, das du bereitet hast?
Lukas 12,20

Wladimir Bykow war überzeugter Kommunist und kannte die Bibel nicht. Trotzdem kamen ihm an einem hellen Tag bei 60 Plus ähnliche Gedanken, wie sie Gott gegenüber dem reichen Kornbauern äußerte. Bykow, der in Afghanistan eine Autokompanie befehligte, war mit seinen Leuten in einen feindlichen Hinterhalt geraten und wurde gewaltig beschossen. Als er Schutz suchend unter seinem Auto auf der Straße lag und die Kugeln um ihn her pfiffen, dachte er: „Das ist dein Ende! Du wirst von einem afghanischen Geschoß getroffen! Was hat dein Leben für einen Sinn gehabt? Gibt es denn keinen Gott, der uns helfen kann?"

Kurz bevor sie der Feind überwältigten konnte, kamen eigene Panzerwagen und trieben die Angreifer in die Flucht. Da wurde Wladimir zum ersten Mal bewusst, dass es einen Gott gab. Doch später vergaß er das wieder.

Zu Beginn der Perestrojka begann seine Frau Galina in der Bibel zu lesen und kam zum Glauben. Wladimir war entrüstet. Wozu brauchte sie das? Was fehlte ihr im Leben? – Doch kurze Zeit später fragte er nicht mehr so. Ihm fehlte mit einem Mal alles, worauf sein Leben gegründet hatte. Die unzerbrechlich scheinende Sowjetunion hatte aufgehört zu existieren. All seine früheren Ideale waren zerstört worden, er hatte kein Ziel mehr und wurde gezwungen, über den Sinn seines Lebens nachzudenken.

Schließlich folgte er dem Bitten seiner Frau, ging mit zum Gottesdienst und kam auch zum Glauben. Seitdem predigt er nicht nur in der Gemeinde, sondern als ehemaliger Major auch auf Evangelisationen vor Kommandeuren aller Waffengattungen. Er weiß nun, wohin er geht, wenn seine Seele von ihm gefordert wird.

Aus dem Munde der Unmündigen...
hast du Lob zugerichtet.
Matthäus 21,16

Wieder stand eine Einschulung an. Da erinnerte sich der Direktor an die 14jährige Aljona, die vor acht Jahren als Waisenkind eingeschult und inzwischen von einem Ehepaar adoptiert worden war. Mit Aljona, dachte sich der Direktor, könnte er am Schulfest bei den Schülereltern Ehre einheimsen, da Aljona bei einem Schüler-Wettbewerb im Gebiet Chmelnizkij mit einem geistlichen Lied den 1. Preis gewonnen hatte. In seinem Stolz ordnete der Direktor an, dass Aljona anlässlich der Feier seiner Schule singen sollte.

Natürlich fragte Aljona ihre Eltern um Rat. „Wenn der Herr damit geehrt wird", sagte der Vater, „sind wir dafür, dass du singst." – Das war auch Aljonas Wunsch und sie sagte dem Direktor zu.

So kam die Einschulungsfeier und Aljona erzählte zunächst, wie sie als Kind aus dem Waisenhaus in diese Schule kam. Sie hatte keine bunte Tüte und an ihrer Seite stand keine Mutter, die ihr Mut zusprach. Dann berichtete sie, wie der Herr Jesus sie zu ganz lieben Eltern führte. Den Erwachsenen gingen die Worte des Mädchens zu Herzen, und ihre Augen wurden feucht.

Dann sang Aljona ihr Lieblingslied, in dessen dritter Strophe es heißt:

„Mit Dir, mein Herr,
war nie ich eine Waise.
Du warst mir niemals fern,
bewahrtest mich auf Deine Weise.
Unter Deinem Himmel hast Du mir
ein Heim geschenkt. Ich danke Dir..."

Aljona brach plötzlich ab, weil auch sie weinen musste, und lief zu ihren Eltern. In Nu war die Familie von vielen Leuten umringt, die Näheres erfahren wollten; und die Eltern gaben dem Herrn die Ehre.

Wir wissen aber, dass denen, die Gott lieben,
alle Dinge zum Besten dienen.
Römer 8,28

Eines Tages erfuhr das Missionsteam der Gemeinde in Wjatskije Poljany, dass es in dem udmurtischen Dorf Oserki einen Christen gab, der niemand hatte, mit dem er über den Glauben an Gott reden konnte. So machten sich die Missionare auf den Weg zu ihm. In Oserki angekommen, erfuhr das Team, dass der Mann, ein Familienvater, durch einen zerborstenen Schleifstein beide Augen verloren hatte.

Wie erstaunt war das Missionsteams nun, dass der Mann eine Begegnung mit ihnen ablehnte. Als die Glaubensgeschwister den Grund seiner Ablehnung erfuhren, zeigten sie etwas Verständnis. Der Mann hatte nicht nur die Augen verloren, sondern auch ein entstelltes Gesicht. Daher schämte er sich, den Menschen zu zeigen. Wenn er es tat, brauchte er einige Zeit, um sich darauf einzustellen. Diese Zeit fehlte ihm jetzt.

Enttäuscht standen die Glaubensgeschwister aus Wjatskije Poljany auf der Straße. Was sollten sie tun? Sie kannten hier keinen Menschen, der als Fürsprecher hätte auftreten können! Einige trugen sich mit dem Gedanken, abzureisen. Doch anderen kam das oben erwähnte Schriftwort in den Sinn. Also konnten sie diese Reise nicht umsonst gemacht haben.

„Herr“, beteten sie, „Du hast uns diese Fahrt auf's Herz gelegt und die Möglichkeit dazu geschaffen. Du musst etwas mit uns vorhaben. Zeig uns, was Du willst!“ – Da kam einem Bruder der Gedanke: Können wir nicht zu dem Mann, so gehen wir zur Direktorin des Dorfklubs. Der Vorschlag wurde angenommen und sie konnten am Abend 90 Minuten lang in Wort und Lied von dem Herrn Jesus Zeugnis geben, weil in der Veranstaltungsreihe des Klubs ein „gemischtes Programm“ vorgesehen war. Die Gäste hörten interessiert zu. Später entstand in Oserki sogar eine Gemeinde.

Was ihr tut, tut alles zu Gottes Ehre.
1. Korinther 10,31

Gennadij Kolesnikow, ein Ältester der Gemeinde in Tscheboksary, ging an einem regnerischen Tag einer der Hauptstraßen der Stadt entlang. Plötzlich sah er im seitlichen Straßendreck ein kleines Ledertäschchen liegen. Er hob es auf und stellte fest, dass er ein Portemonnaie mit 3.000 Rubeln gefunden hatte. Bei einem zu der Zeit durchschnittlichen Monatsverdienst von 400 bis 500 Rubeln war das ein hoher Betrag! – Neben dem Geld steckte das Sparbuch mit der Anschrift des Verlierers.

Ohne zu zögern machte sich Bruder Kolesnikow auf den Weg zu dem Mann Namens Jewgenij, der, wie sich bald herausstellte, fünfzig Jahre alt war und drei Kinder hatte. Als Kolesnikow vor dem Vater stand, fragte er: „Haben Sie etwas verloren?"

„Etwas?" klagte der. „Ich habe fast alles verloren! Zumindest meine ganzen Ersparnisse! Die werde ich auch nie mehr bekommen. Heute gibt es niemand mehr, der einen solchen Betrag zurückgibt! Ich bin mir da ganz sicher!"

Da griff Bruder Kolesnikow in seine Tasche, holte das Portemonnaie mit dem gesamten Inhalt hervor und überreichte es Jewgenij. Der war überglücklich und wollte Bruder Kolesnikow 500 Rubel als Finderlohn geben. Doch Kolesnikow lehnte mit der Begründung ab: „Der Sohn Gottes hat mich etwas anderes gelehrt."

Da horchte Jewgenij auf. „Was ist das für ein Gott, der an Menschen solche Wunder wirkt?" – Der Älteste legte ein Zeugnis von seinem Herrn ab. Am folgenden Sonntag war Jewgenij in der Gemeinde und hat sich seitdem auch zu ihr gehalten. Deshalb halte sich niemand zurück, seinem Herrn die Ehre zu geben.

Die Toren sprechen in ihrem Herzen:
„Es ist kein Gott."
Psalm 14,1

Wieder einmal hatte man einen treuen Glaubensbruder verhaftet und unterzog ihn einem zermürbenden Verhör. Diesmal hatte es der KGB-Beamte in besonderer Weise darauf abgesehen, Zweifel in dem Glaubensbruder zu wecken, er sagte: „Meinst du wirklich, dass es sich lohnt gottesfürchtig zu leben? – Was machst du, wenn irgendwann festgestellt werden sollte, dass es keinen Gott gibt? Muss es dir dann nicht leid tun, dass du dein ganzes Leben verdorben hast? Du hast keine Karriere gemacht. Hättest Funktionär werden können, bist aber einfacher Arbeiter geblieben. Hast keine Freude, kein Vergnügen in diesem Leben gehabt! Denk einmal gründlich nach, du bist doch ein gescheiter Mensch!"

Der Glaubensbruder musste sofort an das oben erwähnte Bibelwort denken und konnte standhaft bleiben. – „Nur im Augenblick des Todes kann mit hundertprozentiger Sicherheit festgestellt werden, ob es Gott gibt oder nicht", erklärte er. „Und was von einem Menschen kann diese Feststellung treffen? Doch nur die Seele, die nicht mit ins Grab geht, weil sie den Körper schon vor der Grablegung verlassen hat. Also, wenn es eine Seele gibt, dann gibt es auch Gott und ich werde nimmer enttäuscht! – Unvoreingenommenes, ernsthaftes Nachdenken kann nur zu dem Schluss führen, dass es Gott gibt. Und jetzt sagen Sie mir, wie Sie einmal vor Ihm bestehen wollen?"

Der KGB-Beamte hatte von diesem Gespräch genug und wechselte das Thema.

Was weißt du vorzubringen, wenn Zweifel über die Existenz Gottes in dich gesät werden sollen?

Dein Wort ward meine Speise, sooft ich's empfing, und dein Wort ist meines Herzens Freude und Trost.

Jeremia 15,16

Im ersten Moment hört sich das gut an: Die Häftlinge in der ehemaligen Sowjetunion wurden bezahlt. Aber wie sah diese Bezahlung aus! Sergej Bublik zum Beispiel erhielt nach acht Monaten Haft achtzig Kopeken ausbezahlt. Nach dem Lagertarif verdiente er natürlich wesentlich mehr. Doch die Hälfte seines Lohnes wurde einbehalten. Der Grund: Er hatte die Aufseher, die abgerichteten Hunde, die MPs und die Munition der Wachtposten zu bezahlen. Außerdem wurden ihm die Kosten für seine Verpflegung und seine Kleidung abgezogen. Wenn im Monat dann noch zehn Kopeken übrigblieben, konnte er froh sein.

Nun, für was brauchte der Gefangene in der Haft überhaupt noch Geld? Um an den Verkaufsständen des Lagers zusätzliche Nahrungsmittel zu erwerben. Wer das nicht tun konnte, war schlimm dran, weil das „normale Essen" sehr knapp und schlecht war. Begehrt waren vor allem Brot, Margarine und Zucker.

Als einmal Schokoladenbonbons angeboten wurden, gönnte sich der Häftling Abram hundert Gramm dieser Köstlichkeit, um zu Kräften zu kommen. Doch als er sie in seiner Baracke öffnete, waren sie voller Würmer. Natürlich beschwerte er sich darüber und erhielt zur Antwort: „Bist selbst schuld, dass du hier bist, hättest dich besser benehmen sollen. In der Freiheit hättest du bessere Bonbons bekommen!"

Wie gut, dass ihm da das oben zitierte Bibelwort geschenkt wurde. Das war unverdorbene Speise und stärkte ihn in seiner Not.

Ist es auch deine Speise? – Wohl dir, wenn du in kritische Situationen kommst und es so ist.

Am Morgen säe deinen Samen,
und lass deine Hand bis zum Abend nicht ruhen.
Prediger 11,6

Als sich Samuel, ein Zigeuner aus einer Gemeinde in Russland, bekehrte, legte sich das oben erwähnte Wort als Auftrag auf sein Herz. Wo sich eine Gelegenheit dazu bot, nutzte er sie und streute den Samen des Wortes Gottes aus.

So auch in einer Kantine. Als er sie betrat, waren schon alle beim essen. Samuel überlegte, wie er mit den hier versammelten Menschen über Gottes Wort ins Gespräch kommen könnte. Nicht lange und die Sache war für ihn klar. Er holte sich sein Essen, stellte es auf den Tisch, blieb stehen, faltete die Hände und betete laut. Alle im Raum sahen und hörten es. Samuel setzte sich und aß. Doch er wartete vergebens darauf, angesprochen zu werden. Sollte er heute kein Zeugnis seines Glaubens geben können? – Nach der Mahlzeit stand er auf, faltete die Hände und sprach das Dankgebet wieder laut. Alle sahen verwundert zu ihm hin, schwiegen aber weiter.

Da sagte er: „Ihr wundert euch, dass ich bete, was ihr nicht tut. Schaut euch einmal die Hühner an, bei jedem Schluck, den sie trinken, heben sie den Kopf zum Himmel. Das sieht doch aus, als wollten sie Gott danken. Und wenn ich meinem Hund etwas zu fressen bringe, streicht er mir um die Beine und springt an mir hoch. Er erkennt mich als seinen Herrn und Versorger an, und er erzeigt sich dankbar, mit Freude sogar. Wenn nun die Menschen Gott nicht als ihren Schöpfer und Erhalter anerkennen und Ihm dankbar sind, sind sie dann nicht schlechter als die Hühner und der Hund?“ – Auch darauf hatte niemand etwas entgegnet. Aber nachdenklich waren einige geworden.

Hättest du auch die Kraft gehabt so oder ähnlich zu handeln?

Man muss Gott mehr gehorchen als den Menschen.
Apostelgeschichte 5,20

Zur Zeit der Sowjetunion war in dem ukrainischen Ort Koroljowo eine Zigeuner-Gemeinde von etwa fünfzig Geschwistern entstanden. Zu den Gottesdiensten kamen auch Ukrainer. Als die Behörden von dieser Gemeinde erfuhren, wurden sie unruhig. Am Ende wurde die Gemeinde verboten. Den Gläubigen gab man den Rat, sich der Gemeinde in dem neun Kilometer entfernten Winogradowo anzuschließen. Diese Gemeinde war registriert und stand somit unter dem Einfluss der staatlichen Machthaber. Die Ukrainer befolgten die behördliche Empfehlung, die Zigeuner nicht.

Ihre leitenden Brüder beriefen sich auf das Schriftwort: „Man muss Gott mehr gehorchen als den Menschen." – „Also dürfen wir uns von denen, die von Gott nichts wissen wollen, oder nur halbherzig bei der Sache des Herrn Jesus sind, nicht bestimmen lassen. Mit ihnen können wir auch keinen Kompromiss schließen. Außerdem", so sagten sie sich, „werden wir unsere ungläubigen Stammesgenossen nicht mehr erreichen, denn bis nach Winogradowo gehen sie auf keinen Fall. Also bleiben wir vor Ort". Kurz entschlossen versammelten sich die Zigeuner-Geschwister in ihrem Lager. Die Ukrainer kamen zwar nicht mehr, aber diese nicht registrierte Gemeinde wurde dennoch gesegnet.

Wie steht es in deiner Gemeinde mit dem absoluten Gehorsam gegenüber Gott?

Ist oft nicht deshalb so viel Leerlauf vorhanden, weil viele Aktionen laufen, die aber nach weltlichen Methoden ausgerichtet werden, zu denen der Herr seinen Segen nicht geben kann? Also ist Umkehr angesagt, eine Rückbesinnung auf die biblischen Maßstäbe!

Denn dazu seid ihr berufen, da auch Christus gelitten hat für euch und euch ein Vorbild gelassen, dass ihr sollt nachfolgen seinen Fußtapfen.
1.Petrus 2,21

Dieser Auftrag gehört zu denen, die uns nicht besonders schmecken wollen. Wir neigen schnell dazu, solche Aufträge als übertrieben abzutun und sie einfach zu übergehen. Doch jeder, der im praktischen Glaubensleben gehorsam ist, wird ungewollt darauf stoßen, dass er in dieser Welt zu leiden hat wie vor ihm sein Herr.

Als Beispiel dafür steht eine Begebenheit, die sich zur Zeit der Sowjetunion auf einem Brüdertreffen in Odessa ereignete. Zu diesem Treffen waren auch Brüder aus der Zigeuner-Gemeinde in Koroljowo gekommen. Als einer von ihnen nach vorne ging um Zeugnis zu geben, wurde die erschienene Miliz mit Lautsprecher tätig. Die Beamten verboten dem Zigeuner-Bruder zu reden. Da erhob sich ein anderer Bruder und fragte die Versammelten, ob sie wollten, dass der nach vorne gekommene Zigeuner-Bruder sprechen sollte. „Ja!“ lautete die eindeutige Antwort.

Also stieg der Zigeuner-Bruder auf eine Bank, zog seinen Personalausweis aus der Tasche und fragte die Miliz: „Bin ich ein Bürger dieses Landes wie alle anderen? Mein Ausweis unterscheidet sich von den anderen nicht!“ – „Schweig! Du hast hier nicht zu reden!“ war die Antwort der Milizionäre. Nach einem Gebet gab der Bruder dennoch Zeugnis, das auch viele bewegte.

Doch am Ende der Zusammenkunft überfielen die Milizbeamten die Brüder, die der Kanzel am nächsten saßen. Einen schlugen sie sogar blutig. Der so Misshandelte klagte aber nicht, sondern sagte: „Ich bin froh, dass ich diesen Weg gehe; denn die Bibel lehrt uns, dass die Gläubigen verfolgt werden müssen!“ – Dieses Zeugnis wurde besonders gesegnet.

Wer zugrunde gehen soll, der wird zuvor stolz;
und Hochmut kommt vor dem Fall.
Sprüche 16,18

Dass Jugendliche, die sich in die Nachfolge des Herrn Jesus begeben hatten, während des Militärdienstes in der Sowjetunion bedrängt, ja sogar gefoltert wurden, war keine Seltenheit. Wurden solche Misshandlungen in der gläubigen Gemeinde bekannt, schwieg diese nicht dazu. Aus ihrer Mitte wurden Briefe an die Regierung mit der Bitte geschrieben, von den Grausamkeiten gegenüber den Jugendlichen abzulassen. Weiter wurden die Regierenden darauf hingewiesen, zu bedenken, wie Gott diese Grausamkeiten einmal bestrafen werde.

Erstaunlicherweise blieben solche Briefe auch nicht unbeantwortet. Doch ihr Inhalt strotzte von Überheblichkeit. Den Gläubigen wurde geraten, von ihren religiösen Überzeugungen abzulassen und ihren Platz im gegenwärtigen Leben einzunehmen. Nach der Statistik bestehe das „Kontingent" der Gläubigen sowieso nur aus Rentnern, Frauen und 42% Analphabeten. Der Glaube sei nur mit der bodenlosen Rückständigkeit des Steinzeitmenschen zu vergleichen. Deshalb sei es eine Frechheit, dem Verteidigungsministerium zu schreiben und ihm mit Gottes Gericht zu drohen.

„Sie sollten sich darum bemühen, die irdischen Gesetze zu halten, und nicht versuchen, den Leuten mit dem von Ihnen aus Müßiggang und Analphabetentum Erfundenen, Angst einzujagen."

Inzwischen müsste den staatlichen Briefeschreibern aufgegangen sein, dass nicht der Recht hat, der am lautesten schreit und sich am überheblichsten gibt, sondern der, der seine ganze Hoffnung auf den auferstandenen und wiederkommenden Herrn setzt.

Wer mir nachfolgen will, der verleugne sich selbst und nehme sein Kreuz auf sich und folge mir nach.
Markus 8,34

Dieses Wort unseres Herrn wird oft zitiert, wenn jemand ein körperliches Leiden zu tragen hat und man ihm Mut machen möchte. Doch in diesem Zusammenhang hat es der Herr Jesus nicht gebraucht; denn mit körperlichen Leiden sind alle Menschen behaftet, auch jene, die keinen Gedanken daran verschwenden, dem Herrn nachzufolgen. Das Kreuz, von dem hier der Sohn Gottes spricht, ist ein anderes. Das haben nur jene zu tragen, die in Seine Nachfolge treten. Mit diesem Kreuz sind die Probleme und Nöte gemeint, die man nicht hätte, wenn man dem Herrn nicht nachfolgen würde.

Ein solcher Kreuzträger war auch Fedor Tschowgan aus Panjutin bei Losowaja. Ihm wurde der Prozess gemacht, weil er nicht bereit war, seinen Herrn zu verleugnen und Abstriche von seinem Glauben zu machen. Dazu fand er sich auch dann noch nicht bereit, als er die Anklageschrift erhielt und für ihn schon im Vorhinein feststand, dass man ihn einsperren werde. Er wollte sein Kreuz tragen, so wie es ihm zugedacht war.

Als dann der Prozess begann, schnürte Fedor schon am ersten Verhandlungstag sein Bündel und nahm es mit zum Gericht, weil er nicht wusste, wie lange man über seine Sache beraten werde. Vielleicht sperrte man ihn schon nach diesem Tag ein. Das geschah aber erst nach dem zweiten Tag. – Nun bleibt die Frage an mich und dich: Wie hätten wir gehandelt? Oder wie handeln wir, die wir nicht – noch nicht – solchen Gefahren ausgesetzt sind wie Fedor? Möchten wir überhaupt solche treuen Kreuzträger sein wie er? Wenn wir es ja, würde es dann nicht besser um die Sache unseres Herrn in dieser Welt bestellt sein?

Und ihr werdet gehasst sein von jedermann
um meines Namens willen. Wer aber beharrt
bis an das Ende, der wird selig.
Markus 13.13

Wenige Tage nach seiner Haftentlassung wurde Igor zum örtlichen Miliz-Kommandanten bestellte. Was wollte der von ihm? Igor machte sich mit gemischten Gefühlen auf den Weg.

Als er dem Kommandanten gegenübersaß, fragte der: „Wie ist es, willst du dein sektiererisches Wesen weiter treiben, oder hast du dich während der Haft eines Besseren besonnen?“

Igor schaute den Kommandanten nachdenklich an und sagte: „Ich war im Lager Norilsk, im Hohen Norden. Dort ist der Sommer sehr kurz. Erst im Juni verschwindet der letzte Schnee, und Ende August schneit es schon wieder.

Doch während der drei Sommermonate geht die Sonne nicht unter. Alles wächst sehr schnell, auch die Blumen kommen zum Blühen. In unserem Lager hatte man Veilchen in einen Kübel gepflanzt, sie waren der Schmuck in unserem grauen Alltag. Ich habe die Veilchen oft bewundert.

Dann, an einem Morgen im August, hatte es gefroren. Ich eilte zu dem Kübel. Die Veilchen hatten den Frost nicht überstanden, sie ließen ihre Blüten und Blätter hängen. Doch es waren immer noch Veilchen. Der Frost hatte sie nicht in Unkraut verwandelt. Verstehen Sie?“

Der Kommandant hatte verstanden, wurde erstaunlicherweise aber nicht böse. In seinen Zügen war Achtung zu erkennen. Igor durfte wieder gehen und wurde künftig von dem Kommandanten freundlich gegrüßt.

Wird man auch von uns sagen können: „Er ist bis zuletzt ein ‚Veilchen‘ geblieben“?

Wir sahen dort auch Riesen, Enaks Söhne aus dem Geschlecht der Riesen, und wir waren in unseren Augen wie Heuschrecken und waren es auch in ihren Augen. Da fuhr die ganze Gemeinde auf und schrie, und das Volk weinte die ganze Nacht.

4. Mose 13,33-14,1

Igor verstand lange Zeit nicht, weshalb Gott die Kinder Israel in diese missliche Lage kommen ließ. Er hatte das Volk doch aus Ägypten geführt, damit es im Lande Kanaan in Freiheit leben konnte und jetzt verbaute er ihm den Einzug auf diese Weise. Igor verstand auch nicht, warum er oft selbst in Situationen geführt wurde, die ihm nicht schmeckten. Er wurde dann wie die Kinder Israel traurig und verärgert und schimpfte los. Hinterher tat es ihm leid, dass er so ungerecht gewesen war.

In solchen Situationen meinte er manches Mal, dass Gott nicht ganz schuldlos daran sei. – „Wenn Er mich nicht in solch verzwickte Lagen bringen würde, müsste ich nicht böse werden." Zufrieden machten Igor diese Überlegungen nicht. Irgendetwas ging da nicht zusammen. Dann beobachtete er in der elterlichen Küche einen ganz normalen Vorgang, der ihm aber Antwort auf sein Fragen gab.

Seine Mutter hatte eine Gemüsesuppe aufgesetzt und war aus der Küche gegangen. Nach einiger Zeit geriet die Suppe ins Kochen, der Topfdeckel hob sich und die Suppe lief auf den Herd.

„Jetzt weiß jeder, was in dem Topf ist", musste Igor denken. „Vorher war das nicht klar. So ist es auch bei uns. Wenn wir unter Druck geraten, kommt heraus, was wirklich in uns ist. Deshalb lässt Gott die für uns unangenehmen Dinge zu, um uns zu zeigen, was wirklich in uns steckt, dass wir Ihn und Seine Vergebung tagtäglich brauchen. Wenn alles glatt geht, meinen wir ja, schon ganz in Ordnung zu sein und auf Gottes Hilfe verzichten zu können."

## 1. März

So ermahne ich nun, dass man vor allen Dingen tue Bitte, Gebet, Fürbitte und Danksagung für alle Menschen.
1. Timotheus 2,1

Dass die Befolgung dieser Anweisung echte Hilfe zur Folge hat, das erfuhr die junge Glaubensschwester Lida während der Sowjetdiktatur, als man sie wegen ihrer treuen Tätigkeit in der Gemeinde, für drei Jahre in das Frauenstraflager Teschemolgan bei Alma-Ata gesteckt hatte.

Als ihre Inhaftierung bekannt geworden war, erhielt sie jeden Tag einige Briefe, darunter auch welche aus dem Ausland. Doch mit einem Mal wurden es, aus für sie unerklärlichen Gründen, immer weniger. Schließlich erhielt sie gar keine Post mehr.

Nach einigem Warten, nahm sie allen Mut zusammen und fragte den Lagerbevollmächtigten, ob ihm bekannt sei, weshalb ihr keine Post mehr ausgehändigt werde. Der Bevollmächtigte war an diesem Tag gut gelaunt, griff in seine Tasche, brachte einen Brief zum Vorschein und gab ihn Lida mit den Worten: „Lies, was man dir schreibt."

Der Brief war in Englisch abgefasst, ihm lag jedoch eine Übersetzung bei. So erfuhr Lida, dass er von einem Studenten aus Amerika stammte. Der junge Mann brachte seine geistliche Verbundenheit mit ihr zum Ausdruck und wünschte ihr, dass sie weiterhin viel Kraft und Mut vom Herrn empfangen möchte. Zum Schluss schrieb er: „Ich bete auch für deine Vorgesetzten, dass sie gut zu dir sein möchten."

„Siehst du, deine Freunde beten sogar für mich!" sagte der Bevollmächtigte und schien sich darüber zu freuen. – „Haben Sie auch gehört, weshalb er für Sie betet?" fragte Lida leise. Der Bevollmächtigte nickte und Lida bekam wieder mehr Post.

Ihr sollt den Herrn, euren Gott, nicht versuchen.
5. Mose 6, 16

Als Katja in das Frauenstraflager nahe der chinesischen Grenze eingeliefert wurde, fand sie bald heraus, dass ihre Einlieferung gut vorbereitet worden war. Um die anderen Frauen von ihr, der Gläubigen, fern zu halten, hatte die Lagerleitung bekanntmachen lassen, dass die Christen Menschen opferten, vor allem Kinder, dass sie Menschenblut trinken und noch andere furchtbare Dinge tun würden.

Aber schon nach kurzer Zeit hatte Katja durch ihre Freundlichkeit, ihre Hilfsbereitschaft und ihr auf das ewige Ziel ausgerichtetes Leben, die Herzen der Mitgefangenen gewonnen. Nur jene, die sich nicht ändern wollten, entwickelten einen regelrechten Hass gegen sie.

Dann geschah etwas Entscheidendes. Katja hatte an einem Badetag ihre Brille auf ihrem Bett in der Baracke liegen lassen. Als sie zurückkam, war die Brille weg und wurde trotz eifrigem Suchen nicht gefunden. Also stand fest, dass sie gestohlen wurde. Da machte sich eine Mitgefangene, die selbst eine Brille trug, zu Katjas Fürsprecherin. Zum Schluss sagte sie: „Wenn die Brille nicht auftaucht, wird Katja ihren Gott bitten, die Diebin zu bestrafen."

Katja betete auch, aber nicht um Strafe, sondern um das Wiederauftauchen ihrer Brille. – Tage später lag diese unter Katjas Kopfkissen. Nach weiteren Tagen kam eine Frau wegen einer plötzlich aufgetretenen Augenkrankheit ins Krankenhaus. Als sie wieder zurückkam, gestand sie, dass sie die Brille gestohlen hatte, um zu sehen, ob Katjas Gott wirklich eingreifen werde.

Diese Begebenheit war für alle Frauen ein Beweis dafür, dass Gott existiert. Von da an versuchte keine mehr, Ihn auf die Probe zu stellen. Hüten auch wir uns davor.

## Hast du mich lieb?

Johannes 21,16

Diese Frage wurde Petrus vom auferstandenen Herrn am See Genezareth gestellt. Die gleiche Frage stellte sich auch für Ljuba Kosatschewitsch, als man sie im Alter von 30 Jahren in einer vom KGB aufgespürten Druckerei des Geheimverlages Christianin verhaftete. Die Frage nach ihrer Liebe zum Herrn Jesus stellte sich ihr deshalb, weil für sie sofort feststand, dass sie einer schweren, notvollen Zeit entgegenging. Vielleicht kehrt sie sogar, wie viele Glaubensbrüder und Schwestern vor ihr, nicht mehr lebend aus der Haft zurück.

Trotzdem erklärte sie vor Gericht: „Ich liebe das Leben sehr. Ich mag den blauen Himmel, die Berge, die aufgehenden Knospen an den Bäumen... Ich mag den Regen und die Blumen und ich bin sehr gerne mit den Geschwistern in den Gemeindeversammlungen zusammen. Doch über alles liebe ich den Herrn Jesus. Um seinetwillen, um der Arbeit in Seinem Namen willen, bin ich bereit, alles preiszugeben."

Das war eine kühne Aussage. Sie ließ selbst die Atheisten im Saal aufhorchen. Kurze Zeit war es so still, dass man eine Nadel hätte fallen hören.

Die Bereitschaft zum Sterben hatte auch Petrus einmal zum Ausdruck gebracht, er war jedoch kläglich gescheitert. Wie würde das bei Ljuba ausgehen?

Sie musste Schweres, sehr Schweres durchmachen. Ihr Äußeres veränderte sich stark, aber die innere Freude am Herrn ging ihr nicht verloren. Sie schrieb aus der Gefangenschaft: „...Es stimmt freudig, jeden Tag die Fürsorge und Liebe des Herrn Jesus sowie Eure Liebe und Eure Gebete für mich zu spüren... Mir haben Freunde aus vielen Ländern geschrieben... Der Herr führt mich auch jetzt und hier. Ihm sei Ehre für alles..."

Ein anderer wird dich gürten und führen,
wohin du nicht willst.
Johannes 21,18

Einem Bruder aus der Gemeinde in Miroljubowka bei Omsk, wurde während der Sowjetdiktatur das Leben zum Martyrium gemacht. Als dann bekannt wurde, dass er verhaftet werden sollte, rieten ihm die leitenden Brüder der Gemeinde, in den Untergrund zu gehen. – „Das Gefängnis läuft nicht weg", sagten sie. „Wir brauchen aber Mitarbeiter in der Druckerei. Wir bitten dich, in ihr mitzuarbeiten, solange es dem Herrn gefällt." Der Bruder nahm diesen Rat an.

Drei Jahre später ließ es der Herr zu, dass der Bruder aufgespürt und verhaftet wurde. Aber auch während der Untersuchungshaft durfte er erfahren, dass der Herr ihn nicht verlassen hatte, sondern wunderbar führte. Als es ihm besonders große Not bereitete, dass er keine Brüder zur Seite und keine Bibel hatte, aber nach Trost verlangte, wurden ihm, wie vorgeschrieben, die Protokolle der Untersuchungen und Verhöre zur Durchsicht übergeben. Zwischen den Papieren entdeckte er ein Kärtchen mit einem Bibelwort, das man bei der Durchsuchung seines Hauses beschlagnahmt hatte.

Er nahm das Kärtchen und las: „Sei getreu bis an den Tod, so will ich dir die Krone des Lebens geben." Offb. 2,10. Und er wurde wunderbar getröstet.

Während der Haft vermochte er nicht um Befreiung zu beten. Obwohl er sehr gerne in der Freiheit gewesen wäre. Er war jedoch überzeugt, vom Herrn hierher geführt worden zu sein. Hier wollte er deshalb auch seinen Auftrag erfüllen, der da hieß, Zeuge Jesu Christi zu sein. Und Zeugnis konnte er hier immer wieder geben. Deshalb betete er nur um Bewahrung des Glaubens.

Um was hättest du gebetet?

Er hat ihre Augen verblendet...
dass sie mit den Augen nicht sehen.
Johannes 12,40

Als Daniel Klatt aus der Haft entlassen wurde, war das für seine Frau Margarete und seine Kinder eine große Freude. Ja, die ganze Gemeinde freute sich mit den Klatts und wollte, wie sie das bei anderen Heimkehrern auch getan hatte, einen festlichen Dankgottesdienst durchführen.

Doch diesmal hatte die Miliz Wind davon bekommen und stattete dem Haus, in dem der Gottesdienst geplant war, einen Besuch ab. Die Herren kamen allerdings zu früh und fanden im Wohnzimmer nur die aufgestellten leeren Bänke vor, sowie den Hausherrn und Daniel Klatt. Jetzt geschah das Wunder. Der Herr hielt die Augen der Milizbeamten so, dass sie nicht auf den Gedanken kamen zu früh zu sein, sondern meinten, der Gottesdienst sei schon zu Ende.

„So", sagte der Anführer, „wenn schon alles vorbei ist, könnt auch ihr gehen." Die beiden nickten und gingen zum Dankgottesdienst, indem sie warteten bis die anderen kamen.

Obwohl die Milizbeamten niemanden angetroffen hatten, wurde der Hausherr aber Tage später zum Verhör bestellt. Man wollte Auskünfte über verschiedene Personen haben, die sie von ihm aber nicht bekamen.

Da sagte der Leiter des Verhörs: „Wir bestellen auch Orthodoxe und Lutheraner hierher. Von ihnen bekommen wir Auskunft. Warum sagt ihr nichts und nehmt lieber eine Verhaftung in Kauf?" – „Weil wir uns an Gottes Wort halten und über andere nicht hinter ihrem Rücken reden, also auch keine Auskünfte erteilen", sagte der Hausherr. „Was ihr über die betreffenden Leute wissen wollt, müsst ihr sie schon selbst fragen." – Ein guter Rat auch für dich?

Wenn sie euch führen...vor die Obrigkeit...
sorget nicht... was ihr sagen sollt; der heilige Geist wird
euch zu derselben Stunde lehren, was ihr sagen sollt.
Lukas 12, 11-12

Unser Evangelist David Klassen besaß während seiner Haft, verbotenerweise, ein schönes Neues Testament. Eines Abends saß er an seinem Bett, las darin und sein Glaubensbruder Chrapow hörte ihm zu. Plötzlich kam ein Aufseher in die Baracke. David erschrak, ließ aber das Testament in einem seiner Jackenärmel verschwinden. – Doch der Aufseher schrie: „Zu spät! Ich hab's gesehen! Nicht von der Stelle rühren! – Was hast du gelesen? Her damit!"

David wusste: wenn das Testament entdeckt wurde, kam er in den Karzer. Das bekümmerte ihn jetzt aber weniger. Größer war seine Furcht, Gottes Wort zu verlieren. Doch was sollte er dem Aufseher sagen? Als Christ durfte er nicht lügen! In seiner Not betete er im Stillen: „Herr, rette das Testament! Gib mir die Worte, die ich sagen soll ohne zu lügen!"

Augenblicke später stotterte er: „Su-suchen Sie do-doch." Der Aufseher tastete David vom Hals bis zur Hüfte rasch ab und entdeckte deshalb das Testament nicht. Als er an den Beinen zu tasten begann, ließ David das Testament von seinem Jackenärmel in die Hand gleiten und warf es, ohne dass der Aufseher es bemerkte, in weitem Bogen von sich weg. Es landete kurz vor der Eingangstür. Ein anderer Häftling schob es mit dem Fuß bis zur Tür, hob es rasch auf und ging nach draußen.

Als der Aufseher nach einer weiteren, gründlicheren Leibesvisitation nichts Verdächtiges fand, ging er verärgert davon. Die Brüder dankten dem Herrn, dass er ihnen geholfen hatte, das Testament zu retten, durch das sie täglich Kraft und Wegweisung erhielten.

Ich weiß aber selbst gar wohl von euch, liebe Brüder, dass ihr selber voll guten Sinnes seid, erfüllt mit aller Erkenntnis, dass ihr euch untereinander könnt ermahnen.
Römer 15,14

In den Straflagern pflegen die Verbrecher einen Jargon, von dessen Derbheit und Brutalität man außerhalb der Lager kaum eine Vorstellung hat. Nun kamen die inhaftierten Gläubigen ja nicht in eigene Baracken, sondern wurden unter die Verbrecher gesteckt. Somit waren sie dieser schmutzigen und hässlichen Sprache täglich ausgesetzt.

Natürlich taten sie alles, um sich diesen verderblichen Einflüssen und Unsitten zu entziehen. Doch das gelang nicht ganz und hinterließ einige Spuren, die dann hin und wieder sichtbar wurden, wie das die Glaubensbrüder David und Chrapow erlebten. Ohne es zu merken, gebrauchte Chrapow eines Tages einen furchtbar hässlichen Ausdruck. David nahm ihn wahr, schwieg aber, und Chrapow konnte sich nicht entschuldigen. Sofort trat ein Ungläubiger auf den Plan. Er wies Chrapow auf sein Fehlverhalten hin und meinte, dass solche Ausdrücke nicht zu einem Christen passen.

Daraufhin ging Chrapow zu David und fragte: „Hast du mein anstößiges Auftreten bemerkt?“ David bejahte und Chrapow sagte: „Du hast geschwiegen, deshalb musste Gott einen Ungläubigen gebrauchen, um mich zurechtzuweisen. Das ist beschämend, wo uns der Herr den Auftrag gegeben hat, dass wir uns gegenseitig helfen sollen.“

Das sollte uns eine Warnung und Ermunterung sein, uns gegenseitig den Liebesdienst der Ermahnung zu erweisen, damit es nicht Ungläubige tun müssen.

Wenn jemand zu euch wird sagen: Siehe, hier ist der Christus! oder da!, so sollt ihr's nicht glauben. Denn es werden viele falsche Christusse auferstehen... um, wenn es möglich wäre, auch die Auserwählten zu verführen.

Matthäus 24, 23-24

Der Sowjetstaat schreckte vor keinem Mittel zurück, um die in Untersuchungshaft befindlichen Gläubigen auszuhorchen. Das musste auch Bruder Wladimir Rytikow erfahren. Zu ihm wurde eines Tages ein Mann mit langen Haaren und Bart in die Zelle geschoben. Schon bald wollte der Neue von Wladimir wissen, ob er gläubig sei. Wladimir bejahte. Der Mann kam auf biblische Ereignisse zu sprechen und zeigte, dass er über eine gute Schriftkenntnis verfügte. Schließlich sagte er: „Du glaubst an Christus. Christus bin ich...!" Dann sprach er davon, dass er bald die Welt richten werde.

Wladimir widersprach ihm: „Wie kannst du Christus sein? Christus wird in Herrlichkeit kommen, nicht mehr als Mensch. Wie kannst du Christus sein, wenn du noch fluchst?" – „Mit dir fluche ich nicht, nur mit den Ungläubigen", hielt der Mann dagegen und wich Wladimir nicht mehr von der Seite. Da ging dem jungen Rytikow auf: Dieser Begleiter ist ein KGB-Agent!

Als Wladimir wieder einmal am Fenster stand, während sein Vater, den man ebenfalls eingesperrt hatte, mit anderen Häftlingen Hofspaziergang hatte, winkte er ihn zu sich heran. Dann fragte er ihn: „Vater, kann dieser Mann Christus sein, wenn er schändliche Fluchworte gebraucht?" – „Nein! Er ist ein falscher Christus!" erklärte der Vater. Wenig später wurde der Mann aus der Zelle genommen und Waldemir bekam ihn nicht mehr zu Gesicht.

Auch wir müssen Irrlehre beim Namen nennen, damit wir vor ihr Ruhe bekommen.

Sie gehen unter und nehmen ein Ende mit Schrecken.
Psalm 73,19

Nach seiner Verhaftug, wurde der Junge namens Wladimir in eine Zelle des Untersuchungsgefängnisses geschoben, in der sich schon einige Leidensgenossen befanden. Er grüßte mit dem Gruß der Christen in der Sowjetunion: „Friede sei mit eurem Hause."

Die Angesprochenen waren über den für sie ungewöhnlichen Gruß erstaunt, antworteten aber fast einmütig: „Mit Frieden empfangen wir dich." Dieses Versprechen hielten sie auch ein, sie waren sehr freundlich zu Wladimir, brachten ihm Achtung entgegen und stellten ihm viele Fragen.

Doch Tage später, als die Zellengenossen nacheinander hinausgerufen wurden, änderte sich das. Sie wollten von Wladimir nichts mehr hören und waren sehr grob zu ihm. Wenn er sich zum Schlafen hinlegte, bewarfen sie ihn mit Schuhen und übergossen ihn mit kaltem Wasser, um nur einige der Grobheiten zu nennen. Kein Zweifel, die Männer waren vom Untersuchungsrichter gegen Wladimir aufgehetzt worden.

Nach etwa zwei Monaten wurde er in eine Zweimannzelle verlegt. Seinen Kollegen hatte Wladimir bald als KGB-Agent ausgemacht, weil der ständig versuchte, genaue Informationen über die Glaubensbruderschaft und das geistliche Leben der Gläubigen zu erfahren. Das gelang ihm aber nicht, und er wurde noch frecher und tückischer als die vorherigen Häftlinge. Auf jede nur erdenkliche Weise versuchte er dem Jungen zu schaden. Er spuckte ihm sogar während des Essens in die Schüssel. – Zuerst meinte Wladimir, er könnte das nicht ertragen und müsste zerbrechen. Doch dann gab ihm der Herr das oben stehende Wort ins Gedächtnis. Er konnte auf das Ende dieses Menschen sehen und hatte nun sogar Mitleid mit ihm.

Leben wir, so leben wir dem Herrn;
sterben wir, so sterben wir dem Herrn. Darum:
wir leben oder sterben, so sind wir des Herrn.
Römer 14,8

Obwohl Alexander nicht hinter dem Berg hielt, dass er den militärischen Eid aus Gewissensgründen nicht ablegen könne, wurde er während der Sowjetdiktatur dennoch eingezogen. Seinen Dienst musste er in einer Einheit im Gebiet von Moskau ableisten.

Schon nach wenigen Wochen stand die Ablegung des Eides an. Alexander erklärte, dass er Christ sei und diese Handlung nicht vollziehen könne, weil sie die Bereitschaft zum Töten von Menschen einschließe. Das verstoße gegen das Wort Gottes, dem er sich verpflichtet fühle. Daraufhin führten die Offiziere zahlreiche Gespräche mit Alexander. Sie wollten ihn zum Umdenken zwingen und sprachen so schwerwiegende Drohungen aus, wie: „Wir bringen dich ins Gefängnis“, „Wir lassen dich nicht mehr in Ruhe leben!“ oder „Im Falle eines Krieges bekommst du eine Kugel von uns!“

Jedes Gespräch war darauf abgestellt, den Willen des jungen Mannes zu brechen. Das gelang jedoch nicht, und die Offiziere wurden immer wütender. Eines Tage riss einer sogar den Dolch aus der Scheide, hielt ihn Alexander an den Hals und schnauzte: „Gott oder Eid?!“

„Du gehörst dem Herrn Jesus, und wenn er dich jetzt tötet, gehörst du Ihm immer noch, du wirst Ihn sogar sehen“, schoss es Alexander durch den Kopf und er sagte entschlossen: „Gott!“

„Dachte ich es mir doch!“ schrie der Offizier mit dem Dolch und schleuderte ihn in eine Ecke. Alexander kam zu einer anderen Einheit, in der er ohne Ablegung eines Eides dienen konnte.

Seid nicht bekümmert;
denn die Freude am Herrn ist eure Stärke.
Nehemia 8,10

Bei freudigen Anlässen sind wir gerne bereit, das obenstehende Schriftwort zu zitieren, und haben auch keinen Zweifel, dass es stimmt. Es ist uns aber nicht nur zu freudigen Anlässen gegeben, auch in trüben Zeiten – gerade dann – soll es uns Halt und Stütze sein. Aber wie steht es darum?

Werfen wir einen Blick auf einen Lebensabschnitt der 24-jährigen Galina aus Brest. Nach einem 3-jährigen Freiheitsentzug in der Sowjetunion wurde sie schon nach knapp drei Monaten erneut wieder verhaftet. Diesmal aber nicht wegen staatsfeindlicher Umtriebe, wie ihre Tätigkeit in der Gemeinde bei der ersten Verhaftung bezeichnet wurde, sondern wegen Rauschgifthandel. Das kam so:

Auf dem Flughafen Wladiwostok kam plötzlich ein Milizionär in Begleitung von Kriminalbeamten auf sie zu. Er öffnete eine ihrer Taschen und fand oben auf den Gepäckstücken eine Streichholzschachtel mit Haschisch. Galina war sicher, dass der Milizionär die Schachtel in ihre Tasche geschmuggelt hatte. Ihre diesbezüglichen Erklärungen halfen ihr nichts, sie wurde eingesperrt und verurteilt.

Das bereitete ihr große Schwierigkeiten. Sie verstand nicht, wie ihr Herr eine solche Ungerechtigkeit zulassen konnte. Erst im Lager, als sie die Hilflosigkeit und Sinnlosigkeit der anderen Frauen sah, verstummte ihr klagendes Fragen wieder. Sie besann sich auf das, was sie durch und im Herrn Jesus hatte: Vergebung der Schuld und eine wunderbare Zukunft. Ja, sie ging einer Zeit entgegen, wo all das, was ihr hier zu schaffen machte, nicht mehr sein würde. Jetzt konnte sie sich wieder recht am Herrn freuen und sogar anderen zum Wegweiser auf Ihn hin werden. Kannst du das auch?

Wer ist aber unter euch, der einen Turm bauen will und sitzt nicht zuvor und überschlägt die Kosten, ob er's habe, hinauszuführen?
Lukas 14,28

Wer so tut, als sei die Nachfolge des Herrn Jesus nur ein Wandeln auf sonnigen Höhen, steht nicht auf dem Boden der Bibel. Er betrügt sich selbst und die Leute in seiner Umgebung. Wenn es in der Nachfolge nur sonnige Höhen gäbe, warum hat der Herr dann die oben stehenden Worte gesagt?

Auch Wasilij Ryshuk, der viermal wegen seines Glaubens verhaftet wurde, wusste darum, dass ein treues Christenleben mit Kosten verbunden ist. Und diese Kosten bestehen aus Leiden, weil der echte Christ ein Fremdkörper in dieser Welt ist. Wasilij wusste natürlich auch, dass er diese Leiden hätte umgehen können, er hätte nur seinen Mund zu halten, das Evangelium nicht mehr zu verkündigen brauchen. Aber dann hätte er seinen Herrn verleugnet, der seine Nachfolger dazu beauftragt, Ihn vor den Menschen zu bekennen.

Als man Wasilij fragte: „Was wirst du tun, wenn man dich noch einmal verhaftet?" antwortete er: „Wenn Gott es zulassen sollte, dass ich noch einmal eingesperrt werde, werde ich wiederum nicht versprechen, meinen Dienst zu lassen. Ich werde an der Verkündigung des Evangeliums festhalten, weil der Herr gesagt hat: ‚Gehet hin in alle Welt und predigt das Evangelium aller Kreatur.' Und weil ich aus der Schrift weiß, dass auf alle Menschen, die sich nicht bekehren, eine schreckliche Zukunft wartet. Das gönne ich ihnen aber nicht. Deshalb werde ich weiter reden."

Keine Frage, wenn es mehr Wasilijs gäbe, wäre es in dieser Welt nicht so dunkel wie es ist und das Christentum wäre glaubwürdiger.

Ich bin oft gereist, ich bin in Gefahr gewesen...
unter den falschen Brüdern.
2. Korinther 11,26

Es ist kein Geheimnis, dass die wahrhaft Gläubigen vielfältigen Gefahren ausgesetzt sind. Der Herr Jesus sah das als etwas Normales an. Im Evangelium nach Johannes lesen wir: „Haben sie mich verfolgt, so werden sie euch auch verfolgen.“ Der Herr dachte dabei an die Welt. Die Gefahr, die von ihr ausgeht, ist groß. Doch die größte Gefahr für die einzelnen Gläubigen und die Gemeinde, als sichtbaren Leib des Herrn, geht von den falschen Brüdern aus. Das erfuhr auch Nikolaj Chrapow, der Autor der Trilogie „Das Glück des verlorenen Lebens“.

Er wusste davon zu berichten, dass vor allem die verantwortlichen Brüder in der Gemeinde ohne Scheu von den falschen Brüdern angeschwärzt wurden. Er nannte auch den Grund dieses verwerflichen Tuns. Die falschen Brüder konnten es nicht ertragen, anhand des Wortes Gottes ermahnt zu werden, und wollten den schriftbegründeten Anweisungen der verantwortlichen Brüder nicht folgen.

Damit machten sie sich, meistens unbewusst, mit den Feinden des Volkes Gottes eins und fügten der Gemeinde größeren Schaden zu, als das die Welt es tun konnte.

Das sollte auch uns eine Warnung sein. Die Angriffe von außen sind ganz einfach da. Sie können, im Normalfall, die Gemeinde auch nicht zersetzen. Aber die Angriffe von innen, durch die falschen Brüder, sind der Aussatz des Leibes Christi und zersetzen ihn. Deshalb gilt es auch heute noch, wie zur Zeit der Apostel, sich von solchen Brüdern zu trennen, und zwar so rasch als möglich. Lieber eine kleine, als eine große und zerstrittene Gemeinde!

Ihr gedachtet, es böse mit mir zu machen,
aber Gott gedachte, es gut zu machen,
um zu tun, was jetzt am Tage ist, nämlich
am Leben zu erhalten sein Volk.
1. Mose 50,20

Dass dieses Wort nicht nur zur Zeit von Joseph, dem Sohnes des Jakob, Gültigkeit hatte, wird an einem Geschehen, das die Gemeinde in Karaganda stark berührte, deutlich. Aus ihrer Mitte war ein Bruder zu einer mehrjährigen Haftstrafe verurteilt worden.

Einige Tage vor dem Ablauf der Haftzeit, wurde er mit der Anweisung, seine Habseligkeiten mitzubrigen, zur Lagerverwaltung gerufen. – Sollte er schon früher entlassen werden? Weit gefehlt! Mit der Begründung, er habe im Lager staatsfeindliche Propaganda betrieben, wurde er wieder in ein Untersuchungsgefängnis gesteckt. Bei seiner Gerichtsverhandlung stellte sich heraus, dass 10 seiner Mithäftlinge, die man offensichtlich bestochen hatte, gegen ihn aussagten. Er wurde wieder zu einer Haftstrafe verurteilt.

Seine Familie hatte man darüber nicht benachrichtigt. Am Entlassungstag wartete sie deshalb mit Glaubensgeschwistern vergeblich am Lagertor auf den Vater und Bruder. Die Atheisten waren der Meinung, diesem Christen und seiner Gemeinde einen Schlag versetzt zu haben, von dem sie sich nicht erholen würden. Diese Rechnung hatten sie aber ohne Gott gemacht, der alles ins Gegenteil zu kehren vermag und es hier auch tat. Der nächste Gottesdienst in dieser Gemeinde war zwar kein fröhlicher, aber in ihm wurde viel gebetet und bei vielen Jugendlichen setzte eine innere Erneuerung ein. Außerdem gaben 11 Gottesdienstbesucher bekannt, dass sie von jetzt an der Gemeinde angehören möchten und meldeten sich zur Taufe an. – Ihr gedachtet es böse zu machen, aber Gott machte es gut!

Ich habe keine größere Freude als die, dass ich höre,
wie meine Kinder in der Wahrheit wandeln.
3. Johannes-Brief 4

In der Wahrheit, die einen Namen hat und Jesus Christus heißt, wandelten die 1000 Jugendlichen, die sich in der Nähe von Kischinew zu einem Jugendfest im Wald trafen. Deshalb ließen sie sich auch nicht irremachen, als sie von Milizbeamten überrascht wurden. Wie die Miliz von diesem Treffen, das mit größter Vorsicht vorbereitet worden war, erfahren hatte, wussten die Jugendlichen nicht.

Jedenfalls, als das Treffen mit Gebeten, Liedern und Wortverkündigung begonnen hatte, kam die Miliz mit ihren Wagen angebraust. Sofort ertönte über das Megaphon eine Frauenstimme: „Im Namen des Gesetzes bitten wir euch, auseinanderzugehen, sonst..." – Ihre weiteren Worte waren nicht mehr zu verstehen, weil die Versammelten einen mächtigen Gesang anstimmten. Nach einigen Liedern gab die Frau ihr Bemühen auf.

Da trat ein junger Bruder aus den Reihen der Versammelten und sagte: „Liebe Jungen und Mädchen, liebe Milizbeamten! Am 9. Mai feierten wir den Sieg über Deutschland..." – Die Beamten horchten auf. Wie kam der Fromme dazu, davon zu reden?

Am 8. Mai wurde in jenem Jahr nach dem Gregorianischen Kalender, in Russland das Auferstehungsfest begangen. Deshalb fuhr der junge Mann fort: „Einen Tag vorher, feierten den Sieg Jesu Christi über Sünde und Tod..." Zum Schluss rief er: „Christus ist auferstanden!" – „Wahrhaftig auferstanden!" kam es zurück. Das wurde zehnmal wiederholt. Dann kam ein Traktor angetuckert und machte solchen Lärm, dass die Jungendlichen nicht mehr zu verstehen waren.

Es besteht jedoch kein Zweifel, dass die jungen Gläubigen Gott wohlgefällig handelten. – Gibt es auch heute noch solche Jungen und Mädchen?

Wer sein Leben erhalten will,
der wird's verlieren; wer aber sein Leben verliert
um meinetwillen, der wird's finden.
Matthäus 16,25

Dieses Wort des Herrn Jesus hat seine Gültigkeit nicht nur im Blick auf das Leben, sondern kann auf alle Lebensbereiche angewandt werden. Das zeigte die Mutter von Peter und Daniel aus Chortiza, einem Steppendorf südlich des Urals, als ihre Jungen vom Untersuchungsrichter zurückkamen, bei dem sie vergeblich um eine Besuchserlaubnis beim verhafteten Vater und dem älteren Bruder nachgesucht hatten. Man hatte ihnen verschiedene Dinge erzählt, aus denen sie schließen konnten, dass ihr älterer Bruder Peter, der zum zweiten Mal in Haft war, in Zukunft nicht mehr als Evangelist durch das Land ziehen, sondern zu Hause bleiben sollte. Man sagte den beiden Brüdern, dass ihr älterer Bruder gegenüber der alleinstehenden Mutter eine Fürsorgepflicht habe. – Die beiden überlegten jedoch, ob das die Mutter auch so sehe. Wieder zu Hause, fragte Daniel: „Mutter, möchtest du Peter ständig bei dir haben?"

Dann berichteten die Jungen, was der Richter gesagt hatte. Als Antwort erzählte die Mutter die Geschichte einer Frau, die viel für ihre ungläubige Tochter gebetet hatte. Dann wurde die Tochter Christin und äußerte den Wunsch, als Missionarin nach Indien zu gehen. Dem widersetzte sich die Mutter – und nach kurzer Zeit verstarb die Tochter. „Diese Mutter wollte ihre Tochter dem Herrn nicht abgeben", schloss die Mutter der Jungen. „Da nahm der Herr das Mädchen zu sich. So könnte es mir auch ergehen. Deshalb werde ich Peter im Dienst für den Herrn nicht aufhalten." Die Mutter wurde dafür mit Kraft gesegnet und konnte ihren Haushalt versehen, bis sich eine andere Lösung ergab.

Und ob ihr auch leidet um Gerechtigkeit willen,
so seid ihr doch selig.
1. Petrus 3,14

„Das hast du nun von deinem Christsein“, sagte der Richter zu Heinrich, als dieser wegen seines Glaubens vor Gericht stand. – Heinrich entgegnete: „Wenn ich nicht Christ geworden und Alkoholiker geblieben wäre, wäre ich schon längst und sogar mehrere Male auf der Anklagebank gelandet.“ – „Naja, für euch Christen ist es ja auch gleich, was hier mit euch geschieht“, meinte der Richter. „Ihr erwartet die Freude ja erst nach dem Tod.“ – „Das ist nicht wahr“, widersprach Heinrich. „Wir genießen die Freude auch schon in diesem Leben, aber es ist eine andere Freude als jene, die die Menschen so im Allgemeinen kennen. Die Freude von der ich rede, können auch nur jene erleben, die den Herrn Jesus Christus als ihren Herrn in ihr Herz aufgenommen haben. Und weil ich versucht habe, Menschen zu dieser Freude zu führen, sitze ich nun auf der Anklagebank.“

Danach brachte der Richter andere Anklagepunkte vor, die Heinrich – dem in diesem Augenblick viel Weisheit und Kraft geschenkt wurde – aber alle widerlegen konnte. Zum Schluss sagte er: „Das Anklagematerial enthält viele Protokolle, aus denen hervorgeht, dass Milizbeamte und andere Vertreter der politischen Macht viele Gottesdienste auflösten und störten. Aber es ist nicht ein einziges Dokument vorhanden, das belegt, dass Gläubige sich in staatliche Angelegenheiten eingemischt hätten. Deshalb haben sich nicht die Gläubigen, sondern die sowjetischen Behörden der Hauptanklage schuldig gemacht. Sie haben das Gesetz der Trennung von Kirche und Staat übertreten.“

Obwohl ihm der Richter nicht widersprechen konnte, wurde er dennoch verurteilt. Heinrich fühlte sich aber nicht vom Herrn verlassen.

Das befremdet sie, dass ihr nicht mehr mit ihnen
laufet in dasselbe wüste, unordentliche Wesen,
und sie lästern; aber sie werden Rechenschaft geben dem,
der bereit ist, zu richten die Lebendigen und die Toten.
1. Petrus 4,4-5

Nichts hasst die Welt mehr, als Menschen, die bei ihrem Treiben nicht mehr mittun. Das ist nicht erst seit heute so, sondern – wie Gottes Wort beweist – eine ewig gültige Wahrheit. Die musste auch der zwanzigjährige Nikolaj erfahren. Er wurde, abgesehen von seiner aktiven Mitarbeit in der Gemeinde, ohne ersichtlichen Grund verhaftet und sechs Monate in Untersuchungshaft gehalten. Danach wurde er ohne Gerichtsverhandlung von einem Sonderausschuss des Ministeriums für Staatssicherheit zu zehn Jahren Haft verurteilt.

Erst im Verlauf der Gerichtsverhandlung erfuhr Nikolaj den Anlass seiner Verurteilung. „Der Angeklagte", so wurde verlesen, „sang keine sowjetischen Lieder, er las keine sowjetische Literatur, er besuchte keine sowjetischen Klubs, ging auch in keine sowjetischen Theater und keine sowjetischen Kinos; dafür aber besuchte er die Versammlungen der Christen, sang religiöse Lieder, verherrlichte das Leben nach dem Tod und verkündigte das Evangelium. Damit wandte er sich vom gesellschaftlich-politischen Leben ab, rief auch andere dazu auf und empfahl an Gott zu glauben und nach der Bibel zu leben."

Es wäre ein schönes und gottwohlgefälliges Zeugnis, wenn über alle Christen das Urteil gefällt werden könnte: Ihrem Herrn und Heiland zuliebe taten sie bei der Welt – die Christus ans Kreuz brachte – nicht mit.

Was der Gottlose fürchtet, das wird er bekommen.
Sprüche 10,24

Unter den etwa 500 Brüdern, die nach Moskau fuhren, um den damaligen Regierungschef Breschnew auf die ungerechte Behandlung der Gläubigen hinzuweisen, befand sich auch Nikolaj Baturin. Anstatt zu Breschnew zu gelangen, landete Nikolaj, wie alle Brüder, in der Haft, die drei Jahre dauern sollte. Etwa ein Jahr vor seiner Entlassung wurde Nikolaj regelmäßig von KGB-Beamten besucht, die ihn auf raffinierte Weise über die Gemeinde auszufragen versuchten.

Besonders hatten es die KGB-Leute auf den „Verwandtenrat der Gefangenen“ und den „Geheimverlag“ abgesehen.

Der Verwandtenrat beunruhigte sie, weil durch seine Tätigkeit die Not, die durch die Verhaftung der Väter in den Familien entstand, erheblich gemildert wurde. – Nikolaj sagte dem KGB: „Die Urheberin des Verwandtenrates war die Sowjetmacht selbst. Würde sie die Verfolgung der Gläubigen abbrechen, keine weiteren Gläubigen mehr verhaften und die Verhafteten entlassen, würde sich der Verwandtenrat erübrigen.“

Als Nikolaj über den Geheimverlag ausgehorcht werden sollte, antwortete er: „Der Rat der Gemeinden wandte sich vor Jahren an die Regierung mit der Bitte um Erlaubnis 10.000 Bibeln zu drucken. Auch bat man um den Druck von Liederbüchern und Zeitschriften. Doch alles wurde abgelehnt. Da das Bedürfnis nach diesen Schriften aber sehr groß war, sah man sich zur Selbsthilfe gezwungen. Käme eine offizielle Druckerlaubnis, erübrigte sich die Untergrundarbeit.“ – Daraufhin wurde er in dieser Beziehung nicht mehr befragt. Die KGB-Leute hatten wohl erkannt, dass ohne Unterdrückung vieles nicht wäre, das sie nun zu bekämpfen hatten.

Zum Heil wurde mir bitteres Leid.
Jesaja 38,17

Ist das möglich, – kann das Wirklichkeit sein, oder ist es nur Theorie? – Das Leben einer Glaubensschwester aus der ehemaligen Sowjetunion, deren Mann gestorben war, gibt Antwort auf diese Frage.

Nach dem Heimgang ihres Mannes fiel die Schwester in ein tiefes seelisches Loch. Nichts und niemand vermochte ihr mehr Trost zu geben. Trotz eifrigstem Bemühen, konnte sie keine Nahrung mehr zu sich nehmen. Erst als sie fast die Hälfte ihres Körpergewichtes verloren hatte, suchte sie eine Ärztin auf. Die sagte ihr: „Liebe Frau, Sie tun mir leid. Denken Sie nur nicht, dass Ihnen irgendwelche Medikamente helfen könnten. Suchen Sie sich eine Quelle des Trostes und Ihre Körperfunktion wird sich wieder normalisieren. Sie müssen innerlich zur Ruhe kommen."

Als die Schwester die Praxis verlassen hatte, weinte sie: „Mein Gott! Welche Schande! Mir als Christin muss eine ungläubige Ärztin sagen: ‚Suchen Sie eine Quelle des Trostes!' Ich kenne sie ja, aber ich geh nicht zu ihr. Ich laufe in der Wüste der Verzweiflung herum und verschmachte."

„Herr, vergib mir!" betete sie dann unter Tränen. Aber diesmal waren es keine Tränen der Ausweglosigkeit, sondern der Reue darüber, dass sie den Herrn nicht gesucht hatte.

Als ihr Mann noch lebte, war sie mit allem Schmerz zu ihm gegangen und hatte sich von ihm trösten lassen. Die so erhaltene Kraft war aber nicht von Dauer. Deshalb war sie jetzt, wo der Mann nicht mehr da war, in ein solches Loch gefallen. Nun erhielt sie aber Kraft vom Herrn, die alle bisher erfahrene Kraft überstieg. Sie wurde bald auch wieder körperlich gesund. Des Herrn Wort steht und stimmt: Leid kann zum Heil werden,– auch heute noch!

## 21. März

Sie sprachen: Weg mit dir... ! Du bist der einzige Fremdling hier und willst regieren?

1. Mose 19,9

Die Schrift sagt an einigen Stellen, dass die Gläubigen in dieser Welt Fremdlinge sind. Daß dies der Wahrheit entspricht, kann jeder wahrhaft Gläubige ganz persönlich erfahren. Als Beispiel soll hier ein junger Mann namens Peter stehen. Nachdem er zum lebendigen Glauben an den Herrn Jesus gefunden hatte, bekam er in seinem Heimatdorf große Schwierigkeiten. Da er von seinem Glauben aber nicht ließ, steigerte sich die Wut, vor allem bei den örtlichen Behörden, so, daß Peter, der damals 16 Jahre alt war, auf brutale Weise aus dem Dorf vertrieben wurde.

Obwohl er nun in dieser Welt heimatlos geworden war, gab er seinen Dienst für den Herrn nicht auf. Im Gegenteil: er wurde noch aktiver, und der Herr segnete sein Wirken. Er durfte tausende von Brüdern und Schwestern auf den Weg der Nachfolge führen, und die Gemeinden, in denen er wirkte, standen voll mit ihren Gebeten hinter ihm.

Natürlich, wie hätte es anders sein können, wurde Peter auch jetzt nicht in Ruhe gelassen. Die staatlichen Organe stellten ihm nach, fassten ihn immer wieder und brachten ihn in Gefängnisse und Lager. Trotzdem konnten sie ihn, den gehassten Fremdling, nicht zum Schweigen bringen. Nach jeder Haft nahm er seinen Dienst für den Herrn wieder auf. Sein Motto lautete:

„Ein Christ darf nicht lange überlegen, wenn er vom Herrn in den Dienst gerufen wird. Er ist mit einem Soldat zu vergleichen. Der hat sofort zu gehorchen, wenn er vom Vorgesetzten einen Befehl erhält. Also, wenn wir Kämpfer für Gott sein wollen, haben wir ihm zu gehorchen, ob es uns gefällt oder nicht. Nur so können wir siegen. Wer zögert, überlässt dem Feind das Feld!“

So geh nun hin, ich will dich senden...
2. Mose 3,10

Die Haftzeit von Iwan neigte sich dem Ende zu, und er dachte über den Sinn seiner Gefangenschaft nach. Es musste einen Grund haben, dass Gott seine Verhaftung zugelassen hatte. Doch welchen? – Klar, Iwan war reifer und sein Glaube gefestigt worden. Seine Inhaftierung hatte auch zur Läuterung und Stärkung der Gemeinde beigetragen. Einigen war aufgegangen, dass auch sie der Freiheit beraubt werden konnten, und sie hatten sich gefragt, ob sie das wollten. Die es nicht wollten, waren gegangen. – Aber Iwan machte es traurig, dass er hier im Lager noch keinen Menschen hatte zu Christus führen dürfen. Die Herzen der Häftlinge, so jedenfalls sah es aus, waren verstockt.

Doch wenige Monate vor seiner Entlassung gab Iwan noch einmal Zeugnis, und ein Krimineller kam dadurch zum Glauben. Der Mann war so glücklich und dankte jeden Tag dafür, dass Gott ihn mit Iwan zusammengeführt hatte. Er betete auch dafür, dass Gott zu seinem Bruder, der in einem anderen Lager war, einen Christen schicken möchte.

Nach seiner Entlassung erzählte Iwan von diesem Mann und seinem Gebet in der Gemeinde. Da wurde er von den Glaubensgeschwistern gefragt, ob er bereit sei, im Auftrag Gottes wieder in Haft zu gehen, um dem Bruder des Kriminellen Zeugnis geben zu können. – Iwan hatte gerade erst die Grausamkeiten der Haft am eigenen Leib zu spüren bekommen und war froh in Freiheit zu sein; außerdem erwartete seine Frau das siebte Kind, dennoch willigte er in diesen Auftrag als vom Herrn gegeben ein. Auch seine Frau war damit einverstanden. Für beide schloss ihr Gerettetsein den Rettersinn für andere ein. – Haben auch wir solche Retterliebe?

Daran wird jedermann erkennen, dass ihr
meine Jünger seid, so ihr Liebe untereinander habt.
Johannes 13,35

In Russland erheben sich alle Anwesenden von ihren Plätzen, wenn der Richter den Sitzungssaal betritt. Damit soll die Ehrerbietung vor der Staatsgewalt zum Ausdruck gebracht werden, die der Richter verkörpert. Diese Regelung machten sich die Gläubigen zueigen und erhoben sich von den Sitzen, wenn ein Glaubensbruder oder eine Schwester zur Verhandlung in den Gerichtssaal geführt wurde. „Sie", so sagten sich die Gläubigen, „verkörpern für uns die himmlische Macht."

Die Richter und Staatsanwälte staunten immer wieder, wenn sich die Gläubigen erhoben, war es doch ein starkes Zeugnis für die Einheit des Leibes Christi, der sich Gemeinde nennt.

Auch als Bruder Peter in den Sitzungssaal geführt wurde, erhoben sich die anwesenden Gläubigen. Stunden später geschah noch ein Weiteres. Kaum hatte der Richter verkündet, dass Peter zu drei Jahren Freiheitsentzug im Straflager verurteilt sei, wurden dem Bruder vom Saal aus Blumen zugeworfen.

„Aufhören! Aufhören!" schrie ein Beamter entrüstet – „Die Blumen sind nicht für Sie, deshalb machen Sie sich nichts daraus!" tönte es ihm entgegen.

Den Atheisten war dieser Vorgang nicht nur ein Zeugnis für die Zusammengehörigkeit der Christen, sondern auch für ihre Unerschrockenheit. Es war nämlich verboten, Blumen mit in den Gerichtssaal zu nehmen. Wer erwischt wurde, konnte mit 15 Tagen Haft bestraft werden.

Für den verurteilten Bruder waren die zahlreichen Blumen aber eine große Ermutigung. – Auch wir würden der Welt gegenüber ein besseres Zeugnis abgeben, wenn wir uns, im übertragenen Sinn, mehr Blumen zuwerfen würden!

## 24. März

Wenn ich den Menschen noch gefällig wäre,
so wäre ich Christi Knecht nicht.
Galater 1,10

Wie der Apostel Paulus, wollte auch Jakow Skornjakow nur Diener des Herrn Jesus sein, und konnte von daher nicht alle Anordnungen des atheistischen Staates befolgen. Folglich bedachten ihn die Machthaber schon bald mit großen Schwierigkeiten. Weil er auch jetzt noch seinem Herrn treu blieb, wurde er in Untersuchungshaft genommen, verurteilt und in ein Straflager gesteckt. Hier verschlechterte sich sein Gesundheitszustand so, dass er die Arbeitsnorm in der vorgesehenen Zeit nicht erfüllen konnte und somit über die vorgeschriebene Zeit hinaus arbeiten musste.

Seine Frau wusste, was Jakow empfand, wie bedrohlich sein Zustand war. Täglich wartete sie darauf, von ihm ein Lebenszeichen zu erhalten. Doch Jakow hatte Schreibverbot. Sie erfuhr nichts von ihrem Geliebten. Den hatte man anstatt ins Krankenhaus in eine Zelle verlegt, die mit erschreckend vielen Wanzen verseucht war. Diese Blutsauger quälten ihn entsetzlich. Doch schließlich war Jakow so müde geworden, dass er trotzdem einschlief. Als er aufwachte, war er von Wanzenbissen übersät, aus denen noch Blut hervorquoll. Jokow nahm sein Taschentuch und wischte sich damit das Blut ab. Dieses blutbefleckte Taschentuch konnte er auf geheimem Weg seiner Frau als besonderes Lebenszeichen zukommen lassen.

All diese Qualen – wenn sie ihn oft auch hart ankamen – konnten ihn aber nicht zur Menschengefälligkeit bringen. Er war und blieb ein Diener des Herrn Jesus, der sich am Kreuz von Golgatha auch für Jakow ganz dahingegeben hatte. Möchte der Herr doch auch uns die Gnade schenken, dass wir solche Diener sein könnten.

Wenn ihr nur zu euren Brüdern freundlich seid, was tut ihr Sonderliches? Tun nicht dasselbe auch die Heiden?
Matthäus 5,47

Im nördlichen Kaukasus war Rudolf Leiter einer lebendigen Gemeinde. Damit war er dem örtlichen Parteimann ein Dorn im Auge. Er sagte Rudolf einen harten Kampf an, und nach einiger Zeit wurde Rudolf tatsächlich zu fünf Jahren Freiheitsentzug verurteilt. Doch im Lager bekam er schon bald einen verantwortlichen Posten übertragen, weil er zuverlässig arbeitete und die Norm erfüllte. Zu seinen Aufgaben gehörte, die von den Häftlingen gefertigten Besen und Bürsten auf ihre Ordnungsmäßigkeit zu prüfen.

Nach mehr als einem Jahr begegnete Rudolf jener Parteimann im Lager, der ihn hinter Schloss und Riegel gebracht hatte. Wie Rudolf erfuhr, war der Mann eingesperrt worden, weil er sich am Staatseigentum vergriffen hatte. Da er schon ziemlich abgemagert war, fiel es ihm schwer, die Arbeitsnorm zu erfüllen. Rudolf kam ihm entgegen, drückte bei der Abnahme seiner Arbeitsstücke ein Auge zu. Für ihn konnte der Mann nicht mehr leisten, folglich war das von ihm Erbrachte seine Norm. Damit erhielt er weiterhin die volle Verpflegung. Doch der Mann wusste das nicht zu würdigen und wurde überheblich.

Als Rudolfs Vorgesetzter die Geschichte dieses Mannes erfuhr, übernahm er selbst die Warenkontrolle. Sofort erfüllte der Mann seine Norm nicht mehr und bekam weniger zu essen. Nach einer Woche übernahm Rudolf wieder die Kontrolle. Der Mann erstaunte, daß er wieder seine Norm erfüllte, und die volle Essensration erhielt. Jetzt begriff er, dass ihm Rudolf Liebe entgegenbrachte. Weil er seine Schande von einst aber nicht zugeben wollte, konnte er die Liebe nicht ertragen und meldete sich zu einer anderen Gruppe, in der es ihm schlechter erging. Auch so kann Liebe wirken.

Fürchtet euch nicht vor denen, die den Leib töten und die Seele nicht können töten.
Matthäus 10,28

Beim Dankfest anläßlich seiner Haftentlassung erklärte Nikolaj Paschko vor den Glaubensgeschwistern: „In unserer Zeit gibt es sehr viele ‚kluge Christen'. Sie sind so klug, dass sie sich sogar über den Herrn Jesus erheben. Sie propagieren, dass man dem Herrn nachfolgen könne, ohne in Leiden und Verfolgung zu geraten. Doch was ist das für eine Nachfolge, die sie anpreisen? – Die Nachfolge des biblischen Herrn Jesus ist es auf keinen Fall, denn er hat selbst gesagt: ‚Haben sie mich verfolgt, werden sie euch auch verfolgen.' Und außer Johannes sind alle Apostel den Märtyrertod gestorben. Die Wahrheit, die der Herr Jesus selbst ist, ist bisher immer verfolgt worden, weil sie den Ungläubigen eine Anklage ist.

Nein, wir suchen die Leiden nicht, aber wir fürchten uns auch nicht vor denen, die nur den Leib, aber nicht die Seele töten können.

Wenn nun besonders schlaue Leute, die außerhalb der wahren Gemeinde unseres Herrn und Heilandes stehen mit der Frage kommen: ‚Wieso werdet ihr denn verfolgt? In der Verfassung eures Landes ist doch die Religionsfreiheit verankert. Niemand darf wegen seines Glaubens verurteilt werden.' – denen ist zu sagen: ‚Das stimmt. Wegen seines bloßen Glaubens wird auch niemand verurteilt. Aber wie sieht echter biblischer Glaube aus? Er hat Werke! Und wer nicht nur glaubt, sondern auch tut, was der Herr gebietet, der wird in Schwierigkeiten geraten und schließlich verfolgt werden'."

Möge der Herr uns Kraft schenken, dass, wenn die Reihe an uns kommt, wir uns nicht vor denen fürchten, die nur den Leib töten können.

Habt euch untereinander beständig lieb von Herzen, als die da wiedergeboren sind.
1. Petrus 1,22-23

Die Familien, deren Väter wegen der treuen Nachfolge des Herrn Jesus in der Sowjetunion eingesperrt wurden, konnten nur dadurch überleben, dass sie dieses Gottes Wort praktizierten. Sofort nachdem ein Familienvater inhaftiert wurde, sprang die Hilfe der Glaubensgeschwister an. Den Frauen und Kindern wurde da geholfen, wo die Not gerade am größten war. Es spielte keine Rolle, ob es sich um seelische oder materielle Nöte handelte.

Diese Hilfe hatte allerdings zwei Seiten. Bei einem Teil der Außenstehenden kam sie als ein gutes Zeugnis für die Sache des Herrn an, bei dem anderen – namentlich den Parteifunktionären – rief sie nur Ärger hervor. Die Gläubigen ließen sich davon aber nicht bestimmen und setzten ihre Tätigkeit fort. Doch so gut und umsichtig sie auch halfen – alle Probleme konnten sie in den Familien aber nicht aus dem Weg räumen. Zum Beispiel jenes nicht, das sich in der Begebenheit bei der Haftentlassung von Bruder Gennadij Malachow zeigte.

Nachdem er vor dem Lager von seiner Frau und den Kindern in Empfang genommen worden war, und sie sich zur Heimfahrt rüsteten, fragte Gennadijs jüngste Tochter, die den Vater noch nie zu Hause gesehen hatte: „Papa, wohin fährst du?“ – „Ich fahre mit euch nach Hause, mein Kind.“ – „Warum, Papa? Bleib doch hier“, meinte die Kleine. – „Wieso? Jetzt sind wir doch endlich zusammen. Hast du deinen Papa nicht lieb?“ fragte der Vater.

Die Kleine fuhr unbeirrt fort: „Bleib doch hier. Wir kommen dich immer wieder besuchen.“ – Sie, die den Vater nur als Häftling erlebt hatte, konnte sich ein Leben mit ihm zu Hause nicht vorstellen. Das tat weh!

Lehre mich deinen Willen erfüllen.
Psalm 143,10

Dieses Psalmwort war Eduards und Katharinas Leitspruch während der Verfolgungszeit. Von ihm aus betrachteten sie alles, was ihnen begegnete. An ihm hielten sie auch fest, als Eduard neun Monate nach seiner ersten Haft wieder ins Gefängnis gesteckt wurde und seine Frau mit dem siebten Kind schwanger war.

Damals schrieb sie:

„...Die Tränen werden oft die Augen feuchten. Es ist auch nicht leicht. Und wenn wir nicht den Halt bei Dem hätten, Der alles in seiner Hand hält, wäre es schrecklich. So wissen wir aber, dass der Herr keinen Fehler macht. Er hat auch dieses uns zum Guten zugelassen.

Wir haben ja auch gebetet, dass wir den Platz einnehmen können, an dem Gott uns sehen will. Er sollte uns zu dem, was Er für uns vorgesehen hat, zubereiten, denn nur Er weiß, was für uns zum Guten dient. Jetzt wollen wir es auch so annehmen und nicht murren. – ‚Herr, lehre mich Deinen Willen erfüllen.'

Ich möchte mich tief beugen und um Kraft und viel Weisheit für uns alle bitten, um seinen Willen zu erfüllen, dass auch durch diesen Sein Name weiter verherrlicht wird.

Der Herr lässt vieles zu, aber Er hilft auch. Ich weiß, dass Ihr jetzt mehr für uns, besonders aber für Eduard, beten werdet..."

Lasst auch uns darum bitten, dass auch wir zu der Gewissheit gelangen, dass Gott nie einen Fehler macht, sondern uns durch alles dahin führen möchte, dass wir Seinen Willen erfüllen können. Davon hängt nämlich ab, ob Er sich durch unser Leben verherrlichen kann.

Vater, ich will, dass, wo ich bin, auch die bei mir seien, die du mir gegeben hast, auf dass sie meine Herrlichkeit sehen, die du mir gegeben hast.

Johannes 17,24

So wie der Herr Jesus möchte, dass alle, die hier aufrichtig an Ihn glauben, auch in der Ewigkeit bei Ihm sind, um seine Herrlichkeit sehen zu können, sind auch alle gläubigen Eltern darum bemüht, ihre Kinder in der Ewigkeit bei sich zu haben. Ein schönes Beispiel dafür wusste Michail Chorew in Erinnerung an seinen Vater zu erzählen.

Wenige Tage vor seiner Verhaftung saß der Vater am Tisch und sagte seinen Kindern, dass er auf der Wanderung durch das Leben eine schwierige Strecke beschreiten werde. Er werde lange fort sein, vielleicht nie wieder sein irdisches Haus betreten. „Doch“, erklärte er, „ich möchte euch einmal wieder sehen und deshalb den Ort mit euch besprechen, an dem wir wieder zusammenkommen können...“

Damit die Kinder ihn besser verstehen konnten, wählte er das Bild einer großen irdischen Versammlung. „Auf ihr wird man nicht ständig zusammen sein können, deshalb macht man einen Punkt aus, an dem man sich wieder trifft“, erklärte der Vater. „Weil wir jetzt einige Zeit nicht mehr zusammen sein werden, schlage ich vor, dass wir uns im Haus des himmlischen Vaters wieder treffen, in dem uns der Herr Jesus eine Wohnung bereitet hat.“ – Der Vater sprach mit einer solchen Freude, dass Michail seine Schilderung des Himmels nie vergessen konnte.

Wenige Tage nach diesem Gespräch, wurde der Vater verhaftet. Acht Monate später erhielt die Familie seinen letzten Brief. In ihm stand zu lesen: „Meine Lieben, wenn ihr zu hören bekommt, dass ich gestorben bin, so glaubt dem nicht, denn ein Gläubiger stirbt nicht, er geht vom Tode zu Leben.“

Wer Vater oder Mutter mehr liebt als mich,
der ist mein nicht wert.
Matthäus 10,37

Wie gesegnet ein Mensch sein kann, der dem Wort Gottes auch da gehorcht, wo es menschlich gesehen sehr hart anmutet, wird am Beispiel eines Zigeunerbruders aus der ehemaligen Sowjetunion deutlich. Der Bruder und seine Frau hatten sich nach der Hochzeit bekehrt. Damit auch das Rauchen, Trinken, Stehlen, Wahrsagen und noch vieles andere mehr aufgegeben. Mit diesem Wandel waren weder seine Eltern und Geschwister noch die seiner Frau einverstanden.

Bei einem Familientreffen begannen die Verwandten der beiden zu trinken, doch der Glaubensbruder und seine Frau taten nicht mit. Schließlich bekam der Glaubensbruder von der Schwiegermutter ein Glas Wein ausgeschenkt. Nun ist es bei den russischen Zigeunern Brauch, dass man alles trinken muss, was einem die Schwiegermutter anbietet. Doch der Glaubensbruder lehnte mit dem Hinweis auf sein Christsein ab, und löste damit bei beiden Familien größte Empörung aus. Die Verwandtschaft seiner Frau verließ sogar das Treffen, und der Schwiegervater erklärte: „Hätte ich gewusst, dass du einmal Christ wirst, hätte ich dir meine Tochter nie zur Frau gegeben. Aber ich werde sie dir wieder wegnehmen, und einem anderen geben!“

Obwohl der Glaubensbruder den Streit nicht gewollt hatte und ihm der Zank auch leid tat, ließ er sich nicht auf die gestellte Forderung ein. Da sagte der Schwiegervater: „Am nächsten Samstag kommst du zu mir und lieferst deine Frau bei mir ab.“ Das junge Paar wurde sich einig, gemeinsam zu fliehen, wenn der Vater wirklich ernstmachen sollte; sie baten den Herrn, die Pläne des Vaters zu durchkreuzen. Als sie am folgenden Samstag zu ihm kamen, hatte er, zum Erstaunen der beiden, nichts mehr gegen ihe Ehe einzuwenden.

So ist also noch eine Ruhe vorhanden dem Volke Gottes.
Hebräer 4,9

Die Ruhe, die hier den Kindern Gottes zugesagt wird, ist keine weltliche, sondern eine geistliche, deshalb ist sie umso wertvoller. Diese Ruhe ist nämlich ein Geschenk, das den Gläubigen gegeben wird und sie schon hier, in aller Unruhe, Ruhe haben können. Diese Ruhe war auch Wladimir Chajlo zu eigen, was aus seinem Brief, den er aus der Haft an seine fünfzehn Kinder schrieb, hervorgeht.

„...Meine Kinder, ich habe euch dem Herrn Jesus anbefohlen. Er lädt uns ja ein, zu Ihm zu kommen, um bei Ihm Sanftmut und Demut zu lernen. Bei Ihm finden wir auch Ruhe, nicht nur für den Leib, sondern vor allem für die Seele. Denn sie Seele ist mehr wert als der Leib. Der Leib ist vergänglich, die Seele aber ewig. Darum, liebe Kinder, frage ich auch nicht, ob ihr genug zu essen und anzuziehen habt; ich weiß, dass der Herr Jesus Tag und Nacht für euch sorgt. Wenn er in seiner Barmherzigkeit den Vögeln, die doch nicht säen und ernten, ihre Nahrung gibt, wird Er dann euch verlassen? Kann Er sich von seinen Zusagen lösen... ? Darum wollen wir uns bemühen, den Willen Gottes zu tun – das andere wird uns ja zufallen... Liebe Kinder, seid eurer Mutter gehorsam und schont sie. Sie hat ja sehr viel für euch getan, erfreut sie durch euren Gehorsam. Haltet Frieden unter einander und in euren Herzen. Lasst das Gebot des Herrn unter euch Wirklichkeit werden: ‚Liebet einander, wie ich euch geliebt habe.‘...“

Welch eine Ruhe spricht aus diesen Zeilen! Sie kann keinem Menschenherzen entsprungen sein, sie ist Geschenk Gottes! Und Gott hält dieses Geschenk allen bereit, die ihr Leben seinem Sohn Jesus Christus übergeben. Darum lasst uns Ihm konsequent Nachfolgen.

Dennoch bleibe ich stets an dir;
denn du hältst mich bei meiner rechten Hand,...
und nimmst mich am Ende mit Ehren an.
Psalm 73,23-24

Wie sehr der Herr die Seinen hält, zeigt sich meistens erst in kritischen Situationen. Und je kritischer die Lage ist, umso deutlicher tritt das Gehalten-Werden hervor. Jeder, der ehrlich ist, muss sich dann eingestehen: Was hier erduldet wird, übersteigt die menschlichen Kräfte. Einer, bei dem dieses Gehalten-Werden deutlich zu Tage trat, war der Glaubensbruder Wladimir. Vor Gericht wurde er wegen seines Festhaltens am Glauben für geisteskrank erklärt und zur Behandlung in einer Psychiatrischen Klinik verurteilt.

In der sogenannten Klinik wurde er in ein überfülltes Zimmer gesteckt und vom „Pflegepersonal" mit Tabletten so vollgestopft, dass er, wie alle anderen „Patienten", Tag und Nacht schlief. Schon nach zwei Monaten war er kaum mehr zu erkennen. Seine Haut war dunkel geworden und seine Gesundheit ruiniert. Er hatte ständig Herzschmerzen, seine Hände waren funktionsunfähig und er konnte den rechten Arm nicht mehr heben. Eines Tages verabreichte man ihm sogar dreißig Haloperidol-Tabletten auf einmal. Daraufhin schwoll sein Körper an, sein Herz versagte fast, der Blutdruck schnellt hoch, sein Sehvermögen ließ nach und er wurde bewusstlos.

Danach sagte ihm ein Arzt: „Wenn du zugibst, dass du krank bist, wirst du entlassen." Wladimir entgegnete: „Diese Zusage kann ich nicht geben, weil ich nur meinem Herrn diente, und erst hier krank gemacht worden bin." Daraufhin wurde er weiteren Qualen unterzogen. – Ist ein Mensch von sich aus unter solchen Umständen wirklich zu solcher Standhaftigkeit fähig? Wärst du es?

Dein Wort ward meine Speise, sooft ich's empfing, und dein Wort ist meines Herzens Freude und Trost; denn ich bin ja nach deinem Namen genannt, Herr, Gott Zebaoth.
Jeremia 15,16

So, wie der natürliche Mensch Nahrung braucht, um leben zu können, so braucht das auch der geistliche Mensch. Die Nahrung des natürlichen Menschen ist das Brot, die des geistlichen Menschen das Wort Gottes. Wird dem natürlichen Menschen das Brot entzogen, wird er verhungern. Ebenso ergeht es dem geistlichen Menschen, wenn ihm das Wort Gottes entzogen wird. Alle, die wegen ihres Glaubens in Russland verhaftet wurden, blieben aber ohne das geistliche Brot!

Wladimir Wlasenko war einer von ihnen und litt sehr unter dem Entzug der geistlichen Speise. Als er bei einem Besuch seiner Frau über diese seine Not sprach, kam Ljudmila der Gedanke, ihrem geliebten Mann diese Speise zu liefern.

Wieder zu Hause, besorgte sie sich Papier und begann damit, einzelne biblische Bücher abzuschreiben, da sie keine 2. Bibel besorgen konnte. Sie fand auch einen Weg, um die Abschriften zu ihrem Mann zu bringen. Nur einmal gingen zwanzig engbeschriebene Blätter verloren. Ljudmila schrieb sie ein zweites Mal.

Das Wort Gottes war Wladimir aber nicht nur Speise, sondern, wie es in dem oben stehenden Vers aus dem Propheten Jeremia zum Ausdruck kommt, auch Freude und Trost. Und beides brauchte er im harten Lagerleben dringend. Gerade wenn er schikaniert und gedemütigt wurde. Ein Blick in Gottes Wort zeigte ihm dann jedes Mal, dass, auch wenn ihn Menschen verachteten, er immer noch den Namen seines Herrn trug, somit sein Eigentum war und das ewige Leben ererben würde.

Haben wir noch eine Ahnung davon, wie wichtig für den geistlichen Menschen das Wort Gottes als Speise ist?

Sie hassen mich ohne Ursache.
Johannes 15,25

Schon vor mehr als 2000 Jahren hatte die Welt keine Ursache, den Herrn Jesus zu verfolgen, und sie tat es doch. Auch heute hat sie keine Ursache Seine Nachfolger zu verfolgen, und sie tut es dennoch. Warum eigentlich? Die wahren Nachfolger mischen sich in staatliche Angelegenheiten doch nicht ein, sie wollen nur ihrem Herrn dienen und Menschen aus der Knechtschaft der Sünde in das helle Licht der Gotteskindschaft führen! Doch die Welt, die unter der Herrschaft des Gegenspielers Gottes steht, kann neben sich nichts dulden, was von Gott aus geht.

Deshalb hatte auch die Familie Tschuchonzew aus Magnitogorsk zu leiden. Ihr wurden die Fensterscheiben eingeschlagen und der Gartenzaun abgerissen. Sie wurde bestohlen und bedroht. Als die gottlose Welt damit aber nicht zu dem von ihr gesteckten Ziel kam, rissen die Behörden eines Tages das Zelt im Hof der Tschuchonzews ab, das zur Durchführung der Gottesdienste aufgestellt worden war. Nur wenige Tage später brachte die Familie ein Transparent an ihrem Hofzaun mit der Aufschrift an: „Sie hassen mich ohne Ursache. Joh. 15,25." und die Gottesdienste wurden nun in ihrem Haus durchgeführt.

Wenig später wurde die Familie eines Nachts aus dem Schlaf gerissen. Ein ätzender Dunst erfüllte das ganze Haus. Die Tschuchonzews dachten zunächst an eine defekte Gasleitung. Dem war aber nicht so. Am nächsten Tag stellten sie fest, dass ihr Brunnen vergiftet war. Sie meldeten das der staatlichen Gesundheitsbehörde, die sich jedoch weigerte, eine Wasserprobe zu entnehmen. Nun stand fest, dass die Behörden hinter der Sache steckten. Ihr Ziel erreichten sie aber dennoch nicht. Tschuckonzews waren nicht einzuschüchtern. Sie ließen die Gemeinde weiter in ihr Haus.

Haben wir Gutes empfangen von Gott
und sollten das Böse nicht auch annehmen?
Hiob 2,10

Als in der Freiheit lebenden Menschen, – und vor allem dann, wenn es uns vermeintlich gut geht, – kommt uns das Wort von Hiob leicht über die Lippen. Wie steht es aber, wenn mal etwas nicht nach unseren Vorstellungen läuft? – Da kann uns Vorbild und Ermutigung sein, was Nikolaj Kolbanzew aus der Haft schrieb:

„Dank der Barmherzigkeit unseres Herrn bin ich auch in diesen Verhältnissen noch immer bewahrt geblieben. Es gibt natürlich viele Schwierigkeiten, aber Er gibt Kraft, sie zu tragen. Deshalb gehe ich den Schwierigkeiten nicht aus dem Weg, denn sie sind für meinen inwendigen Menschen sehr lehrreich. Die Menschen sehen den Dienst für den Herrn oft so, als müsste Gott ihr Diener sein, sie immer mehr segnen und selbstverständlich auch vor Schwierigkeiten bewahren. Der gerechte Hiob sah das anders. ‚Haben wir Gutes empfangen von Gott und sollten das Böse nicht auch annehmen?' – Dass Gott der Vater aller Gnade ist, das verstehen wir. Auch die guten Gaben von Ihm sind uns sehr willkommen. Aber Schwierigkeiten und Nöte – wofür sollen die gut sein?

In der Bibel, dem Lehrbuch des Lebens, werden uns unter anderem Männer vorgestellt, die Gott schwere Wege geführt hat, um sie zu erziehen, sie reifen zu lassen. So handelt Gott auch mit uns. Das größte Übel, das uns in diesem Zusammenhang begegnen könnte, ist die Unzufriedenheit und das Murren gegen Gottes Handeln. Wir neigen dazu, unsere Nöte und Seelenqualen unserem Umfeld zuzuschreiben. Dabei vergessen wir, dass der allmächtige Gott ausnahmslos alles regiert. Ich kann nur bitten: ‚Herr erhalte uns die Fähigkeit, alles recht zu sehen und Deiner liebenden Hand nicht zu widerstehen.'"

Weh denen, die Böses gut und Gutes böse nennen,
die aus Finsternis Licht und aus Licht Finsternis machen.
Jesaja 5,20

Iwan Schidytsch aus der Gemeinde in Syrjanowsk, 200 km vor der chinesischen Grenze gelegen, wurde während der Sowjetherrschaft verhaftet und mit der Begründung abgeurteilt, Gemeindeglieder, vor allem Kinder, von „gesellschaftlichen Aktivitäten", zurückgehalten zu haben. Denn, so erklärte man, kein Gläubiger nehme an politischen Demonstrationen teil, und keiner schließe sich einer gesellschaftlichen Organisation an.

Dagegen, so fuhren die Ankläger fort, werde in der Gemeinde dazu aufgerufen, sich ganz auf die Güte Christi zu verlassen. Damit werden die Gläubigen der Wirklichkeit entfremdet. Schidytsch habe in seinen Predigten die Menschen sogar in Gläubige und Ungläubige eingeteilt, und die Gläubigen über die Ungläubigen gestellt. Außerdem habe er behauptet, wer sich gegen den Glauben an Christus stelle, hätte Gottes ewige Strafe zu erwarten. – Das könnte nicht hingenommen werden. Die Forderung der Sowjetunion laute: Ein Evangelium zu predigen, das bei der Errettung keinen Unterschied zwischen Gläubigen und Ungläubigen mache. Das Volk müsse einig sein, der Glaube stelle da ein Hindernis dar.

Im Straflager provozierte man Iwan und alle Gläubigen dadurch, dass man sie oft auch sonntags arbeiten ließ. Doch Schidytsch weigerte sich, regelmäßig am Sonntag zur Arbeit zu gehen, und wurde in den Strafisolator gesperrt. Schließlich machte, wenn Sonntags gearbeitet werden musste, im Lager der Spruch die Runde: „Die Behörden wollen Schidytsch wieder einmal einsperren." – Doch Iwan ließ sich in seiner Haltung nicht beirren, denn er wusste: über denen, die diese Arbeit anordnen, steht das Wehe Gottes.

Gib mir, mein Sohn, dein Herz und lass
deinen Augen meine Wege wohlgefallen.
Sprüche 23,26

Manchem mag dieses Wort als zu hart erscheinen, weil ihnen bewusst wird, dass die Forderung nach Hingabe des Herzens, die Hingabe des ganzen Lebens bedeutet. Wird damit nicht zu viel verlangt? – Menschlich gesehen ja, aber geistlich gesehen nicht. Wer hat uns denn das Herz, also das Leben, gegeben? Das war doch Gott. Und was Er gegeben hat, kann er auch zurückfordern.

Als Jelena dies erkannte, und für sie feststand, dass der Herr sie in der christlichen Geheimdruckerei der ehemaligen Sowjetunion haben wollte, ging sie in den Untergrund und arbeitete in dieser Druckerei. Damit verbunden war natürlich auch, dass sie im Krankheitsfall nicht ohne weiteres einen Arzt aufsuchen konnte, sie hätte sich sonst der Gefahr einer Verhaftung ausgesetzt.

Jedem, der in die Arbeit dieses Verlages eintrat, war von Anfang an klar, dass damit ein Sich-Hinopfern und völliger Verzicht auf ein eigenes Leben verbunden war. – Nach mehrjähriger Verlagstätigkeit, stellte sich bei Jelena eine Herzkrankheit ein, dazu kam noch Diabetis. Doch sie ging nicht zum Arzt. Als ihr Gesundheitszustand immer kritischer wurde, entschloss sie sich, wieder nach Hause zu gehen, wo sie einige Zeit später von ihrem Herrn heimgerufen wurde.

Jelena sah sich jedoch nicht als bemitleidenswert an. Sie wusste, dass sie ihr Herz dem Herrn gegeben hatte. Deshalb hatte sie an Seinen Wegen mit ihr nichts auszusetzen.

Wären auch wir zu einer solchen Nachfolge wie Jelena bereit?

Die Schrift sagt, dass eine solche bedingungslose Nachfolge im Himmel wohl belohnt wird.

Darum spricht Gott, der Herr: Siehe, ich will über eure Binden kommen, mit denen ihr die Seelen fangt, und will sie von euren Armen reißen und die Seelen, die ihr gefangen habt, befreien.

Hesekiel 13,20

Aus einem der sowjetischen Gefängnisse zu entkommen, war so gut wie ausgeschlossen. Dennoch schenkte es der Herr, dass einige Glaubensgeschwister entkommen konnten. Zu diesen Geschwistern zählte Wasilij Ryshuk. Man verurteilte ihn zu fünfzehn Tagen Arrest und bereitete während dieser Zeit verschiedene Dokumente vor, um ihn dann in Untersuchungshaft nehmen zu können. Wasilij konnte jedoch vor der Ausstellung des Haftbefehls in die Freiheit entkommen, und ging in den Untergrund.

Da sich zu dieser Zeit die meisten Gemeindeleiter in Haft befanden, wurde Bruder Wasilij aber sehr nötig gebraucht. Doch nach einem knappen halben Jahr wurde er entdeckt und erneut festgenommen.

Einer der KGB-Beamten sagte zu ihm: „Siehst du, das Untertauchen hat dir nichts genutzt. Jetzt haben wir dich wieder. Wenn es tatsächlich einen Gott gibt, dann soll Er mal versuchen, dich aus unseren Händen zu befreien. Diesmal wirst du uns nicht durchbrennen, verlass dich darauf!"

Das war eine Herausforderung, eine Schmähung Gottes und Wasilij sagte zu dem KGB-Mann: „Wenn Gott es will, dann werde ich euch auch diesmal wieder entkommen."

Der KGB-Beamte lachte laut darüber. – Doch eine Woche später war Wasilij wieder in Freiheit. Gott hatte erneut eine Gelegenheit zum Entkommen geschaffen. Die Gemeinden erinnerten sich an den Apostel Paulus, der auch aus dem Gefängnis entkommen konnte. Für die Gläubigen war dieser Vorgang ein Beweis, dass Gott heute noch so mächtig ist wie am Anfang der Zeit.

Jedermann sei untertan der Obrigkeit, die Gewalt
über ihn hat. Denn es ist keine Obrigkeit ohne von Gott;
wo aber Obrigkeit ist, ist sie von Gott verordnet.
Römer 13,1

Von diesem Wort ausgehend, wurde den Glaubensgeschwistern in der atheistischen Diktatur vorgeworfen: „Ihr seid an eurer Verfolgung selbst schuld. Mehr noch: Mit eurem Widerstand gegen den Staat widersetzt ihr euch Gott."

Ein schwerer Vorwurf, der auf den ersten Blick sogar verunsichern kann. Bei näherer Betrachtung des 13. Kapitels im Römerbrief erweist sich dieser Vorwurf aber als gegenstandslos.

In den weiteren Versen wird nämlich zum Ausdruck gebracht, dass die von Gott verordnete Regierung das Gute belohnen und das Böse bestrafen wird. An dieser Stelle taucht das Problem mit vielen weltlichen Regierungen auf. Was aus Gottes Sicht gut ist, ist aus der Sicht der weltlichen Machthaber oft böse, und umgekehrt.

So ist die Verbreitung des Evangeliums aus der Sicht Gottes etwas Gutes und wird deshalb in der Bibel geboten. Aus Sicht der Diktatoren war sie aber etwas Böses und wurde strafrechtlich verfolgt.

Damit entsprach die sowjetische Regierung nicht ihrer Berufung. Auch andere Regierungen, die so handeln, fallen damit aus der göttlichen Berufung, und können von den Gläubigen nicht in allen Punkten Gehorsam erwarten.

Wie schon zu Zeiten des Apostels Paulus, gilt im Letzten für Christen auch heute noch das Wort aus Apostelgeschichte 5,29: „Man muss Gott mehr gehorchen als den Menschen."

Ich wollte sie wohl erlösen,
aber sie reden Lügen wider mich.
Hosea 7,13

Ja, der Herr möchte alle Menschen vom Joch der Sünde befreien, dass sie im Seelenfrieden leben und einst in das himmlische Vaterhaus einziehen können. Aber die Mehrheit der Menschen will das nicht und bezeichnet die Erlösung durch den Herrn Jesus als eine von Menschen ausgedachte, unwahre Geschichte. – Und mit der Böswilligkeit, die man dem Herrn entgegenbringt, belegt man auch seine treuen Nachfolger. Das musste auch der Glaubensbruder Iwan Matwejtschuk erfahren.

Er hatte für seine Kinder Gedichte und dazu auch Melodien geschrieben. Außerdem verfasste er zahlreiche autobiographische Aufsätze, in denen er sein Glaubensleben und seine Erfahrungen mit Gott schilderte. Seine Kinder sollten dadurch zur Nachfolge ermuntert und in den vollzogenen Glaubensschritten gefestigt werden. Insgesamt hatte er damit handschriftlich drei Alben, fünf Hefte und ein Buch gefüllt.

Da Iwan auch in der Gemeinde noch aktiv tätig war, kam es wie es kommen musste. Eines Tages standen KGB-Beamten mit einer Hausdurchsuchungserlaubnis vor der Tür und stellten wie üblich alles im Haus auf den Kopf. So fanden die Männer auch das, was Iwan für seine Kinder geschrieben hatte. Außerdem stießen sie auf einige Hefte, in denen die Kinder Gedichte und Lieder aufgeschrieben hatten, die in der Gemeinde vorgetragen wurden.

Diese Sachen wurden beschlagnahmt, und bei der Gerichtsverhandlung gegen Iwan ausgeschlachtet, indem man sie als den Staat und die Gesellschaftsordnung verleumdende Schriften darstellte. Dann wurden diese Sachen schnell verbrannt. Man wusste wohl, dass sie mehr als fragwürdige Beweisstücke waren.

...Und ist den Übeltätern gleichgerechnet...
Jesaja 53,12

Wir wissen es: die Prophezeiung, dass der Herr Jesus den Übeltätern gleichgerechnet werden sollte, ging in Erfüllung.

Übrigens, die erfüllten Prophezeiungen sind ein Beweis dafür, dass die Bibel kein Buch ist wie jedes andere, sondern Wort Gottes. Denken wir nur daran, dass Jesaja seine Prophezeiung etwa 600 Jahre vor Christus machte! Den Übeltätern wurde aber nicht nur unser Herr zugerechnet, sondern zu allen Zeiten auch jene, die treu zu Ihm stehen. So wird es auch bleiben, bis der Herr wiederkommt und die Seinen von dieser Erde fortnehmen wird.

Ein deutliches Beispiel dafür, dass die treuen Diener ähnlich wie ihr Herr behandelt werden, wurde während des kommunistischen Systems in der Sowjetunion gegeben. Brüder, die wegen ihres treuen Dienstes in den Untergrund gehen mussten, konnten, wie sich leicht denken lässt, den Lebensunterhalt für sich und ihre Familien nicht mehr bestreiten. Diese Aufgabe übernahmen nun die jeweiligen Gemeinden.

Hin und wieder geschah es, dass einer dieser Brüder vom KGB aufgespürt, verhaftet und dann verurteilt wurde. Allen wurde bei der Gerichtsverhandlung – man höre und staune – Landstreicherei zur Last gelegt. So auch dem Glaubensbruder Grigorij. Wer keine produktive Arbeit leiste, so wusste der Richter anklagend zu argumentiert, sei ein Landstreicher.

Zum Glück musste Jesaja aber nicht nur prophezeien, dass der Herr Jesus von den Menschen unter die Übeltäter gerechnet werde, sondern dass Gott Ihm „die Starken zum Raube geben werde“. Auch diese Prophetie hat sich zu allen Zeiten immer wieder bewahrheitet, selbst in unsrer Zeit. Wo sind die starken Männer des Kommunismus?

Ich habe den guten Kampf gekämpft.
2. Timotheus 4,7

Noch immer wird nach dem Motto evangelisiert: Komm zu Jesus und du wirst ein ruhiges Leben haben. Das ist nur teilweise richtig. Denn ein äußerlich ruhiges Leben werden nur jene Christen haben, die sich der Welt so anpassen, dass sie von den Nicht-Christen nicht zu unterscheiden sind. Doch bei ihnen ist zu fragen, wie das mit ihrer Bekehrung war, ob sie überhaupt schon Christen sind!

Wenn der Apostel Paulus am Ende sagen musste, dass sein Leben Kampf gewesen sei, dann wird ein entschiedener Christ auch heute zu keiner anderen Aussage kommen können. Der Feind Gottes ist auch heute noch auf dem Plan und greift die Gläubigen an. Seine Angriffe erfolgen auf den verschiedensten Ebenen.

Diese Erfahrung musste auch der dreiundsiebzigjährige Bruder Iwan Rybakow machen, der in Gorki mit vier weiteren Brüdern aus dem Karfreitagsgottesdienst heraus von der Miliz verhaftet wurde.

In einem Brief an Christen im Westen schrieben einige Frauen: „...Lasst uns nicht gleichgültig bleiben gegenüber dem Leiden unserer teuren Gefangenen, der treuen Diener Gottes, die im Bewahren der Treue unserem Herrn Jesus Christus gegenüber um seiner Ehre willen auf ihre Familien und Freunde, ja auf ihr eigenes Leben verzichtet haben...“

Der Apostel Paulus sprach – erinnern wir uns an das oben zitierte Wort – aber nicht nur davon, dass er gekämpft habe, sondern, dass sein Kampf ein guter war. Auch die anderen treuen Nachfolger des Herrn haben einen guten Kampf gekämpft.

Wie verhalten wir uns, wenn es darum geht, für die Sache des Herrn einzustehen, oder uns zu bedrängten Geschwistern zu stellen? Ist unser Kampf da auch ein guter?

Die Wahrheit wird euch freimachen.
Johannes 8,32

„In den Jahren, als ich von der Gemeinde, der Familie und meinen Freunden getrennt war, hat der Herr seine Fürsorge mir gegenüber unter Beweis gestellt", schrieb Wasilij in einem Dankesbrief nach seiner Haftentlassung. „Der Herr hat mich wunderbar geführt, Er hat mir Kraft gegeben, Ihm treu zu bleiben, und Er sorgte fortwährend für mich. Er behütete mich vor jeder Enttäuschung, und sogar in den schweren Stunden war Er, mein Herr, eine schnelle Hilfe..."

Keine Zeile enthält eine Klage über den dornigen Weg, den er in der Haft gehen musste. Wasilij sprich fast ausnahmslos von Dank gegenüber Gott und denen, die ihm auf vielerlei Weise geholfen haben. Ihn ließ der Herr erfahren, dass mit Christus auch im Gefängnis Freiheit ist, und ohne Christus auch die Freiheit ein Gefängnis sein kann.

Wasilij bezeugte: Mit Christus kann man in allen Lebenslagen frei sein, auch wenn äußere Bande vorhanden sind. Er durfte gerade in der Haft erleben, dass es eine Freiheit gibt, die über die irdische hinausgeht, nämlich, die innere Freiheit in Christus. Sie kann allerdings nicht gemacht werden, sondern ist ein Geschenk. Und dieses Geschenk gibt der Herr allen, die ihren sündhaften und erlösungsbedürftigen Zustand erkannt und sich Ihm für Zeit und Ewigkeit anvertraut haben.

Menschen, die die wahre, die geistliche Freiheit erfahren haben, sind nicht mehr bereit, sich durch Kompromisse einengen zu lassen. Sie können es dann nicht mehr lassen, die Frohe Botschaft von der Erlösung durch Jesus Christus weiterzusagen – auch nicht, wenn es ihnen Verfolgung einbringt. Ihnen ist es wichtig, der Bestimmung ihres Lebens gemäß zu leben: Den Namen des Herrn Jesus in dieser Welt groß zu machen, zu verherrlichen. Bist du schon so gereift?

Ich habe den Lauf vollendet, ich habe Glauben gehalten; hinfort ist mir bereit die Krone der Gerechtigkeit, welche mir der Herr, der gerechte Richter, an jenem Tage geben wird.
2. Timotheus 4,7-8

Der Herr kann vor Übel bewahren und aus der Haft befreien. Er kann, Er muss es aber nicht, und tut es auch nicht immer, wie wir an Petrus und Stephanus sehen. Petrus kam aus dem Gefängnis frei, Stephanus wurde gesteinigt. Warum? War der eine ein besserer Christ als der andere? Nein, beide waren treue Nachfolger, nur der Herr hatte mit jedem einen anderen Plan und wollte seinen Namen durch jeden Jünger auf andere Weise verherrlichen.

So ist das Handeln des Herrn auch bis heute geblieben. Deshalb kamen in der ehemaligen Sowjetunion manche Glaubensgeschwister wohlbehalten aus der Haft zurück, während andere vom Herrn heimgeholt wurden. Zu der letzten Gruppe zählt auch Jakob Dürksen.

Seine Ehefrau fasst ihre Empfindungen über den Heimgang des Mannes in folgenden Worten zusammen: „Als ich, Katharina, seine Frau, nach Hause kam und seine Häftlingskleider aus dem Sack schüttete, war mir nach Schreien zumute. In solchen Lumpen ist er fast sein Leben lang gegangen – dafür, dass er Menschen die Rettung in dem Herrn Jesus verkündigte."

Aus menschlicher Sicht ist seine Frau gut zu verstehen. Doch ihr Mann Jakob sah sein Leben anders, er betrachtete es aus göttlicher Sicht. Ihm ging es darum, dass er Glauben hielt und die Krone des Lebens ererbte. Als Katharina mit den Kindern die Leiche des Mannes und Vaters im Lager abholte, riefen selbst die ungläubigen Gefangenen über den Zaun: „Er war ein guter Mensch!" Die Gläubigen der Gemeinde bezeugten: „Er war ein mutiger Kämpfer für Jesus!"

Um deinetwillen... sind wir geachtet wie Schlachtschafe.
Aber in dem allem überwinden wir weit durch den,
der uns geliebt hat.

Römer 8,36-37

Die Wahrheit dieses Wortes erlebten die Glaubensgeschwister in der Sowjetdiktatur tagtäglich hautnah und in allen Lebensbereichen. So war es für viele Gläubige sehr schwierig, eine Arbeitsstelle zu finden – und hatten sie eine gefunden, wurden sie oft wie der Abschaum der Menschheit behandelt. Davon wusste das Mädchen Ljudmila ein besonderes „Lied“ zu singen, das bei dem Donezker Autotransportunternehmen eine Anstellung gefunden hatte.

„Du bist ja gläubig. Ich habe das vom KGB erfahren“, sprach sie der Chef mit spöttischem Lächeln eines Morgens an. „Erzähl mir von deinem Glauben. Sag mir, wo ihr euch versammelt, ich möchte zu euch kommen und mir alles ansehen.“ Doch Ljudmila ließ sich nicht reinlegen und sagte: „Fragen Sie doch den KGB nach der Anschrift des Versammlungshauses.“

Mit einer solchen Antwort hatte der Chef nicht gerechnet und seine Freundlichkeit verflog im Nu. Er warf ihr alle erdenklichen Gemeinheiten an den Kopf, und wollte sich brutal auf sie stürzen. – „Rühr mich nicht an!“ schrie das Mädchen und wollte fliehen. Das gelang ihm aber nicht. Der Chef hielt sie fest, drückte sie auf den Stuhl und fauchte: „Ich werde dir mit einem Riemen eine tüchtige Tracht Prügel verabreichen. Ich bin der Chef und werde dich schlagen, wann immer ich Lust dazu habe. Arbeiten kannst du bei mir nicht mehr. Ich brauche eine Komsomolzin...“

Damit war Ljudmila ihre Arbeitsstelle los, aber sie hatte sich selbst überwunden und war ihrem Herrn und Heiland nicht untreu geworden.

Ich sage euch aber, meinen Freunden:
Fürchtet euch nicht vor denen, die den Leib töten
und danach nichts mehr tun können.
Lukas 12,4

Bei uns – sind wir ganz ehrlich – ist es oft anders als der Herr hier sagt. Wir fürchten uns vor denen, die den Leib töten können, aber nicht vor Dem, Der auch danach noch etwas tun kann. Deshalb ist auch unsere Menschenfurcht so groß und unsere Gottesfurcht so klein.

Bei Nikolaj Bojko war das anders. In ihm hatte sich der auferstandene Herr ein besonderes Werkzeug zubereitet. Nikolaj war ein furchtloser Verkündiger des Evangeliums und wurde deshalb zu einer langjährigen Haftstrafe verurteilt.

Dann, bevor diese Haft zu Ende ging (er war inzwischen 63 Jahre alt), wurde er erneut zu einer längeren Haft mit anschließender Verbannung verurteilt. Das hieß, lebenslänglich von seinen Lieben und der Gemeinde getrennt zu sein. Außerdem hatte er gesundheitliche Probleme. Ihm machte das Klima im Gebiet Chabarowsk zu schaffen, wo das Straflager stand, in das man ihn gesteckt hatte. Und dann litt Nikolaj noch unter Schlafmangel.

Die nächtlichen Verhöre und die häufigen Aufenthalte in feuchten und kalten Zellen ließen ihn nicht zur Ruhe kommen. Da wurde ihm die sofortige Entlassung angeboten, wenn er sich vom Glauben an den Herrn Jesus lossagte. Über seine Entscheidung gibt ein Brief von ihm Auskunft:

„Ich habe kategorisch abgelehnt, mich loszusagen, und mich dafür entschieden, nicht nur lebenslänglicher Häftling zu sein, sondern auch für die heilige Sache des Herrn Jesus Christus zu sterben. Ich bitte Euch, für mich bei Gott einzutreten, dass Er mir die Kraft gibt, Ihm bis zum Ende treu zu bleiben..."

Ich will dir danken, Herr, unter den Heiden
und deinem Namen lobsingen.
Psalm 18,50

Wie sich dieses Schriftwort in die Tat umsetzen lässt, zeigte Ljuba Puschkowa, die ihren Mann Jewgenij besuchen wollte. Er war um des Herrn Jesu willen zu einer längeren Lagerhaft verurteilt worden. Ljuba wurde von ihren vier Kindern, ihrer Schwägerin und Andrej, einem Freund der Familie, begleitet.

Als sie zum Lager kamen, war Jewgenij, der als Holzfäller beschäftigt wurde, noch auf der Arbeit. Der Wald, in dem sie Bäume zu fällen hatten, war vier Kilometer vom Lager entfernt. Da es sehr heiß war, rasteten die Besucher vor dem Wohnlager im Gras. Dann, gegen neunzehn Uhr, rückten die ersten Brigaden an und zogen müde ins Lager. Jewgenij sollte in der neunten Brigade sein, aber welche Männer bildeten die neunte Brigade?

Obwohl die zurückkehrenden Häftlinge bewacht wurden, konnten die Besucher nahe an sie herankommen und Erkundungen einziehen. Schließlich hatten sie die neunte Brigade ausgemacht und in ihr Jewgenij entdeckt.

Ljuba winkte ihm mit einem Blumenstrauß während Andrej zu dem Wachsoldaten ging und ihn um Erlaubnis bat, den mitgebrachten Kassettenrecorder einschalten zu dürfen. Der Wächter erlaubte es und die Häftlinge marschierten unter den Klängen christlicher Lieder zum Lagertor. Als sie es erreichten, hatten sie neun Lieder zu hören bekommen. Der außergewöhnliche Empfang, die Melodien und Texte der Lieder berührten einige Männer sehr stark.

Eine Stunde später standen Ljuba und ihr Anhang Jewgenij in der Besucherbaracke gegenüber. Sie tauschen Informationen aus und beteten zusammen.

Alles, was ihr tut mit Worten oder mit Werken, das tut alles in dem Namen des Herrn Jesus und dankt Gott, dem Vater, durch ihn.
Kolosser 3,17

Jewgenij Puschkow – gestern hatten wir seine Gefangenschaft zur Lektion – wurde von Gott mit einer musikalischen Begabung begnadet. Sein Musikstudium schloss er mit sehr guten Noten ab. Trotzdem war er nicht zufrieden. In seinem Herzen tobte ein Kampf. Während seines Studiums hatte er zum Glauben an den Herrn Jesus gefunden und wusste, dass er mit seiner derzeitigen Musik dem Herrn nicht die Ehre gab. Mit dem Herzen glaubte er, doch seine Worte und Werke stimmten mit dem Glauben nicht überein. Daran, das stand für ihn fest, hatte der Herr keinen Gefallen.

Eines Tages fasste Jewgenij den Entschluss, ganze Sache mit dem Herrn zu machen, und dachte sich dazu einen besonderen Plan aus. Er bat seinen gläubigen Vater, eines seiner Konzerte zu besuchen. Der lehnte natürlich ab, weil er den Herrn nicht betrüben wollte. Doch Jewgenij gab nicht auf und hatte schließlich „Erfolg“. Der Vater willigte in den Konzertbesuch ein und erhielt auf Betreiben des Sohnes einen der besten Plätze im Saal.

Während des Konzertes warf Jewgenij immer wieder einen Blick zu „seinem Gast“. Mit einem Mal sah er, dass der Vater weinte und er wusste um den Anlass. Nach der Veranstaltung eilte Jewgenij in den Zuschauerraum. Er umarmte seinen Vater und sagte: „Mein lieber Papa, ab heute wirst du nicht mehr wegen mir weinen müssen. Ich begrabe diese Musik und stelle mich ganz dem Herrn zur Verfügung.“ – Jetzt umarmte ihn der Vater und gab ihm sogar einen Kuss. – Jewgenij hielt sein Versprechen und musizierte nur noch für Gott.

Alle, die gottesfürchtig leben wollen in Christus Jesus, müssen Verfolgung leiden.
2. Timotheus 3,12

Es ist gut, jeden, der in die Nachfolge des Herrn Jesus tritt, an das „Müssen" in unserem vorangestellten Wort zu erinnern. Wird das nicht getan, kann es geschehen, dass der Berufene im Leid, das unweigerlich kommen wird, der Versuchung erliegt, der Herr habe ihn verlassen, oder finde – aus welchem Grund auch immer – keinen Gefallen mehr an ihm.

Dass dem aber nicht so ist, dass Leiden Zeichen echter Nachfolge sind, zeigt die Lebensgeschichte der Uljana Germanjuk. Sie arbeitete über zehn Jahre im Verwandtenrat der Gefangenen. (Eine Einrichtung der nichtregistrierten Gemeinden in der ehemaligen Sowjetunion, die sich um die Familien von verhafteten Geschwistern kümmerte.) Dann wurde sie gewarnt: „Man will dich vor Gericht bringen. Dir werden ungesetzliches Verhalten sowie Aufhetzung gegen die staatlichen Autoritäten und allgemeine Verleumdungen zur Last gelegt."

Doch Uljana ließ sich nicht einschüchtern und tat ihren Dienst in Treue weiter. Daraufhin ordnete die Staatsmacht eine Durchsuchung von Uljanas Wohnung an. Wenig später löste die Miliz einen Gottesdienst auf, nahm dabei Uljana fest und verurteilte sie zu fünfzehn Tagen Haft. Auch das vermochte Uljana nicht von ihrem Dienst abzuhalten.

Dann besuchte sie ihre Tochter auf der Insel Krim und wurde dort verhaftet. Gegen alle falschen Anschuldigungen wusste sie nur vorzubringen: „Wir Gotteskinder suchen nicht die Verfolgung – sondern nur die Gottesfurcht. Doch weil wir gottesfürchtig in Jesus Christus leben wollen, werden wir verfolgt und müssen leiden."

Sie wusste, dass Gotteskinder die Welt ertragen können, aber die Welt keine Gotteskinder!

Sein Unrecht (das er anderen bereitet)
wird auf sein Haupt zurückkehren, und seine
Gewalttat wird auf seinen Scheitel herabstürzen.
Sprüche 7,17

Schriftworte wie das obige werden heute nicht mehr ernst genommen. Das liegt daran, dass Gott nur noch als Idee gesehen wird, aber nicht mehr als Existenz. Umso erstaunter und ratloser ist man dann, wenn genau das eintritt, was die Bibel als Auswirkung des Ungehorsams vorausgesagt hat. Gott existiert nämlich weiter, ob er von Menschen anerkannt wird oder nicht. Auch der Zusammenbruch des Sowjetischen Imperiums ist unter Garantie eine Folge des Widerstandes gegen die von Gott gegebenen Ordnungen. Zu diesen Ordnungen zählt auch das Recht auf freie Zusammenkunft der Gemeinde. Sie ist bis zur Wiederkunft des Herrn Jesus Sein Leib auf dieser Erde.

Doch wie wird oft mit der Gemeinde umgegangen, auch heute noch – und nicht nur in Russland!

Wie zur Zeit der Sowjetunion mit der Gemeinde umgegangen wurde, dafür steht die Familie Nikora aus Kischinew. Über zwölf Jahre versammelten sich die Gläubigen im ihrem Haus, später in einem Zelt, das die Nikoras in ihrem Hof aufgestellt hatten. Dieses Zelt wurde von den Behörden viermal abgerissen, von den Gläubigen mühsam aber wieder aufgebaut. Schließlich wurde der Hausherr vor Gericht bestellt und bekam mitgeteilt: „Du wirst umgesiedelt. Dein Einfamilienhaus und das dreitausend Quadratmeter große Grundstück sind nicht mehr dein Eigentum. Als Gegenwert erhältst du eine Eigentumswohnung in einem Wohnheim."

Erfolglos legten Nikoras Widerspruch ein. Auf ihrem Grundstück wurde währenddessen laut behördlicher Anordnung eine Mülldeponie eingerichtet.

## Warum schlägst du mich?

Johannes 18,23

Wie schon so oft, hatte sich Alewtina Panfilowa im Straflager wegen heißem Wasser angestellt. Diesmal stand eine junge Frau vor ihr, die sie aus unerfindlichen Gründen beschimpfte, ihr sogar verbot, sie anzusehen. Alewtina konnte aber nicht anders als nach vorne zu sehen, wie hätte sie sonst feststellen sollen, wann sie an der Reihe war. Mit einem Mal schlug ihr die Frau ins Gesicht und auf die Wange. Wofür? – Alewtina wusste es nicht. Sie hatte kein Wort mit der Frau gewechselt. Sie sagte auch jetzt nichts. Aber es schmerzte sie innerlich, dass sie grundlos so behandelt worden war, und ihr kamen die Tränen.

Augenblicke später erinnerte sie sich, dass ihr Herr auch einmal gefragte hatte: „Warum schlägst du mich?" – Unter Tränen konnte sie nun dafür danken, dass Sein Teil auch ihr Teil geworden war.

Doch als sie wieder in der Baracke an ihrem Platz war, überkam es sie erneut und sie schluchzte lange vor sich hin. Bisher war es ihr noch nie passiert, dass sie ohne Anlass so geschlagen worden war.

Mit einem Mal ging ihr auf: Diese Frau ist von einem bösen Geist besetzt, und dieser Geist liebt mich nicht, weil ich ihm nicht diene. Mehr noch, weil ich sogar darum bete, dass ihm niemand dienen soll. Jetzt hat er seine Hand gegen mich erhoben und mich geschlagen. – Eine Weile später wurde Alewtina bewusst: Diese Schläge haben mir ja gar nicht wehgetan! Wie ist das möglich? Sie erklärte sich das so: Der Heiland hat seine durchbohrte Hand zwischen meine Wange und die schlagende Hand gehalten. Alewtina war sich sicher: Die Frau fühlte sich nicht als Siegerin. Alewtina suchte die Frau auf, und hielt ihr noch die andere Wange hin, aber die Schlägerin ging weg.

Freuet euch...denn siehe, euer Lohn ist groß im Himmel.
Lukas 6,23

„...Auch für einen Christen ist es gut, wenn er Unterstützung durch Verwandte und Freunde hat. Doch viel wichtiger für ihn ist die Gewissheit, dass sein Freund, der Herr Jesus, bei ihm ist. Dann ist der Christ, wie eine Braut in der Nähe des Bräutigams, sehr froh. Und diese Freude bewirkt, dass das Leid kein Leid ist, und der Verlust keine Entbehrung...

Was der Herr mir auch weiterhin schicken mag, ich möchte alles ohne Murren und Zweifel aus Seiner Hand nehmen. Alles, was Er schickt, ist ja meiner Person und meiner Kraft entsprechend. Er weiß, was ich ertragen kann. Mein Wunsch ist es, dass Er fortwährend in mir und ich in Ihm bleibe...“ – Diese Worte könnten als überzogen und damit als unglaubwürdig abgetan werden, wenn sie nicht von Ljudmila Prozyschina, einer neunundzwanzigjährigen inhaftierten Frau, geschrieben worden wären. Sie war zur Lagerhaft verurteilt worden, weil sie Kinder um sich sammelte, ihnen vom Herrn Jesus erzählte, christliche Lieder mit ihnen lernte und mit ihnen betete.

In der Haft betete sie dann: „Mein Vater, ich möchte, dass diese Haft eine Prüfung meiner Treue zu Dir sei, und keine Verführung.“

Man fragte sie oft: „Wie kannst du nur so froh sein, zieht es dich nicht nach Hause?“ – Die zweite Lagerchefin meinte sogar: „Es ist ein Verbrechen, dass du hier bist. Zu Hause könntest du viel besser wirken.“ Ljudmila antwortete darauf: „Mein Gott weiß, wo ich am meisten gebraucht werde. Zur Zeit hat Er mich hierher, zu den von allen verachteten Menschen gestellt.“ – Sie machte es froh, zu wissen, dass der Ort, wo sie Gott hingestellt hatte, der richtige war. Ist das auch bei dir so?

Errette mich, Herr, von den bösen Menschen; behüte mich vor den Gewalttätigen, die Böses planen in ihrem Herzen.
Psalm 140,2-3

Diese Bitte können Gläubige gar nicht oft genug zum himmlischen Vater schicken. Warum? Die Mehrheit der sie umgebenden Menschen hat den Bösen zum Herrn. Folglich ist das Treiben der Menschen auf nichts Gutes ausgerichtet. Sie versuchen immer wieder, den Gläubigen Schaden zuzufügen. Dabei denken sie sich Dinge aus, die auf den ersten Blick oft gar nicht als schädlich zu erkennen sind.

Davon wussten auch die Kinder von Dmitrij Minjakow ein Lied zu singen. Per Telegramm wurden sie tagelang von der Leitung des Straflagers aufgefordert, ihren Vater außer der Reihe zu besuchen. Das war etwas so Ungewöhnliches, dass sie stutzig wurden. Trotzdem fuhren sie nach Kujbyschew, wo der Vater den Rest seiner fünfjährigen Haft verbüßte. Auf die Frage: „Weshalb dürfen wir den Vater besuchen?" wurde den Kindern erklärt: „Er hat sich den Besuch verdient."

Das machte die Kinder noch stutziger, sie wussten, dass ihr Vater wegen seines schlechten Gesundheitszustandes, seine Arbeitsnorm nicht erfüllte. Doch die Lagerleitung blieb bei ihrer Aussage. Als am folgenden Tag die Begegnung mit dem Vater stattfinden sollte, lehnten die Kinder ab. Sie waren in der Zwischenzeit einer gut informierten Person begegnet, die ihnen dringend von dem Besuch abgeraten hatte. Die Lagerleitung warf ihnen nun vor, sie liebten den Vater nicht. Doch hinterher stellte sich heraus, dass das Besucherzimmer mit besonders empfindlichen Abhörgeräten präpariert worden war. Man wollte also „Beweise" finden, um den Vater weiter in Haft halten zu können.

Es stehen falsche Zeugen wider mich auf und tun mir Unrecht ohne Scheu. Ich glaube aber doch, dass ich sehen werde die Güte des Herrn im Lande der Lebendigen.

Psalm 27,12-13

Die falschen Zeugen der Miliz können nichts gegen das Urteil Gottes ausrichten, das Er über seine Kinder gesprochen hat. Von dieser Gewissheit wurde die nichtregistrierte Gemeinde in St.-Petersburg, dem ehemaligen Leningrad, getragen. Diese Gemeinde hatte den Zorn der Staatsmacht auf sich gezogen, als einige ihrer Mitglieder beim Besuch des weltbekannten Evangelisten Billy Graham in der registrierten Gemeinde von St.-Petersburg, durch Plakate auf die Christenverfolgung in der UdSSR aufmerksam machten. Als Graham abgereist war, wurde dem Leiter der nichtregistrierten Gemeinde das Haus enteignet, das den Gläubigen als Versammlungsraum diente.

Jetzt kamen die Glaubensgeschwister überein, sich am alten Bahnhof eines Vorortes zu versammeln. Später trafen sie sich in einem nahe gelegenen Wald. Als sie das wieder einmal nach Einbruch der Dunkelheit taten, wurden sie von Milizbeamten überrascht. Ohne große Erklärung lösten die Milizionäre die Versammlung auf und geleiteten die Gläubigen zum alten Vorortbahnhof. Hier versuchte ein Milizionär eine Schlägerei zu provozieren, was ihm aber nicht gelang. Trotzdem wurden einige Zeit später vier leitende Brüder aus der Gemeinde „wegen Verprügelung von Milizbeamten" angeklagt und zu Haftstrafen verurteilt.

Diese Ungerechtigkeit, so schmerzlich sie auch war, vermochte der Gemeinde aber keinen Schaden zuzufügen. Der Herr hielt seine segnende Hand auch weiterhin über sie. Die Gemeinde blieb nicht nur bestehen, sondern wuchs noch.

Erzürne dich nicht über die Bösen und ereifre dich nicht über die Gottlosen; denn der Böse hat nichts zu hoffen, und die Leuchte der Gottlosen wird verlöschen.
Sprüche 24,19-20

Wasilij Beresowskij kannte dieses Wort und wollte es auch halten. Als er aber ganz überraschend verhaftet wurde, erzürnte er sich doch über die Gottlosen und dachte nicht daran, dass ihre Leuchte nur so lange strahlen würde, wie der Herr es zuließ. – Wasilijs Verhaftung geschah, als er eines Tages um vier Uhr von der Arbeit nach Hause kam. Er las noch etwas in seiner Bibel und ging dann zu Bett. Zum Schlafen kam er jedoch nicht, denn kurz nachdem er sich gelegt hatte, klingelte es an der Haustür. Er öffnete sie, und eine unbekannte Frau stand vor ihm.

„Wohnt hier Beresowskij?“ fragte sie. Wasilij bestätigte und erschrak. Im selben Augenblick stürmten von allen Seiten Männer auf ihn zu, drangen in das Haus ein und benahmen sich, als seien sie die Eigentümer. Schließlich gab sich einer als Untersuchungsrichter zu erkennen, und die Männer begannen das Haus zu durchsuchen. Alles was sie nur finden konnten: Bibeln, Liederbücher, Kassetten und Predigtkonzepte, sammelten sie ein und beschlagnahmt es.

Zum Schluss sollte auch der Hausherr mitgehen, um noch zwei Fragen zu klären. Wasilij war klar, dass die Beantwortung der Fragen Jahre dauern würde. Bevor er ging, kniete er noch mit der Familie nieder und betete. Dann klammerte sich der vierjährige Sohn an seinen Hals und weinte: „Papa, geh nicht mit ihnen, die lassen dich nicht mehr los!“

Mit wehem Herzen musste Wasilij das Kind von sich lösen und gehen. Erst als er schon einige Zeit im Gefängnis war, legte sich sein Erzürnen wieder. Er wusste, dass Gott dennoch Gedanken des Friedens mit ihm hatte.

Trachtet am ersten nach dem Reich Gottes
und nach seiner Gerechtigkeit,
so wird euch alles andere zufallen.
Matthäus 6,33

Ein schönes Wort. Aber trägt es auch im praktischen Leben? – Ja! Neben vielen Gläubigen durfte das auch Viktor Perederejew erfahren. Als er in Saporoshje den Bus besteigen wollte, wurde er von einem Milizkapitän angehalten und mit zur Milizstation genommen. Hier durchsuchte man sein Handgepäck und fand eine große Menge der Zeitschrift „Bote der Wahrheit", die im Geheimverlag gedruckt wurde. Viktor wurde sofort verhaftet. Zunächst quälten ihn die Fragen: „Warum?" – „Wozu?" – „Was hast du falsch gemacht...?"

Abends wurde er zum Gebietsleiter gerufen, der ihn ausfragen wollte. Viktor beantwortete die Fragen aber nicht. Er brachte das Gespräch auf den Herrn Jesus und erzählte von seiner persönlichen Überzeugung. Als der Leiter merkte, dass er bei Viktor nichts ausrichten konnte, wurde er ungehalten. Eine Weile später bat Viktor um etwas zu essen, da er seit dem Morgen nichts mehr zu sich genommen hatte. Weiter bat er um eine Schlafgelegenheit. Der Gebietsleiter geriet außer sich vor Wut und schrie: „Ja, ich werde dir deine Wünsche erfüllen!"

Viktor wusste, dass dies nichts Gutes zu bedeuten hatte, sagte aber: „Mein Herr wird mich doch versorgen!" – Kurz darauf wurde er in eine Zelle zu Landstreichern und Betrunkenen gesteckt. Diese wurden bald danach aus der Zelle getrieben. Viktor dankte auf den Knien dafür, dass er allein sein durfte, und konnte schlafen. Mitten in der Nacht wurde er von einer Glaubensschwester geweckt, die mit ihm verhafteten worden war und sich die Erlaubnis geholt hatte, ihm von ihrem Essen abgeben zu dürfen.

## 26. April

Herr, hab acht auf mich
und höre die Stimme meiner Widersacher!
Jeremia 18,19

Grigorij hörte nur noch bruchstückhaft die Stimmen seiner Widersacher, und wusste nicht mehr genau, was sie versucht hatten aus ihm herauszubekommen. Er konnte nur darauf vertrauen, dass der Herr auf ihn acht hatte. Doch der Reihe nach: Als Grigorij zum fünften Mal verhaftet wurde, hatte er als Mitglied des obersten Gremiums der Gemeinden lange im Untergrund gelebt. Deshalb konnte er keiner handwerklichen Beschäftigung nachgehen, wurde als „Schmarotzer" angesehen und verurteilt. Auch im Lager hatte er keine Ruhe. Eines Tages wurde er mit der Begründung auf die Krankenstation bestellt: „Gläubige haben uns gebeten, deinen Gesundheitszustand zu überprüfen."

Grigorij wurde zuvorkommend behandelt. Man bot ihm sogar stark aromatisierten Tee an. Doch als er einige Schlucke genommen hatte, verlor er plötzlich das Bewusstsein. Erst am nächsten Morgen war er wieder voll bei Sinnen und begriff, dass die Männer, die ihn „betreut" hatten, keine Ärzte, sondern KGB-Beamte waren. Er erinnerte sich sogar, dass sie ihn über den Vorsitzenden des obersten Gremiums der Gemeinden ausgefragt hatten und verschiedenes über Finanzmittel wissen wollten. Als die „Ärzte" ihn wieder besuchen kamen, sagte er ihnen auf den Kopf zu, dass sie vom KGB seien.

Als Quittung dafür wurde er wegen einer angeblich ansteckenden Krankheit zunächst von allen Lagerinsassen isoliert und dann fünfundvierzig Tage in den Strafisolator gesteckt. – Er konnte jetzt nur darum beten, dass er nichts oder nichts Wesentliches in seinem Dämmerzustand ausgeplaudert hatte. Wie sich im Verlauf der Zeit herausstellte, war das auch nicht der Fall. Der Herr hatte ihn bewahrt.

Sind wir aber Kinder, so sind wir auch Erben,
nämlich Gottes Erben und Miterben Christi,
wenn anders wir mit leiden, auf dass wir
auch mit zur Herrlichkeit erhoben werden.
Römer 8,17

Zu den christlichen Hochzeiten in der ehemaligen UdSSR kamen auch viele Ungläubige. Das veranlasste die damaligen Machthaber dazu, die Hochzeiten als Evangelisationen einzustufen, die verboten waren. Dem Verbot konnte man nur entgehen, wenn die Hochzeit angemeldet und genehmigt wurde. Vitalij und Vera aus Charkow kamen dieser Anordnung nach. Als sie die Genehmigung in Händen hielten, dachten sie, eine ungestörte Feier haben zu können. Nach der standesamtlichen Trauung – die von den Gläubigen nur als Formsache angesehen wurde – wollten sie sich zur eigentlichen Trauung in die Gemeinde begeben. Doch plötzlich bemerkten sie, dass ihr Fahrzeug verfolgt wurde. Als sie zum Trauungsort abbiegen wollten, standen sie vor einer Straßensperre. Von der Miliz wurden sie aufgefordert, außer vierzig Leuten alle anderen nach Hause zu schicken.

Das Brautpaar brachte man mit einem Auto zu Vitalijs Haus. Hier stieß man sie vom Auto weg. Dabei wurde der Braut der Schleier vom Kopf gerissen. Die Milizionäre schleuderten ihn zu Boden, trampelten auf ihm herum und warfen ihn verdreckt und zerrissen dem Paar nach. Vitalij und Vera zogen dicke Kleider an und setzten sich für den ganzen Tag vor das Hoftor, um zu zeigen: Wir werden nicht feiern, so lange ihr die Mehrheit unserer Hochzeitsgäste quält!

Das junge Paar ertrug diese Demütigungen ohne zu verbittern. Sie wussten nämlich: man kann uns alles nehmen, die Gotteskindschaft und das damit verbundene Erbe aber nicht.

Was verfolgst du mich?
Apostelgeschichte 9,4

Das wurde der Apostel Paulus vom auferstandenen Herrn gefragt, als er noch der Saulus war und nicht wusste, dass er gegen Christus ging, als er die Gemeinde verfolgte. Auch die kommunistischen Machthaber wussten das nicht, als sie die Christen verfolgten. Und durch ihre Ablehnung der Gläubigen ziehen im Westen heute noch viele das Gericht Gottes auf sich.

Wieso können die Gläubigen standhaft bleiben? Woraus schöpfen sie die Kraft, um die Lasten tragen zu können, die ihnen zugefügt werden? Allein aus der Zuwendung Gottes und dem Wissen, dass sie der sichtbare Leib des Herrn Jesus sind.

Das bestätigte auch Nadeshda Iwaschtschenko, deren Mann, Schwiegervater und Schwägerin verhaftet wurden, und die mit ihren vier Kindern allein blieb. Trotzdem ließ sie es zu, dass die Gemeinde sich weiterhin in ihrem Haus versammeln durfte. Dafür wurde sie über einige Zeit jeden Monat mit fünfzig Rubel Strafe belegt, so dass sie kein Geld mehr zum Leben hatte. Da sprang die Gemeinde ein, und Nadeshda brauchte mit ihren Kindern keine materielle Not zu leiden. Doch der Gegenspieler Gottes wusste ihr noch weiteres Leid zuzufügen.

Einige Zeit später fand eine Dorfversammlung statt, in der beschlossen wurde, ihr das Sorgerecht zu entziehen und die Kinder in ein Heim zu geben. Als sie das den Kindern sagte, gerieten alle durcheinander und die sorgenvolle Mutter konnte zwei Nächte lang nicht schlafen. Doch dann beteten sie gemeinsam und wurden wieder ruhig. Nadeshda wusste, dass ihr der Herr nicht mehr auferlegen würde, als sie tragen konnte. Außerdem war sie gewiss, dass ein Volk, das so mit dem Leib des Herrn umging, keine Zukunft hatte. Vier Jahre später löste sich die UdSSR auf.

Saulus sprach: Herr, wer bist du? Der Herr sprach: Ich bin Jesus, den du verfolgst. Stehe auf und gehe in die Stadt; da wird man dir sagen, was du tun sollst.
Apostelgeschichte 9,5-6

Nach sechs Jahren durfte Rudolf wieder von Jakutien nach Hause. Dorthin hatte man ihn verbannt, nur weil er ein Deutscher war. Doch sein Zuhause war ihm inzwischen fremd geworden. Die meisten Leute des Ortes hatten sich bekehrt, folgten Jesus nach und er wusste nicht, wie er mit ihnen umgehen sollte. Da beschloss er irgendwohin zu fahren, wo ihn niemand kannte. Er packte seine Sachen und verschwand heimlich. Zunächst fand er bei seinem älteren Bruder in Nowosibirsk eine Bleibe und traf hier auch einige Freunde aus früherer Zeit. Sie waren aber auch gläubig geworden und versuchten, ihn mit zu den Gottesdiensten zu bekommen. Schließlich ging Rudolf auch mit. Der Prediger sprach über die Bekehrungsgeschichte des Saulus und sagte mehrere Male: „Auch unter uns sind heute solche Saulusse, die gegen den Stachel lecken, die ihr Herz dem Herrn Jesus nicht ausliefern wollen. Sie widerstreben! Ihr Saulusse, kehrt um zu Gott und euer ganzes Leben wird sich ändern!“

Rudolf begriff, dass er zu den Saulussen gehörte. Wieder rief der Mann zur Bekehrung auf und Rudolf dachte: „Wenn du das tust, musst du dich wie Saulus von den Frommen belehren lassen.“ Das wollte er nicht. Doch mit einem Mal zog es ihn mit Macht nach vorne. Er bekannte seine Schuld und versprach, dem Herrn Jesus nachzufolgen. Als er sich wieder von den Knien erhob, waren die unbekannten Menschen für ihn keine Fremden mehr, sondern Freunde, Brüder und Schwestern. Er wünschte sich jetzt, die Bibel kennenzulernen und sein Leben nach ihr auszurichten. Er erkannte, dass er mit der Bekehrung nichts verloren, sondern viel gewonnen hatte.

Du erfreust mein Herz,
ob jene auch viel Wein und Korn haben.
Psalm 4,8

Ungläubige Menschen brauchen viel Wein und Korn, also Besitz, um ein erfreutes Herz zu haben. Gläubigen hingegen, reicht das Wohlgefallen des Herrn. Es ist wohl keine Frage, wessen Freude ungetrübter und von Dauer ist. Freude, die durch irdischen Besitz hervorgerufen wird, währt nur kurze Zeit; jene, die durch den Herrn kommt, ist von Dauer. Er stellt seinen Nachfolgern immer wieder Lichter an den Wegesrand, die die Freude an Ihm nicht erlöschen lassen.

Das durfte auch Stepan Germanjuk erfahren, obwohl er nach der Entlassung aus Haft seine Frau nicht in die Arme schließen konnte, da sie zwischenzeitlich selbst verhaftet worden war. Doch er suchte ihr Straflager auf, um einen Besuchstermin bei ihr zu erhalten. Die Lagerleiterin lehnte ab. Stepan bemerkte, dass sie nicht voll hinter der Ablehnung stand und ging ihr nach. Als er mit ihr allein im Büro war, sagte sie nach einigem Hin und Her: „Kommen Sie halt am Montag."

Stepan konnte an diesem Tag nicht und vereinbarte einen Besuchstermin am Dienstag. An diesem Tag waren KGB-Beamte im Lager und die Leiterin sagte: „Warum sind Sie bloß gestern nicht gekommen." – „Als ehemaliger Häftling musste ich zur Miliz", erklärte er. Darauf die Leiterin lächelnd: „Versucht man immer noch Sie zu bessern?" – Stepan nickte. Dann ermöglichte sie ihm einen zweitägigen Besuch bei seiner Frau. Vorher wurde er noch darauf hingewiesen, dass das Besucherzimmer abgehört werde. So tauschten sie die geheimen Informationen schriftlich aus. Laut beteten sie nur zusammen und feierten das Abendmahl und in ihren Herzen war die stärkende Freude über die Hilfe des Herrn.

Wenn sie euch nun überantworten werden, so sorget nicht, wie oder was ihr reden sollt; denn es soll euch zu der Stunde gegeben werden, was ihr reden sollt.
Matthäus 10,19

Als Lydia Bondar, die wegen der Durchführung einer Kinderfreizeit verhaftet worden war, von der Gefängnisleitung erfuhr, dass sie in eine Psychiatrische Anstalt verlegt werden sollte, erschrak sie und befahl sich in besonderer Weise der Führung des Herrn an.

„Sind Sie gläubig?" wurde sie in der Anstalt gefragt. Lydia bejahte. – „Wo ist Gott? Wie hat man sich Ihn vorzustellen?" wollte die Vorgesetzte wissen. – „Meinen Sie in all Ihrem Tun immer gerecht zu sein?" fragte Lydia. – „Wer kann schon sagen, dass er immer gerecht ist!" meinte die Vorgesetzte. – „Nur jene, die reinen Herzens sind, werden Gott schauen", erklärte Lydia und wollte wissen, weshalb man sie hierher gebracht habe. – „Wir möchten Sie näher kennenlernen", sagte die Frau und fragte: „Haben Sie sich mal arg am Kopf gestoßen, eine Gehirnerschütterung gehabt? – Ich bin Psychiaterin, Sie müssen meine Fragen beantworten!"

Lydia tat es wahrheitsgetreu, aber mit einem unguten Gefühl. Als sie am folgenden Tag zur Ärztin musste, betete sie vorher um Weisheit. Dann, kaum, dass sie das Behandlungszimmer betreten hatte, sagte sie ungefragt: „Wenn Sie mich hierher geholt haben, um aus einer Gesunden eine Dumme zu machen, nur weil ich gläubig bin und bete, so sollen Sie wissen: Ich bin bereit zu sterben. Aber meinen Tod müssen Sie einmal vor Gott verantworten." – Die Ärztin versprach, sie keiner Behandlung zu unterziehen, und Lydia kam auch bald wieder ins Gefängnis zurück. – Sie sank auf die Knie und dankte ihrem Herrn für die Bewahrung und die rechten Worte, die Er ihr gegeben hatte.

Wer Wind sät, wird Sturm ernten.
Hosea 8,7

Auf Dauer kann niemand ungestraft gegen die von Gott geschaffenen Ordnungen verstoßen. Diese Erfahrung mussten zur Zeit der Sowjetunion auch die Machthaber von Odessa, machen, als sie in ihrer Wut gegen die Gläubigen zu einer höchst fragwürdigen Vorgehensweise griffen. Die Machthaber nahmen Kontakt zu der örtlichen Unterwelt auf und mobilisierten die Rowdys und Diebe gegen die Christen. Bei ihren „Einsätzen" hatten sie freie Hand und konnten ziemlich alles tun, was ihnen einfiel. Bei den Auflösungen von Gottesdiensten waren sie besonders brutal, sie wussten ja, dass ihnen nichts geschah.

Doch nicht nur wegen dieses unrühmlichen Vorgehens zog sich das Gericht Gottes über den Machthabern zusammen, sondern auch, weil sie ihren von Gott gegebenen Auftrag ins Gegenteil verkehrten. Dieser Auftrag wird in Römer 13 wie folgt beschrieben: „Die Obrigkeit ist von Gott eingesetzt... sie ist Gottes Dienerin, eine Rächerin zur Strafe über den, der Böses tut..."

Das Gericht Gottes begann damit, dass die Kriminellen es mit einem Mal nicht mehr bei den Übergriffen auf die Gläubigen beließen, sondern ihren Bereich ausdehnten. Auch ungläubige Personen, ja selbst staatliche Einrichtungen wurden plötzlich von ihnen überfallen. Die Kriminellen sahen nicht mehr ein, weshalb sie nur bei einer bestimmten Personengruppe die Gesetze überschreiten durften.

Für die Glieder der gläubigen Gemeinde war die Eskalation der Gewalt verständlich. Ihnen kam sofort das oben erwähnte Wort des Propheten Hosea in den Sinn: „Wer Wind sät, wird Sturm ernten." Wir haben es eben mit einem Gott zu tun, der heute noch so lebendig ist wie bei der Erschaffung der Welt!

# 3. Mai

Den Frieden lasse ich euch, meinen Frieden
gebe ich euch. Nicht gebe ich euch, wie die Welt gibt.
Euer Herz erschrecke nicht und fürchte sich nicht.
Johannes 14,27

Diese Worte beinhalten ein wunderbares Vermächtnis des Herrn Jesus an seine treuen Nachfolger. Er gibt Frieden! Damit ist aber nicht der äußere Frieden gemeint, den die Welt immer wieder zu schaffen versucht und nicht zustande bringt. Der im Gegenteil oft zu Situationen führt, dic das Herz erschrecken lassen. Der hier versprochene Friede wird nicht geschaffen, sondern geschenkt. Es ist in erster Linie ein innerer Friede, der sich im äußeren Unfrieden bewährt. Dafür steht der Glaubensbruder Jakow Skornjakow. Er wurde im Gefängnis sehr krank und betete: „Herr, wenn es möglich ist, schenk mir doch die Freude, dass ich am Leben bleibe und noch einmal dem Untersuchungsrichter Iosif Grigorjewitsch begegne."

Gott schenkte es. Jakow begegnete ihm und erzählte ihm von seinem Gebet. – „Sie haben um dieses Treffen gebetet? Warum?" fragte Iosif. – „Ich will es Ihnen ehrlich sagen", entgegnete Jakow. „Sie sollen wissen, dass ich in meinem Herrn Frieden gefunden habe und vom Hass befreit bin. Wenn das nicht so wäre, müsste ich Sie für all das Böse und Leidvolle, das Sie mir und meiner Familie angetan haben, hassen. Sie wissen genau, dass ich, wie auch meine Glaubensbrüder, dem Staat nie Übles getan haben. Ich bin glücklich und singe Lieder, und mit einem Lied auf den Lippen werde ich sterben, weil ich weiß, dass ich den Herrn Jesus schauen werde. Sie aber sind nicht glücklich, und nach Ihrem Tod wird es noch schrecklicher mit Ihnen werden. Ich werde weiter für Sie beten, dass Sie noch umkehren."

Hättest du auch so handeln können?

## 4. Mai

Dass ihr ein Brief Christi seid... geschrieben nicht mit Tinte, sondern mit dem Geist des lebendigen Gottes... in fleischerne Tafeln des Herzens.

2. Korinther 3,3

Zu diesem Wort hat jemand gesagt: Wenn die Menschen Gott nicht in der Bibel finden, ist das ihre Schuld. Wenn sie Gott aber nicht in deinem Leben finden, ist das deine Schuld.

Als Mitgefangene im Gefängnis von Jakow Skornjakow nähere Informationen über Gott haben wollten, sagte er ihnen: „Ihr müsst drei Bücher lesen. Das erste ist das Buch der Natur. Es ist das zugänglichste auch für den größten Analphabeten. Lest es – und ihr werdet Gott finden. Forscht nach: Warum ist zum Beispiel die Sonnenblume so und nicht anders geworden? Fragt euch, warum der Weinstock Trauben trägt und keine Äpfel! Wer hat das so eingerichtet?

Das zweite Buch ist das heilige Bibelbuch, das Buch von Gott, das Buch des Lebens, das noch nie jemand betrog und auch nicht betrügen wird. – Und das dritte Buch ist das praktische Leben der Gläubigen. Wer Gott sucht, der suche wahre, bibeltreue Christen. Hat er sie gefunden, dann lerne er sie näher kennen und schaue gut hin wie sie leben; denn neben einem lebendigen Christen kann kein Mensch gleichgültig bleiben.“

Zugegeben, es ist nicht einfach ein Christ zu sein, neben dem niemand gleichgültig bleibt. Ohne die Hilfe des Herrn ist es sogar ausgeschlossen, doch mit Seiner Hilfe ist es möglich. Zugegeben, so leben zu dürfen, ist eine hohe Anforderung, aber nicht nur das, es ist eine noch größere Auszeichnung! Mit Gottes Hilfe sollten wir uns – mehr als bisher – darum bemühen, ein offener Brief Christi zu sein. Wir sind das der immer dunkler werdenden Welt schuldig.

Darum will ich dich loben unter den Heiden
und deinem Namen singen.
Römer 15,9

Glaubensbruder Chorew wurde wieder einmal in ein anderes Gefängnis verlegt und mit Männern zusammengesteckt, die wegen krimineller Delikte einsaßen. Als diese hörten, dass Chorew ein Gläubiger war, erzählte einer von ihnen ein Erlebnis, das Bruder Chorew tief beeindruckte.

„Als ich mit anderen gen Osten transportiert wurde, befand sich eine von Euch in unserem Waggon. Sie war noch ein junges Mädchen, doch ein besonderer Mensch. Während der ganzen Fahrt sang sie immer wieder christliche Lieder, die uns allen zu Herzen gingen.

Frauen bekommen von Häftlingen ja oft Gemeinheiten zugerufen, doch bei ihr brachte das keiner fertig. Wenn sie ein sehr ergreifendes Lied gesungen hatte, schrien die Männer: ‚Schreib uns das Lied auf!‘ – oder: ‚Sing es noch einmal!‘ Dann wurde es wieder still und sie sang. Selbst den schlimmsten Verbrechern, die schon mehrmals in Haft waren, rannen bei den Liedern Tränen über die Wangen. Auch die Wachsoldaten waren milde gestimmt und verboten ihr das Singen nicht.

Ein Lied ist mir noch im Gedächtnis geblieben:

Auf dem Weg des Verderbens verirrt,
kehre um, o mein Freund, zu dem Hirt.
Warum lehnst du Sein Angebot ab?
Sieh, Er liebt dich,
weil Er für dich starb.
Drum warte nicht,
bis du stehst vor Gottes Gericht.
Drum warte nicht,
eile aus dem Dunkel zum Licht...“

Der Mann brach ab und weinte.

Gott schafft mir Recht und führt meine Sache wider das unheilige Volk und errettet mich von den falschen und bösen Leuten!
Psalm 43,1

Serafima, Mutter von dreizehn Kindern, war eine eifrige Mitarbeiterin im Verwandtenrat der Gefangenen. Das wurde ihr als „gesetzeswidrige Tätigkeit" ausgelegt, die ihr zwei Jahre Lagerhaft einbrachte. Da ihr Mann bereits verhaftet war und das jüngste Kind erst zwei Jahre zählte, wurde ihr Strafantritt auf einen späteren Zeitpunkt verschoben. Kaum war der Junge vier Jahre alt, erhielt Serafina, obwohl der Vater sich noch immer in Haft befand, die Aufforderung zum Strafantritt. Für alle in ihrem Bekanntenkreis, war das eine Unmöglichkeit. Doch Serafima blieb eigenartig ruhig und versicherte, sie werde sich den Behörden stellen.

„Ich mache mir keine Sorgen", erklärte sie. „Ich habe großes Vertrauen zum Herrn, dass er alles gut machen wird." Dabei verwies sie auf das oben angeführte Schriftwort. Auf die Frage, ob sie nach einer Inhaftierung wieder im Verwandtenrat mitarbeiten werde, antwortete sie mit einem dreifachen „Ja". – „Zur Mitarbeit im Verwandtenrat wurde ich doch von Gott berufen", versicherte sie, „und deshalb kann man sich auch in schweren Zeiten nicht davon abwenden!". Serafima sagte das nicht mit trauriger Miene, sondern mit froher Gewissheit. „Ich bin bereit ins Straflager zu gehen", erklärte sie ein andermal, „weil ich weiß, dass der Herr für die Seinen sorgen wird. Doch ich bin gewiss, dass Er mich vor den bösen Leuten bewahren wird."

Als sie sich den Behörden zum Strafantritt stellte, wurde sie wider alle Erwartungen begnadigt und konnte bei ihren Kindern bleiben. Unser Herr hat viele Wege, also vertrauen wir ihm!

Komm herüber...und hilf uns!
Apostelgeschichte 16,9

Diesen Ruf hörte einst der Apostel Paulus durch einen mazedonischen Mann im Traum. Der Apostel wusste, dass er dadurch zur Verkündigung des Evangeliums gerufen worden war. Uljana Germanjuk erhielt diesen Ruf durch einen Brief. Allerdings war ihre Situation eine andere, als die des Apostels Paulus. Ihr Ehemann Stepan war nach viereinhalbjähriger Haft im Straflager für weitere drei Jahre in die Verbannung geschickt worden. Die Verbannungsorte lagen weit von der Heimat entfernt in unwirtlichen, dünn besiedelten Gebieten, die oft nur mit Kleinflugzeugen oder Hubschraubern erreicht werden konnten.

Auch der eintausenddreihundert Einwohner zählende Fleck Tschumikan am Ochotskischen Meer, wohin man Stepan verbannt hatte, war ein solcher Ort. Außerdem wehte hier Tag und Nach ein kalter Wind, und das Thermometer sank im Winter auf dreißig Grad unter Null, manchmal auch noch darunter. Deshalb dachte Stepan nicht daran, dass seine Familie zu ihm in die Verbannung ziehen werde, obwohl das nach dem Gesetz möglich war.

Doch seine Frau Uljana las aus seinem Brief den Ruf: „Komm!"

Sie wusste sehr wohl, dass sie am Verbannungsort ihres Mannes keine Villa erwartete, und dass man ihr bei einem Umzug das Haus in der Heimat wegnehmen konnte. Mit Unterstützung der Gemeinde siedelte sie mit ihren drei Kindern dennoch bis zum Ende von Stepans Verbannung nach Tschumikan um. Natürlich machten die Germanjuks aus ihrem Glauben auch in der Verbannung kein Geheimnis und es bekehrten sich einige Leute. Als sie den Ort wieder verließen, war eine kleine Gemeinde entstanden. Jetzt wusste Uljana auch, weshalb sie dem Ruf: „Komm herüber!" folgen musste. So kann Gott selbst eine Verbannung segnen!

Gott aber sei Dank, der uns allezeit
in Christus triumphieren lässt.
2. Korinther 2,14

Im Blick auf dieses Schriftwort sagte Bruder Eduard nach der Entlassung aus seiner zweiten Haft:

„Es ist sehr kostbar, von Gott die Gnade erhalten zu haben, letztlich über alles triumphieren zu können, mit dem, was wir besitzen, zufrieden zu sein. Es ist Gnade, den inneren Reichtum zu haben, der von den Umständen unabhängig ist. In dieser Haltung war ich nicht immer konstant. Es gab Momente voller Unruhe und Sorgen. Doch die Probleme lösten sich dann wieder und zeigten sich in einem anderen Licht als ich gedacht hatte. Nach solchen Situationen wusste ich, dass ich eine weitere Lektion im Gottvertrauen gelernt hatte... Wenn ich jemand leiden sehe, der schwereres als ich zu tragen hat und dabei Gott die Treue hält, nicht aufhört Ihn zu preisen, so möchte ich ihn nachahmen, seine Haltung erlernen.

Ein sehr wichtiges Ergebnis der Schule, in die mich Gott genommen hat, ist, dass ich jedem aufrecht in die Augen sehen kann. Wenn ich mir vorstelle, wie das wäre, wenn ich Gott die Treue nicht gehalten hätte, dann wird mir ganz übel. Wie sollte ich den Glaubensgeschwister und meiner Familie dann begegnen, ganz abgesehen von der Schuld gegenüber meinem Herrn...! Für mich als Nachfolger Jesu Christi ergibt sich nur das eine: Es ist besser, um Christi willen zu sterben als untreu zu sein. Mag es auch pathetisch klingen, aber es ist so: Jeder, der die Treue zum Herrn nicht bewahrt, kehrt als geistliche Leiche aus der Haft zurück – und das ist schlimmer als der leibliche Tod! Möge uns der Herr die Kraft schenken, Ihm in allem treu zu bleiben. Dann werden wir nicht nur in Christus triumphieren, sondern sind auch ein Wohlgeruch für Ihn!“

Ihr aber, liebe Brüder, seid zur Freiheit berufen...
Galater 5,13

Keine Frage, fünf Jahre Straflager sind kein Pappenstiel. Auch für Weniamin Markewitsch waren sie das nicht. Ihm wurde die Zeit hinter dem Stacheldraht oft sehr lang, und er sehnte sich nach draußen. Doch, dass er vor Ablauf seiner Haftzeit zu seinen Lieben gelangen werde, daran wagte er nicht zu denken – wenn er auch hin und wieder ein diesbezügliches Gebet zum himmlischen Vater schickte.

Dann wurde er eines Tages vom Staatsanwalt zu einem Gespräch unter vier Augen gebeten. Der Staatsdiener erklärte, dass er bei seinen Besuchen im Lager auch Weniamins Sache untersucht habe. Dabei sei er zu der Feststellung gelangt, dass Weniamin dem Regime keinen Schaden zugefügt habe und somit einen Antrag auf vorzeitige Entlassung stellen könnte.

Für Weniamin war das unfassbar, doch er kam ins Schwanken. Zum einen dachte er: Ein übler Trick. Man will mich hineinlegen. Zum anderen kam ihm der Gedanke: Hier hat Gott seine Hand im Spiel. Doch er war nicht sicher und sagte sich: „Wenn ich wirklich freikommen soll, wird es der Staatsanwalt noch einmal sagen!“

Der sagte es noch einmal und fügte hinzu: „Sie werden die in den Akten festgehaltene Schuld nicht anerkennen wollen. Für diesen Fall können Sie schreiben, dass Sie dem Sowjetstaat keinen Schaden zugefügt haben und das in Zukunft auch nicht vorhaben.“ Diese Formulierung gefiel Weniamin und er stellte einen Entlassungsantrag. Etwa einen Monat später wurde er zum stellvertretenden Lagerchef gerufen, der ihn fragte: „Sind sie bereit? – „Zu was?“ – „Zur Freiheit!“ – „Zur Freiheit bin ich immer bereit, weil ich als Christ dazu berufen bin“, sagte Weniamin und durfte nach Hause fahren.

Auch so führt unser Gott.

Ein neu Gebot gebe ich euch, dass ihr euch untereinander liebet, wie ich euch geliebt habe, damit auch ihr einander lieb habet.

Johannes 13,34

Dieses Gebot fand bei den wahrhaft Gläubigen in der ehemaligen Sowjetunion ihren besonderen Ausdruck bei den Gerichtsverhandlungen. Wenn einem Glaubensbruder oder einer Glaubensschwester der Prozess gemacht wurde, waren außer den Familienangehörigen auch zahlreiche Gemeindeglieder anwesend, die sehr oft geheim Blumen mit sich trugen. Vor diesen Blumen hatten die Wachhabenden große Angst. Wenn die Verurteilten, nach der Verkündung des Strafmaßes abgeführt wurden, flogen ihnen plötzlich weiße Nelken, rote Rosen oder andere Blumen zu.

Auch draußen, auf dem Weg vom Gerichtsgebäude zu dem bereitstehenden Transportfahrzeug, dem so genannten „Schwarzen Raben“, regnete es Blumen auf die Häftlinge. Das brachte die feindseligen Wachsoldaten jedesmal durcheinander. Sie konnten nicht verstehen, dass die Verurteilten mit Blumen überschüttet wurden, als hätten sie eine Heldentat vollbracht und nicht ein Verbrechen begangen! Nein, das begriffen sie nicht!

Für die Verurteilten war der Blumenregen aber Freude und Stärkung. Sie waren ja auch keine Verbrecher. Sie hatten als Christen nur ihre Pflicht getan, und Gott mehr gehorcht als den atheistischen Machthabern. Sie hatten Sonntagsschulunterricht durchgeführt, christliche Literatur gedruckt und anderen vom Herrn Jesus erzählt. Das größte Land der Welt konnte das aber nicht gutheißen!

Doch von den Gläubigen wurde die Standhaftigkeit der so Verurteilten gutgeheißen, deshalb auch die Blumen. Sie waren ein Zeichen dafür, dass man mit den Verurteilten eins war.

So viel der Himmel höher ist als die Erde,
so sind auch meine Wege höher als eure Wege
und meine Gedanken als eure Gedanken.
Jesaja 55,9

Wer ehrlich ist, muss dem zustimmen: Die Gedanken und Wege des Herrn sind höher als die unseren. Wer kann schon alle Vorgänge im Makro- und Mikrokosmos verstehen? – Und ein gläubiger Christ, der auf die täglichen Führungen achtet, kommt aus dem Staunen nicht mehr heraus. Welche Wege benutzt doch der Herr, um den Seinen zu helfen oder Seine Sache ins Gespräch zu bringen! Werfen wir nur einen Blick auf das, was Weniamin Naprijenko nach seiner Gerichtsverhandlung erlebte!

Zu seinem Prozess waren viele Gemeindeglieder am Gerichtsgebäude erschienen. Sie wollten ihn durch ihre Anwesenheit während der Verhandlung stärken. Doch man ließ nur die nächsten Angehörigen in den Saal. Die Gemeindeglieder gingen aber nicht, wie die Parteileute angenommen hatten, nach Hause. Als Weniamin zum Schluss der Verhandlung vom Gerichtsgebäude zum Häftlingstransporter geführt wurde, flogen ihm Blumen entgegen. Ein wunderbarer Strauß aus Herbstrosen und Nelken landete sogar im Transporter, und Gott erweichte die Herzen der Bewacher, dass sie Weniamin den Strauß übergaben. Er wurde ihm auch nicht beim Betreten des Gefängnisses weggenommen. Als er damit in die Zelle kam, wurden die Blumen von den übrigen Gefangenen gestreichelt. Wie lange hatten sie schon keine Blüten mehr gesehen! Einigen Verbrechern rollten Tränen über die Wangen.

„Wer bist du, dass du Blumen mitbringen darfst?“ fragten sie. Weniamin sagte: „Ich bin Christ.“ Und legte Zeugnis für Gott ab. Wer kann diese Führung verstehen? Sie ist zu wunderbar, als dass wir sie begreifen könnten. Oder?

Petrus aber und Johannes antworteten und sprachen zu ihnen: Richtet ihr selbst, ob es vor Gott recht sei, dass wir euch mehr gehorchen als Gott. Wir können's ja nicht lassen, dass wir nicht reden sollten von dem, was wir gesehen und gehört haben.

Apostelgeschichte 4,19-20

Als das Urteil über Alewtina Panfilowa gesprochen und sie aus dem Raum geführt worden war, wurden die Türen des Sitzungssaales sofort verschlossen, damit die anwesenden Gläubigen ihr keine Liebesbeweise oder Ermunterungen zukommen lassen konnten. Doch die Wächter wurden um ihren Triumph gebracht. Vor dem Gerichtsgebäude wurde Alewtina von anderen Glaubensgeschwistern empfangen, die ihr Blumen zuwarfen.

Auch im Gefängnis blieb sie mit den anderen einsitzenden Gemeindeglieder, nicht ohne Trost. Sehr oft postierte sich außerhalb der Schutzmauer eine christliche Jugendgruppe, die ihre Glaubenslieder so kräftig sang, dass sie in allen Gefängniszellen zu hören waren. Und sobald die jungen Sänger ihre Lieder anstimmten, herrschte in der Haftanstalt, in der es sonst laut zuging, vollkommene Stille.

Nach solchen Einsätzen wurde Alewtina gerade von ungläubigen Inhaftierten gefragt: „Kommen deine Freunde wieder? Sag ihnen doch, dass sie wiederkommen sollen, sogar noch mehr als bisher!" – In der Zwischenzeit hatte Alewtina erfahren, dass ein junger Glaubensbruder wegen des Singens von den Wächtern arg geschlagen worden war. Sie fragte sich: „Soll ich die jungen Geschwister wirklich darum bitten, wenn sie so misshandelt werden?" – Doch die Jugendlichen kamen auch so immer wieder. Sie waren von dem gleichen Geist beseelt wie Petrus und Johannes, und ihr Erscheinen war den Ungläubigen ein Zeugnis dafür, dass die Gläubigen füreinander einstehen.

Gott hat gemacht, dass von Einem aller Menschen Geschlechter stammen, die auf dem ganzen Erdboden wohnen und hat bestimmt, wie lange und wie weit sie wohnen sollen, damit sie Ihn suchen sollen, ob sie wohl ihn fühlen und finden möchten; und fürwahr, er ist nicht ferne von einem jeglichen unter uns. Denn in ihm leben, weben und sind wir.

Apostelgeschichte 17, 26-28

Wegen seiner Treue zum Herrn musste Iwan Antonow einundzwanzig Jahre in Straflagern und der Verbannung verbringen. Nach seiner letzten fünfjährigen Lagerhaft wurde er für weitere fünf Jahre in die Verbannung geschickt, obwohl er schon achtundsechzig Jahre alt war. Man brachte ihn an einen Ort, der nur mit dem Flugzeug zu erreichen war und rings um von der üppigen Taiga umgeben wurde. Trotzdem fiel er nicht in Verzweiflung, weil er wusste, – wie es in dem vorangestellten Bibelwort heißt, – dass Gott ihm auch hier nahe war und er noch tiefer in des Herren Willen eindringen sollte.

Das tat Iwan auch in den frühen Morgenstunden. So schrieb er einmal: „Wie gewohnt hat mich der Herr heute wieder sehr früh geweckt. Dadurch fand ich genügend Zeit, um Ihm für alles zu danken und Ihn zu loben. Ich legte Ihm meine Wünsche und Bitten vor, wurde stille und hörte auf Seine Stimme. Er sättigte meine Seele aus der Schatzkammer Seines Trostes und Seiner Ermunterung. Ich konnte Ihn dann mit Gesang loben und den Menschen in meiner Umgebung dienen... Am meisten aber freue ich mich über die geistliche Freiheit. Es gibt auch hier Versuchungen; doch ich weiß, der Herr lässt sie zu, damit ich das Siegen lerne...“

Welche Glaubensreife liegt da vor! Sie stand aber nicht nur Iwan zur Verfügung, sondern ist für alle da, die Gott an sich wirken lassen.

Und ob ich schon wanderte im finstern Tal,
fürchte ich kein Unglück; denn du bist bei mir,
dein Stecken und Stab trösten mich.
Psalm 23,4

Viele gerieten schon in arge Bedrängnis, wenn es in ein „finsteres Tal" ging. Sie dachten (oder es wurde ihnen sogar gesagt), dass der Weg mit dem Herrn nur über sonnige Höhen führe. Diese Verheißung ist im Wort Gottes aber nicht zu finden.

Walentina Saweljewa, die sich ausschließlich auf die Schrift verließ, war deshalb auch nicht überrascht, als sie in das finstere Tal der Verhaftung geriet. Auch das Fragen der Beamten und Häftlinge, ob ihr die Zeit der fünfjährigen Lagerhaft nicht leid tue, vermochten sie nicht in Verlegenheit zu bringen. Gewiss, es war nicht angenehm, im kalten Sibirien in einem Straflager zu leben, das als „Todestal" bekannt war.

Auch das Zusammensein mit Verbrecherinnen belastete, ebenso der ständige Hunger, das Durchgefroren-Sein, die Krankheiten und das erbärmliche Schuften. Ungläubige, nein, die konnten in diesem Zusammenhang keine befriedigende Antwort auf die Sinnfrage finden. Für Walentina waren diese Jahre aber nicht ohne Sinn. Sie wusste auch in diesem finsteren Tal den Herrn an ihrer Seite. Er hatte es zugelassen, dass sie hierher gekommen war, und folglich hatte Er auch hier einen Auftrag für sie, und dieser Auftrag war im Augenblick der wichtigste. Hätte es woanders einen wichtigeren gegeben, hätte der Herr sie dorthin geführt. Walentina war davon fest überzeugt. – Kann uns die Glaubenschwester da nicht Vorbild sein?

Wir könnten uns viel Leid, das dem Aufbegehren entspringt, ersparen, wenn wir akzeptierten, dass da, wo uns der Herr hinstellt, wir im Augenblick am meisten gebraucht werden.

Gott ist unsre Zuversicht und Stärke, eine Hilfe in den großen Nöten, die uns getroffen haben.
Psalm 46,2

Wer sich seiner Stärke bewusst ist, muss kein großes Aufheben darum machen. Er kann still daherkommen. Ganz anders verhält es sich mit dem, der stark sein möchte, aber um seine Mängel weiß. Er kommt mit lautem Getöse, und muss auf jede gelungene Tat hinweisen. Er muss Eindruck schinden, sich Anerkennung und Respekt verschaffen. – Das hat unser Gott nicht nötig. Er ist allmächtig und kommt leise daher. So leise, dass Er von den meisten Menschen nicht bemerkt, ja als nicht vorhanden abgetan wird. Selbst von Gläubigen wird Sein Handeln oft erst im Nachhinein erkannt, was ihnen manches Mal Not bereitet.

Auch Walentina, die zu einer längeren Haft in einem sibirischen Straflager verurteilt worden war, erging es so. Doch als sie meinte, ihr Los nicht mehr ertragen zu können, traf sie im Lager auf eine liebe Glaubensschwester. Sie nahm sich Walentina an und betete mit ihr. Besonders segensreich für beide waren die Gebetsgemeinschaften und das gemeinsame Singen geistlicher Lieder.

Wegen lästiger Störungen durch die anderen konnten die Glaubensschwestern beides aber nur schlecht in der Baracke tun. Also gingen sie nach draußen. Doch bei vierzig Grad Minus konnten sie nie lange im Freien bleiben. Deshalb unterbrachen sie ihr Beten oder Singen immer wieder und gingen in die Baracke. Nach dem Aufwärmen huschten sie wieder nach draußen. Das wiederholte sich solange, bis sie mit dem Beten und Singen zu Ende gekommen waren.

So kam wieder Licht in Walentinas Leben und sie war überzeugt, dass die Glaubensschwester von Gott in das Lager geschickt worden war, um ihre Not zu lindern.

Befiehl dem Herrn deine Wege und hoffe auf ihn,
er wird's wohl machen.
Psalm 37,5

Nachdem Michail Asarow eine Zusammenarbeit mit dem KGB abgelehnt hatte, wurde seine Situation im Straflager immer schwieriger. Einem zweimonatigen Aufenthalt im Strafisolator, schloss sich ein sechsmonatiger Aufenthalt im Lagergefängnis an. Als er einmal kurz herausgeholt wurde, befahl der Lagerleiter seinem Stellvertreter: „Lass ihn hungern, hungern und nochmals hungern! Bei der ersten bestmöglichen Gelegenheit werde ich ihn eigenhändig erschießen!"

Menschlich gesehen hatte Michail nichts mehr zu erwarten, keine Zukunft mehr, und er lernte es, sich ausschließlich auf den Herrn zu verlassen. Er war gewiss, dass Gottes Möglichkeiten auch jetzt noch nicht erschöpft waren. Gott war schließlich allmächtig.

An das Verbot, seiner Frau von seiner Behandlung zu erzählen, fühlte sich Michail nicht gebunden. So erfuhr durch sie die Gemeinde von seiner unmenschlichen Behandlung, und über die Gemeinde hin, erfuhren die Glaubensgeschwister im Ausland davon. Plötzlich gingen viele Briefe und Karten an Michail im Lager ein. Daraus schlossen die Verantwortlichen, er sei eine „bekannte Persönlichkeit". Er wurde nun besser behandelt und auch, da er in der Zwischenzeit krank geworden war, medizinisch behandelt.

Jeder an ihn gerichtete Brief und jede Karte wurde natürlich einer genauen Zensur unterzogen. Eines Tages hielt der Zensor beim Aushändigen der Post Michail eine besonders schöne Karte aus Frankreich entgegen und sagte: „Sieh, was hier steht: ‚Der Herr ist mein Hirte!'" – „Sonst nichts?" fragte Michail. Der Zensor überlegte kurz und sagte den 23. Psalm auf. Er hatte ihn durch das Lesen der Post gelernt. Michail freute sich darüber.

Dem aber, der überschwenglich tun kann
über alles, was wir bitten oder verstehen,
nach der Kraft, die da in uns wirkt, dem sei Ehre.
Epheser 3,20

Michail kannte dieses Wort. Er war auch überzeugt, dass es stimmte. Nur wie das über Bitten und Verstehen hinausgehende Handeln Gottes in der Praxis aussehen sollte, wusste er nicht. Um das zu erfahren, musste er erst in ein Straflager kommen. Als er dort gesundheitlich schon ziemlich heruntergekommen war, erschien bei ihm ein Mann in mittleren Jahren, der vorgab, von der Regierung zu kommen, um die Sache der verurteilten Gläubigen zu überprüfen.

Nach einigen Besuchen schlug er Michail vor, ein Bittgesuch auf Entlassung zu schreiben. In dem Gesuch sollte stehen, dass das über ihn verhängte Urteil gerecht sei, er antisowjetische Propaganda betrieben habe und der Verwandtenrat der Gefangenen nur Lügen verbreite.

Obwohl es Michail körperlich sehr schlecht ging, wollte er auf diese Weise nicht in die Freiheit kommen und stellte kein Gesuch. Als der Mann ihn wieder bedrängte, erklärte Michail: „Ich schreibe solche Lügen nicht. Wenn es eine entsprechende Verordnung gibt, dann lasst mich so frei!“

Schließlich durfte Michail ein Gesuch nach seinen Vorstellungen schreiben und war sicher: Aus diesem Lager komme ich nicht mehr lebend heraus. Zumal der Lagerleiter sagte: „Nach Ablauf deiner Zeit wirst du weitere sechs Monate ins Gefängnis gesteckt.“

Michails Zustand verschlechterte sich von Tag zu Tag. Eines Nachts fühlte er: „Ich werde nur noch wenige Tage leben.“ – Er faltete die Hände und befahl sich und die Seinen dem Herrn an. Doch am nächsten Tag erschien bei ihm ein Hauptmann und teilte ihm mit: „Michail, es ist eine Anordnung gekommen. Wir werden dich freilassen.“ – Michail wusste nicht, dass die Perestrojka begonnen hatte. Er konnte nur noch danke sagen.

Ihr, die ihr den Herrn erinnert,
gönnt euch keine Ruhe und lasst ihm keine Ruhe.
Jesaja 62,6

Auf den ersten Blick berührt uns dieses Wort eigenartig. Wir finden es ungehörig und anmaßend, dem Herrn wegen einer bestimmten Sache keine Ruhe zu lassen. Dennoch wird diese Aufforderung nicht aus der Schrift getilgt. Weshalb steht sie überhaupt drin? Weil der Herr sehen möchte, wie wichtig uns eine Sache ist, und unsere Einstellung zu einer Sache lässt sich an unserem Einsatz für sie ablesen. Je größer unser Einsatz ist, um so größer ist auch die Wahrscheinlichkeit, dass Gott seinen Arm in Bewegung setzt.

Als Beispiel dafür stehen viele inhaftierte Glaubensgeschwister aus der Zeit der Sowjetunion. Je mehr Post ein Bruder oder eine Schwester erhielt, um so eher wurden die Haftbedingungen erleichtert oder gar die Entlassung herbeigeführt. Nicht zu vergessen ist die persönliche Stärkung der Inhaftierten, wie das bei Bruder Wladimir geschah. Man hatte ihn in eine Psychiatrische Klinik gesteckt und voller Medikamente gepumpt. Es kam soweit mit ihm, dass er meinte, die Behandlung nicht mehr ertragen zu können und betete: „Herr, nimm mich hinweg von dieser Erde, lass mich hier einschlafen und nicht mehr erwachen!“

Da erhielt er eines Tages von Olga, einem fünfzehnjährigen Mädchen, einen Brief. In ihm stand zu lesen: „...Ich habe von Dir und Deinem Zustand erfahren. Oh, Onkel Wladimir, was lebst Du für ein wertvolles Leben...“ – Bruder Wladimir schüttelte den Kopf und weinte. „Kind, was weißt du von dem Weg, den ich geführt werde“, dachte er. Doch diese Worte ließen ihn nicht mehr los, und mit einem Mal wusste er, was das Mädchen meinte. Er war dazu ausersehen, ein besonderer Zeuge zu sein. Weißt du das auch in deinem Leid?

Die Blinden will ich auf dem Wege leiten,
den sie nicht wissen; ich will sie führen
auf den Steigen, die sie nicht kennen.
Ich will die Finsternis vor ihnen her zum Licht machen.
Jesaja 42,16

Wie können wir doch dankbar sein, dass wir einen solchen Gott haben! Er geht nicht nur den geistlich Blinden nach, um sie ins helle Licht des Glaubens zu führen, sondern führt auch die Gläubigen, die, aus welchen Gründen auch immer, sich den Blick verdunkeln lassen, um sie wieder auf den rechten Weg zu bringen. Dieses Zurechtbringen, kann uns recht merkwürdig erscheinen. An der Führung von Nikolaj Masurin wird das sehr deutlich.

Nikolaj wuchs in einer gläubigen Familie auf und bekehrte sich auch. Doch er ließ verdeckte Sünde zu, wuchs deshalb nicht im Glauben und wandte sich allmählich der Welt zu. Obwohl er die Existenz Gottes nie leugnete, rutschte er immer tiefer, wurde ein Rowdy und verfiel dem Alkohol. Schließlich wurde er zweimal inhaftiert und zog sich eine chronische Krankheit zu. Ein hoher Preis für sein Fallen! Dann überwand er sich zu einem Gottesdienstbesuch; und gerade dieser Gottesdienst wurde von der Miliz aufgelöst. Dabei nahm sie einige Brüder und Besucher fest.

Unter ihnen befand sich auch Nikolaj. Alle wurden zu mehrtägigen Haftstrafen verurteilt. In ihrer Zelle sagten die Brüder Bibelworte auf, beteten miteinander und sagen immer wieder Glaubenslieder. Einer der Brüder sagte zu Nikolaj: „In diesem Chor solltest auch du mitsingen!“ – Nikolaj tat es an diesem Tag noch nicht. Erst am folgenden Tag sagte er den Brüdern: „Ich möchte beten!“ Er tat es, bekannte seine Schuld und begann neu mit dem Herrn zu leben. An diesem Tag wurde in der Zelle noch mehr gesungen und gelobt als sonst!

Ihr werdet meine Zeugen sein...
bis an das Ende der Erde.
Apostelgeschichte 1,8

Dieses Wort wurde den versammelten Nachfolgern vom auferstandenen Herrn bei seiner Himmelfahrt gesagt. Und dieses Wort gilt auch heute noch allen, die den Heiligen Geist haben, also wahrhaft Gläubige sind. Doch wie schon in den ersten Jahren der Gemeinde, ist es auch heute noch verwunderlich, wie der Herr führt, dass Seine oben erwähnte Verheißung durch die Gläubigen verwirklicht wird.

Damit die erste Gemeinde auftragsgemäß über Jerusalem hinaus auch in Judäa und Samarien Zeugnis gab, musste Er in Jerusalem eine Christenverfolgung zulassen. Erst jetzt verließen viele Gläubige die Stadt, und flohen in die erwähnten Gebiete. – Ähnliches erlebten auch die Gemeinden unter der sowjetischen Diktatur. Von sich aus wären die Glaubensgeschwister nicht in die Gebiete gegangen, in die sie durch ihre Verhaftung gebracht wurden. Auch wären sie nie mit den Menschen zusammengekommen, mit denen man sie in den Straflagern zusammensteckte.

Als Beispiel stehen die Glaubensbrüder Viktor und Hans. Nach ihrer Verhaftung wurden sie regelrecht zum Zeugnis-Geben gedrängt. Die Ungläubigen, die bereits im Straflager waren, fragten sie: „Weshalb seid ihr abgeurteilt worden?" Dass man in der Sowjetunion allein wegen seines Glaubens hinter Schloss und Riegel kommen konnte, nahmen sie den beiden nicht ab.

Als die Häftlinge dann erfuhren, dass Viktor und Hans nicht nur für sich und die Gläubigen, sondern auch für sie, die Verbrecher beteten, weinte einer und sagte: „Ihr habt den allerbesten Glauben!" – Die anderen forderten: „Erzählt uns von Gott!" Viktor und Hans taten nichts lieber als das.

Der Gerechte aber wird seines Glaubens leben.
Habakuk 2,4

Viele Menschen setzen ihr Leben für ihren Beruf oder andere Dinge ein. Ihnen ist klar, dass sie es nur zu etwas bringen können, wenn sie voll hinter der Sache stehen. Nur im Glaubensleben wird von dieser Regel abgewichen. Da wird so gehandelt, als ob das Nichtstun mit dem ewigen Leben belohnt werde. Davon steht in der Bibel nichts und deshalb stehen die Menschen, die diesen Standpunkt vertreten, mit leeren Händen da, wissen nichts von Sündenvergebung und Heilsgewissheit.

Wladimir Chajlo verhielt sich da anders. Er wusste, dass er seines Glaubens zu leben hatte, und tat es auch. Natürlich gefiel das vor allem den staatlichen Organen nicht und sie betrieben eine unwahrscheinliche Hetze gegen ihn und die Seinen. Schließlich stellte er mit seiner Familie, die fünfzehn Kinder umfasste, einen Auswanderungsantrag. Er wollte in ein Land, in dem er ohne verfolgt zu werden, seines Glaubens leben konnte. Doch anstatt der Ausreiseerlaubnis erhielt er die Zwangseinweisung in eine Psychiatrische Klinik. Es folgte die schrecklichste Zeit seines Lebens.

Die Behandlungsweise und die verabreichten Medikamente quälten ihn ungeheuerlich. Schließlich wollte man ihn in ein Gefängnis auf einer Insel im Ochotskischen Meer bringen, von der nur selten ein Gefangener wieder lebend zurückkam. Doch einen Tag vor seinem Abtransport wurde Wladimir entlassen und erhielt die Auswanderungsgenehmigung. In seiner „neuen Heimat" setzte sich Wladimir nun in verstärktem Maße für die verfolgten Gemeinden ein. Er wollte weiterhin seines Glaubens leben, und das konnte er nicht besser tun, als der Gemeinde, die hier der sichtbare Leib des Herrn ist, zu dienen.

Wen habe ich im Himmel? Und neben dir
habe ich an nichts Gefallen auf der Erde!
Psalm 73,25

„Auch wenn man nicht besonders harten Bedingungen ausgesetzt ist", brachte der Glaubensbruder Eduard einmal zum Ausdruck, „ist der Aufenthalt im Straflager dennoch sehr beschwerlich. Die ganze Atmosphäre übt einen solchen psychischen Druck aus, dass es manchmal schwer fällt, ruhig zu bleiben, die Herzensfreude zu bewahren, die Freiheit in Christus nicht zu verlieren. Es fällt schwer abzuschalten, weil die üble Atmosphäre einen überall umgibt. Den unguten Einflüssen kann nur der wahrhaft Gläubige widerstehen, weil ihm vom Herrn die erforderliche innere geistliche Kraft zufließt. In der Haft trat die geistliche Gesetzmäßigkeit deutlich hervor, dass, wenn einem alles genommen wird, Gott einem um so näher ist, wie das in dem oben angeführten Psalmwort zum Ausdruck kommt.

Erst in der Haft ging mir voll auf, was in der Freiheit die Person Jesu Christi verdecken kann. Hier sind alle Hindernisse weg, selbst die uns nahe stehenden Menschen, die wir so sehr lieben. Es bleibt nur noch – Gott und ich! Und der Heilige Geist macht einem den Herrn Jesus so deutlich und groß, dass man zu Tränen gerührt wird.

Das sind Situationen, die man in der Freiheit nur sehr selten hat. Doch wenn Geist und Körper gequält werden, erfährt man was es heißt: ‚Zu Gott schreien'! – Diese Situationen benutzt Gott aber dazu, um das Wirken des Heiligen Geistes an uns deutlicher wahrnehmen zu können. Die Mithäftlinge und Aufseher merken dann, dass der Gläubige schlechter behandelt wird als sie, aber es doch besser hat und sie bekommen Achtung vor seinen Überzeugungen.

Von da aus sind die besonderen Situationen im Straflager keinem Gläubigen zum Schaden gewesen."

Verändert euch durch Erneuerung eures Sinnes.
Römer 12,2

Dieses Wort ist zu Gläubigen gesagt und mit der Aufforderung verbunden, sich nicht der Welt gleich zu stellen. Unser Herr, der Himmel und Erde geschaffen hat, kann aber auch bei Ungläubigen einen Sinneswandel herbeiführen. Er kann es sogar bei Menschen tun, bei denen Gläubige sich vergeblich um Veränderung bemüht haben. Dabei ist erstaunlich, dass der Herr keine großen Ereignisse braucht, oft reichen Ihm schon geringe Anlässe, um den Sinn eines Menschen zu ändern.

So war es auch bei Alexej Kaljaschin, der wenige Tage vor seiner Hochzeit verhaftet und zu drei Jahren Straflager verurteilt wurde. Als sich die Haftzeit ihrem Ende näherte, wurde ein neuer Hochzeitstermin angesetzt. Doch Alexej wurde zu weiteren zweieinhalb Jahren Haft verurteilt, und der Termin musste erneut verschoben werden. Da reifte der Entschluss zu einer Trauung im Straflager, und die Behörden waren damit einverstanden.

Monate später wurde Alexej in ein anderes Lager verlegt und bekam große Schwierigkeiten. Das Lager war überfüllt und die Häftlinge sehr roh. Außerdem hatte er niemand, mit dem er sich austauschen konnte, und musste alles mit sich und seinem Herrn allein ausmachen. Alle seine Bemühungen, ein besseres Verhältnis zu den Mithäftlingen zu bekommen, schlugen fehl. Er konnte nur weiter darum beten. Besonders schmerzte es ihn, dass er seit Monaten keine Post mehr erhielt. Dann wurden ihm an einem Tag über 150 Sendungen ausgehändigt. Sie waren noch an seine alte Anschrift gegangen. Diese Situation benutzte der Herr zur Veränderung der Häftlinge. Sie staunten über so viel Post und schlossen daraus, dass Alexej eine berühmte Person war und gingen nun anständig mit ihm um.

Dein Wort ist meines Fußes Leuchte
und ein Licht auf meinem Wege.
Psalm 119,105

Unausgesprochen bringt dieser Vers zum Ausdruck, dass der Weg eines Menschen ohne Gottes Wort im Dunkeln liegt, und keiner weiß, wohin er geht. Das ist keine theoretische Aussage, sondern die Praxis. Jeder kann das erfahren, der einen nicht im Glauben stehenden Menschen nach dem Sinn des Lebens, nach der Sündenvergebung, nach der Heilsgewissheit, nach dem Ziel des Lebens fragt. Dieser Mensch wird es nicht wissen, oder nur verschwommene Antworten geben. Verwunderlich ist das nicht. Der natürliche Mensch kann auf diese Fragen keine stichhaltigen Antworten geben, weil sie über den irdischen Raum hinausgehen. Also kann eine sichere Antwort darauf nur von Gott kommen, der nicht nur Herr über die sichtbare, sondern auch über die unsichtbare Welt ist. Das war den Glaubensbrüdern Stepan Germanjuk und Alexander Matjucha, die zu drei Jahren Straflager verurteilt worden waren, voll bewusst. Deshalb waren sie froh, als ihnen die Evangelien und die Psalmen aus Plastikpapier in Miniformat zugespielt wurden. Diese kleinen Bücher (5,5 x 4 cm) konnten sie leicht verstecken, selbst in feuchten Winkeln, da ihnen Nässe nichts anhaben konnte. Also bestand eine hohe Wahrscheinlichkeit, dass sie ihnen nicht weggenommen werden konnten. Um aber ganz sicher zu gehen, dass ihnen die Leuchte des Wortes Gottes nicht verloren ging, lernten die beiden Brüder neben der schweren Arbeit in der Gefangenschaft vierzig Psalmen und fünfzig Kapitel aus den Evangelien auswendig. – Erstaunlich? – Ja! – Doch es bleibt die Frage, wieviel Gottes Wort uns als Leuchte auf dem Lebensweg wert ist? Wieviel Zeit verwenden wir darauf, es uns einzuprägen?

Wenn ein Glied leidet, so leiden alle Glieder mit,
und wenn ein Glied wird herrlich gehalten,
so freuen sich alle Glieder mit. Ihr seid der Leib Christi.

1. Korinther 12,26-27

Dieses Wort lernte Bruder Kaljaschin während seiner Inhaftierung in besonderer Weise verstehen. Als Auslöser dazu benutzte Gott einen Bewachungsoffizier. „Sag mal", fragte der eines Tages, „wie kommt das eigentlich, dass du so viel Post bekommst? Dir schreiben ja nicht nur Leute aus unserem Land, sondern aus der ganzen Welt. Und was die alles schreiben! Die scheinen dich ja richtig lieb zu haben!"

Bruder Kaljaschin hatte sich bisher über jede Postsendung gefreut, sie war ihm Trost und Stärkung gewesen, aber die Worte des ungläubigen Bewachers führten ihn zu tieferem Nachdenken. – Was war der Grund, dass ihm unbekannte Menschen so liebe Zeilen schrieben? War es nur allgemeine Anteilnahme an seinem Ergehen? Schon bald kam ihm das oben erwähnte Schriftwort in den Sinn.

„Nach der Bibel", konnte er dem Offizier sagen, „bilden hier auf dieser Erde alle wahrhaft Gläubigen den Leib des Herrn Jesus; somit ist jeder Gläubige ein Glied an diesem Leib. Und wenn an einem Leib ein Glied leidet – wie ich im Augenblick, – dann leiden alle Glieder mit und versuchen zu helfen, dass ich nicht vom Leib absterbe."

Das beeindruckte den Offizier und er schien es zu bedauern, dass er nicht zu diesem Leib gehörte. In diesem Zusammenhang ging Bruder Kaljaschin auch das Wort aus Markus 10,29-30 auf, wo der Herr vom Verlassen der nächsten Angehörigen spricht. Ja, er war derzeit von den Seinen getrennt, hatte durch diese Trennung aber noch mehr Geschwister erhalten, als wenn er zu Hause geblieben wäre, wie aus der zahlreichen Post zu ersehen war...

## 26. Mai

Er hat mir ein neues Lied in meinen Mund gegeben,
zu loben unsren Gott. Das werden viele sehen
und sich fürchten und auf den Herrn hoffen.

Psalm 40,4

Leider ist von dem neuen Lied im Mund der Gläubigen nur selten etwas zu hören. Auch sie lassen sich noch zu sehr von den „Lebensumständen“ gefangen nehmen, und stimmen weiterhin das alte Lied des Klagens an. Deshalb erfahren auch so wenige Menschen etwas von den Wohltaten Gottes, sie kommen nicht ins Erschrecken vor sich selbst und sehen keine Veranlassung, ihre Hoffnung auf den Herrn zu setzen. Natürlich werden nicht alle, die über sich erschrecken, zum Glauben kommen, das ist das Gesamtzeugnis der Schrift. Ein Großteil von ihnen wird sich über das neue Lied des Gotteslobes sogar ärgern.

Diese böse Erfahrung musste auch Anna Tschertkowa machen, die unerschrocken ihren Glauben bezeugte und zu Jesus Christus, dem Erretter von Sünde und ewigem Tod, einlud. Das war sogar der Grund, weshalb sie den sowjetischen Machthabern ein Dorn im Auge war. Dann, als Anna daran ging, ihre Wohnungsnot zu beheben, und wie viele andere in der Siedlung von Alma-Ata ohne Genehmigung ein Häuschen baute, schritten die Machthaber ein. Im Gegensatz zu allen anderen Bauherren, erhielt Anna die Aufforderung, ihr Häuschen abzubrechen. Weil sie das nicht tat, besorgten es die Behörden.

Jetzt richtete Anna es so ein, dass sie auf den Trümmern wohnen konnte. Damit hatte sie eine noch bessere Möglichkeit zu evangelisieren, weil sie ihrer eigenartigen Wohnung wegen von vielen Menschen angesprochen wurde. Da kamen die Machthaber wieder, erklärten sie für geisteskrank und steckten sie für 15 Jahre in eine Psychiatrische Anstalt. Doch das neue Lied konnten sie damit nicht von Annas Lippen nehmen.

## 27. Mai

Da sprach Jesus zu seinen Jüngern:
Will mir jemand nachfolgen, der verleugne sich selbst
und nehme sein Kreuz auf sich und folge mir.
Matthäus 16,24

Aus einem Brief, den Anna Tschertkowa aus der Psychiatrischen Anstalt schrieb, lässt sich ihr geistlicher Stand ablesen. Uns werden ihre Worte wohl beschämen. „Es ist ein großes Glück“, erklärt sie, „sich selbst zu verleugnen, alles Irdische und sich selbst Ihm ganz anzuvertrauen und sein Nachfolger zu sein. Ehre sei Ihm dafür, dass Er den elenden, verlorenen Sünder, der zu Ihm kommt, nicht von sich stößt. Der Herr möge es geben, dass wir immer unsere Nichtigkeit, unsere geistliche Armut erkennen und in voller Abhängigkeit von Ihm und in vollem Gehorsam Ihm gegenüber bleiben mögen. Darin liegt unsere Freiheit und Sicherheit. Gott sei Ehre für den Erretter von Sünden, für die wunderbare Gabe des eingeborenen Sohnes, in dem wir die Vergebung der Sünden und ewiges Leben haben.

Möge Er für uns alles in allem sein, möge Er sich verherrlichen in meinem Leben und Sterben, um seine Kraft diesem Geschlecht und allen zukünftigen Geschlechtern zu bezeugen. Ehre sei Ihm dafür, dass Er im Großen und im Kleinen Wunderbares tut, dass Er in Ewigkeit derselbe ist, wirkt und sich alles untertan macht. – Ich weiß nicht, was meiner wartet, eines aber weiß ich: dass ich Ihm gehöre, dass ich nicht mein bin. Und Gott gebe mir Kraft, Ihm im Geiste treu zu bleiben bis zum Tode, um vollkommen, heilig und unsträflich vor Ihm zu sein... Deshalb nütze ich die Zeit und die Möglichkeiten, die mir vom Herrn selbst geschenkt wurden. Ehre sei Ihm für alles...“

Frage: Hättest du an Annas Stelle auch einen solchen Brief schreiben können?

## 28. Mai

Lehret und ermahnet euch selbst mit Psalmen
und Lobgesängen und geistlichen, lieblichen Liedern
und singet dem Herrn in euren Herzen.
Epheser 5,19

Es war ein Tag wie jeder andere im Straflager, nur für Nikolaj Melnikow nicht. Dem Gegenspieler Gottes war es nämlich gelungen, Nikolajs Blick auf die Umstände zu lenken und ihn so traurig zu machen. Einer guten Eingebung folgend, fasste er bald den Entschluss, einen alten Glaubensbruder aufzusuchen. Mit ihm, dem es auch nicht gut ging, wollte er das Leid teilen. Als Nikolaj den Bruder hinter einer Baracke fand, staunte er.

Der Greis saß nicht traurig vor sich hinstarrend da, sondern stand aufrecht und sang von der himmlischen Heimat. Seine Augen waren zwar mit Tränen gefüllt, aber sie glänzten. Nikolaj fand, dass die Lieder des alten Bruders Flügel hatten und seine Seele über den Stacheldraht und die Mauern, ja selbst über das irdische Leid hinaustrugen – der wunderbaren Zukunft im Vaterhaus entgegen.

Nikolaj erschien das Verhalten des Bruders zunächst sinnlos. Dann erinnerte er sich der Begebenheit aus 2. Chronik 20, wo König Josaphat seine Leute singend in den entscheidenden Kampf gegen die Ammoniter und Moabiter schickte, der schließlich zu Gunsten Judas entschieden wurde.

Plötzlich war Nikolaj klar, dass auch der ältere Bruder kämpfte und offensichtlich Sieg hatte. Also stimmte er in den Gesang des Bruders mit ein und fühlte, wie ihm leichter wurde. Damit hatte Nikolaj das oben erwähnte Wort aus dem Brief an die Epheser in seiner ganzen Tiefe verstehen gelernt.

Auch uns kann diese Begebenheit eine große Hilfe sein, wenn wir damit beginnen uns an jedem Abend den „Staub des Tages von der Seele zu singen."

Ich traue darauf, dass du so gnädig bist;
mein Herz freut sich, dass du so gerne hilfst.
Ich will dem Herrn singen, dass er so wohl an mir tut.
Psalm 13,6

Es war eine Doppelhochzeit. Die Geschwister Wladimir und Natascha Rytikow heirateten am gleichen Tag. Ihr Vater, Pawel Rytikowa, konnte aber nicht dabei sein, weil er wegen seines Glaubens inhaftiert war. Doch die Kinder hatten den Wunsch, vom Vater gesegnet zu werden, und beschlossen zum Straflager zu fahren.

Zwei Tage nach der Hochzeit setzten sie ihren Plan, begleitet von weiteren neun Personen, in die Tat um. Dabei trugen die beiden Paare ihre Hochzeitskleidung. Weil der Besuch nicht genehmigt war, stand offen, ob die kleine Hochzeitsgesellschaft bis zu dem Vater vordringen werde. Alle vertrauten aber auf die gnädige Führung Gottes und beteten darum, dass die Reise zu dem erwünschten Ergebnis führen möchte.

Nach einigem Hin und Her, wurde der Hochzeitsgesellschaft eine Besuchserlaubnis von zwanzig Minuten erteilt, und man führte sie in das entsprechende Gebäude. Als der Vater in den Raum gebracht wurde, trugen ihm die Kinder ihre Bitte vor und knieten nieder. Pawel legte ihnen die Hände auf und segnete sie. Die Lagerleitung, die so etwas noch nie erlebt hatte, beobachtete das Geschehen vom Flur aus. Anschließend fragte Pawels Frau, die sich von Herzen über die Hilfe des Herrn freute, bei der Bewachung nach, ob die Anwesenden ein Lied singen dürften. Es wurde genehmigt, und zum ersten Mal erschallte in diesem Gebäude das Lob Gottes. Vom Flur her kam der Wunsch um weitere Lieder. Die Besucher taten das gerne. So wurde aus zwanzig Minuten eine Stunde. Für den Vater war das eine wunderbare Stärkung, und er musste später noch viele Fragen über Gott beantworten.

Habt nicht lieb die Welt noch was in der Welt ist...
Denn alles, was in der Welt ist,... ist nicht vom Vater.
Und die Welt vergeht mit ihrer Lust; wer aber den
Willen Gottes tut, der bleibt in Ewigkeit.

1.Johannes 2,15-17

Dass nur in Gott das Leben seine Erfüllung findet, wollte Wjatscheslaw in seinen jungen Jahren nicht wahrhaben. Er gab sich den weltlichen Freuden immer mehr hin und fand nicht den erwünschten Herzensfrieden. Schließlich verfiel er dem Alkohol und sein Name wurde an die „Schwarze Tafel" geschrieben, an der alle verzeichnet waren, die Schande über den Ort brachten.

Durch Gottes Gnade durfte Wjatscheslaw aber zum Glauben finden und vom Alkohol frei werden. Dann sagte er: „Meine Jugendjahre verbrachte ich in den Kneipen und an Orten der Unzucht. Mit weinendem Herzen denke ich jetzt an diese Zeit zurück. Wie gut, liebe Freunde, dass ihr eure Zeit an dem Ort verbringt, wo Gott verherrlicht wird, wo man von Liebe, Wahrheit und Reinheit spricht.

Vielleicht können heute einige von euch es nicht richtig abschätzen, wie kostbar es ist, Gott zu dienen, seinen Namen anzurufen und unter seinem Schutz von Jugend auf zu stehen. Ich weiß, dass die Welt die Jungend – besonders die christliche – zu verführen versucht. Möglicherweise kommen einigen die Gedanken: Vielleicht ist es in der Welt wirklich besser, da gibt es mehr Freuden, mehr Vergnügen.

Ich möchte euch sagen: Das stimmt nicht! Ihr braucht es nicht auszuprobieren, um die Bestätigung zu finden, ihr braucht euch nur umzuschauen und die Menschen zu beobachten, die euch umgeben. Äußerlich sind sie vielleicht froh und lachen, aber schaut mal in ihre Seele! Da werdet ihr schreckliche Verwesung, eine große Leere finden! Wahres Glück gibt nur der Sohn Gottes! Glaubt es mir."

Die Seinen gingen und wollten ihn halten;
denn sie sprachen: Er ist von Sinnen.
Markus 3,21

Mit Wladimir Chajlos Bekehrung war eine radikale Wende seines Lebens verbunden. Sofort setzte für ihn und die Seinen eine schwere Verfolgung ein. Sie wurde so schlimm, dass Wladimir sich entschloss, mit den Seinen auszuwandern. Er stellte einige Anträge, die abgelehnt wurden. Gleichzeitig nahm die Verfolgung und Verleumdung durch den Staat zu. Eines Tages holte man ihn von der Arbeitsstelle weg und brachte ihn in ein Psychiatrisches Krankenhaus. Dort musste er fünf Jahre lang als gesunder Mensch Tabletten schlucken und bekam Injektionen, die seine Gesundheit ruinierten.

Zunächst meinte Wladimir, das nicht ertragen zu können. Doch als er sich an die obige Aussage der Bibel erinnerte, wurde er wieder gestärkt. Wenn der Herr Jesus von seinen Angehörigen nicht verstanden und für irre gehalten wurde, dann konnte er, Wladimir, das von den Atheisten schon gar nicht verlangen.

Um ihm zu schaden, legten ihn die Ärzte auch noch mit den schlimmsten Leuten zusammen. Doch die Leute bekehrten nicht ihn, sondern er sie. Viele von ihnen waren dankbar dafür, dass sie mit Wladimir zusammen waren und wurden Christen. Als das die Ärzte bemerkten, erklärten sie barsch: „Bürger Chajlo, merken Sie sich das: Nicht Sie, sondern wir erziehen diese Leute!“

Als man ihn in eine Zelle brachte, in der er geistlich gebrochen werden sollte, wehrte er sich mit Beten und Fasten. Da wurde er gefesselt, bekam seitlich die Zähne ausgebrochen und wurde zwangsweise ernährt. Als den Verantwortlichen klar wurde, dass Wladimir geistlich nicht zu brechen war, wurde er Anfang der Wende in der Sowjetunion entlassen und bekam mit den Seinen die Ausreisegenehmigung.

Selig seid ihr, wenn euch die Menschen
um meinetwillen schmähen und verfolgen und
reden allerlei Übles wider euch, so sie daran lügen.
Matthäus 5,11

Jewgenij Turtschik bekam von seiner ungläubigen Mutter gelehrt: Wenn du es zu etwas bringen willst, musst du lügen und stehlen! – Jewgenij befolgte diesen Rat. Mit sechzehn Jahren wurde er bei einem Diebstahl gefasst. In der Haft kam er mit einem Gläubigen zusammen. Um eine „Ansteckung" durch den „Frommen" zu verhindern, wurden die übrigen Zelleninsassen einer „politischen Erziehung" unterzogen. Man sagte ihnen, alle Gläubigen seien Heuchler, sie arbeiteten mit ausländischen Geheimdiensten zusammen und erhielten von dort Literatur, mit der sie antisowjetische Propaganda betrieben.

Jewgenij begann den Gläubigen zu verspotten, wie alle anderen. Doch bald merkte er, dass der Gläubige anders war, als andere Menschen. Er half immer, gab Ratschläge und war sehr ehrlich. Deshalb hörte Jewgenij ihm immer häufiger zu und erfuhr zum ersten Mal etwas über den Herrn Jesus und dass er von Ihm geliebt werde. Der Lagerleitung war es ein Ärgernis, dass trotz des Unterrichts einige Leute, unter ihnen auch Jewgenij, dem Gläubigen gerne zuhörten. Daraufhin warb der KGB den jungen Turtschik als Agent an.

Jewgenij genoss nun große Freiheiten, wurde aus der Haft entlassen, schloss sich sogar einer Gemeinde an und spionierte sie aus. Aber schließlich merkte er unter der Wortverkündigung und durch den Umgang mit den Gläubigen, dass er vom KGB belogen worden war, die Menschen hier waren anders als ihm gesagt wurde. Er bekehrte sich und legte vor der Gemeinde ein entsprechendes Zeugnis ab. Dass er beim KGB nun nicht mehr angesehen war, braucht wohl nicht mehr gesagt zu werden. Dafür war er aber ein Gotteskind geworden.

Berauscht es – denn gegen den Herrn hat es großgetan –, damit Moab sich wälzt in seinem Gespei und auch selbst zum Gelächter wird!
Jeremia 48,26

Macht wirkt oft wie eine Droge und berauscht; und im berauschten Zustand kommt es zu Handlungen, die den Berauschten der Lächerlichkeit preisgeben. Das trifft nicht nur auf Personen, sondern auch staatliche Organe zu. Deutlich zeigt sich das an der Geschichte von Iwan Schidytsch und seiner Umgebung. Kaum war Iwan aus der Haft entlassen, setzten ihn die Machthaber erneut unter Druck, indem sie in seiner Heimatstadt atheistische Vorträge halten ließen, in denen die Gläubigen als Feinde der Gesellschaft angeprangert wurden. Keine Frage, dass in der Öffentlichkeit ein gewisser Hass gegen die Gläubigen entstand.

Schließlich wurde Iwan, obwohl er im Straflager sich nichts hatte zuschulden kommen lassen, unter administrative Aufsicht gestellt. So wurden ihm die Gottesdienstbesuche untersagt, und er durfte von Samstag acht Uhr bis Montag acht Uhr sein Haus nicht verlassen. Auf Einspruch der Glaubensgeschwister hin wurden die Einschränkungen wieder aufgehoben, mit der Begründung: Man sei bei Schidytsch einer Klage wegen Alkoholmissbrauch nachgegangen, die sich als nichtig erwiesen habe.

Diese Erklärung war natürlich absurd, da überall bekannt war, dass die Gläubigen in der Sowjetunion keinen Alkohol tranken. Eine weitere Lächerlichkeit erlaubten sich die Machthaber, als sie einem Gemeindeglied ein Bußgeldbescheid über fünfzig Rubel zustellten. Als die nicht bezahlt wurden, wurde die Rentenstelle angewiesen, den Betrag von der Rente abzuziehen. Von dort kam die Nachricht, der Betreffende sei schon vor einem halben Jahr verstorben, und an Tote zahle man keine Rente.

Denn in ihm ist alles geschaffen, was im Himmel
und auf Erden ist, das Sichtbare und Unsichtbare...
es ist alles durch ihn und zu ihm geschaffen.
Kolosser 1,16

Wenn alles im Herrn, durch ihn und zu ihm geschaffen wurde, dann gibt es außerhalb des Herrn kein sinnerfülltes Leben. Stimmt das? – Ja, eindeutig ja! Außer von den vielen Beispielen, die im Verlauf der Menschheitsgeschichte das belegen, ist auch der Niedergang des Kommunismus ein deutlicher Hinweis darauf.

Der Kommunismus vermochte dem Menschen nicht, wie lange behauptet wurde, die ganzheitliche Erfüllung zu bringen. Schon zu Beginn seiner Auflösung zeigte sich, dass er eine große Leere hervorgerufen hatte und die Menschen einen mächtigen geistlichen Hunger an den Tag legten. Dort, wo von den Gläubigen einst vergeblich versucht wurde, Gemeinde zu bauen, kam jetzt der Ruf: „Kommt zu uns, führt Gottesdienste durch. Auch wir wollen von Gott hören!“

Als junge Menschen auf der Heimfahrt von einer solchen Veranstaltung eine alte Frau auf einer Bank an der Straße sitzen sahen, hielten sie an und fragten, ob sie ihr ein geistliches Lied singen dürften. Die Frau stimmte zu und die jungen Leute sangen und sangen, bis sich eine größere Menschenmenge versammelt hatte. Jetzt trugen sie auch geistliche Gedichte vor, hielten Kurzpredigten, gaben Zeugnisse und sangen immer wieder.

Am Schluss dieser ungewöhnlichen Freiversammlung fragten die Menschen: „Wo kommt ihr jungen Leute her? Seid ihr von dieser Erde oder vom Himmel? Das haben wir ja noch nie erlebt, dass junge Menschen so überzeugend vom Glauben reden!“

Auch bei uns herrscht geistlicher Hunger, wenn auch aus einem anderen Grund. Wollen wir die Leute weiter hungern lassen?

Wenn ich gesagt hätte: Ich will ebenso reden
wie sie, siehe, so wäre ich treulos gewesen
dem Geschlecht deiner Söhne.
Psalm 73,15

Natascha war wegen Diebstahls ins Straflager gekommen. Hier lernte sie die junge Christin Galina Wiltschinskaja kennen. Beide wurden kurz nacheinander aus dem Lager entlassen, und da Natascha Vollwaise war, fand sie bei der Familie Wiltschinski Anschluss und besuchte mit ihnen auch die Gottesdienste. Das blieb dem KGB nicht verborgen.

Bei einer Vorladung wurde Natascha angeboten: „Du kannst weiter bei der Familie bleiben und die Gottesdienste besuchen, wenn du bereit bist, die Gläubigen auszuspionieren. Bist du nicht dazu bereit, werden wir einen Anlass finden, um dich wieder einzusperren."

Natascha erzählte das den Wiltschinskis, und dass es ihr innere Not bereite. Von da an wurde viel für sie gebetet. Doch eines Tages wurde bekannt, dass Natascha wegen Diebstahls wieder inhaftiert worden sei. Niemand verstand ihre Tat. Dann wurde Sinaida, Galinas Mutter, wegen ihres Glaubens eingesperrt und kam in das gleiche Lager, in dem sich Natascha befand. Schon nach wenigen Tagen begegneten sie sich und hatten, soweit es die Verhältnisse zuließen, Gemeinschaft miteinander. Jetzt erfuhr Sinaida den Grund von Nataschas erneuter Straftat.

„Ich habe gestohlen, um die Gläubigen nicht ausspionieren zu müssen. Ich hätte es nicht übers Herz gebracht, sie zu verpfeifen. Das wäre grober Verrat gewesen! Für den Diebstahl bin ich wieder eingesperrt worden. Aber ich bin sicher, dass Gott mir den vergibt."

Sinaida war gerührt, dass dem Mädchen die Gemeinde, als Leib des Herrn Jesus, so wichtig war, dass es lieber wieder ins Straflager ging, als die Gläubigen zu verraten.

Der ist wie ein Baum, gepflanzt an den Wasserbächen,
der seine Frucht bringt zu seiner Zeit.
Psalm 1,3

Nikolaj Schepel erhielt eine ungewöhnliche Strafe: Drei Jahre Gefängnis, zwei Jahre Straflager, fünf Jahre Verbannung und Konfiszierung seines Eigentums. Die Haftbedingungen waren sehr streng. Um 22 Uhr mussten alle im Bett liegen, und nach 6 Uhr mussten alle draußen sein. Nikolaj hielt diese Vorschrift nicht ein. Wenn alle sich zu Bett begeben hatten, kniete er nieder und betete.

Einige versuchten ihn zu stören; sie legten ihm ein Buch auf den Kopf, steckten ihm ein selbstgebasteltes Kreuz in die gefalteten Hände oder breiteten ein Tuch über ihn aus. Doch Nikolaj kümmerte sich nicht darum. Wenn er zu Ende gebetet hatte, legte er Buch und Kreuz auf den Tisch und ging schlafen. Das verwunderte die Männer.

An einem weiteren Abend erschien eine ganze Gruppe von Aufsehern in der Zelle und forderten Nikolaj auf, sich ins Bett zu legen. Als sie Minuten später wieder kamen und Nikolaj immer noch auf den Knien betete, trugen sie ihn nach draußen. Sie erklärten, dass Beten verboten sei und befahlen ihm, sich wie die anderen um zweiundzwanzig Uhr ins Bett zu legen. Nikolaj erwiderte, dass er Christ sei, mit Gott reden müsse und sich deshalb das Beten nicht verbieten lasse. Er wurde wieder in die Zelle geschickt, und in der Folgezeit schikaniert.

Die Mithäftlinge verachteten ihn nun. Das machte ihm weniger zu schaffen, als dass keiner von ihnen zum Glauben kam, er keine Frucht sah. Da fiel ihm das oben zitierte Psalmwort ein und er gab sich zufrieden. Erst zwanzig Jahre später erlebte er Frucht. Ein lebensmüder ehemaliger Mithäftling erinnerte sich seiner. Er kam zu Nikolaj, der zeigte ihm den Weg zum Herrn Jesus, und er mußte sich nicht das Leben nehmen.

Sehet euch vor vor den falschen Propheten,
die in Schafskleidern zu euch kommen,
inwendig aber sind sie reißende Wölfe.
Matthäus 7,15

Diese Mahnung des Herrn gilt allen Gläubigen auf dieser Erde. Im Besonderen galt sie aber für die Glaubensgeschwister in den sowjetischen Straflagern. Wie schlimm die Begegnung mit einem „Wolf im Schafskleid" sein kann, musste Walentin Naprijenko leidvoll erfahren.

Schon bald nach seiner Ankunft im Lager versuchte sich ihm ein Mann zu nähern, der sich sehr demütig gab. Walentin hatte sofort das Empfinden, dass mit dem anderen etwas nicht in Ordnung war. Was, das konnte er zunächst nicht beschreiben, meinte aber sicher zu sein, dass ihm der Mann nur Glauben vorspielte, nur so tat, als wollte er Gott immer näher kommen. Walentin ließ sich trotzdem mit ihm ein und sprach mit ihm auch über Gott. Es konnte immerhin sein, dass er sich täuschte und schuldig wurde, wenn er dem anderen das Evangelium verschwieg.

So entstand ein vertrautes Verhältnis zu dem Mann und Walentin ließ es zu, dass er sogar seine Briefe las. Damit wurde die Stunde der Offenbarung eingeleitet. Heimlich notierte der Mann sich die Absender der Briefe und schickte ihnen verleumderische Mitteilungen über Walentin. Als das herauskam, trennte sich Walentin von dem Mann. Die meisten Empfänger seiner Briefe glaubten ihm jedoch nicht. Nur in einer Gemeinde fanden seine Schreiben Widerhall. In sie begab der Mann sich auch, als er entlassen wurde. Doch schon nach zwei Wochen zeigte sich hier, wes Geistes Kind er war, und er wurde ausgeschlossen. Leider hatte er aber ein Mädchen, das sich noch nicht bekehrt hatte, so in die Welt gezogen, dass es nicht mehr für den Herrn gewonnen werden konnte.

Und der Kämmerer sprach: Siehe, da ist Wasser;
was hindert's, dass ich mich taufen lasse? Philippus aber
sprach: Wenn du von ganzem Herzen glaubst,
so mag es geschehen. Er aber antwortete und sprach:
Ich glaube, dass Jesus Christus Gottes Sohn ist.
Apostelgeschichte 8,36-37

Es waren noch etwa zwei Monate bis zum Ende von Viktors Haftzeit. Da geschah mit dem Verbrecher Jurij, mit dem Viktor viel über Gott und die Gemeinde als Leib des Herrn Jesus gesprochen und der sich bekehrt hatte, etwas sehr Schönes. Er kam mit der Bitte zu Viktor: „Solange du noch hier bist, möchte ich mich taufen lassen."

Dann, an einem Morgen im März, es war kalt und schneite, durchzuckte es Viktor während des Gebets: „Heute ist der Tag!" – Wenig später kam Jurij zu ihm und erklärte: „Heute tun wir es!" Ja, wenn der Heilige Geist so führte, dann mussten sie taufen! Ausgerechnet im Leninzimmer setzten sie sich zu einem ausgiebigen Glaubensgespräch zusammen und legten den Verlauf der Taufe fest.

Viktor sah sich nach einer geeigneten Stelle um. Das kleine Wasserbecken mit Löschwasser auf dem Gelände der Lagerleitung erschien ihm ideal. Nur – wie sollten sie unbemerkt dahin gelangen? Das konnte nur bei Nacht geschehen, und sie legten den Tauftermin auf 22 Uhr fest. Doch als sie am Abend noch einmal beisammen saßen, schickte Gott ein Kältegewitter, und ein Blitz schlug in die Stormleitung des Lagers. Alles war dunkel. Viktor und Jurij schritten nun sofort zur Taufe. Obwohl sie sich sicher fühlten, zitterte Viktors Stimme doch etwas, als er fragte: „Glaubst du, dass Jesus Christus Gottes Sohn, der Welterlöser und dein persönlicher Heiland ist?" – Jurij bejahte, wurde untergetaucht und sie stiegen frohen Herzens aus dem Wasser, um im Leninzimmer auf den Knien zu danken.

Und wer da überwindet und hält meine Werke bis ans Ende, dem will ich Macht geben über die Heiden.

Offenbarung 2,16

Die Macht, die der Herr den gehorsamen Gläubigen gibt, ist keine Gewalttätigkeit. Deutlich zeigt sich das am Vorgehen der Christen in Kasachstan, als ihr Bruder Peter Siemens ungerechterweise vom Lager ins Gefängnis gebracht wurde, wo der Strafvollzug viel unbarmherziger war. Die Gläubigen schrieben über vierhundert Briefe an hohe Staatsbeamte. Einer davon gelangte in die Redaktion einer Zeitung.

Die Redakteure leiteten ihn weiter zur Staatsanwaltschaft in der kasachischen Hauptstadt Alma-Ata. Hier begriff man, dass die Sache weite Kreise ziehen werde, wenn man nichts unternehme. Nun geschah das Wunderbare: die gleichen Beamten, die ein Jahr zuvor die Richtigkeit von Peters Verlegung bestätigt hatten, legten jetzt Protest dagegen ein. Bei der erneuten Verhandlung vor dem Volksgericht in Wolodarskoje wurde festgestellt, von Peter seien im Lager widerrechtliche Dinge verlangt worden. Sein Verhalten lasse keine „systematische böswillige Verletzung der Lagerordnung“ erkennen. Er habe sich nur zwei unbedeutenden Ordnungswidrigkeiten zuschulden kommen lassen, die aber von der Lagerleitung bestraft worden seien. Sein Charakterbild sei durchweg positiv zu beurteilen.

Daraufhin kam Peter wieder ins Lager zurück. Die zwei Jahre, die er ungerechterweise im Gefängnis verbringen musste, wurden aber mit keiner Silbe erwähnt. So schrieben die Gläubigen wegen der notwendigen Wiedergutmachung erneut verschiedene Briefe. Wenige Monate später wurde Peter aus dem Straflager entlassen. Das war für die Christen in Kasachstan eine stärkende Glaubenserfahrung. Sie hatten das ihre getan, und der Herr seine Verheißung erfüllt.

Kinder sollen zuerst lernen im eigenen Hause gottesfürchtig zu leben und sich den Eltern dankbar zu erzeigen; denn das ist angenehm vor Gott.
1. Timotheus 5,4

Die Voraussetzung, dass Kinder angenehm vor Gott sein können, müssen die Eltern schaffen. Das heißt, die Eltern müssen die Kinder im Wort Gottes unterrichten. Das geschah im Hause Gerzen in sehr schöner Weise. Susanna, eine der Töchter, bezeugte:

„Mein Vater wurde wegen seines Glaubens verhaftet und kam nicht wieder nach Hause. Mutter blieb mit uns sechs Kindern allein. Trotz der Verhaftung des Vaters verschwieg sie ihren Glauben nicht. Sie unterrichtete uns Kinder weiter in der Bibel, da es im Ort noch keine Gottesdienste gab. Als ich dreizehn war, übergab ich mein Leben dem Herrn. Im Gegensatz zur Mutter verschwieg ich aber, dass ich Vergebung der Sünden erfahren hatte. Von den Kindern, die zu uns kamen, um ebenfalls unterrichtet zu werden, wusste keines, dass ich mich bekehrt hatte. Meine Freude am Glauben schwand allmählich dahin. – Dann kam es in unseren Nachbardörfern zu einer Erweckung. Auch an unserem Dorf ging sie nicht spurlos vorüber. Da immer noch keine Gemeinde bestand, trafen sich die jungen Menschen in unserem Haus. Jetzt brach ich mein Schweigen und fand wieder die Freude am Herrn.

Nach einiger Zeit wurde Mutter zur Miliz gerufen und bekam unter Androhung von Haft strengstens verboten, die Jugend in ihr Haus zu lassen. Sie brachte die Sache vor den Herrn und befolgte das Verbot nicht. Wenig später wurde sie verhaftet und zu 25 Jahren Freiheitsentzug verurteilt. Nach der Verhandlung tröstete sie uns. Sie lächelte und zeigte mit der Hand zum Himmel. Wir verstanden sie sofort. Nach vier Jahren war sie wieder frei, und unterrichtete weiter. Das hat mich geprägt."

Wie prägst du deine Kinder?

Fürchte dich nicht, ich bin mit dir, weiche nicht,
denn ich bin dein Gott. Ich stärke dich,
ich helfe dir auch, ich halte dich
durch die rechte Hand meiner Gerechtigkeit.
Jesaja 41,10

Susanna Gerzen wurde stark durch den treuen Dienst ihrer Mutter geprägt, und Jahre später unterwies sie ihre 22 Neffen und Nichten in Gottes Wort. Zu ihnen stießen auch noch Kinder von außenstehenden Familien. Das ging 6 Jahre lang gut, dann trug man ihr zu: die Machthaber seien auf ihren Dienst aufmerksam geworden und wollten ihn unterbinden.

Susanna machte weiter. Da, eines Sonntags, erschienen Vertreter der Obrigkeit in der Sonntagsschule. Sie verhafteten Susanna und verlangten von ihr das Versprechen, die Unterweisungen zu unterlassen. Susanna erzählte den Männern: „Als 14-jähriges Mädchen musste ich Kälber hüten. Plötzlich tauchten zwei Wölfe auf. Ich war erschrocken, aber ich ließ die Kälber nicht im Stich und konnte sie auch retten. Und wo ich die Tiere schon nicht im Stich gelassen habe, werde ich die Kinder erst recht nicht im Stich lassen." Daraufhin wurde sie zu einer Geldstrafe von 100 Rubeln verurteilt und 1 Jahr später zu 3 Jahren Haft. Als Trost gab ihr der Herr das oben stehende Wort in den Sinn.

Ohne ihr Dazutun wurde sie vor Ablauf der Haftzeit zum Berufungsprozess gebracht. Man bot ihr die Freiheit an. Dafür sollte sie versprechen, keine Kinderstunde mehr zu halten. Susanna fragte den Richter: „Was würden Sie tun, wenn man von Ihnen verlangte, anstatt im Frühjahr, erst im Sommer auszusäen, und zwar mitten in das hoch gewachsene Unkraut hinein? Sie würden es nicht tun. Ich auch nicht! Deshalb kann ich Ihrem Angebot nicht nachkommen." Susanna wurde wieder ins Lager gebracht.

Lasset die Kinder zu mir kommen und
wehret ihnen nicht; denn solcher ist das Reich Gottes.
Markus 10,14

Diesem Gebot des Herrn Jesus wussten sich die Gemeinden in der ehemaligen Sowjetunion in besonderer Weise verpflichtet. Auch heute ist das in den bibelgläubigen Gemeinden der GUS Staaten noch so. Man weiß – wie es einmal jemand ausgedrückt hat –, was unten im Sack ist, geht zuletzt heraus. Sprich: Was früh in ein Menschenherz gelegt wird, bleibt am längsten drin. Also werden von den Gemeinden in den Sommermonaten zahlreiche Kinderfreizeitlager durchgeführt, die unter der Bezeichnung „Waldkirchen" laufen. Jede der Freizeiten ist natürlich mit einem erheblichen Aufwand an Zeit und finanziellen Mitteln verbunden.

Als die Sowjetunion noch bestand, waren die „Waldkirchen" außerdem strengstens verboten. Kinder durften unter keinen Umständen „religiös verseucht" werden. Trotzdem fanden sich immer wieder Gläubige, Brüder und Schwestern, bereit, solche Lager zu organisieren und durchzuführen, weil sie sich dem oben angeführten Gebot des Herrn Jesus verpflichtet wussten.

Zunächst wurden die Freizeitlager auf der Ebene von Gemeinden durchgeführt und wurden gerne angenommen, weil die Eltern sahen, dass ihre Kinder glaubensmäßig durch solche Zusammenkünfte gefördert und gestärkt wurden. Nach einiger Zeit nahmen auch Kinder aus ungläubigen Familien an den „Waldkirchen" teil. Da treu nach Gottes Wort gehandelt wurde, hielt Er auch seinen Segen nicht zurück, und bei jeder Freizeit bekehrten sich zwischen 10 und 20 Kinder. Natürlich blieb das der Staatsmacht nicht verborgen, sie spürte den Lagern nach und konnte einige Leiter verhaften. Doch die Freizeiten wurden deshalb nicht eingestellt.

Um die Mitternacht aber beteten
Paulus und Silas und lobsangen Gott.
Apostelgeschichte 16,25

Wie kamen Paulus und Silas dazu, um Mitternacht zu singen, haben schon viele gefragt. Mit Recht. Es war ja eine ungewöhnliche Tageszeit. Außerdem – und das ist schwerwiegender – saßen sie angekettet im Gefängnis. Menschlich gesehen, bestand also nicht der geringste Anlass Lobgesänge anzustimmen. Auch die unter Verfolgung leidenden Glaubensgeschwister in der ehemaligen Sowjetunion hatten aus menschlicher Sicht keine Veranlassung zu singen. Dennoch wurde von ihnen gesagt: „Sie singen immer." Warum denn?

Ihre Motivation war die gleiche, wie die von Paulus und Silas. Sie sangen aus der Freude am Herrn, der sie erlöst und als sein Eigentum angenommen hatte. Deshalb war auch das Sängerfest für die Gläubigen deutscher Nationalität aus dem Gebiet von Omsk ein besonderes Ereignis. Man hatte schon gleich zwei große Zelte dicht nebeneinander aufgebaut und durch Weglassen der inneren Planen sie zu einem riesigen Zelt vereinigt. Dennoch reichte es nicht aus.

Schon bald musste man auch die seitlichen Planen wegnehmen, damit die herbeigeströmten 2500 Gläubigen zu einer Versammlung vereinigt werden konnten. Unter der Anleitung von 400 Sängern aus 15 Chören wurde der auferstandene Herr singend, betend und predigend verherrlicht. Erfreulicherweise wurde das Fest auch nicht durch die Machthaber gestört. Nur am nächsten Tag erhielten die verantwortlichen Brüder der Gemeinden eine Vorladung. Doch sie kamen ohne Bestrafung davon. Man verwarnte sie nur eingehend. Das war erfreulich.

Frage an uns: Wo ist heute noch ein solcher Hunger zur Verherrlichung des Herrn zu spüren? Haben wir keinen Anlass mehr dazu?

Saget Dank allezeit für alles Gott, dem Vater,
in dem Namen unseres Herrn Jesus Christus.
Epheser 5,20

Wir wissen, dass diese Aufforderung nicht übertrieben ist, weil wir ja Kinder des Lichtes sind. Wir geben diese Aufforderung auch gerne weiter, wenn wir irgendwo Undankbarkeit vermuten. So weit – so gut. Aber wenn diese Aufforderung an uns persönlich gerichtet wird, wird es kritisch; dann stolpern wir vor allem über das kleine Wörtchen „alles". Gewiss, dankbar wollen wir schon sein! Doch für alles? Ist das nicht doch ein bisschen zuviel verlangt?

Um den Gemeindegliedern, die Gott von der Haft verschont hatte, die „Dankbarkeit für alles" näher zu bringen, kochte Iwan Pyshikow nach seiner Haftentlassung in der Gemeinde einen „Tee nach Straflagerart" und verteilte ihn. Die meisten schauderte, diese erbärmliche Flüssigkeit zu trinken. Erst jetzt ging ihnen in besonderer Weise auf, was dieses Wörtchen „alles" in Verbindung mit Dankbarkeit beinhaltete.

Jedes Gemeindeglied fragte sich: „Könnte ich für solchen Tee noch danke sagen?"

Die wegen ihres Glaubens inhaftierten Geschwister hatten es getan. Sie hatten auch für das „Brot" gedankt, das aus einer schlecht durchgebackenen, schweren klebrigen und sauren Masse bestanden hatte. Mehr noch, sie hatten selbst über der Suppe ihre Hände gefaltet, die aus Kuheutern und Ochsenaugen hergestellt worden war. Nicht selten war noch ein Auge in der undefinierbaren Brühe geschwommen. – Wäre es für manche in unseren Gemeinden nicht angebracht, auch einmal einen Tee nach „Straflagerart" serviert zu bekommen? Vielleicht würden dadurch einige erkennen, was in ihnen steckt. Vielleicht würden sie dann dankbarer für das, was sie haben dürfen...

Spricht Pilatus zu ihm (Jesus): Was ist Wahrheit?
Johannes 18,38

Wenn es um eine Entscheidung für den Herrn Jesus geht, taucht die Frage nach der Wahrheit auf. Das zeigte sich zum ersten Mal bei Pilatus. Bei allen vorausgegangenen Rechtsprechungen wusste er genau, was Wahrheit war. Nur, als er für den Herrn Jesus hätte stimmen müssen, kam er ins Fragen. Doch sein Fragen war nicht echt. In Wirklichkeit fürchtete er den Aufruhr des Volkes. Diese Haltung ist bis auf den heutigen Tag geblieben.

Es scheint einfach nicht möglich zu sein, sich ohne weiteres auf die Seite des Herrn Jesus zu stellen, der als Sohn Gottes von sich sagte, dass Er die Wahrheit selbst ist. Bei Ihm muss immer erst disputiert werden.

Auch in der ehemaligen Sowjetunion war das so, als die Auflockerung der politischen Verhältnisse in Gang kam und bei den Atheisten Interesse am Christentum entstand. Bezeichnenderweise titelte die bekannte Zeitschrift, „Wissenschaft und Religion", einen Artikel über eine Disputation zwischen Christen und Atheisten: „Die Wahrheit wird im Streit geboren". Stimmt das?

Viele sind auch bei uns der Meinung, dass, wer am besten zu streiten verstehe, die Wahrheit für sich in Anspruch nehmen könnte. Zugegeben, in der Welt ist es meistens so; doch im Glaubensleben kann es ist nicht so sein. Da geht es nicht um das Zusammentragen von Ansichten, aus denen dann die Wahrheit zu kristallisieren ist. Im Glauben ist die Wahrheit keine Ansicht, keine Idee, sondern eine Person, die den Namen Jesus Christus trägt. Deshalb kann man im Glauben über die Wahrheit auch nicht streiten. Man kann den Herrn Jesus nur annehmen oder ablehnen. Wer Ihn annimmt, wird dann auch erfahren, dass er die Wahrheit ist.

Ein fröhliches Herz macht ein fröhliches Angesicht.
Sprüche 15,13

Zu ihrer Hochzeit bekamen Johann und Frieda Plett ein Bild geschenkt. Es zeigte zwei gefaltete Hände, über denen eine Taube mit einem Brief im Schnabel schwebte. Dass Briefe das wichtigste Mittel ihres persönlichen Austausches werden sollten, ahnte damals noch keines von beiden. Einige Jahre nach ihrer Eheschließung wurde Johann von den Brüdern gebeten, in den Untergrund zu gehen und in einer Geheimdruckerei zu arbeiten.

Johann kam dieser Bitte nach und konnte elf Jahre Bibeln und andere christliche Schriften drucken. Dann wurde er festgenommen und zu fünf Jahren Lagerhaft verurteilt. Nach der Entlassung ging er wieder in den Untergrund, um zu drucken. Sieben Jahre später fasste ihn der KGB erneut. Er wurde zu vier Jahren Lagerhaft verurteilt. Danach tauchte Johann wieder ab, druckte Bibeln und andere christliche Bücher. Diesmal wurde er schon nach zwei Jahren gefasst und zu fünf Jahren Haft verurteilt, von denen er aber wegen der beginnenden Perestrojka nur zwei Jahre abzusitzen brauchte.

Trotz dieser Schläge zerbrach Johann nicht. Er war zwar etwas magerer geworden, aber sonst unverändert geblieben. Sein Gesicht strahlte eine Freude aus, die anziehend wirkte, und man sehnte sich nach Gemeinschaft mit ihm. Er konnte so sein, weil er sich die Verbindung zum Herrn nicht hatte rauben lassen, woraus ein frohes Herz resultierte. Kurz vor seiner Entlassung überreichte ihm der Lagerzensor eine Scofieldbibel. „Sie kam in einem Auslandspäckchen“, sagte er. „So muss ich sie dir geben.“

Johanns Herz jubelte. Er, der wegen des Druckens christlicher Literatur verhaftet worden war, bekam von den Machthabern nun eine Bibel ausgehändigt. Das war ein Sieg seines auferstandenen Herrn!

Nun aber sehnen sie sich nach einem besseren Vaterland, nämlich nach dem himmlischen. Darum schämt sich Gott ihrer nicht, ihr Gott zu heißen, und hat ihnen eine Stadt zubereitet.

Hebräer 11,16

Nikolaj Klimoschenko lernte schon sehr früh verstehen, was es für den Herrn Jesus bedeutet hatte, dass Er auf dieser Erde keinen Platz fand, wo Er sein Haupt hinlegen konnte. Nikolajs Eltern wurden nämlich wegen ihres Glaubens von der Kolchose ausgeschlossen und aus ihrem Heimatdorf vertrieben. In einem Nachbarort fanden sie eine erbärmliche Unterkunft und lebten am Rande des Verhungerns.

Als Nikolaj später zu einem Haus gekommen war, stellte er es der Gemeinde für Gottesdienste zur Verfügung. Dafür wurde er mit finanziellen Strafen belegt und man drohte ihm, das Haus zu zerstören. Trotzdem ließ Nikolaj weiterhin Gottesdienste in seinem Haus zu. Dann, als er zum Leiter der Gemeinde gewählt wurde und ein größeres Haus gebaut hatte, traf ihn ein empfindlicher Schlag.

Die Behörden nahmen ihm das Haus weg, und Klimoschenkos waren nun ohne Bleibe. Trotz aller Verluste und Verfolgungen zerbrach Nikolaj nicht. Die Glaubensgeschwister bezeugten, dass er seiner Familie und der Gemeinde ein guter Vater war. Unter erheblichen Mühen gelang es ihm ein neues Heim zu schaffen. Schließlich wurde Nikolaj verhaftet und eingesperrt. Als kranker Mann kam er wieder nach Hause. Wenig später stellte man Krebs bei ihm fest.

Da wollte die Gemeinde um seine Genesung beten, doch er wehrte mit den Worten ab: „Betet nicht um meine Heilung. Ich möchte heim zu meinem Herrn."

Er, der hier sein Haus für die Gemeinde geöffnet hatte, wusste, dass ihm dort das ewige Vaterhaus weit offen stand.

Wenn ihr aber in ein Haus geht, so grüßet es;
und wenn es das Haus wert ist,
wird euer Friede auf sie kommen.
Matthäus 10,12-13

Wie üblich waren die Gläubigen nach einer Beerdigung zusammengekommen. Doch diesmal legte es der Herr den Jugendlichen aufs Herz, evangelisierend im Ort von Haus zu Haus zu gehen. Die stattliche Zahl von 100 Leuten erklärte sich dazu bereit. Sie teilten sich in Gruppen, so dass in jeder welche waren, die ein Zeugnis geben und eine kurze Predigt halten konnten. Dann wurden sie mit Gebet und einem Bibelwort ausgesandt.

Während die einzelnen Gruppen von Haus zu Haus gingen, beteten die anderen darum, dass die ausgezogenen Jugendlichen die zum Evangelisieren erforderliche Kraft und Weisheit vom Herrn erhalten möchten. Außerdem baten sie darum, dass die Evangelisierenden Demut walten liessen und die Herzen der Menschen erreichen konnten, mit denen sie ins Gespräch kamen.

Gegen 23 Uhr kehrten die Ausgesendeten wieder zurück und wurden zum Abend- beziehungsweise Nachtessen eingeladen. Obwohl sie hungrig waren, konnten sie kam etwas zu sich nehmen. Ihre Herzen waren mit Erlebnissen so angefüllt, dass jeder erzählen wollte. Die einen wussten zu berichten, dass sie viele Häuser besucht hatten, die anderen waren schon am ersten Haus in Gespräche verwickelt worden und kaum noch weitergekommen. Die dritten wussten von barscher Ablehnung zu berichten. Alles in Allem waren sie aber sehr froh. Sie hatten die Erfahrung gemacht, dass der Herr sich nichts schenken lässt, sondern es vielfach wieder zurückgab.

Bei dem Gemeindetreffen am nächsten Tag konnten die Jungen und Mädchen viele Leute begrüßen, mit denen sie am Vortag über den Glauben gesprochen hatten. – Bist du auch schon auf diese Weise vom Herrn beschenkt worden?

Da sandte ich alsbald zu dir; und du hast wohl getan, dass du gekommen bist. Nun sind wir alle hier versammelt vor Gott, zu hören alles, was dir vom Herrn befohlen ist.
Apostelgeschichte 10,33

Nach dem gestern erwähnten Jugendtreffen begab sich die auswärtige Jugend zur Heimreise an den Bahnhof. Da ihr Zug auf sich warten ließ, sangen sie Glaubenslieder und gaben Zeugnisse. Sofort war die Miliz da und störte. Die Jugendlichen zogen zum Bahnsteig und sangen fröhlich weiter. Auch im Zug setzte sie das Singen fort, obwohl es einigen Fahrgästen nicht passte. Da erschienen zwei Mitarbeiterinnen aus dem Speisewagen, boten Essen an und sagten zu den Jugendlichen: „Kommt heute Abend zu uns in den Wagen."

Die Gruppe nahm die Einladung an und fand im Speisewagen fast das ganze Begleitpersonal des Zuges vor. Die Männer und Frauen wollten über den Glauben informiert werden und forderten immer wieder zum Singen auf. Mit einem Mal wurden die Jugendlichen an das oben erwähnte Wort erinnert, das der Apostel Petrus von dem Hauptmann Kornelius gesagt bekam; und wie der Apostel, kamen auch sie der Aufforderung nach. Nicht lange und es tauchten auch hier Milizbeamten auf, die den Jugendlichen das Reden und Singen verboten.

Da setzten sich die Zuhörer zur Wehr. Einige sagten: „Jetzt haben wir die Wahrheit gehört. Diese jungen Leute sind keine Verbrecher, sondern gute Menschen. Jetzt ist nicht die Zeit zum Aufhören, sondern zum Weiterreden!"

Das taten die Jugendlichen auch und beteten zum Schluss: „Herr, wir möchten, dass die, die Dein Wort gehört haben, zum Glauben kommen; und wir mit ihnen in der Ewigkeit zusammen sein können..."

Wie ist es um deinen Rettersinn bestellt?

Siehe, es kommt die Zeit, spricht Gott der Herr,
dass ich einen Hunger ins Land schicken werde,
nicht einen Hunger nach Brot oder Durst nach Wasser,
sondern nach dem Wort des Herrn.
Amos 8,11

Für die Sowjetunion kam diese Zeit mit der Perestrojka; und zur Stillung dieses Hungers konnte nun auch vom Westen aus beigetragen werden, weil der Versand von Bibeln und christlicher Literatur mit einem Mal erlaubt war. So schickten die Neumanns aus dem Westen eine Bibel an ihre gläubigen Bekannten in Russland. Den Versand des Bibelbuches kündigten Neumanns durch einen separaten Brief an. Den Brief erhielten die Bekannten, nicht aber die Bibel; selbst nach dem Verstreichen aller erdenklichen Fristen nicht.

Schließlich begaben sich die Bekannten zur Post und forschten nach. Sie erhielten die verblüffende Auskunft, dass die Sendung dem Empfänger schon längst ausgehändigt worden sei. Also gingen die Bekannten wieder. Doch wenig später erschien zu einer ungewöhnlichen Zeit die Briefträgerin bei ihnen und bat weinend um Verzeihung. Die Bekannten wussten nicht, weshalb sie das tat, und so erzählte sie, dass sie schon längere Zeit nach einer Bibel Ausschau gehalten, aber keine bekommen habe.

„Dann“, so sagte sie, „als ich feststellte, dass die Sendung aus dem Westen eine Bibel enthielt, konnte ich mich nicht beherrschen und nahm die Bibel an mich. – Bitte lassen Sie sie mir. Ich werde Ihnen jeden Preis dafür bezahlen.“

Sie durfte die Bibel behalten, kostenlos natürlich.

Wie sieht es mit dem Verlangen nach dem Wort des Herrn bei uns aus? Es ist reichlich zu haben, doch nur wenige greifen danach. Muss der Herr erst wieder eine böse Zeit schicken, damit der Hunger nach Seinem Wort wächst?

Wer überwindet, dem will ich geben, mit mir auf meinem Throne zu sitzen, wie ich überwunden habe und mich gesetzt mit meinem Vater auf seinen Thron.
Offenbarung 3,21

Bruder Nikolaj, der 23 Jahre wegen seines Glaubens inhaftiert war, wurde einmal gefragt: „Macht dich diese jahrzehntelange Verfolgung nicht müde?" – „Nein", lautete seine Antwort, „denn ich möchte mit dem Herrn auf Seinem Thron sitzen. Dies ist aber nur den Überwindern verheißen und ich weiß, dass mich der Herr mit allem, was Er zulässt, zu einem Menschen machen will, der zu Ihm auf den Thron passt. Also bleibe ich ständig in der Gemeinschaft mit Ihm. Ich habe Ihn immer vor meinen geistlichen Augen und freue mich darüber, dass Er mich erlöst hat. Ich muss auf Ihn ausgerichtet sein, um wahrnehmen zu können, dass Er mit mir spricht. Ich muss Ihn hören und seinen Anweisungen gehorsam sein. Wenn mir das mit Seiner Hilfe gelingt, habe ich Sieg und die Welt überwunden."

„Aber, lieber Bruder, brauchst nicht auch in dieser Welt schon etwas, woran du dich halten kannst?" – „Das habe ich doch! Als ich zum ersten Mal in die Verbannung geschickt wurde, kamen in unsre Versammlung neben den alten Geschwistern nur fünf Kinder. Vor meinem Abtransport schlug mir ein Offizier mit der Faust ins Gesicht und sagte: ‚Das ist der Lohn dafür, dass du Kinder in die Versammlung mitnimmst!' – Nach meiner Entlassung waren dreißig Kinder in der Gemeinde. Nach einer weiteren Verhaftung waren schon so viele Kinder da, dass ein Chor und ein Orchester gegründet werden konnte. Jetzt sind die älteren Geschwister schon in der Minderheit. Nein, die Leiden sind nicht vergeblich vor Gott. Ja, auch das gibt mir Mut."

Was ist unser Antrieb, dem Herrn treu zu sein? –

Ermahnet euch selbst alle Tage, solange es „heute“ heißt, dass nicht jemand unter euch verstockt werde durch den Betrug der Sünde.
Hebräer 3,13

Die schriftgemäße Ermahnung ist eine sehr wichtige Aufgabe in der Gemeinde. Wo sie nicht praktiziert wird, ziehen bald weltliche Ströme in sie ein, weil auch der Gläubige noch im Fleisch lebt und das Fleisch dem Geist nicht untertan wird.

Ein zwanzigjähriges Mädchen namens Sweta beklagte sich über die Not, die durch unterlassene Ermahnung in ihrer Gemeinde in der ehemaligen Sowjetunion entstand. In einem Brief, in dem sie sich für die christlichen Radiosendungen aus dem Westen bedankte, schrieb sie: „Ich wuchs in einem gläubigen Elternhaus auf und schloss mich besagter Gemeinde an. Doch als Bekehrte wird mir manchmal sehr schwer ums Herz. Ich empfinde, dass meine Gottesdienstbesuche nutzlos sind. In solchen Augenblicken bin ich hocherfreut, eine in Gottes Wort gegründete Radiosendung zu hören. Durch sie flieht der Zweifel, der Glaube im Herzen wird gestärkt, ich erhalte neue Kraft und kann dem Herrn weiterhin nachfolgen.

In der Gemeinde sind die Schwierigkeiten der Laodicäa-Zeit zu spüren. Für die wahrhaft Gläubigen ist es schwierig geworden, nach der Schrift zu leben, da sich die Masse von der weltlichen Mode gefangen nehmen ließ. Freunde sind plötzlich keine Freunde mehr! Das alles schmerzt mich sehr, doch ich bin überzeugt, dass es den Herrn Jesus noch mehr schmerzt als mich...“

Mit diesem Problem haben auch wir heute zu kämpfen. Landauf landab ist es heimlich in die Gemeinden eingezogen. Wenn nicht zum biblischen Maß zurückgefunden wird, gibt es bald nur noch Namenschristen! – Willst du das?

Und es war ein großes Gemurmel über ihn unter dem Volk. Etliche sprachen: Er ist gut; die anderen aber sprachen: Nein, sondern er verführt das Volk.
Johannes 7,12

Wo unser Herr während seiner Erdenzeit auch auftrat, gab es unter den Menschen sofort eine Scheidung. Daran hat sich bis heute nicht viel geändert. Überall, wo das Evangelium vollmächtig verkündigt wird, gibt es unter den Menschen eine Scheidung. Die einen sind für den Herrn, die anderen sind gegen Ihn.

Das war auch bei der Zeltevangelisation der Gemeinde in Ismail so. Als der Verkündiger am Schluss seiner Predigt jene Besucher, die sich für den Herrn Jesus entscheiden wollten, einlud nach vorne zu kommen, erhob sich als erster ein Mann und erklärte vom Rednerpult aus, dass er schon sein ganzes Leben lang nach Gott gesucht und Ihn nun endlich gefunden habe.

Der Versammlungsleiter ermutigte ihn, in einem Gebet sein Leben dem Herrn zu übergeben. Der Mann tat es und bekam eine Bibel geschenkt, die er wie etwas Heiliges entgegennahm. Ihm folgte eine Frau. Sie legte die Hand an die Brust und sagte: „Ich weiß nicht, was mit mir los ist! In mir geht etwas Gewaltiges vor!..“ Auch ihr schlug der leitende Bruder vor, zu beten. Sie brachte nur die Worte hervor: „Herr, ich danke Dir, dass ich heute hierher gekommen bin!“ Reichte das? –

Bestimmt! Vor Gott ist nicht die Form, sondern die Einstellung des Herzens entscheidend; und ihr Herz schrie!

So gingen noch weitere Leute nach vorn und der Vorsitzende der Stadtverwaltung konnte nicht mehr ruhig sitzen. Jedesmal wenn einer nach vorne ging, sprang er auf, setzte sich aber wieder und murmelte: „Wieder einer! Was soll das werden!“

Merke: Wenn Widerspruch entsteht, wurde vollmächtig verkündigt!

Von allen Seiten umgibst du mich
und hältst deine Hand über mir.
Psalm 139,5

Mit der durch die Perestrojka entstandenen Situation kam die Miliz zu Anfang nicht zu recht. Ihr war Jahre lang befohlen worden, gegen die Gläubigen vorzugehen, jetzt konnte sie die Störmanöver so schnell nicht lassen und tauchte bei einem Jugendtreffen in Berislaw auf. Ihre Störung war jedoch erträglich, und das Jugendtreffen konnte wie geplant durchgeführt werden. In seinem Mittelpunkt stand das Zeugnis eines aus der Haft entlassenen Drogensüchtigen, der in der Anstalt zum Glauben gekommen war.

„Ich“, so erzählte er, „bekam Kontakt zu einem Gläubigen und geriet über mein Leben ins Nachdenken. Gott war für mich weit weg, ich konnte mir nicht vorstellen, dass Er sich um mich kümmern würde. Der Christ zeigte mir eine Stelle in der Bibel, die zum Ausdruck bringt, dass Gott auch mir ganz nahe ist.

‚Gut‘, sagte ich, ‚aber helfen kann Er mir nicht. Wenn Er das könnte, müsste er mich von meinen Schlafstörungen befreien können.‘ – ‚Das kann Er auch‘, erwiderte der Gläubige und betete für mich. Gott tat ein Wunder und ich konnte von da an nachts durchschlafen. Daraufhin bekehrte ich mich.“

Auch die Milizbeamten hörten das und fanden kein Gegenargument. Sie wollten aber nicht umsonst gekommen sein und belegten einige Brüder mit Bußgeldern. Bruder Brower konnte jedoch nicht zahlen, und die Grichtsvollzieherin holte bei ihm einen Teppich ab, der auf dem Fußboden ausgebreitet war, damit die Kinder beim Spielen sich nicht erklälteten. Bruder Brower erhob Einspruch und erhielt den Teppich zurück. Als ihn die Gerichtsvollzieherin wieder brachte, erklärte sie: „Gläubigen werde ich niemals mehr etwas wegnehmen.“

Auch hier war Gott sehr nahe!

## 24. Juni

Siehe, des Herrn Auge achtet auf alle,
die ihn fürchten, die auf seine Güte hoffen,
dass er sie errette vom Tode...

Psalm 33,18-19

Wir wissen es: Der Herr Jesus ist gekommen, um Menschen vom ewigen Tod zum ewigen Leben zu erretten. Das ist eine Verheißung. Sie steht unerschütterlich fest. Der Herr Jesus wird jedem, der sein Leben Ihm übergibt, ewiges Leben schenken. Er kann auch vor Todesgefahr während unseres irdischen Lebens bewahren. Aber hören wir genau hin, in diesem Zusammenhang taucht das Wörtchen „kann" auf.

Die Bewahrung vor dem leiblichen Tod in kritischen Situationen unseres Erdendaseins ist keine Verheißung, also nichts unerschütterlich Feststehendes. Trotzdem, der Herr wird auch in kritischen Situationen immer wieder die Gnade der Bewahrung walten lassen, wie zum Beispiel in der armenischen Stadt Leninakan. Hier ließ Gott vor Jahren ein starkes Erdbeben zu, dem viele Menschen zum Opfer fielen. Doch wie die dortige Gemeinde am Schluss feststellen konnte, waren alle ihre Mitglieder auf wunderbare Weise bewahrt worden. Manche hatten zwar Hab und Gut verloren, aber sie lebten noch.

Eine Bewahrung besonderer Art erlebten die Glaubensgeschwister, deren Wohnung sich im obersten Stock eines dreistöckigen Hauses befand. Sie hatten sich gerade zum Gebet um den Tisch versammelt, als das Erdbeben losbrach. Das Haus wurde total zerstört. Doch die Wohnung der Glaubensgeschwister wurde, wie von unsichtbarer Hand, der Zerstörung entzogen und unversehrt auf den Erdboden gesetzt. Dabei war der Esstisch noch nicht einmal umgefallen. Folglich blieben auch die Glaubensgeschwister heil.

Was haben wir doch für einen großen Gott!

Ich bin desselben in guter Zuversicht, dass,
der in euch angefangen hat das gute Werk, der wird's
auch vollführen bis an den Tag Jesu Christi.
Philipper 1,6

Jewgenij Puschkow war hochbegabt, und alle sagten ihm eine große musikalische Karriere voraus. Doch dann kam er während seines Studiums am Konservatorium zum Glauben an den Herrn Jesus Christus. Er setzte seine Gaben für den Herrn ein, der ihn begabt hatte, und war zum musikalischen Lob Gottes in der Gemeinde tätig. Das erregte den Anstoß der politischen Machthaber. Sie machten Jewgenij den Prozess, steckten ihn in ein Straflager und schickten ihn anschließend in die Verbannung, in die ihm seine Frau folgte.

So oft Jewgenij in der Haft über das Radio Musik hörte, tat ihm das Herz weh. „Welche Möglichkeiten haben doch die Atheisten ihren ‚Gott' zu verherrlichen! Und uns, die wir dem einzig wahren Gott dienen, wird keine Möglichkeit dazu gegeben. Wir werden sogar eingesperrt!" musste er denken. Er betete immer wieder inbrünstig darum, dass das musikalische Werk, das er durch die Hilfe des Herrn in den Gemeinden hatte beginnen dürfen, weitergehen möchte.

Dann wurde er in der Verbannung von zwei Mädchen besucht, deren Vater ebenfalls inhaftiert war. Sie erzählten ihm, dass sie von einem Dirigentenkurs kämen. Das war für Jewgenij der erfreuliche Beweis, dass die Arbeit weiter ging. Er fragte: „Habt ihr auch gut gelernt?" – „Wir haben nicht selber gelernt", antworteten die Schwestern, „sondern andere unterrichtet."

Jewgenij kamen die Tränen. Das war mehr, als er erbeten hatte. Die jungen Geschwister lernten nicht nur, sondern hatten schon selbst die Initiative ergriffen, dass der Name des Herrn auch weiterhin musikalisch verherrlicht wurde.

Ihr aber, meine Lieben, erbauet euch auf euren allerheiligsten Glauben, betet im heiligen Geist.
Judas 20

Andrej Piwnew aus der Gemeinde in Nowosibirsk berichtete einmal von einem evangelistischen Einsatz in einem der zahlreichen Dörfer, die nördlich und östlich von Nowosibirsk verstreut in der Taiga liegen. Dabei kamen sie zu einer alten Frau, die in erbärmlichen Verhältnissen lebte. Sie konnte sich wegen ihres Rheumas kam bewegen und war obendrein noch Herzkrank.

Schon eine Woche hatte kein Mensch mehr nach ihr gesehen. Sie hatte nicht einmal mehr frisches Wasser im Haus. Das Wasser, das sie in einer Schüssel aufbewahrte, war verdorben. So suchten sich die jungen Christen einige Eimer, begaben sich zum Dorfbrunnen und versorgten die arme Frau mit Wasser. Dann sprachen sie mit ihr über den Glauben. Es stellte sich heraus, dass die Frau keine Bibel hatte und sie auch nicht kannte. Aber in einer Zimmerecke hatte sie Ikonenbilder auf einem Schränkchen stehen.

Als die jungen Gläubigen auf das Beten zu sprechen kamen, sagte die Frau, dass sie auch jeden Tag niederknie und bete. Dann holte sie eine Schachtel unter einer Ikone hervor, entnahm ihr einige vergilbte Zettel, auf der ihre Gebete gedruckt standen. Alle begannen mit den Worten: „Heilige Mutter Gottes, treue Magd des Herrn..."

Andrej setzte sich zu der Frau, hielt ihr ein Neues Testament entgegen und sagte: „Das ist das Buch, in dem uns der Herr Jesus sagt, wie wir beten sollen." Dann erzählte er, dass man zum Beten keine Zettel oder Bücher brauche. Man brauche den Heiligen Geist, und alles, was er einem aufs Herze lege, könne man dem Herrn freiheraus sagen. Beten sei nämlich ein Reden mit Gott. Daraufhin drückte die alte Frau das Testament fest an ihr Herz.

Wie betest du?

Siehe, du wirst Heiden rufen, die du nicht kennst,
und Heiden, die dich nicht kennen, werden zu dir laufen
um des Herrn willen,... der dich herrlich gemacht hat.
Jesaja 55,5

Dieses Wort haben die Gläubigen während der Sowjetdiktatur oft gelesen. Sie haben es auch nicht in Frage gestellt und sich gewünscht, dass vor allem der Mittelteil des Verses in Erfüllung gehen möchte. Doch wie das geschehen sollte, konnten sie sich nicht vorstellen. Der atheistische Staat erschien zu mächtig, war überall präsent und hatte alles fest im Griff. Doch dann schickte Gott die Perestrojka, und was die Gläubigen so heiß ersehnt hatten, geschah.

Gerade die Glaubensgeschwister, die vorher besonders hart verfolgt worden waren, wurden nun von den Ungläubigen gebeten, ihnen den Weg des Glaubens zu erklären, was sie auch gerne taten. Sie begriffen nun in vollem Umfang, dass ihre Leidenszeit in zweifacher Hinsicht gesegnet worden war. Sie waren nicht nur in den Augen Gottes herrlich gemacht worden, sondern auch in den Augen der ungläubigen Menschen.

Die sich plötzlich ergebenden missionarischen Möglichkeiten konnten aber nicht die Aufgabe alleine der ehemals verfolgten Geschwister sein; sie waren jedoch vielfach die Initiatoren, die die Gemeinden in den evangelistischen Dienst mit hinein zogen. Ihre Bitten stießen nicht auf taube Ohren, wie das folgende Beispiel zeigt.

Als ein junges Ehepaar erfuhr, dass in einem Dorf, in dem es bisher noch keinen Gläubigen gegeben hatte, ein Jugendlicher zum Herrn Jesus fand und unter seinem Alleinsein litt, entschloss es sich, in dieses Dorf zu ziehen. Schon bald entstand hier auch eine christliche Gemeinde.

Wie ist das bei uns? Warten wir nur darauf, dass die Ungläubigen zu uns kommen oder gehen wir auch zu ihnen hin?

Jesus aber antwortete und sprach: Sind ihrer nicht zehn rein geworden? Wo sind aber die neun?
Lukas 17,17

Nach der Entlassung aus seiner zweiten Haft, die vier Jahre Straflager unter schwersten Bedingungen umfasste, setzte Johann Pauls seinen Dienst für den Herrn Jesus fort. Als Begründung führte er die Geschichte von der Heilung der zehn Aussätzigen an und erklärte: „Ich möchte nicht zu den neun gehören, die sich zwar heilen ließen, es dann aber nicht für nötig hielten, sich bei dem Herrn zu bedanken."

Und Johann bedankte sich bei dem Herrn, indem er sich weiter für die Verbreitung des Evangeliums einsetzte. Er bedankte sich aber auch bei den Glaubensgeschwistern, die ihn durch Gebete, Briefe und Gaben während seiner Haft unterstützt hatten. Immer wieder betonte er, dass er deutlich gespürt habe, wenn intensiv für ihn gebetet worden sei. Er sei dann innerlich gestärkt und seine Peiniger seien zurückgehalten worden, sie hätten die Bestrafungen nicht mit der Härte durchgeführt, die sie angedroht hatten.

Freude bereitete ihm auch die Post, die er von zu Hause und aus den verschiedensten Ländern der Erde erhielt. Die Auslandsbriefe hätten auf die ungläubigen Mitgefangenen besonders gewirkt. Oft hätten sie ihm gesagt: „Ihr Christen steht ja in der ganzen Welt zueinander!"

Eine große Freude bereiteten Johann die Atheisten, als sie einen Zeitungsbericht mit Bild über ihn brachten. Das Bild zeigte Johann neben den von ihm an die Wand gesprühten Worten: „Tut Buße, denn das Himmelreich ist nahe herbei gekommen", und „Wer an Jesus glaubt, hat das ewige Leben". Das sollte eine Anklage sein, doch er sagte sich: Mit so wenig Aufwand hast du Gottes Wort noch nie in alle Häuser der Umgebung gebracht. Für ihn lohnte es sich, dafür zu danken!

Auch für dich?

Haben sie mich verfolgt,
so werden sie euch auch verfolgen.
Johannes 15,20

Diese Erfahrung machte Jewgenij schon sehr früh. Er wurde als jüngstes Kind einer gläubigen Familie geboren. Ende 1940, Jewgenij war gerade mal fünf Jahre alt, fanden bei den Gläubigen in der Sowjetunion massenhaft Hausdurchsuchungen statt, tausende Christen wurden verhaftet, und zu langjährigem Freiheitsentzug verurteilt. Dazu reichte das Vorfinden einer Bibel oder christlicher Literatur aus, die man sofort beschlagnahmte und vernichtete.

Die Verhaftungen wurden meistens nachts vorgenommen. Diese Tageszeit trug zur weiteren Verunsicherung und Verängstigung der Leute bei. Eines Nachts wachte Jewgenij auf, weil seine Mutter etwas Eingewickeltes zu ihm unter die Bettdecke schob. „Schnell, schnell, nimm es! Drück es fest an dich!“ flüsterte sie ihm zu.

„Was nehmen?“ fragte er verschlafen. Die Mutter drückte ihm ein Päckchen in die Hände. Jewgenij nahm es und schlief wieder ein. – Am nächsten Morgen erfuhr er, was in der Nacht vorgegangen war. Wie viele Häuser, hatte man auch ihr Haus durchsucht, dabei alle Bibeln und vorgefundenen christlichen Bücher beschlagnahmt. Übrig geblieben war nur die Bibel, mit der Jewgenij die Nacht geschlafen hatte.

Unter Aufwendung aller erdenklichen Vorsichtsmaßnahmen wurde sie nun von Haus zu Haus gereicht und heimlich gelesen. Bei uns hat sich das Bild gewandelt. Wir brauchen keine Bibel zu verstecken, weil wir wegen ihres Besitzes nicht bestraft werden. Aber wir verstecken sie, weil wir uns schämen, sie zu besitzen. Gottlose Bücher stellen wir dafür gerne aus! Wie lange wird Gott dieses unser Spiel noch mitmachen?

Wie sollen sie aber den anrufen, an den sie
nicht glauben? Wie sollen sie aber an den glauben,
von dem sie nichts gehört haben?
Wie sollen sie aber hören ohne Prediger?
Römer 10,14

An der Bushaltestelle einer nordkasachischen Stadt standen zwei Studentinnen und plauderten mit einander. „Du, ich habe eine Bibel gesehen, das ist ein ganz tolles Buch. In ihm waren sogar Farbbilder! Wenn ich nur ein solches bekommen könnte“, sagte die eine zu ihrer Freundin.

Das hörte ein junger Christ, der neben den beiden stand. Er mischte sich in das Gespräch ein. „Hatte das Buch einen blauen Umschlag?“ fragte er. Die erste stutzte und wandte sich dem jungen Mann zu. „Woher weißt du das?“ forschte sie.

„Ich bin Christ und kenne dieses Buch“, erwiderte er. Auf ihrer gemeinsamen Fahrt in einem Sammeltaxi zur Nachbarstadt unterhielten sie sich weiter über die Bibel und ihren Inhalt. Doch nicht nur diese jungen Leute zeigten Interesse an der Kinderbibel. In Russland greifen viele Erwachsene nach ihr, weil sie einfacher und verständlicher geschrieben ist. Die Menschen wissen so gut wie nichts mehr über Gott und göttliche Wahrheiten, über Buße und Sünde. Auch der Name Jesus Christus ist ihnen weitgehend unbekannt. Kein Wunder, die ihnen das Wort hätten sagen können, wurden bei ihnen viele Jahre lang verfolgt. Doch schauen wir auf uns.

Bei uns kann frei gepredigt werden. Aber es herrscht eine ähnliche Situation wie in Russland. Wenn Sünde, Buße, Gott und Jesus Christus noch genannt werden, werden sie weitgehend in einem anderen Sinn gebraucht als in der Bibel. Keine Frage: das ist Schuld, die Auswirkungen hat. Jeder kann sie sehen, der die Augen nicht verschließt.

## 1. Juli

So sind wir nun Botschafter an Christi Statt,
denn Gott vermahnt durch uns; so bitten wir nun
an Christi Statt: Lasset euch versöhnen mit Gott!
2. Korinther 5,20

Nach diesem Schriftwort gibt es keine Ausrede mehr: Jedes Gemeindeglied ist ein Botschafter Christi. Und jeder Botschafter Christi hat den Auftrag, die Menschen zu bitten, sich mit Gott versöhnen zu lassen. Hören wir es gut: Dieses Bitten ist ein unumstößlicher Bestandteil eines jeden wahren Christen.

Wer es also unterlässt, macht sich vor Gott schuldig. Wer es aber tut und von den angesprochenen Menschen erfährt, dass sie sich nicht für versöhnungsbedürftig halten, vielleicht noch meinen mit Gott rechten zu können dann ist das nicht mehr Sache der Christen, sondern Sache der Angesprochenen, dann müssen sie zusehen, wie sie mit Gott ins Reine kommen! Wir haben bittend zur Gemeinde einzuladen, wie das die Glaubensgeschwister in St. Petersburg, unter anderem während einer evangelistischen Freiversammlung taten. Als Einladungen verteilten sie an die Passanten und umstehenden Leute vom Geheimverlag Christianin gedruckte Traktate, mit folgendem Wortlaut: „Wenn Sie einen Gottesdienst von Christen besuchen möchten, in dem über Gott, das ewige Leben und die Möglichkeit der persönlichen Errettung gesprochen wird, dann wenden sie sich an folgende Adresse..."

Durch diese Einladung kam es zu einer interessanten Begebenheit. Unter den zahlreichen Anrufern war auch eine Frau, die bei der Gemeindeleitung nachfragte, ob sie noch vier weitere Einladungen haben könnte, da sie insgesamt fünf Personen seien, die am Gottesdienst teilnehmen möchten. Man klärte sie auf, dass die vorliegende Einladung für alle ausreiche, da es bei Gott keine Platzkarten gebe.

Wer an mich glaubt, wie die Schrift sagt, von des Leibe werden Ströme lebendigen Wassers fließen.
Johannes 7,38

Warum tut sich bei uns, innerhalb und außerhalb der Gemeinde, so wenig? Was müssen wir tun, um mehr Ausstrahlung zu haben? So und ähnlich wird oft gefragt. Der Herr Jesus gibt in dem einleitenden Satz die Antwort darauf.

Wo wird noch an Ihn geglaubt, so wie die Schrift es sagt?! Ist einem anderen Vorgehen die Verheißung gegeben, dass durstende Menschen lebendiges Wasser erhalten? Nein! Also halten wir uns an das Wort des Herrn und an sonst nichts. Wie reichlich das lebendige Wasser, das neues geistliches Leben weckt, fließen kann, wenn sich an die Schrift gehalten wird, zeigte sich auf einem Mai-Jugendfest in Kiew, zu dem über 1000 Personen, auch Erwachsene und Kinder, erschienen waren. Das gesamte Programm umfasste sieben Stunden, behandelt wurden dabei nur Glaubensfragen wie: „Die Zuverlässigkeit des Berichtes über die Auferstehung unsres Herrn“ und „Wie wirkt der Herr Jesus heute im Leben der Menschen?“

Diese Zeit reichte für die anstehenden Themen aber noch nicht aus, und man ließ die Mittagspause ausfallen. Allein für die Bekehrung von Leuten waren zwei Stunden angesetzt und diese Zeit wurde voll benötigt. Als nach einer tiefgreifenden Predigt zur Entscheidung aufgerufen wurde, dauerte es nur einen kurzen Augenblick bis sich die ersten erhoben und nach vorne gingen, um ihr Leben dem Herrn zu übergeben. Dann riss der Strom nicht mehr ab. Am Schluss zählte man achtzig Leute, die sich bekehrt hatten. Was lehrt uns das? Nicht süßliche Limonade, die so gerne verzapft wird und immer durstiger macht, brauchen die Menschen, sondern das lebendige Wasser des ewigen Lebens!

Denn es muss dir alles dienen.
Psalm 119,91

Stimmt das wirklich? Muss letztlich alles Gott dienen? Auch die Atheisten, die Ihn total ablehnen?

Ja, auch sie, und das kann auf merkwürdige Weise geschehen, wie ein abendlicher Einsatz von jungen Christen am Bahnhof von Kiew zeigte. Kurz nachdem sich die Jugendlichen aufgestellt und Glaubenslieder zu singen begonnen hatten, versammelte sich eine große Menschenmenge um sie, die sich ständig vergrößerte. Mit einem Mal tauchten Milizionäre auf. Jetzt zeigte sich, dass die Perestrojka schon einiges verändert hatte: die Menschen liefen nicht mehr wie früher vor der Miliz davon. Sie blieben stehen, auch als Mannschaftswagen anrückten, die dicht an die Versammelten heranfuhren und über Lautsprecher zur Auflösung der unerlaubten Zusammenkunft aufriefen.

„Wie gibt es denn das!" rief es aus der Menschenmenge heraus. „Muss man jetzt sogar eine Genehmigung zum Singen haben? Sehen Perestrojka und Demokratie so aus? Das ist eine Unverschämtheit!"

Schließlich rückte die Mehrheit der Milizionäre unverrichteter Dinge ab. Die wenigen, die noch blieben, versuchten weiterhin vergeblich die Versammlung aufzulösen. Schließlich schlugen sie den Leuten vor, vom Bahnhof weg und in den Zentralpark zu gehen, der, wie einige herausfanden, nicht mehr zum Bezirk dieser Milizionäre gehörte. Doch die Leute bewegten sich nicht von der Stelle, zumal es schon 22 Uhr geworden war.

Plötzlich war die Stimme eines Mädchens aus der Jugendgruppe über den Lautsprecher eines Milizwagens zu hören. Die junge Gläubige erklärte, dass es schon spät geworden sei und man auseinander gehen möchte. Dann betete sie laut und vernehmlich über den Lautsprecher. So musste selbst der Milizwagen der Sache Gottes dienen.

So kommt der Glaube aus der Predigt,
das Predigen aber durch das Wort Christi.
Römer 10,17

Natürlich wird dieses Schriftwort von keinem wahrhaft Gläubigen geleugnet. Doch wird es auch befolgt?

Nachdem, was man in vielen Gemeinden zu hören und zu sehen bekommt, muss die Antwort „Nein" lauten! Da werden zwar viele kluge Worte gemacht, da wird vieles getan, was sehr einleuchtend erscheint, da kommt der Mensch voll auf seine Kosten. Die Ernsthaftigkeit solchen Bemühens soll nicht in Frage gestellt werden. Da sollen schon Menschen für den Herrn Jesus gewonnen werden. Aber solche Gemeinden sind kaum noch von der Welt zu unterscheiden!

Und so bringen die Leute in kritischen Situationen den Psychologen mehr Vertrauen entgegen, als den Seelsorgern aus diesen Gemeinden.

Keine Frage, das sind Folgen des Abweichens vom biblischen Maßstab, laodicäaische Erscheinungsformen. Man hat die Tür für die Menschen weit geöffnet, und dabei ist Christus vor die Tür geraten.

Im Zug der Perestrojka musste die Gemeinde in Nowosibirsk eine ähnliche Erfahrung machen. Sie wollte Außenstehende für die Sache des Herrn gewinnen und setzte sich mit dem Wissenschaftszentrum „Akademgorodok" in Verbindung. Dort ging man auf das Ansinnen der Christen ein und lud zu einer Diskussionsrunde. Im ersten Teil wurden wissenschaftliche und biblische Argumente zur Entstehung der Erde ausgetauscht. Obwohl das wissenschaftliche Referat auf schwachen Füßen stand, blieb es sehr ruhig. Im zweiten Teil, als die Zuhörer fragen konnten, wurde es lebendig. Da interessierte die Wissenschaft nicht mehr. Die Menschen fragten nach dem Sinn des Lebens, nach Vergebung der Schuld, nach praktischem christlichen Leben. Merken wir uns das gut!

Denn ihr seid teuer erkauft;
darum so preiset Gott an eurem Leibe.
1. Korinther 6,20

Von der Zigeuner-Gemeinde in Korolewo/Transkarpaten war viel Mutmachendes zu hören. Sie bewies eine große Treue zum Herrn. Ihr Weg war allerdings sehr steinig. Abgesehen von den staatlichen Verfolgungen waren die Glaubensgeschwister erheblichen Angriffen von ihren Stammesgenossen ausgesetzt. Nicht minder hart waren die Probleme in den eigenen Familien. Doch mit dem Beginn der Perestrojka blühte die Gemeinde auf.

Dann wurde in dem Dorf Deschkowiza ein evangelistisches Jugendtreffen für die Transkarpaten geplant. Die Zigeuner-Gemeinde aus Korolewo war sofort dafür zu haben und übernahm sogar die Programmgestaltung. Insgesamt wurden 3500 Einladungen angefertigt und von den Jugendlichen an ihre ungläubigen Verwandten und Nachbarn in Bussen, Zügen, der Stadtverwaltung und sogar bei der Miliz verteilt. Vergessen wurde auch nicht die persönliche, innere Vorbereitung. Man war sich bewusst, dass dies eine wesentliche Voraussetzung für den Segen der Veranstaltung war.

Doch welche Überraschung: als der Tag des Jugendtreffens gekommen war, waren alle Straßen nach Deschkowiza, trotz Perestrojka, von der Miliz gesperrt. Autos mit fremden Kennzeichen wurden zurückgewiesen. Fahrer, die dem nicht Folge leisten wollten, wurden arg bedroht. Auch die Busse der Zigeuner-Gemeinde wurden nicht durchgelassen. Doch die Gläubigen stiegen aus und gingen die restlichen 3 km zu Fuß. Ihnen war das die Sache des Herrn wert. Sie sagten sich, dass sie sehr teuer erkauft seien und diesen Fußmarsch Gott zum Preis gerne auf sich nehmen könnten. – Was bist du bereit, Gott zum Preis zu tun?

Gott will nicht das Leben wegnehmen,
sondern er ist darauf bedacht, dass das Verstoßene
nicht auch von ihm verstoßen werde.
2. Samuel 14,14

Um die Gläubigen mutlos und gleichgültig zu machen, benutzt der Gegenspieler Gottes oft eine einfache Methode. Er gaukelt ihnen vor, die augenblickliche schwierige Situation nehme kein Ende, werde für immer so bleiben. Erstaunlicherweise findet er auch immer wieder Gehör, obgleich die Menschheitsgeschichte voller Beweise ist, dass diese Aussage nicht stimmt. Der Satan ist zwar mächtig, aber nicht allmächtig und kann deshalb nichts entstehen lassen, was für immer Bestand hat.

Aus diesem Grund zerfiel auch die gottlose Sowjetunion. Und im Zuge der Perestojka geschah etwas, das sich vorher niemand hätte Träumen lassen. Der Oberste Sowjet Russlands rief bei der nichtregistrierten Gemeinde in Moskau an und fragte, ob die Gemeinde jedem Abgeordneten am Tag der Verabschiedung des Gesetzes über die Gewissensfreiheit und die religiösen Organisationen ein Neues Testament schenken könnte.

Die leitenden Brüder der Versammlung meinten, sich auf einem anderen Planeten zu befinden. Gerade sie, die „Nichtregistrierten", die am schrecklichsten von dieser Regierung verfolgt worden waren, wurden nun von ihr gebeten, die Abgeordneten mit Neuen Testamenten zu versorgen!

Doch die Brüder waren sofort dazu bereit. Für sie stand fest: Das hat nur Gott so geführt! Er gibt den verstoßenen Politikern noch eine Chance! Die Brüder verschenkten jedoch nicht Neue Testamente, sondern Bibeln. Wenige Tage später meldete sich auch die Stadtverwaltung bei der Gemeinde und erbat Bibeln für ihre Angestellten. Wir haben einen Gott, der Wunder tut; lasst uns deshalb getrost und fröhlich sein.

Wenn aber Christus in euch ist, so ist der Leib zwar tot um der Sünde willen, der Geist aber ist Leben um der Gerechtigkeit willen.

Römer 8,10

Als Alexander nach einem Jahr Militärdienst auf Urlaub nach Hause kam, hatte sich vieles zum Unguten verändert. Das machte ihn zutiefst niedergeschlagen. Er sah in seinem Leben keinen Sinn mehr. Schließlich ging er zu Andrej, einem gläubigen jungen Mann, und bat um eine Bibel.

„Du, eine Bibel?“ Andrej war überrascht. „Gut, wenn sie nichts für mich ist, dann lassen wir das“, sagte Alexander enttäuscht. Andrej erklärte sich und gab ihm eine Bibel. Ihr Studium warf bei Alexander zunächst aber weitere Fragen auf.

Wie war das möglich, dass er Gottes Willen tun wollte, es aber nicht zustande brachte? Er ging wieder zu Andrej und trug ihm sein Anliegen vor. Andrej verwies auf das obige Bibelwort und erklärte: „Durch den Dienst des Geistes ist Christus im Gläubigen. Der Gläubige will nicht mehr nach dem eigenen Willen handeln. Aber der Leib ist so von der Sünde befallen, dass er sich gegen Gottes Willen wehrt.“ Das leuchtete Alexander ein und er bekehrte sich.

Als er wieder in seine Einheit kam, fiel seine Veränderung auf. Er ging anders mit den Soldaten um als vorher und sagte ihnen woher das kam. Schon bald wurden ihm erhebliche Schwierigkeiten gemacht. Sogar der Oberst führte ein langes Gespräch mit ihm. Alexander konnte ihm Antworten geben, über die er sich nachher wunderte und der Oberst erklärte: „Warum hab ich mit dir gesprochen! Ich weiß jetzt viel über Gott und muss dir Recht geben oder bewusst gegen Gott kämpfen!“

Alexander verließ das Militär vorzeitig, evangelisierte zu Hause und es entstand eine kleine Gemeinde.

Da fragten ihn auch die Kriegsleute und sprachen:
Was sollen denn wir tun? Und er sprach zu ihnen:
Tut niemand Gewalt noch Unrecht.
Lukas 3,14

Dieses Bibelwort stammt aus dem Gespräch, das Johannes der Täufer mit Soldaten führte, die zu ihm an den Jordan gekommen waren, um die Bußtaufe zu empfangen. Sie hatten ihre Schuld erkannt, fanden sie erdrückend und wollten davon befreit werden. Glücklich wer zu diesem Punkt gekommen ist, ihm kann geholfen werden.

Die Situation der sowjetischen Soldaten in der ehemaligen DDR, war nach der deutschen Wiedervereinigung eine andere, als die der Soldaten am Jordan; eines hatten sie aber gemeinsam: die suchenden Herzen. Den sowjetischen Soldaten war der politische Boden, der ihnen Jahrzehnte lang so sicher gewesen war, unter den Füßen weggezogen worden. Die hoch gepriesene Ideologie des Kommunismus war zusammengebrochen. Sie brauchten einen neuen, festen, unwandelbaren Grund und sie brauchten Trost. Sie mussten wieder nach Russland zurück und gingen damit einer ungewissen Zukunft entgegen. Dort hatte man eigentlich keinen Platz für sie. Würden sie in Zeltstädten einquartiert oder gar nach Sibirien geschickt werden?

Da wurde es gläubigen deutschstämmigen Aussiedlern aufs Herz gelegt, diesen Soldaten eine neue Lebensgrundlage zu geben. So wandten sie sich an die sowjetische Einheit in Berlin und erhielten die Genehmigung, vor 1500 Soldaten das Evangelium verkündigen zu dürfen. Nach eineinhalb Stunden meinte ein Offizier, man sollte Schluss machen, die Soldaten seien müde. Diese verneinten und wollten noch mehr hören.

Welch geistlichen Hunger hatten diese Männer, und warum sind wir heute so schnell satt!?

Jesus herzte sie und legte die Hände
auf sie und segnete sie.
Lukas 10,16

Auch im Umgang mit den Kindern nahmen sich die Glaubensgeschwister einer westlichen Gemeinde den Herrn Jesus zum Vorbild, und flogen nach Aufhebung des „Eisernen Vorhanges" nach Nowosibirsk. Ihr Reiseziel aber war Gurjewsk, wo sie Waisenhauskindern zeigen wollten, dass auch sie vom Heiland geliebt werden. Doch die Leiterin des Hauses verwehrte den Glaubensgeschwistern den Zutritt und schickte sie zum Bildungsamt. Hier wurden sie mit offenen Armen empfangen.

„Natürlich dürft ihr den Kindern Geschichten aus der Bibel erzählen", sagte man ihnen. „Es ist wichtig, dass die Kinder schon sehr früh etwas Gutes lernen. Das kommunistische Regime hat es nicht geschafft, deshalb ist es wichtig, dass wir eine andere Möglichkeit nutzen." – Mit dieser Erlaubnis gingen die Geschwister wieder zum Heim und erfuhren, die Kinder seien in einem Freizeitlager im Wald. Dort angekommen, fanden sie einfache Holzbänke vor, die auf einer Wiese standen, und bis auf den letzten Platz mit Kindern besetzt waren.

Alle waren von den Jesus-Geschichten sofort angetan und sangen, so gut sie konnten, auch die Lieder mit. Selbst die Erzieherinnen waren voll bei der Sache. Am Schluss jeder Geschichte wurde gebetet, oder, wie die Glaubensgeschwister sagten, „mit dem Herrn Jesus geredet". Nach einigen Tagen erzählten die Erzieherinnen, dass die Kinder nicht mehr einschlafen würden, bevor sie nicht mit dem Herrn Jesus geredet hätten.

Wie rasch sind doch Kinderherzen für den Herrn zu gewinnen. Die Abneigung gegenüber dem Glauben lernen sie erst von den Erwachsenen. Ehrlich, was lernen sie von dir?

Wir sind Gott ein guter Geruch Christi
unter denen, die gerettet werden.
2. Korinther 2,15

Wir wissen es alle: Je besser eine Speise duftet, um so eher wird danach gegriffen. So soll es auch mit unserem Glauben sein, er soll einen solchen Wohlgeruch verbreiten, dass andere Appetit darauf bekommen.

Bei der Gemeinde in Slawgorod war das so. Nach der Perestrojka, als viele Gemeindeglieder nach Deutschland übersiedelten, wurde die Gemeinde nicht, wie befürchtet, kleiner, sondern größer. Nur kam jetzt der überwiegende Teil der Leute nicht mehr aus gläubigen, sondern aus ungläubigen Familien. So ermutigt, baute man ein neues Gemeindehaus und erfuhr hierbei wieder die Auswirkungen des Wohlgeruchs. Als an der Baustelle einmal die Steine ausgingen, bot ein Ungläubiger den Brüdern 700 Kalksandsteine an. Als man sie abholte und nach dem Preis fragte, zögerte der Mann kurz, ging ins Haus und kam mit mehreren Hundert Rubel in der Hand zurück. „Das ist mein Beitrag zum Bau", sagte er.

Beim Dach, dessen Konstruktion aus Metall gefertigt werden sollte, ergab sich die Schwierigkeit, dass kein Material zu haben war. Da erfuhren die Brüder, dass im benachbarten Kasachstan entsprechendes Metall zu haben sei, und machten sich mit einem Lkw auf den Weg. Doch der Händler gab ihnen nichts ab, weil sie nicht aus Kasachstan waren. In ihrer Not beteten die Brüder, gingen wieder zum Händler und sagten: „Wir brauchen das Material zum Bau des Gemeindehauses."

„Ja", meinte der Mann, „das hättet ihr gleich sagen sollen." – Jetzt wies er seine Leute an, den Lkw zu beladen, und das Gemeindehaus konnte fertiggestellt werden.

Verbreitet auch deine Gemeinde einen solchen Wohlgeruch?

Welchem viel gegeben ist, bei dem wird man viel suchen; und welchem viel anbefohlen ist, von dem wird man viel fordern.
Lukas 12,48

Dass er reich beschenkt war, sah Jaroslaw, der einfach Slawa genannt wurde, lange Jahre nicht. Er kümmerte sich vor allem um das weibliche Geschlecht. Dieses Interesse war bei ihm übermäßig, und er wurde sogar von der Berufsschule ausgeschlossen. Nun beschäftigte er sich mit dem An- und Verkauf ausländischer Artikel und lebte materiell nicht schlecht.

Dann wurde er zum Militärdienst einberufen und kam nach Afghanistan. Hier lernte er die Drogen kennen, hing schließlich an der Nadel und kam von ihr nach dem Militär nicht mehr los. So ging er zu seinen Eltern nach Krasnodar.

Mit einem Mal reifte in Slawa der Wunsch, nach Deutschland auszuwandern, und er zog zu einem deutschen Mädchen, um es zu heiraten. Doch sein Leben bestand fortan aus Alkohol, Drogen und Pornographie. Insgeheim wusste er längst, dass er sich in einer Sackgasse befand, gab es aber nicht zu.

Dann hörte Slawa davon, dass Alexander, einer seiner ehemaligen Kumpel, zum Glauben gekommen sei und sich mit anderen jungen Leuten treffe. Slawa wurde neugierig und ging zu einem solchen Treffen. Obwohl dort nur über Gott gesprochen wurde, packte es ihn so, dass er nun ständig kam und sich bekehrte. Von Alkohol, Drogen, Pornographie und Auswanderung war keine Rede mehr. Er bekannte: „Als ich zur Welt kam, beschenkte mich der Herr sehr reich. Er gab mir das Gewissen, den Verstand, die Reinheit. Diesen heiligen Reichtum habe ich verprasst. Doch ich bin zurückgekehrt, und der Herr hat mir vergeben. Jetzt setze ich Seine Geschenke, wie es sich gehört, zur Verherrlichung Seines Namens ein.

Bist du schon so weit wie Slawa?

Des Menschen Herz erdenkt sich seinen Weg;
aber der Herr allein lenkt seinen Schritt.
Sprüche 16,9

„Dass wir im Frauen-Straflager Gomel evangelisieren können, ist ein Wunder“, sagt Bruder Schenja jedes Mal, wenn er auf die Arbeit unter Gefangenen zu sprechen kommt und hat damit Recht, weil der Dienst in Gomel auf erstaunliche Weise zustande kam.

Dieses Straflager war wegen seiner Strenge berüchtigt. Die hier einsitzenden Gefangenen konnten keinen Bonbon und kein Stückchen Brot untereinander austauschen ohne erwischt und dann hart bestraft zu werden. Die Gläubigen wussten darum, weil vor der Perestrojka einige Schwestern in Gomel einsaßen. Also bemühten sie sich jetzt, Kontakte zu den Lagerinsassen zu bekommen, was ihnen auch gelang. Ihnen wurde sogar gestattet, Gottesdienste in dem Lager durchzuführen. Diese wurden bald aber mehr und mehr behindert, und schließlich untersagt. Der von den Geschwistern so schön erdachte und begonnene Weg war zu Ende. Doch nicht für den Herrn.

An einer Straßenbibliothek der Gemeinde tauchte eines Tages eine Frau auf und fragte: „Wäre es Ihrer Gemeinde möglich, mit den Auszubildenden in der Berufsschule über Gott und den Glauben an Ihn zu reden?“ Die Frau nannte ihren Namen und ihre Telefonnummer. Wie versprochen, rief Bruder Schenja an. Doch die Frau am anderen Ende der Leitung bestritt, jemals die Straßenbibliothek besucht zu haben. Sie war auch nicht an der Berufsschule tätig, sondern Abteilungsleiterin im Straflager. Wer ihren Namen und ihre Telefonnummer genannt hatte, blieb unbekannt. Auf eigene Gefahr gestattete sie allerdings, in ihrer Abteilung solche Gespräche durchzuführen, die auch gut besucht wurden.

So lenkt unser Gott die Dinge!

Es kann niemand zu mir kommen, es sei denn,
dass ihn ziehe der Vater, der mich gesandt hat;
und ich werde ihn auferwecken am Jüngsten Tage.
Johannes 6,44

Als Swetlana wegen der Übertretung eines Gesetzes in ein Frauenstraflager kam, flüsterte ihr eine Stimme zu: „Du musst dir das Leben nehmen!" Sie geriet so durcheinander, dass sie keine Ruhe mehr fand und ständig in Bewegung war. Da nahm sich eine gläubige Frau ihrer an und betete mit ihr. Eines Tages stellte diese die Frage: „Möchtest du nicht mal mit mir zum Lagergottesdienst kommen und hören, was die Gläubigen so sagen?"

Swetlana sagte zu, obwohl ihr nicht danach zumute war. Als sie sich dann mit der Frau auf den Weg machte, kostete sie jeder Schritt große Mühe. Ihr war, als wäre da eine Macht, die sie zurückhalten wollte. Sie hörte eine Stimme in sich sagen: „Geh heute nicht! Du hast noch Zeit! Sieh doch, wie krank du bist!"

Swetlana dachte zwar, sie müsste umfallen, aber sie fiel nicht und konnte auch nicht mehr zurück, weil eine weitere Macht da war, die sie vorwärts zog, die ihr sagte: „Du musst heute gehen!" So saß Swetlana schließlich im Gottesdienst, hörte die Predigt und tat Buße. Doch sie erlebte keine Befreiung. Als sie am folgenden Tag zu Bett ging, seufzte sie: „Herr, zeige mir, was ich nicht gut gemacht, was ich vergessen habe."

Es dauerte nicht lange und Gott zeigte ihr zwei Sachen, die sie schon vergessen hatte. Als sie auch die bereinigt hatte, spürte sie, wie die Last von ihrem Herzen genommen und sie froh wurde. Sie konnte nun gegenüber anderen Menschen viel sicherer auftreten und hatte die Gewissheit des ewigen Lebens.

Die Erfahrung, die Swetlana machte, steht jedem offen, der sich ziehen lässt!

Als er solches gesagt, kniete er nieder
und betete mit ihnen allen.
Apostelgeschichte 20,36

Nach der Perestrojka übernahm die Gemeinde in Dergatschi neben anderen Aufgaben die geistliche Betreuung der Häftlinge eines nahe gelegenen Straflagers, in dem Jahre zuvor zwölf Brüder aus der Gemeinde inhaftiert waren. Als der Missionstrupp, angeführt vom Gemeindeleiter Viktor, nach einigen Gottesdiensten wieder ins Straflager kam, wurde er von einem Major freundlich begrüßt. Den Gemeindeleiter, der einmal Häftling des Lagers gewesen war, strahlte er geradezu an.

„Wir setzen unsere Hoffnung nun auf euch Christen“, sagte er. „Ich weiß nicht, worin eure Kraft besteht. Ich weiß nur, dass die Atmosphäre unter den Häftlingen anders geworden ist. Seit ihr hierher kommt, haben wir weniger Zwischenfälle im Lager zu verzeichnen.“

Dann wurde der Gottesdienst durchgeführt. Neben den sechzig bekehrten Gefangenen waren viele andere gekommen. Sie sangen die Lieder zu den Klängen eines Akkordeons kräftig mit und hörten der Predigt und den Zeugnissen aufmerksam zu. Als zur Buße aufgerufen wurde, ging ein älterer Mann nach vorne, der die Spuren seines kriminellen Lebens deutlich im Gesicht trug. Er kniete nieder, bekannte laut seine Schuld und übergab sein Leben dem Herrn Jesus.

Nach dem Gottesdienst sagte der Major zu Viktor: „Ihr habt einen starken Gott. Wir haben uns schon große Mühe mit dem Mann gemacht, aber er änderte sich nicht. Jetzt fällt er auf die Knie und gibt seine Schuld zu. Übrigens, euer Predigen geht auch an mir nicht spurlos vorüber. Ich muss über mein Leben nachdenken.“

Ach, wenn wir doch gehorsamer wären, wir könnten noch mehr Wunder erleben, auch heute noch!

Niemand verachte deine Jugend;
sondern sei ein Vorbild den Gläubigen.
1. Timotheus 4,12

Wenja war der Jüngste von elf Geschwistern. Kurz nach seiner Geburt wurde der Vater zu einer einjährigen Gefängnisstrafe verurteilt, nur weil er an den Herrn Jesus glaubte, dies nicht verschwieg und in die Gemeinde ging. Anschließend wurde er aus dem gleichen Grund zu einer fünfjährigen Haft verurteilt. So bekam Wenja den Vater in den ersten sechs Lebensjahren nur selten zu Gesicht.

Doch den Herrn Jesus lernte Wenja schon früh kennen und lieben. Seine Mutter las jeden Morgen mit ihm in der Bibel und betete mit ihm. Mit elf Jahren las er dann die allmorgendlichen Bibelabschnitte selbst. Wie froh war Wenja, als die politische Wende kam und die Familie nicht mehr darum bangen musste, dass der Vater wegen seines Glaubens verhaftet wurde. Mit der Wende wurde in der Schule auch das Fach „Bibelunterricht" eingeführt. Doch die Lehrerin konnte diesen Unterricht nicht halten, da sie bis dahin kaum etwas von Gott gehört hatte, vom Lesen der Bibel ganz zu schweigen. Der Lehrerin war aber bekannt, dass Wenja viel über Gott wusste und sich gut in der Bibel auskannte. So bat sie ihn, den Bibelunterricht zu halten.

Wenja kam dieser Bitte gerne nach und nahm am Tisch der Lehrerin Platz, während sie sich zu den Kindern in eine Schulbank setzte. Wenja schlug seine Bibel auf, las die Schöpfungs- und Sündenfallgeschichte und sprach darüber. Am Ende bat ihn die Lehrerin, in der nächsten Stunde über die Geburt des Herrn Jesus zu sprechen.

Schon nach kurzer Zeit kamen einige Mitschüler zum Gottesdienst in die Gemeinde. Wenja lud auch die Lehrerin ein: „Damit Sie nicht auf ewig verloren gehen", sagte er.

Erkennet doch, dass der Herr
seine Heiligen wunderbar führt.
Psalm 4,4

Im letzten Jahrzehnt des vorigen Jahrhundert erlebte Heinrich Reimer eine glaubenstärkende Führung. Sie hatte mit einer alten Zeitung an Heinrichs Arbeitsplatz zu tun. „Wirf sie weg!“, sagte er sich, tat es aus unerklärlichen Gründen aber nicht. Noch einige Male ging das so. „Warum wirfst du diese Zeitung nicht weg?“ fragte er sich schließlich und blätterte in ihr. Da stieß er auf einen Leserbrief, in dem eine Frau namens Valentina ihre Notlage schilderte. Sie war erkrankt und konnte für ihre große Familie nicht mehr das Brot verdienen. Ihr Mann war Alkoholiker und ihr Sohn saß wegen einer Schlägerei in Haft.

Schlagartig wusste Heinrich, weshalb er die Zeitung nicht hatte wegwerfen können, und dankte Gott dafür. Noch am gleichen Abend besuchte er einen Glaubensbruder. Sie nahmen zwei Lebensmittelpakete von einer Hilfslieferung aus dem Westen und gingen zu Valentina, deren Anschrift unter dem Leserbrief angegeben war. Die Pakete nahmen sie nicht mit ins Haus, sondern stellten sie vor der Türe ab.

Nachdem sie sich als Gläubige vorgestellt hatten, zeigte Valentina Interesse am Evangelium und fragte nach der Anschrift des Versammlungshauses. Jetzt holte einer der Brüder ein Paket. Valentina wollte es nicht annehmen, nicht weil sie stolz gewesen wäre, sondern weil sie meinte, es gäbe noch ärmere Leute als sie. Daraufhin bekam sie auch das zweite Paket.

Tage später erschien Valentina mit ihrer Familie im Gottesdienst. Wenig später bekehrten sie und ihre älteste Tochter sich. Daraus ist zu lernen, dass wir im Alltag besser auf die Fingerzeige des Herrn achten sollten.

Die Ernte ist groß, aber wenige sind der Arbeiter.
Darum bittet den Herrn der Ernte,
dass er Arbeiter in seine Ernte sende.
Matthäus 9,37-38

Dieser Auftrag des Herrn Jesus legte sich in besonderer Weise den Geschwistern der St. Petersburger Gemeinde aufs Herz, und sie fanden, dass ihnen mit der „Pädagogischen Hochschule“ eine wunderbare Möglichkeit gegeben war. In ihr werden vor allem die angehenden Lehrkräfte der Völker des hohen Nordens ausgebildet. „Wenn diese jungen Menschen“, so sagten sich die Geschwister, „für den Herrn Jesus gewonnen werden könnten, hätte man gute Missionare für die weithin unevangelisierten Gebiete im Norden. Gläubige Lehrer und Lehrerinnen können das Evangelium vor ihren Klassen nicht verschweigen.“

Also versuchten die Glaubensgeschwister mit den Studenten in Verbindung zu kommen, was ihnen auch gelang zumindest bei einigen. Eine Studentin, die ziemlich zögerlich war und eine ernste Beschäftigung mit der Bibel immer wieder hinausschob, erhielt den entscheidenden Anstoß zur Veränderung während ihres Praktikums. Über diesen Vorgang berichtete sie:

„Mir wurde die Unterrichtung der 2. Klasse übertragen, in die regelmäßig ein gläubiges Ehepaar kam, das den Kindern von der Bibel und dem Herrn Jesus erzählte. Ich hatte die Befürchtung, dass alles zu schwierig sei was die beiden sagten. Doch ich musste mich eines Besseren belehren lassen. Als die beiden geendet hatten, wurden sie von den Kindern mit Fragen überschüttet. Ich dachte: Wenn das dir passieren würde, könntest du nichts antworten. Also vertiefe ich mich in die Bibel und kam zum Glauben.“

Wo gibt es in deiner Umgebung Felder, die geerntet werden können?

Das ist aber uns zum Vorbilde geschehen, dass wir uns nicht gelüsten lassen des Bösen.
1. Korinther 10,6

Nachdem, was auch christliche Verlage als Erziehungsratschläge veröffentlichen, hätte Vera Baturina niemals wohlerzogen und schon gar nicht überzeugte Christin werden können. In ihrer Familie drehte sich nicht alles um die Kinder, und der Vater konnte sich so gut wie nicht um sie kümmern. Dennoch wuchs Vera zu einer überzeugten Christin heran. Wie das möglich war?

Lassen wir Vera doch selbst erzählen:

„Mein Vater wurde mit 21 Jahren verhaftet. Die Anklage gegen ihn lautete: ‚Er nimmt nicht am gesellschaftlichen Leben teil, geht nicht ins Kino, besucht keine Kulturveranstaltungen, singt keine sowjetischen Lieder, nur solche, die das jenseitige Leben zum Inhalt haben. Außerdem liest und predigt er das Evangelium.'

Der Leidensweg meines Vaters dauerte vierzig Jahre. Er wurde sechsmal verurteilt und ging durch nahezu fünfzig Gefängnisse und Straflager. In den Zeiten zwischen seinen Verhaftungen, war er häufig für die Sache des Herrn unterwegs. Wir, seine Familie, sahen ihn deshalb nur selten. Wenn ich alle Zeiten, die ich in meinem Leben in seiner Nähe sein durfte, zusammen zähle, so komme ich höchstens auf fünf Jahre. Trotzdem hat er mich stark geprägt. Sein bescheidenes Leben, seine Treue und seine Unerschütterlichkeit im Glauben waren mir Vorbild. Als ich am Scheideweg stand und wählen musste, war sein Beispiel ausschlaggebend dafür, dass ich mich für den Herrn entschied."

Also sind nicht die Erziehungsmethoden ausschlaggebend dafür, was aus den Kindern wird, sondern im Wesentlichen das beispielhafte Leben der Eltern. Das sagt auch Gottes Wort, die Bibel.

Jeder, der um meinetwillen und um des
Evangeliums willen Haus oder Brüder, Schwestern,
Mutter, Vater, Kinder oder Äcker verlassen hat,
wird das Hundertfache dafür empfangen.
Markus 10,29

Das ist unmöglich! Das kann nicht in Erfüllung gehen! So spricht der natürliche Mensch und führt tausend einleuchtende Gründe ins Feld, weshalb diese Sache im praktischen Leben nicht funktionieren kann. Als Folge stellt er sich gegen das Evangelium. Doch, hat der natürliche Mensch recht? Hören wir auf das Zeugnis von Laura Tumasse:

„Ich wuchs in einer ungläubigen Familie auf. Als ich größer wurde, erwachte in mir ein Sehnen, das ich nicht beschreiben konnte. Ich suchte etwas, an das ich mich halten konnte. Mit dem Namen ‚Gott' wusste ich nichts anzufangen. In unserer Familie wurde ständig vom ‚Schicksal' gesprochen. Also glaubte ich ab meinem 15. Lebensjahr an das Schicksal und betete zu ihm um gute Noten und Freunde. Auf der Musikhochschule suchte ich in allen Künsten nach der Wahrheit. Selbst in der Religion suchte ich nach Ruhe für mein unruhiges Herz und fand sie nicht. Obwohl es mir materiell nicht schlecht ging, fühlte ich mich elend, weil ich nicht wusste, was in der Zukunft, was nach dem Tod sein würde.

Ich trank viel Alkohol und rauchte. Da schickte mir Gott Christen in den Weg, und ich erkannte, dass ich mich bekehren musste. Ich tat das aber nicht, ich scheute mich vor den Konsequenzen, die das obige Wort des Herrn Jesus mit sich bringen würde. Als ich mich doch bekehrte, gab es Schwierigkeiten mit den Eltern und den Freunden. Sie wandten sich von mir ab. Doch ich war nicht allein. Jetzt erfuhr ich, dass die Zusage des Herrn stimmt. Ich habe neue Eltern, viele Freunde und Frieden noch dazu bekommen."

Wisset, dass, wer den Sünder bekehrt hat
von dem Irrtum seines Weges,
der wird dessen Seele vom Tode erretten.
Jakobus 5,20

In der Kinderstunde einer westdeutschen Kindergruppe, wurde über die Mission gesprochen und zwar so, wie es die Bibel tut. Es wurde hervorgehoben, dass Mission eine wichtige Sache ist, weil der Herr Jesus seinen Nachfolgern den Auftrag dazu gegeben hat. Denn nur durch Mission können sich Menschen bekehren, Vergebung der Sünde und ewiges Leben erhalten.

Das packte die Kinder. Auch sie wollten dazu beitragen, dass Menschen errettet wurden. Nur, wie sollten sie das machen? Die Glaubensschwester, die die Stunde hielt, wies die Kinder daraufhin, dass sie ihren Freunden vom Herrn Jesus erzählen und zur Gemeinde einladen könnten. Außerdem hätten sie die Möglichkeit einen Missionar zu unterstützen. Sie nannte den Namen eines Glaubensbruders, der in einer Stadt im Norden Westsibiriens Dienst tat.

Augenblicke später kamen die Kinder überein, einen Teil ihres Taschengeldes für die Kindermission in Westsibirien zu spenden. Die Leiterin der Kinderstunde war damit einverstanden, und es kam eine schöne Summe zusammen. Sie kaufte von dem Geld farbige Bilder mit biblischen Geschichten und schickte sie nach Sibirien. Etwa einen Monat später kam von dort ein Dankesbrief. Aus ihm erfuhren die Kinder, dass die Bilder sich sehr gut zur Missionierung eigneten. Sie seien ein wichtiges Hilfsmittel, um den Kindern die biblische Botschaft näher zu bringen. Ja, sie würden sogar bei der Evangelisierung der Erwachsenen Ureinwohner eingesetzt, die nur über ganz einfache Hilfsmittel zu erreichen seien.

Können auch wir, wie diese Kinder, auf etwas verzichten, damit andere das Evangelium erfahren?

Saget den verzagten Herzen: Seid getrost, fürchtet euch nicht! Seht, da ist euer Gott!
Jesaja 35,4

Bis zur Auswanderung der Deutschen zählte die Gemeinde in Stanzija Iwanowka 200 Mitglieder. Am Ende bestand sie nur noch aus den elf Personen der Familie von Waldemar. Als auch er den genehmigten Ausreiseantrag in Händen hielt, ging er zum Gemeindehaus, um es abzuschließen – für immer!

Ja, sein Abschließen war wirklich ein Abschluss. Die Geschichte der Gemeinde war nun zum Abschluss gekommen, es gab an diesem Ort keine Gläubigen mehr! Doch eigenartigerweise brachte Waldemar es nicht fertig, den Schlüssel im Schloss umzudrehen. Etwas, das er nicht beschreiben konnte, hinderte ihn daran; und plötzlich erschrak er.

„Wenn auch du mit den deinen gehst, ist kein Gläubiger mehr hier!“ sagte er sich und ihm war, als würde mit ihnen auch Gott von dieser Stätte wegziehen. Dabei waren in Iwanowka doch noch so viele verzagte Herzen, die es zu trösten, zu Gott zu führen galt!

Waldemar ging in das Gemeindehaus hinein, kniete nieder und rief zu Gott: „Herr, wie viele Menschen fanden hier die Freude der Errettung! Es gab hier viele Gemeindeglieder, Jugendliche und Kinder. Auch ein Chor war vorhanden. Soll ich das Haus wirklich abschließen und auch abreisen? Ich bin kein Ältester, auch kein Prediger, aber wenn du möchtest, dass ich das Haus nicht abschließen soll, dass durch meinen Dienst nur ein Mensch zum Glauben findet, will ich bleiben!“ – Waldemar blieb, und schon nach kurzer Zeit bekehrten sich drei Menschen.

Heute ist in Stanzija Iwanowka wieder eine Gemeinde des Herrn Jesus vorhanden. So segnet der Herr, wo ihm wirklich gehorcht wird.

An ihren Früchten sollt ihr sie erkennen.
Kann man auch Trauben lesen von den
Dornen oder Feigen von den Disteln?
Matthäus 7,16

Selbst mit 82 Jahren war Mark Nikiforowitsch noch als Jugendevangelist tätig. Wie war das möglich? Nun, weil der Herr ihn mit einer guten Gesundheit und einer besonderen Gabe des Predigens beschenkt hatte. Er vermochte die biblische Botschaft sehr anschaulich darzustellen. So nahm er einmal Leute mit in seinen Garten, die nicht einsehen wollten, dass man sich bekehren und treu in der Nachfolge stehen müsse, um gute Früchte für den Herrn bringen zu können. Vor ihren Augen pflanzte er einen Dornbusch und einen Johannisbeerstrauch.

Von Zeit zu Zeit lud er die Leute wieder ein und zeigte ihnen, dass er den Dornbusch ebenso düngte und pflegte wie den Johannisbeerstrauch. Doch als er die Leute zur Erntezeit einlud, konnte sich jeder davon überzeugen, dass der Dornbusch keine Johannisbeeren trug.

„Also“, erklärte Mark, „obwohl wir uns nicht wie die Axt im Wald benehmen sollen, müssen wir wissen, dass der gute Umgang nichts verändert, nur die Wiedergeburt. Sonst bleiben Dornen immer Dornen und sie werden keine Johannisbeeren tragen.“

Diese Predigt hatten alle verstanden.

Dann bückte sich Mark und grub den Dornbusch mit den Wurzeln aus. Dabei sagte er: „Gottes Wort rät uns, solche Pflanzen abzuhauen, damit sie den anderen nicht das Land wegnehmen. Auch über die Menschen, wenn sie in Gottes Garten nicht die erwarteten Früchte bringen, wird das gleiche Urteil gefällt werden.“ Das verstanden die Leute auch.

Lassen wir uns doch beschenken, dass wir das Wort Gottes klar und verständlich weitergeben können.

Die Gläubigen behütet der Herr.
Psalm 31,24

Obwohl Werner den Dienst mit der Waffe aus Glaubensgründen ablehnte, wurde er in der Sowjetunion dennoch zum Militär gezogen. Man steckte ihn, wie die meisten Gläubigen, zu den Kriminellen in den Arbeitsdienst, der zur Errichtung der verschiedensten Bauwerke und Anlagen eingesetzt wurde. Dabei waren die Arbeitsbedingungen sehr schwierig und das Essen knapp und wenig gehaltvoll.

Als die Brigade, der Werner zugeteilt worden war, ein Bauwerk an einer Bahnstrecke zu erstellen hatte, bastelten sich die Männer einen Wagen, der auf den Schienen geschoben werden konnte. Das war eine wesentliche Arbeitserleichterung. Sie konnten Materialien und Schutt schnell und ohne große Kraftaufwendung von Ort zu Ort bewegen.

Eines Morgens schoben die Männer ihren mit Baumaterial beladenen Wagen wieder, wie gewohnt, über die Geleise. Plötzlich sahen sie vor sich einen starken Draht auf den Schienen liegen. Werner nahm eine Hand von dem Transportwagen, bückte sich, griff den Draht und schleuderte ihn zur Seite. Dann setzten die Männer ihre Fahrt fort.

Als sie an ihr Ziel kamen, machten die diensttuenden Soldaten erstaunte Gesichter. Die Männer blickten die Wachposten fragend an. „Seid ihr wirklich diese Strecke gekommen?“ fragte ein Soldat. „Ja. Warum?“ – „Lag nicht ein Draht auf den Schienen?“ – „Ja.“ – „Und was habt ihr damit gemacht?“ – „Werner hat ihn beiseite gelegt.“

„Das darf nicht wahr sein!“ gab der Soldat erstaunt von sich. „Der Draht stand unter Strom – 380 Volt!“ – „Diese Christen! Mit denen hat es etwas Besonderes auf sich“, sagte einer aus der Brigade. „Wenn Werner nicht gewesen wäre, wären wir alle weg!“

Werner war erschrocken und dankbar zugleich.

Ihr werdet traurig sein, doch eure Traurigkeit
soll in Freude verkehrt werden.
Johannes 16,20

Diese Worte sagte der Herr Jesus, als Er seine Jünger auf seinen Weggang und sein Wiederkommen vorbereitete. Doch sie haben für Gläubige auch in anderen Zusammenhängen ihre Gültigkeit. Denken wir nur an die Einladungsaktionen zu den Gemeindeveranstaltungen. Wie treu sie von verantwortungsbewussten Geschwistern mit Gebet und Planung vorbereitet werden! Gewissenhaft werden Einladungstraktate zusammengestellt und gedruckt. Dann kommt die erwartungsvolle Verteilung der Einladungen. Doch wie weh tut es, wenn man Traktate achtlos weggeworfen auf der Straße findet!

Aber auch in solchen Augenblicken sollte sich niemand entmutigen lassen. Wer mit aufrichtigem Herzen Einladungen weitergegeben hat, hat seinen Auftrag erfüllt. Wie der andere mit der Einladung umgeht, das muss er vor Gott verantworten. Zudem können auch weggeworfene Einladungen noch Frucht bringen. Als Beispiel dafür steht das Zeugnis einer Schwester aus der Gemeinde in Wladiwostok.

Sie sah am Straßenrand ein Stück Papier liegen, bückte sich, einer inneren Eingebung folgend, danach und stellte beim Lesen fest, dass sie eine Einladung zu einem Gottesdienst in Händen hielt. Sie besuchte den Gottesdienst, wurde durch die Predigt angesprochen, und kam immer wieder. Schließlich bekehrte sie sich und schloss sich der Gemeinde an. Danach erfuhr sie eine ganz praktische Veränderung in ihrem Leben. Bisher hatte sie Schwierigkeiten, morgens früh aufzustehen und arbeitete deshalb nur Spätschicht im Betrieb. Würde sie nun sonntags vormittags aus dem Bett und in den Gottesdienst kommen? Sie kam! Mehr noch, sie konnte von da an auch Frühschicht arbeiten.

Der Herr ist nahe allen, die ihn anrufen, allen, die ihn mit Ernst anrufen. Er tut, was die Gottesfürchtigen begehren, und hört ihr Schreien und hilft ihnen.

Psalm 145,18-19

Bei einem Besuch in Deutschland berichtete Alexander Brower von einer Gemeindefreizeit in der GUS. Auf dem Programm waren Themen zu finden wie: „Einstellung der Gemeinde zur Welt und Sünde“ und „Evangelisation in der Praxis“. Alexander kam zu dem Schluss, dass die Schwierigkeiten der Gemeinde, in West und Ost ähnlich seien.

„Das ist auch nicht verwunderlich“, sagte er. „Sie haben hier wie dort den gleichen Urheber. Doch die Gläubigen sind ihm nicht hilflos ausgeliefert. Sie haben die Zusage aus Psalm 145.“

Dazu führte er aus: „Auch heute rufen viele den Namen des Herrn an. Aber wie? Tun sie es mit Ernst, wie es Gottes Wort fordert? Gott wird das Begehren der Gläubigen erfüllen, ja, aber nicht zu jeder Bedingung! Er hat die Voraussetzung zur Erfüllung genannt, die gilt es zu beachten. Gewiss, manche Gemeinden, die es mit der Befolgung der Voraussetzungen nicht so ernst nähmen, aber dennoch sagten, dass sie für den Herrn tätig seien, könnten auch auf ‚Erfolge‘ hinweisen. Doch in der Gemeinde gehe es nicht darum, was Menschen gut fänden. In ihr gelte es, den Auftrag des Herrn zu befolgen. Von daher sei hinter die so genannten ‚Erfolge‘ das Fragezeichen zu setzen: Sieht der Herr sie auch als Erfolg?!

Wir müssen wissen: Es gibt keine zwei Wahrheiten! Dem Feind ist es gelungen, viele Gemeinden und Gemeindeglieder vom schmalen Weg abzubringen. Dieses Abweichen hat das Volk Gottes krank gemacht. Die wahrhaft Gläubigen müssen mehr denn je darauf achten, dass Satan ihnen nicht noch die Knie steif macht, und sie nicht mehr gehen und nicht mehr beten können!“

Das Gebet des Glaubens wird dem Kranken helfen, und der Herr wird ihn aufrichten; und wenn er hat Sünden getan, wird ihm vergeben werden.

Jakobus 5,15

Shanna ist ein gehbehindertes Mädchen, sie ist an den Rollstuhl gebunden. Mit 14 Jahren kam sie mit Gläubigen in Berührung und entschied sich für den Herrn Jesus. Bis dahin wurde sie einen schweren Weg geführt. Sie kam als uneheliches Kind zur Welt und wurde von ihrer Mutter abgelehnt. Die Ablehnung ging so weit, dass die Mutter die kleine Shanna weggeben wollte. Da schaltete sich die Oma ein und behielt das Kind bei sich.

Dann, mit acht Jahren, verunglückte Shanna so schwer, dass die Ärzte von einem aussichtslosen „Fall" sprachen. Doch Shanna blieb am Leben, konnte aber nicht mehr gehen und musste in einen Rollstuhl. Ihr verzweifeltes Dasein fand ein Ende, als ihr Jahre später Christen in den Weg geführt wurden. Diese nahmen sich Shannas an, beteten für sie und das Mädchen kam zum Glauben. Auch ihre Oma, die sie liebevoll „Mama" nannte, bekehrte sich. Einige Zeit später äußerte Shanna den Wunsch getauft zu werden. Da erkrankte sie so schwer, dass die Ärzte jeden Tag mit ihrem Ableben rechneten.

Die Oma ging zu den Brüdern der Gemeinde und bat sie, Shanna trotz der Krankheit zu taufen. Nach langem Beten wagten die Brüder den Schritt und es geschah ein Wunder: Shannas Zustand begann sich langsam zu bessern. Wochen später konnte sie wieder die Gottesdienste besuchen und sich in der Kinder- und Jugendarbeit nützlich machen.

Dann stand für Shanna der Überwindungskampf an. Sie musste ihrer Mutter vergeben. Als das geschehen war, fand auch die Mutter zum Glauben.

Wenn wir nicht so krank wie Shanna sind, können wir uns doch zum Dienst vom Herrn aufrichten lassen.

Dass ihr seid ohne Tadel und lauter, Gottes Kinder, unsträflich mitten unter einem verderbten und verkehrten Geschlecht, unter welchem ihr scheinet als Licht der Welt.

Philipper 2,15

Nichts Böses ahnend ging Werner, wie jeden Abend während seiner Arbeitsdienstzeit, in den Rohbau des Heizungswerkes der neuen Kasernenanlage. Er hatte diesen Ort gewählt, weil er hier ungestört seine Stille Zeit machen konnte. Doch nach diesem Abend wurde er am folgenden Morgen von einigen Kollegen mit den Worten empfangen: „Gestern hast du uns schön erschreckt!"

Werner war sprachlos. Was hatte er denn angestellt? Worüber waren die Kollegen erschrocken? Er war sich keiner Schuld bewusst.

Da erzählten man ihm: „Einem aus unsrer Mitte wurde die Jacke gestohlen. Nach einigem Suchen fanden wir sie im Rohbau des Heizungswerkes. Wir beließen die Jacke im Versteck und legten uns auf die Lauer. Wir hofften, den Dieb zu erwischen, wenn er kam, sich die Jacke zu holen.

Plötzlich sahen wir dich kommen. Das kann doch nicht sein, dachten wir, dass der Werner, als überzeugter Christ, gestohlen hat. Wir waren enttäuscht, weil wir uns an dem, wie du bisher lebtest und was du sagtest, ausgerichtet hatten. An was sollten wir uns jetzt noch halten?

Aber da sahen wir, dass du dich setztest, in der Bibel zu lesen begannst, dann betetest und wieder gingst. Wir waren richtig erleichtert!"

Dieses Ereignis sollte uns zu denken geben. Der Herr hat uns Gläubige als Licht mitten unter ein verderbtes Geschlecht gestellt. Das wird von den Menschen, selbst wenn sie es zunächst nicht sagen, auch so gesehen. Wie schlimm ist es, wenn wir durch eigenes Versagen die Leuchtkraft verlieren.

Herr, mein Gott, groß sind deine Wunder und
deine Gedanken, die du an uns beweisest;
dir ist nichts gleich! Ich will sie verkündigen und
davon sagen, wiewohl sie nicht zu zählen sind.

Psalm 40,6

Als der Kommunismus seine Knute noch tüchtig schwang, war die Gemeinde des Herrn in der Sowjetunion ständig am Wachsen. Deshalb wurden immer wieder Tauffeste angesetzt, die den staatlichen Organen ein Dorn im Auge waren. Als eine sibirische Gemeinde ein solches Fest geplant hatte, erfuhr sie, dass auch die Miliz davon wisse. Was war zu tun? Das Fest verschieben?

Die Brüder entschlossen sich unter Gebet zur Durchführung, da der Miliz nicht bekannt war, wo die Gemeinde taufen wollte. Jetzt betete die ganze Gemeinde darum, dass Gott ein Wunder tun und die Miliz den Taufort nicht ausfindig machen möchte.

Alle fieberten dem Sonntagmorgen entgegen, und stiegen schon sehr früh aus den Betten. Man wollte sich zeitig auf den Weg machen, da der Taufort am Fluss 3 km entfernt lag. Als die Geschwister aus ihren Fenstern sahen, stellten sie fest, dass Gott ein großes Wunder getan hatte. Dichter Nebel lag über dem Land, so dicht, dass man nur wenige Meter weit sehen konnte. Damit hatte niemand in der Gemeinde gerechnet, zumal in den vergangenen Tagen und Nächten nichts auf eine solche Möglichkeit hingedeutet hatte. Nun konnten sie sich gut geschützt auf den Weg machen.

Als sie etwa die Hälfte der Strecke zurückgelegt hatten, hörten sie Milizfahrzeuge. Man suchte nach ihnen. Als die Gläubigen am Fluss angekommen waren, löste sich der Nebel auf, die Sonne schien prachtvoll vom Himmel und die Taufe wurde vorgenommen. Als die Miliz die Gläubigen schließlich doch entdeckte, war die Taufe schon vorbei und man befand sich wieder auf dem Heimweg.

Suchet in der Schrift...
denn sie ist es, die von mir zeuget.
Johannes 5,39

Nachdem Werner zum Glauben gekommen war, wollte er mehr über den Herrn Jesus wissen. Ein gutes Zeichen. Denn ein neugeborenes Kind, das nicht nach Muttermilch verlangt, ist krank; und bei einem wiedergeborenen Menschen, der nicht nach Gottes Wort verlangt, stimmt es mit der Bekehrung nicht.

Bei Werner stimmte es also und ihm war auch noch das oben angeführte Wort des Herrn Jesus gesagt worden. Doch wie sollte er in der Schrift suchen, wo er keine hatte! Also betete er um eine Bibel, die in der damaligen Sowjetunion nur schwerlich zu bekommen war. Werner betete sehr intensiv darum. Er versprach dem Herrn sogar, einen Monatslohn für eine Bibel auszugeben. Bei Gottes Wort sollte es ihm auf Geld nicht ankommen.

Dann besuchte Werner mit der Gemeindejugendgruppe die Versammlung in einem Nachbarort. Nach der Versammlung kam eine Glaubensschwester in mittleren Jahren auf ihn zu. Kurz vor ihm blieb sie stehen und sah ihn eindringlich an.

„Was wird sie von mir wollen?“ fragte sich Werner. Da fragte sie auch schon: „Hast du ein Neues Testament?“ – „Nein“, antwortete Werner wahrheitsgetreu. – „Möchtest du eines haben?“ – Werner nickte.

Die Schwester zog aus ihrer Jackentasche ein Neues Testament hervor und gab es ihm. Werner war erstaunt und froh zugleich. „Was kostet es?“ fragte er eifrig. – „Nichts“, erwiderte sie, drehte sich um und ging davon.

Werner hätte am liebsten laut gejubelt. Da hatte er einen Monatslohn ausgeben wollen und bekam nun ein Testament geschenkt! Er war sicher, diese Schwester war von seinem Herrn zu ihm geführt, und dankte Ihm in bewegten Worten für die Gebetserhörung.

Alle Heiden werden ihm dienen.
Psalm 72,11

Dieses Wort wird erst im 1000-jährigen Reich Wirklichkeit werden. Erst dann werden alle Heiden dem Herrn Jesus dienen, weil feststeht, dass ihm alle Macht gegeben wurde, dass er der König aller Könige ist. Doch die Gläubigen können hin und wieder auch heute schon erleben, dass die Ungläubigen der Sache des Herrn dienen. Das durfte zum Beispiel Werner während seiner Militärzeit im Arbeitsdienst erfahren.

Schon kurz nach seiner Einberufung bat er die Mutter, ihm sein geliebtes Neues Testament zukommen zu lassen. Das gelang ihr, und Werner trug es ständig wohlverwahrt in der inneren Jackentasche bei sich. Da er nach einiger Zeit als Lkw-Fahrer eingesetzt worden war, fand er in Verlauf des Tages immer wieder Möglichkeiten, in seinem Testament zu lesen. Natürlich konnte das nicht öffentlich geschehen. Der Besitz einer Bibel, sowie christlicher Literatur überhaupt, war strengstens verboten. Und Werner wollte, abgesehen von der Bestrafung, unter keinen Umständen riskieren, dass ihm sein Testament weggenommen wurde.

Dann, es war schon Feierabend und Werner hatte sich in seine Unterkunft begeben, erschien plötzlich ein Offizier und rief ihn zu sich nach draußen. Werner erschrak. Es musste etwas vorgefallen sein – nur was? Da fragte der Offizier: „Hast du etwas verloren?“ Werner konnte sich an nichts erinnern und schüttelte den Kopf. Der Offizier holte aus seiner Jackentasche ein Testament hervor, gab es Werner und sagte: „Ich hab’s im Lkw gefunden. Pass besser darauf auf.“ – Er ging lächelnd davon. Werner konnte es nicht fassen, dass er das Testament zurück erhielt und nicht bestraft wurde. Das konnte nur Gott gewirkt haben, und er dankte Ihm.

# 31. Juli

Denn mein ist das Silber,
und mein ist das Gold, spricht der Herr.
Haggai 2,8

Werner kannte dieses Wort. Er zweifelte es auch nicht an. Gott gehörte alles, somit auch das Geld; und Er musste es geben können, wem Er wollte. Nur wie das praktisch geschehen sollte, wusste Werner nicht. Doch Gott wollte ihm Sicherheit geben, und redete durch ein Erlebnis mit ihm.

Bei den Gläubigen in der Sowjetunion wurden in den arbeitsfreien Maitagen regionale oder auch große überregionale Jugendfeste durchgeführt, zu denen in der Regel auch Jugendliche aus Werners Gemeinde fuhren. Doch in einem Jahr meldeten sich verschiedene Jugendliche nicht an. Man fragte sie nach dem Grund und erhielt zur Antwort, dass sie nicht das erforderliche Geld dafür hätten.

Das traf Werner sehr. Geldmangel durfte doch kein Anlass sein, der Gemeinschaft unter Gottes Wort fernzubleiben. Er sprach mit seinem Freund darüber. Sie erinnerten sich an das oben stehende Schriftwort und beteten darum, dass der Herr einen Weg zeigen möchte, wie sie das Geld für die Jugendlichen, die sich nicht zum Fest angemeldet hatten, bekommen könnten. Mit einem Mal ging Werner auf, dass er seine ersparten Rubel geben könnte und sagte es dem Freund. Auch der hatte etwas gespart. Sie legten beide Beträge zusammen und alle Jugendlichen konnten mit zum Fest fahren.

Tage später war Werner im Garten beschäftigt. Es war ein windiger Tag und vorher hatte es geregnet. Plötzlich sah Werner etwas am Zaun kleben. Er ging hin und stellte fest, dass es einige Rubelscheine waren. Er nahm sie ab und hielt fast den gleichen Betrag in Händen, den er und sein Freund gespendet hatten. Jetzt wusste er, wie der Herr, dem Silber und Gold gehört, es anstellte, um jemand Geld zu geben.

Wahrlich, wahrlich, ich sage euch: Wer an mich glaubt, der hat das ewige Leben. Ich bin das Brot des Lebens.
Johannes 6,47-48

Ein junger aserbaidschanischer Moslem kam zum Glauben an den Herrn Jesus und legte folgendes Zeugnis ab: „Mit fünfzehn Jahren erfasste mich das Verlangen, den Koran zu studieren. Eines Tages fiel mir ein Buch in die Hände. Ich las darin. Das ist nicht der Koran, sagte ich mir und stellte fest, dass ich ein Neues Testament hatte. Der Gedanke, dass Jesus Gottes Sohn sein sollte, erschütterte mich. Ich zerriss das Buch. Das Evangelium war etwas Schreckliches für mich.

Später wurde im Fernsehen ein Film über Moses, Jesus und Mohammed gezeigt. Ich schaute mir nur den ersten und den letzten Teil an. Beim Teil von Jesus schaltete ich aus. Doch in mir tobte ein Kampf.

Dann kam im Schlaf ein Mann zu mir. Ich wusste sofort, dass es Jesus war. Er sagte: ‚Du lehnst mich ab, dabei bin ich das einzige Brot des Lebens. Wer von diesem Brot isst, wird leben in Ewigkeit.' Ich erwachte und war furchtbar aufgeregt. Es war noch früh am Morgen. Ich kniete nieder und betete:

‚Jesus, wenn ich nachher aus dem Haus gehe und einen Laib Brot auf der Straße finde, dann bist du wirklich das Brot des Lebens.' Das war eine unmögliche Forderung. Damals war kaum Brot zu haben. Auf der Straße würde noch nicht mal ein Stückchen davon liegen, schon gar nicht ein ganzer Laib. Doch ich war kaum 100 Meter gegangen, da sah ich auf dem Bürgersteig einen Laib Brot liegen. Ich hob ihn auf, küsste ihn und legte ihn wieder hin. Minuten später kam ich zu einer christlichen Straßenbibliothek. Ich nahm mir eine Bibel, ließ mich von den Christen zur Bibelstunde einladen und kam zum Glauben. Nun hatte ich wirklich das Brot des Lebens gefunden!"

Wie groß ist doch unser Gott!

## 2. August

Suchet, so werdet ihr finden.
Matthäus 7,7

„Weg hast Du allerwegen, an Mitteln fehlt Dir's nicht; Dein Tun ist lauter Segen, Dein Gang ist lauter Licht." – So schrieb einst der Dichter Paul Gerhardt und brachte damit zum Ausdruck, wie unergründlich und wunderbar zugleich die Führungen Gottes sind. Das durfte auch der junge Aserbaidschaner namens Nadyr erfahren. Als er noch ungläubig war, lud ihn sein Freund zu einer Autotour ein. Unterwegs trafen sie einen weiteren Freund des Fahrers. Sie hielten an, und der Junge erklärte sich bereit mitzufahren.

Nadyr, der auf dem Beifahrersitz saß, wurde nun gebeten, auf dem Rücksitz des Wagens Platz zu nehmen. Zuerst wollte er nicht, dann sagte er sich: „Was soll's. Kannst auch hinten sitzen." – Nachdem Nadyr im Fond Platz genommen hatte und der andere zugestiegen war, wurde die Fahrt fortgesetzt. Nach etwa einem Kilometer stießen sie mit einem Lastwagen zusammen. Als Nadyr wieder zu Bewußtsein kam, befand er sich in einem Krankenhaus und erfuhr, dass die beiden anderen tot waren. Sofort kam Nadyr die Frage: „Wer hat mich auf den Rücksitz gesetzt? Jemand muss über mir gewacht haben!"

Nadyr machte sich auf die Suche nach diesem Jemand. Als er genesen war und seine Arbeit wieder aufgenommen hatte, kam er mit einem Kollegen zusammen, der vor zwei Jahren zum Glauben gefunden hatte. Der sagte ihm: „Dieser Jemand, den du suchst, ist Jesus. Er hat dich noch nicht sterben lassen, weil Er möchte, dass du dich bekehrst und ewiges Leben bekommst. Komm mit mir zum Gottesdienst." – Nadyr kam mit und bekehrte sich bald danach.

Vielen Menschen stellt der Herr Hindernisse in den Weg. Dann erschrecken sie zwar, doch im Gegensatz zu Nadyr ziehen sie nicht die erforderlichen Konsequenzen daraus!

Ein jeglicher diene mit der Gabe,
die er empfangen hat.
1. Petrus 4,10

Die Traurigkeit, dass man gerne dienen möchte, aber nicht kann, ist bei Gläubigen weit verbreitet. Doch stimmt das mit dem „Nicht-Können"? Hängt nicht das „Nicht-Können" oft damit zusammen, dass man etwas tun möchte, zu dem man gar nicht begabt ist? Also sollte sich jeder fragen: Wenn ich das, was ich tun möchte, nicht kann, was kann ich denn tun, das ich kann?

Eine ältere Christin aus der Gemeinde in Koktschetaw, die Sprachschwierigkeiten hatte, aber gerne missionieren wollte, stellte sich diese Frage. Sie erhielt die Antwort: Du kannst Traktate und Bücher verteilen. Sie tat es und erfuhr, dass sie trotz Sprachschwierigkeiten das Evangelium weitergeben konnte. – „Die Schriften ersetzen mir die Zunge. Sie können viel besser reden als ich", gestand sie erfreut.

Missionieren wollte auch ein blinder Bruder aus der Gemeinde in Rybinsk. Doch die übliche Art das zu tun, war ihm in Folge seiner Blindheit versagt. Er dachte an das oben erwähnte Schriftwort und fragte sich: Welche Gabe besitze ich, mit der ich in meiner Situation dennoch missionieren kann? Ihm fiel sein Trompetenspiel ein. Genau, mit seiner Trompete konnte er zu den Gottesdiensten einladen. Er konnte sich an das Gebetshaus stellen und vor den Versammlungen spielen. Er tat das und verschiedene Leute ließen sich dadurch einladen. Später fand er in der Gemeinde einen Bruder, der mit ihm zu den freien Plätzen des Ortes ging, wo er auf seiner Trompete spielte und der Bruder Einladungen für den Gottesdienst und Traktate an die Zuhörer verteilte.

Womit kannst du dienen, der du meinst, dass du nicht dienen könntest?

## 4. August

Bei dem Herrn findet man Hilfe.
Dein Segen komme über dein Volk!
Psalm 3,9

Es war Sonntagabend. Mitglieder der Gemeinde fanden sich auf einem Platz in Kinel zu einer Evangelisation zusammen. Es wurden etliche Lieder gesungen, gebetet und gepredigt. Plötzlich tauchte ein Polizeiwagen auf. Die Beamten erklärten den Gläubigen, dass Gottesdienste unter freiem Himmel verboten seien. Das rief den Unmut der Zuhörer hervor.

„Hier wird nichts Schlechtes getan nur von Gott gesprochen! Also kann es weitergehen!" riefen sie. Es entstand eine heftige Diskussion zwischen den Zuhörern und den Beamten. Um dem Streit ein Ende zu machen, nahm die Polizei die Glaubensbrüder, die die Evangelisationsgruppe anführten, mit auf die Wache.

Hier wurden die Brüder verhört und waren dankbar dafür, dass sie so ein Zeugnis für ihren Herrn geben konnten. Dann erschien ein Kommandant und erklärte: „Der Richter wird bald kommen, und euch zu 15 Tagen Haft verurteilen."

Für die Zwischenzeit sperrte man die Gläubigen in eine Zelle, und ein bedrückendes Gefühl überkam sie. Sie dachten an die Brüder und Schwestern, die viele Jahre wegen der Verkündigung des Evangeliums hinter Schloss und Riegel verbracht hatten und noch verbrachten. Dann legten sie ihre Anliegen in die Hände des Herrn, und eine wurderbare Ruhe breitete sich in ihnen aus.

Nach drei Stunden kam ein Polizist und erklärte, man hätte den Richter nicht gefunden. Sie sollten nach Hause gehen, und am nächsten Morgen wiederkommen.

Sie befolgten die Anordnung und erfuhren am nächsten Tag, dass der Richter noch immer nicht da war. Die Brüder gingen wieder, und es fand keine Verhandlung mehr statt.

So wie hier, wird auch in der Ewigkeit für die Gläubigen kein Richter gefunden werden.

## 5. August

Ich habe vor dir gegeben eine offene Tür,
und niemand kann sie zuschließen;
denn du hast eine kleine Kraft und hast mein Wort
behalten und hast meinen Namen nicht verleugnet.
Offenbarung 3,8

Als die Brüder sich zur Evangelisation nach Tschagoda aufmachten, legte sich ein eigenartiger Druck auf ihre Herzen. Doch sie ließen sich davon nicht zurückhalten, weil im Vorfeld viel für diese Veranstaltung gebetet worden war und sie sicher waren, dass Gott diese Evangelisation haben wollte.

In Tschagoda angekommen, erlebten die Geschwister Eigenartiges. Der Vorsitzende der örtlichen Miliz hatte vom Eintreffen der Brüder erfahren und bestellte sie zu sich. In der Stadtverwaltung führte man sie in einen Raum, in dem fünfzig Milizbeamte und Offiziere saßen und die Brüder erschraken. Doch ihr Erschrecken war vergeblich, man wollte sie keinem Verhör unterziehen, die Beamten äußerten die Bitte: „Erzählt uns von Eurem Glauben an Gott."

Dem kamen die Brüder mit Freuden nach. Aus der geplanten Stunde wurden drei, weil die Milizionäre von jedem Verkündiger wissen wollten, wie er zum Glauben gekommen war. Zur Durchführung der Evangelisation wurde ihnen dann ein großer Saal kostenlos zur Verfügung gestellt.

Schon nach der ersten Veranstaltung kam eine Frau zu dem Prediger und sagte: „Ich bin die Frau eines Milizbeamten. Als mein Mann gestern nach Hause kam, sagte er, ich sollte mit den Kindern eure Veranstaltungen besuchen."

Außer ihr bekehrten sich noch viele Leute. Den Brüdern wurde nun klar, weshalb ihnen anfangs so schwer zumute war. Der Satan wusste, dass in Tschagoda eine offene Tür war und wollte verhindern, dass hier das Evangelium verkündigt wurde und ihm Menschen verloren gingen.

Ich bin der gute Hirte. Der gute Hirte lässt sein Leben für die Schafe. Der Mietling aber, der nicht Hirte ist, des die Schafe nicht eigen sind, sieht den Wolf kommen und verlässt die Schafe und flieht.

Johannes 10,11-12

Das Gemeindehaus in Bendery, auf dem Grundstück des Gemeindeältesten Viktor Gladenko erbaut, stand während des Krieges zwischen Russland und Moldawien im Jahre 1992 genau zwischen den Fronten. Obwohl die Evakuierung in diesem Gebiet angeordnet war, wurden in dem Gemeindehaus weiter Gottesdienste gehalten. Bruder Gladenko und seine Frau waren überzeugt, dass sie nicht gehen durften und ihren Dienst, in den sie vom Herrn gestellt worden waren, weiter zu tun hatten.

Gerade in dieser Zeit der irdischen Machtansprüche und Verleumdungen musste die auf Golgatha erwirkte Versöhnung gepredigt und den Menschen wahrer Trost gespendet werden, wenn beide Völker wieder Frieden finden sollten. Die Gottesdienste wurden nur noch von wenigen Zivilisten besucht. Meistens kamen Soldaten; und in diesem Grenzgebiet wechselten mit dem Frontverlauf auch die Nationalität der Bewaffneten.

Einmal sprach Bruder Gladenko zu moldawischen Soldaten, ein anderes Mal zu russischen. Es kam auch vor, dass Soldaten beider Seiten den Gottesdienst besuchten. Die Gewehre wurden dann niedergelegt, und alle hörten auf Gottes Wort. In solchen Augenblicken konnte Bruder Gladenko spüren, dass der Herr Gnade schenkte und die vorhandenen Spannungen nachließen, schließlich sogar zum erliegen kamen. Auch nach den kämpferischen Auseinandersetzungen kamen einige der Soldaten weiterhin zum Gottesdienst. Bruder Gladenko, der seinen Hirtendienst ernst nahm, wurde so zu einem Friedensstifter, von denen der Herr Jesus in der Bergpredigt spricht.

Da wurden ihnen beiden die Augen aufgetan, und sie wurden gewahr, dass sie nackt waren, und flochten Feigenblätter zusammen und machten sich Schurze. Und Gott der Herr machte Adam und seinem Weibe Röcke von Fellen und zog sie ihnen an.

1. Mose 3,7 und 21

Auf einer Jugendfreizeit in Smela wurde die Frage erörtert, wie sich ein Christ zu kleiden habe. Einige vertraten die Ansicht, die Kleidung sei in das Belieben eines jeden einzelnen gestellt. Andere widersprachen dem. – „Im Alten Testament", sagten sie, „heißt es, dass die Männer keine Frauen- und die Frauen keine Männerkleidung tragen sollen." – Wieder andere wollten wissen: „Wie war es denn im Anfang?" – Man nahm die Bibel zur Hand und forschte darin, so wie es der Herr Jesus geboten hat.

Schon bald stand fest: das erste Menschenpaar war vor dem Sündenfall kleiderlos, weil es noch in Unschuld lebte. Nach dem Sündenfall änderte sich das. Die Menschen hatten ihre Unschuld verloren und bekleideten sich selbst. Doch damit gab Gott sich nicht zufrieden. Er nahm ihnen ihre Kleidung weg und zog ihnen Kleider an, die Er gemacht hatte. Daraus geht für Gottes Kinder hervor, dass die Kleidung keine Privatsache ist. Die Kleidung der Gotteskinder hat sich an dem zu messen, was ihr Vater vorgegeben hat.

Die selbstgefertigten Schurze gaben wohl Körperteile frei, die die Lust des gefallenen Menschen aufreizten. Also schuf Gott eine Kleidung, die den Reiz nicht förderte. Diese sinnvolle und hilfreiche Ordnung hat bis heute Gültigkeit. Wo sie befolgt wird, hat sie manches Unheil verhindert – bei Mann und Frau. Also, warum müssen viele so negativ denken, wenn es um sittsame Kleidung geht, weshalb wird von Bevormundung gesprochen, wo sie doch zum Schutz gegeben ist?

Du sollst nicht stehlen.
2. Mose 20,15

Als das Stehlen zum Thema einer Freizeit gemacht wurde, meinten viele Jugendliche, eine langweilige Bibelarbeit vor sich zu haben. Ihrer Ansicht nach wurde dieses Gebot von ernsthaften Christen nicht oder nur sehr selten übertreten. So saßen sie desinteressiert auf ihren Plätzen und sahen gelangweilt zu dem Bruder, der die Bibelarbeit übernommen hatte. Doch schon nach wenigen Sätzen horchten sie auf.

„Können wir auch schuldig werden, wenn wir Seelen gewinnen wollen?“ fragte der Bruder. – Schweigen. „Ist es euch nicht schon passiert, dass, wenn ihr ‚Erfolg‘ hattet, diesen euch selbst zugeschrieben habt?

Ein anderer Punkt ist die Zeit. Habt ihr Gott da nicht schon beraubt? Er gibt uns jeden Tag vierundzwanzig Stunden, wie viele davon verbraucht ihr für euch? Hat Gott euch nicht auch Gaben geschenkt? Wie oft habt ihr sie schon für Dinge eingesetzt, für die ihr sie nicht erhalten habt? Denkt auch an eure Eltern und die Geschwister in der Gemeinde. Habt ihr ihnen durch euren Ungehorsam nicht schon manches Mal die ‚Ruhe‘ geraubt? Die Reihe könnte noch fortgesetzt werden: Ist euch bewusst, dass man sich auch so der Sünde des Stehlens schuldig machen kann?“ – Ein Großteil der Jugendlichen sah betroffen zu Boden.

„Gestohlenes ist wieder zu erstatten“, fuhr der Bruder fort. „Vor allem ist aber Vergebung und Veränderung erforderlich. Wer auf dieser Erde dazu nicht bereit ist, dem wird der Herr im sogenannten ‚Preisgericht‘ eine Menge abziehen...“

So hatten die Jugendlichen das noch nicht gesehen, und die Bibelarbeit war höchst aufwühlend. Zum Schluss taten viele Buße.

Hast auch du das nötig?

Alles, was ihr bittet im Gebet,
wenn ihr glaubet, werdet ihr's empfangen.
Matthäus 21,22

Wenn es um Gebetserhörung ging, erzählte Bruder Antonow ein Erlebnis aus seiner Zeit im Straflager.

„Wir Häftlinge waren in zwei Gruppen geteilt", begann er. „Die Verbrecher nannte man ‚Sakonniki', die kleineren Diebe, Verräter ‚Bessakonniki'. Während meiner Zeit in der Lagerambulanz ließ mich eines Tages Mischa zu sich rufen. Er war einer der führenden Leute der ‚Sakonniki'.

‚Du, kannst du nicht mit dem Ambulanzarzt sprechen, dass er mich ins Lazarett schickt?' fragte er. ‚Schon die dritte Nacht kommen vier Männer mit Messern zu mir und wollen mich erstechen. Ich stelle mich dann mit meinen Messern in eine Ecke und drohe ihnen: Bevor ihr mich erledigt, lege ich mindestens zwei oder drei von euch um. Kannst du dir diese Anstrengung vorstellen? Ich will, dass du mit dem Arzt sprichst! Er soll mich ins Lazarett schicken! Machst du das?'

Ich ahnte, dass ein Machtkampf in ihrer Gruppe entbrannt war und sagte: ‚Mischa, ich kann mit dem Arzt sprechen, aber ohne Zustimmung des Operativbevollmächtigten wird man dich nicht ins Lazarett lassen. Das klappt einfach nicht. Aber ich glaube an Gott. Wir können darum beten, dass Gott dich von deinen Feinden befreit. Ich bin überzeugt, dass Er es tun wird.'

Da sagte er: ‚Aber ich glaube doch nicht an Gott!' – ‚Dann bete ich.' – Ich tat es, und schon am nächsten Tag sagte er mir: ‚Es gibt Gott wirklich. Heute sind meine Feinde in ein anderes Lager verlegt worden.'

Von diesem Tag an durfte ich jeden Abend in Mischas Baracke über Gott und seine Liebe, die Er uns in dem Herrn Jesus Christus zeigt, erzählen. Die meisten hörten auch aufmerksam zu."

Und des Menschen Feinde werden
seine eigenen Hausgenossen sein.
Matthäus 10,36

Etwa zwei Jahre nach Bruder Antonows Ambulanzzeit klingelte das Telefon bei ihm, und freudig drang es an sein Ohr: „Hier ist Iwan! Ich grüße dich in der Liebe des Herrn Jesus Christus!"

Antonow erstarrte. Solch ein Gruß im Lager? Wollte man ihn provozieren? – „Kennst du mich nicht mehr? Ich bin Iwan!" fragte der andere. – „Nein", gestand Antonow. – „Kannst du dich noch an Mischa erinnern? Ich rief dich doch zu uns in die Baracke, und du hast uns jeden Abend von Gott erzählt."

Jetzt konnte sich Antonow erinnern, und Iwan erzählte weiter: „Ich habe mich bekehrt und bin jetzt dein Bruder in Christus. Ich rufe dich an, weil du der Anstoß zu meiner Bekehrung warst, und ich dachte, du würdest dich über meinen Schritt freuen." – Antonow freute sich auch wirklich. Als sie sich später trafen, berichtete Iwan: „Auch meinen Eltern habe ich geschrieben, dass ich gläubig geworden, kein Verbrecher mehr bin und nicht mehr rauben und morden werde.

Mutter freute sich darüber, doch mein Vater, ein eingefleischter Kommunist, schrieb mir: ‚Wenn du gläubig geworden bist, kannst du nicht mehr mein Sohn sein.' – Bei einem Besuch stellte er mich vor die Wahl: ‚Entweder dieser Christus oder ich!' – ‚Papa', antwortete ich, ‚mit meinen dreiundzwanzig Jahren bin ich schon zum 4. Mal wegen schwerer Delikte im Straflager, und du hast dich nicht von mir losgesagt. Jetzt, wo ich an Gott glaube und endlich Mensch geworden bin, willst du das tun. Wenn du meinst nicht anders zu können, dann tu es! Ich kann und werde meinem Gott nicht absagen!' – Vater hat sich von mir getrennt. Doch das Beste ist mir geblieben: Mein Heiland!"

Betet zugleich auch für uns, auf dass Gott uns eine Tür für das Wort auftue, zu sagen das Geheimnis Christi.
Kolosser 4,3

Das Gebet für offene Türen zur Verkündigung des Wortes Gottes, dessen Inhalt das Geheimnis Christi ist, war schon den frühen Gemeinden ein wichtiges Anliegen. Und immer wieder, wie wir aus dem obigen Wort ersehen können, wurde zu solchem Gebet aufgefordert. Das Gebet war, ist und bleibt der Schlüssel, mit dem die Türen zur Verkündigung geöffnet werden.

Am Beispiel von Fedjas Mutter lässt sich das deutlich zeigen. Sie hatte viele Kinder und betete viel für sie. Alle bekehrten sich und nahmen den Herrn Jesus mit Freuden in ihr Leben auf. Nur Fedja, der jüngste Sohn, tat das nicht. Die Ermahnungen und Einladungen der Mutter, doch zum Herrn zu kommen, wies er zwar nicht ab, verschob die Entscheidung aber immer auf später.

Als er erwachsen wurde, heiratete er Emma und zog mit ihr in den Norden des Tomsker Gebietes. Die Mutter betete für ihn in besonderer Weise weiter. Wer sie näher kannte, wusste, dass jedes ihrer Gebete mit der Bitte endete: „Herr, bekehre den Fedja und die Emma!"

Dann, lange Zeit später, – die Mutter war schon 94 Jahre alt geworden und lag auf dem Sterbebett, – fanden Fedja und Emma zum Herrn Jesus. Drei Monate später ging die Mutter glücklich heim zu ihrem Herrn. Wie natürliche Kinder nach ihrer Geburt nicht schweigen, schwiegen auch Fedja und Emma nicht. Sie erzählten ihren Verwandten und Freunden von dem, was sie durch den Herrn und in Ihm gefunden hatten. Einige bekehrten sich, luden wieder andere ein und so entstanden in dem Gebiet, in das früher Häftlinge zur Verbannung geschickt wurden, einige lebendige Gemeinden. Und alles nahm seinen Anfang bei einer treuen Beterin und deren Bitte: „Herr, bekehre den Fedja und die Emma!"

Einen jeglichen dünkt sein Weg recht;
aber der Herr prüft die Herzen.
Sprüche 21,2

Die Erweckung in Opatschi begann durch einen eifersüchtigen Mann. Ohne dass ihm seine Frau einen Anlass dazu gab, steckte der Mann voller Misstrauen. Sie konnte tun und lassen was sie wollte, irgendwo und irgendwie fand er in allem einen Punkt, der ihn, wie er meinte, auf eine Spur ihrer Untreue führte. Der Mann ließ von seiner Schnüffelei auch nicht ab, nachdem er unzählige Male ins Leere gelaufen war.

Dann entdeckte er die Handtasche seiner Frau, machte sich in einem unbeobachteten Augenblick darüber her und kramte sie durch. Mit einem Mal hielt er einen Zettel in den Händen, auf dem eine ihm unbekannte Anschrift aus einem Nachbarort verzeichnet war. Keine Frage, jetzt war er fündig geworden. Da sollte ihm nur noch einer sagen, dass sein Vorgehen eine Ungerechtigkeit darstellte. Schon am folgenden Tag machte er sich auf den Weg, um auszukundschaften, welcher Mann unter der angegebenen Anschrift wohnte. Dem würde er es aber zeigen!

Als er vor dem Haus stand, hörte er andächtigen Gesang. Er trat ein – und befand sich in einem Gottesdienst. Scheu nahm er in einer Ecke Platz. Das Wort Gottes, das er hier zum ersten Mal hörte, ergriff und bewegte ihn stark. Er erkannte plötzlich, wie verdorben sein Herz war, fand sein Vorgehen verwerflich, brach innerlich zusammen und übergab sein Leben dem Herrn Jesus. Er hatte das Haus als wuterfüllter Mensch betreten und verließ es als einer, von dem Christus Besitz ergriffen hatte. Wieder in seinem Heimatort, erzählte er von seiner Freude im Herrn. Der Herr segnete den ausgestreuten Samen. Schon bald bekehrten sich acht Männer und es entstand eine kleine Gemeinde.

## 13. August

Meine Zeit steht in deinen Händen.
Errette mich von der Hand meiner Feinde
und von denen, die mich verfolgen.
Psalm 31,16

Aus Timaschewsk brachten vier Brüder 700 kg Mehl und Margarine zu Not leidenden Glaubensgeschwistern nach Suchumi. Auf dem Rückweg wurden sie von einem Personenwagen so zur Seite gedrängt, dass sie anhalten mussten. Sofort standen vier Gauner vor ihnen und verlangten 500 $.

„Wenn ihr nicht zahlt, ist eure Fahrt hier zu Ende!“ sagten die Gauner. Die Brüder erklärten, dass sie kein Geld bei sich hätten. Plötzlich fanden die Gauner Gefallen am Auto der Brüder. Einem von ihnen hielten sie eine Pistole an den Kopf und forderten die beiden anderen zum Umsteigen auf. Während die beiden Brüder in den Wagen der Gauner krochen, nahmen zwei der Gauner auf den vorderen Sitzen im Auto der Brüder Platz. Dann fuhren sie in entgegengesetzter Richtung davon. Als sie sich einer Polizeistation näherten, wurden die Brüder von den Gaunern gewarnt. „Wenn ihr Zeichen gebt, werdet ihr sofort erschossen!“

In einer Bergschlucht mussten die Brüder aussteigen und sich an den Rand des Abgrunds stellen. „So“, meinte der Gaunerchef, „jetzt machen wir Schluss mit euch!“ – Die Brüder appellierten an die Vernunft der Gauner. Doch vergeblich. Da bat ein Bruder darum, ihnen noch Gelegenheit zum Gebet zu geben.

„Was, ihr seid Gläubige? Wenn wir euch erschießen – geht ihr dann ins Paradies? Und wir, wir kommen in die Hölle?“ fragte der Chef erschrocken. – „Ja“, erwiderte einer der Brüder, „wenn ihr so weitermacht – ja.“

„Davor habe ich Angst! Wir erschießen euch nicht!“ Sie sprangen in die Autos und rasten davon. Die Brüder dankten dem Herrn dafür, dass ihre Zeit aus Seiner Sicht noch nicht abgelaufen war.

## 14. August

Was sich regt auf dem Felde, ist mein.
Psalm 50,11

Wie in jedem Jahr, hatte sich das Zeltlager „Tabor“ in den Sommerferien auch diesmal wieder mit Kindern gefüllt. Schon von seiner Lage her wirkte es anziehend. Es war auf einer herrlichen Waldwiese aufgebaut, die an einer Seite von einem Bach begrenzt wurde. Über diesen Bach wölbte sich eine Brücke, die die Kinder selbst gebaut hatten, und führte zu einer Wiese, die mit Walderdbeeren überzogen war. Und Walderdbeeren stellten für die Kinder einen Leckerbissen dar.

Natürlich war das nicht die Hauptsache der Freizeit. Die bestand im gemeinsamen Lesen der Bibel, im Erklären der Texte durch die Betreuer und in den Gottesdiensten. Ja, alle Betreuer waren darum bemüht, den Samen des Gottes Wortes tief in die jungen Herzen zu streuen. Von daher war bei dieser Freizeit alles gut. Den einzigen Negativpunkt stellten die Schnaken dar. Diese Blutsauger ließen den Kindern wie den Betreuern keine Ruhe und stachen sie gewaltig.

Da stießen einige Kinder auf die eingangs zitierte Stelle aus dem 50. Psalm und meinten: „Wenn alle Tiere auf dem Felde des Herrn sind, dann auch die Schnaken. Und wenn sie seine sind, kann Er ihnen auch gebieten, dass sie uns nicht mehr stechen. Lasst uns darum beten.“

Sie taten es und die Schnaken verschwanden. Doch kurz vor dem Ende der Freizeit kamen sie wieder. Warum das? Die Kinder hinterfragten sich und kamen darauf, dass sie vergessen hatten, für das Verschwinden der Stechmücken zu danken. Jetzt gingen sie auf die Knie und die Mücken verschwanden wieder. Das war für alle das größte Freizeiterlebnis.

Hast du auch schon solche Erfahrungen gemacht? Nein? Liegt es vielleicht daran, dass du nicht bittest und wenn du bittest, dass du das Danken vergisst?

Du Sturmwind, der du ausrichtest sein Wort.
Psalm 148,8

Wie, der Sturmwind soll des Herrn Wort ausrichten? – Ja, Sie haben recht gelesen! Wie das möglich ist? Das verdeutlicht die folgende Begebenheit.

Die kleine Gemeinde des Dorfes Werchuwim, das im Einzugsbereich von Nowosibirsk liegt, zerfiel infolge harter Verfolgung während Stalins Herrschaft. Nach der Perestrojka, wurde auf Betreiben der Christen aus dem näheren und weiteren Umfeld, in Werchuwim ein Evangelisations-Zelt aufgestellt. Doch trotz eifrigstem Einladen, war der Besuch nur sehr schwach. Dann zog ein Unwetter auf und der Sturmwind zerriss die altersschwachen Planen.

„Herr, wozu das?" fragten die Evangelisten im Gebet. „Soll hier Dein Wort nicht mehr verkündigt werden und keine Gemeinde mehr entstehen...?" – Sie sahen, dass es wenig Zweck hatte, die alten Planen wieder zusammenzunähen. Bestimmt mussten sie schon am nächsten Tag an anderer Stelle wieder geflickt werden. Doch neue bekamen sie so schnell nicht wieder, außerdem fehlte auch das Geld dazu.

Da den Evangelisten die Klarheit geschenkt worden war, dass sie hier weiter das Wort verkündigen sollten, unterzogen sie sich der Mühe und nähten die Planen mit Hand wieder zusammen. Zum Erstaunen der Brüder wurde gerade das zur vollmächtigsten Predigt. Es bewegte die Werchuwimer, dass die Glaubensgeschwister wegen des zerstörten Zeltes nicht abzogen, sondern sich enorm anstrengten, um ihnen das Evangelium weiter verkündigen zu können. Danach war das Zelt gefüllt, und einige kamen zum Glauben. Am Schluss gab es in Werchuwim wieder eine Gemeinde.

Was können wir daraus lernen? Zweifellos das, dass nicht alles, was uns weggerissen wird, zum Nachteil gereichen muss.

Trübsal und Angst über alle
Seelen der Menschen, die da Böses tun.
Römer 2,9

In dem moldawischen Dorf Tschobrutschi kamen sofort viele Leute ins Zelt, und hörten mit großem Verlangen auf das Wort Gottes. Doch schon nach der 1. Veranstaltung kam der Vorsitzende der Kolchose und wollte wissen, mit wem der Zeltaufbau abgesprochen sei. Die Brüder lasen ihm aus dem Matthäus Evangelium Kapitel 28 den 19. Vers vor: „Gehet hin und machet zu Jüngern alle Völker."

Weiter erklärten sie ihm, dass sie Christen seien und nichts als den Auftrag ihres Herrn ausführten. Sie seien gekommen, um den Dorfbewohnern von Jesus zu erzählen. Danach reichte er den Brüdern die Hand und wünschte ihnen viel Erfolg. Auch der Vorsitzende des Dorfsowjets kam mit den gleichen Fragen und ging mit der Erklärung: „Wir sehen selbst, dass die Orthodoxen nichts lebendiges haben."

Dann, während das Evangelisationsteam kniend Gebetsgemeinschaft hielt, kamen die Orthodoxen in das Zelt, störten und stellten unmögliche Anschuldigungen auf. So behaupteten sie, die Evangelisten würden den Kindern der Orthodoxen die Kettchen mit den Kreuzen vom Halse reißen. Nachdem die Brüder glaubhaft versichert hatten, dass das nicht wahr sei, erklärten sie: „Baut das Zelt ab, sonst wird es angezündet."

Am Abend kreisten auch verdächtige Gestalten in Autos mit verdunkelten Scheiben um das Zelt. Doch die Neubekehrten aus dem Ort erklärten tröstend: „Sie werden euch nichts tun. Sie haben Angst vor euch. Sie fürchten sich sogar, das Zelt anzurühren." – So war es auch. Der Herr erfüllte sein Wort aus dem 2. Kapitel des Römerbriefes. Das Zelt blieb sogar noch länger stehen, als ursprünglich geplant.

Die Könige der Erde treten zusammen...
zu tun, was deine Hand und dein Rat zuvor
bedacht hat, dass es geschehen sollte.
Apostelgeschichte 4,26-28

Über 5.500 km von Moskau entfernt, im südlichen Ostsibirien, direkt am Bajkalsee, liegt das Gebiet Burjatien und in ihm der Ort Ulan-Ude. Die Burjaten sind Anhänger des Buddhismus bzw. des Schamamismus. Von daher haben die Christen in Ulan-Ude keinen leichten Stand.

Die Burjaten lassen sich nur sehr schwer aus ihren abergläubischen Bindungen lösen, und wer es versucht dem werden die größten Schwierigkeiten gemacht. Das erfuhr die Gemeinde in Ulan-Ude, als ein junger Burjate namens Schenja, ihre Versammlungen besuchte. Um den Jungen von den Gottesdiensten fernzuhalten, zwangen ihn die Eltern zur Aufnahme eines Studiums. Als das aber nicht den erwünschten Erfolg brachte, drang der Vater mit großem Geschrei in das Gemeindehaus ein und holte Schenja aus den Gottesdiensten heraus.

Nun besuchte der Junge den Gemeindeleiter in seinem Privathaus, um sich von ihm im Evangelium unterweisen zu lassen. Auch das blieb dem Vater nicht verborgen, und er drohte dem Gemeindeleiter: „Ich mach dich einen Kopf kürzer, wenn du nicht mit dem Predigen aufhörst!“

Um seine Androhung in die Tat umzusetzen, erschien der Vater einige Male mit starken Männern im Gottesdienst. Doch der Gemeindeleiter war jedes Mal zu Diensten in Nachbargemeinden. Damit bewahrheitete sich für die Glaubensgeschwister das Wort aus der Apostelgeschichte, dass die Welt nur das zustande bringt, was der Herr vorher ausersehen hat. Und dem unterstellten sie sich, auch wenn manches Mal ihre Herzen zitterten. Aber besser zitternde Herzen, als solche die aufgeben.

Lasset euch die Hitze nicht befremden,
die euch widerfährt, dass ihr versucht werdet.
Meint nicht, es widerführe euch etwas Seltsames,
sondern freut euch, dass ihr mit Christus leidet,
auf dass ihr auch zur Zeit der Offenbarung seiner
Herrlichkeit Freude und Wonne haben möget.
1. Petrus 4,12-13

Lange Zeit diente einer Gemeinde eine Wiese in der Nähe der Straßenbahnhaltestelle „Priwal“ als Gottesdienstplatz. Dann erfuhr die Miliz von der Versammlungsstätte, und die Veranstaltungen wurden von ihr gestört. Manchmal löste sie die Gottesdienste sogar gewaltsam auf. So kam das Erntedankfest heran, zu dem auch Abordnungen auswärtiger Gemeinden erschienen waren.

Wie erwartet, tauchte bald die Miliz auf, diesmal aber mit einem bisher nie gekannten Aufgebot. Sie karrte fast doppelt so viele Leute an, als sich Gottesdienstbesucher auf der Wiese befanden, und machte mit einem riesigen Lautsprecher die Durchführung des Erntedankfestes unmöglich. Die verantwortlichen Brüder baten die Miliz, den Lautsprecher abzuschalten.

„Wir wollen doch nichts, als Gott für die gute Ernte des Jahres danken“, erklärten sie und fügten hinzu: „Wenn der Lärm nicht eingestellt wird, sehen wir uns gezwungen, den Gottesdienst an den Kirowplatz in der Stadtmitte zu verlegen.“

Die Obrigkeitsvertreter zeigten kein Entgegenkommen. Daraufhin vereinigten sich die Gläubigen zum Gebet und gingen Richtung Innenstadt los. Unterwegs schlossen sich ihnen immer mehr Leute an. Jetzt stoppte die Miliz den Zug und war mit dem Gottesdienst auf der Wiese einverstanden. Danach wurden aber viele Brüder verhaftet und für fünfzehn Tage eingesperrt. Das schadete der Gemeinde jedoch nicht, im Gegenteil, sie wuchs weiter und war guten Mutes.

Alles aber tue ich um des Evangeliums willen,
auf dass ich seiner teilhaftig werde.
1. Korinther 9,23

Lukerja war eine Nenzin aus Narjan-Mar und bekehrte sich. Im darauffolgenden Sommer stellte sie sich die Frage: „Wohin soll ich in Urlaub fahren? – In den Süden, wie die meisten Leute, und wie ich es selbst jahrelang getan habe...?“ – Keine Frage, im Süden war es schön. Man konnte in herrlicher Landschaft in der Sonne liegen und sich einfach nur ausruhen!

Doch in diesem Jahr zögerte Lukerja. Konnte sie, als Eigentum des Herrn Jesus, ihr Urlaubsziel noch nach diesem Gesichtspunkt auswählen? – Die Schrift sagte doch: „Ich tue aber alles um des Evangeliums willen.“ – Mit einem Mal gingen Lukerjas Gedanken nach Ustj-Kara, ihrem Heimatort, der hunderte Kilometer nördlicher, am Ufer des Karasees, lag. Sie erinnerte sich der verstorbenen Eltern, die das Evangelium nie gehört hatten. In Ustj-Kara lebten noch ihre Geschwister und viele Verwandte, die ebenfalls noch nichts von der Frohen Botschaft der vergebenden Kraft des Blutes Jesu Christi wussten.

War es da nicht wichtiger nach Ustj-Kara, als in den Süden zu reisen? Würde sie überhaupt im Süden Ruhe finden, während es in der Heimat Menschen gab, die es vom ewigen Verderben zu retten galt?

Jetzt war es keine Frage mehr: Lukerjas Urlaubsort hieß Ustj-Kara! Sie packte einige Taschen mit christlicher Literatur voll und flog in ihre Heimat, um den Rentierzüchtern die Frohe Botschaft von der Erlösung zu bringen. Und das Schönste war, dass die Reise zu diesem Urlaubsziel für sie kein Verzicht darstellte. „Solches tue ich um des Evangeliums willen, auf dass ich sein teilhaftig werde“, sagte sie.

Könntest auch du deinen Urlaub nach dem gleichen Gesichtspunkt planen, wie Lukerja?

Hat nicht meine Hand das alles gemacht?
Apostelgeschichte 7,50

Warum resignieren wir so schnell, wenn Schwierigkeiten sich uns in den Weg stellen? Weshalb denken wir, dass nichts mehr gehe, wenn wir mit unseren Möglichkeiten auf Grenzen stoßen? Warum fällt uns immer erst zuletzt ein, dass Gott, der alles gemacht hat, auch da noch Möglichkeiten schaffen kann, wo wir keine mehr sehen? Als Beispiel dafür steht der Bibeltransport zum Kreml.

Nach der Perestrojka war es möglich geworden, jedem Parlamentarier im russischen Regierungssitz eine Bibel zu schenken. Den Transport dorthin hatte Werner übernommen und steuerte aus diesem Anlass zum ersten Mal in seinem Leben einen deutschen Lastwagen. Die in Deutschland gestartete Fahrt verlief reibungslos. Doch an der polnisch-russischen Grenze stellte sich in Form von Glatteis eine enorme Schwierigkeit ein. Viele Autos suchten einen Rastplatz auf, andere hielten am Seitenstreifen an, so waren die Straßen plötzlich leer.

Werner und seinem Beifahrer wurde geraten, ebenfalls stehen zu bleiben und auf bessere Straßenverhältnisse zu warten. Den beiden Brüdern war klar, dass dieser Rat gut gemeint war, sie wussten aber auch, dass sie dann nicht mehr rechtzeitig mit den Bibeln nach Moskau kamen und die ganze Aktion platzen würde. Also beteten sie um Bewahrung und fuhren weiter. Sie waren allein auf der Straße, konnten immer fahren; und was das Schönste war: das Eis schien stumpf zu sein, sie rutschten nicht und kamen gerade noch rechtzeitig in Moskau an.

Jetzt hatten sie doppelten Grund zum Danken. Einmal, dass der Herr, der es zum Glatteis kommen ließ, es für sie stumpf gemacht hatte, und zum anderen, dass sie in der Zentrale des Atheismus Gottes Wort verschenken konnten.

Groß und wundersam sind deine Werke,
Herr, allmächtiger Gott!
Offenbarung 15,3

Alexander war schon oft mit Brüdern aus der Gemeinde, zu Evangelisationsgängen unterwegs gewesen. Jedes Mal hatten sie ohne Schwierigkeiten wieder nach Hause gefunden. Doch in dieser Winternacht, in der sie in ein überraschendes Schneetreiben geraten waren, gelang es ihnen nicht. Nirgends fanden sie einen Punkt, der ihnen Orientierung gab, und durch das endlose Stapfen im Schnee begannen ihre Kräfte nachzulassen. Sollten sie hier in der Kälte erfrieren?

Die Brüder knieten nieder und beteten zum Herrn. Als sie sich wieder erhoben, konnten sie es nicht fassen. Unmittelbar vor ihnen tauchte ein Mann auf. Der Fremde fand sich trotz des Schneetreibens gut zurecht, nahm sie zur Siedlung Tschemdalsk mit und ließ sie in seinem Haus übernachten.

Natürlich gaben die Brüder auch hier Zeugnis von ihrem Herrn. Doch ihr Gastgeber lehnte ab, und erklärte voller Stolz: „Ich bin Schamane. Mein Gott führt besser, als der Gott der Christen!“ – Im Sommer kamen die Brüder wieder in diese Gegend, und statteten ihrem winterlichen Helfer einen Dankesbesuch ab. Zu ihrem Erstaunen sahen sie diesmal eine Bibel auf seinem Tisch liegen.

Der Mann bemerkte die Verwunderung seiner Gäste und erzählte: „Ich habe mir eine Frau mit einem dreijährigen Kind genommen. Als das Kleine seinen Mittagsschlaf machte, ging die Frau einkaufen. Vor ihrer Rückkehr erwachte das Kind und lief aus dem Haus. Zwei Christinnen griffen es auf. Sie dachten, es sei ausgesetzt worden und nahmen es, damit es nicht erfror, bei sich auf. Als wir es abholten, erzählten uns die Frauen von der Liebe Gottes. Seitdem besuchen wir ihre Gottesdienste.

Erhöre mich, erhöre mich, dass dies Volk wisse, dass du, Herr, Gott bist, dass du ihr Herz darnach bekehrest!
1. Könige 18,37

„Vater, wohin sollen wir die Frohe Botschaft von der Erlösung unseres Herrn und Heilandes Jesus Christus tragen?“ beteten die Geschwister und ihnen wurde die Ewenken-Siedlung Strelka-Tschunja, aufs Herz gelegt. Kurze Zeit später waren drei Brüder in diesen Ort und luden zu einem Gottesdienst ein. Zu ihrem Erstaunen, waren alle Bürger zu der festgesetzten Zeit gekommen.

Aber das Evangelium konnten sie ihnen nicht verkündigen. Alle waren betrunken. Kurz entschlossen, verabschiedeten sie die Leute nach der Begrüßung wieder. Dann fasteten die Brüder und beteten um Gnade, dass die Ortsbürger zur nächsten Verkündigung des Wortes nüchtern kommen möchten. Wie das geschehen sollte, konnten sie sich nicht vorstellen.

Doch, die Leute fabrizierten in ihrem Rausch solche Dummheiten, dass am nächsten Tag die Miliz im Ort erschien, und den Händlern den Verkauf von Alkohol verbot. Zwei Tage später waren die Leute nüchtern. Sie kamen wieder und auch gerne zum Gottesdienst und hörten aufmerksam zu. Zum Schluss fanden auch gute Gespräche statt.

Nach einigen Tagen versuchten die meisten Leute auch nicht mehr, verbotenerweise an Alkohol zu kommen. Sie wollten nüchtern bleiben und dem Herrn Jesus nachfolgen, weil sie erkannt hatten, dass ein solches Leben sinnvoller war. Dann, als die drei Brüder wieder weiterziehen wollten, bat der Vorsteher der bürgerlichen Gemeinde herzlich darum, dass zumindest einer von ihnen bleiben und das Evangelium weiter verkündigen sollte.

„Sonst beginnt das Saufen wieder!“ sagte er. Daraufhin entschied sich Bruder Wolodja, seinen Wohnsitz nach Strelka-Tschunja zu verlegen.

Besser eine Hand voll mit Ruhe als beide Fäuste voll mit Mühe und Haschen nach Wind.
Prediger 4,6

Michail aus Tschernowzy war ein eifriger Student. Er wollte ein guter Mediziner werden. Doch aller Fleiß und alle Anerkennung vermochten nicht die Unruhe seines Herzens zu stillen. Eines Tages machte er die faszinierende Entdeckung, dass Satan, als er gegen seine Abhängigkeit von Gott rebelliert hatte, in Unruhe gefallen war und damit auch die Unruhe in die Welt gebracht hatte. Also musste die Unruhe durch eine Verbindung mit Gott wieder behoben werden können.

In seiner Begeisterung wandte sich Michail ostasiatischen Religionen und dem Okkultismus zu. Doch die Unruhe seines Herzens blieb. Er kam sich schließlich betrogen vor und war erst jetzt bereit, einen Schlussstrich unter sein bisheriges Leben zu ziehen. Gleichzeitig stieg die Frage in ihm auf, weshalb der Satan gegen Gott rebelliert hatte. Zur Klärung der Frage zog er die Bibel zu Rate. Je länger er in ihr las, umso klarer wurde ihm, dass Satan keine Veranlassung zur Rebellion hatte.

Wenig später erwachte in Michails Herzen ein Sehnen und eine Liebe zu dem Herrn Jesus Christus. Doch vieles andere in der Bibel blieb ihm unklar. So kam er mit den Zeugen Jehovas in Berührung, und nahm an ihrem Unterricht teil. Die erwünschte Ruhe fand er aber auch bei ihnen nicht. Dann begegnete er einem Christen. Der lud ihn zur Gemeinde ein. Michail nahm die Einladung an und, blieb in der Gemeinde. Erst jetzt gab er sein immer noch versteckt vorhandenes Streben nach Selbstverwirklichung auf. Er wurde ein Eigentum des Herrn Jesus und war glücklich. – „Warum hast du dein Mühen und Haschen nach Wind nicht schon früher aufgegeben?“ fragte er sich nun.

# 24. August

Da er das Volk sah, jammerte ihn desselben;
denn sie waren verschmachtet und zerstreut
wie die Schafe, die keinen Hirten haben.

Matthäus 9,36

„In Lensk, etwa 1000 km nordöstlich des Baikalsees gelegen, gibt es keine Gemeinde mehr." Diese Nachricht schockierte Bruder Nikolai Romaschenko. Wie war es dazu gekommen?

Der Gemeindeälteste sah sich gezwungen, die Stadt zu verlassen. Das Hirtenamt konnte niemand aus der Gemeinde übernehmen, da die vorhandenen Brüder noch zu jung im Glauben waren. Diese Situation nutzten schamlose Menschen aus, die vorgaben Christen zu sein und die Gläubigen betrogen. Schließlich wurden auch die Gottesdienste ausgesetzt. Einige Gemeindeglieder gingen zurück in die Welt, die wenigen standhaften wagten außerhalb ihrer Häuser nichts mehr vom Glauben zu sagen, und das Gemeindehaus war der Verwüstung und dem Zerfall preisgegeben. Ein schlechtes Zeugnis für die Sache des Herrn!

Doch dann fragte sich Bruder Romaschenko aus Mirnyj: „Wer wird nach Lensk gehen, um das Zerstörte wieder aufzubauen?" Nach vielen Gebeten und schlaflosen Nächten hatte er die Antwort: „Ich bin bereit! Herr, sende mich!"

Mit des Herren Beistand begab er sich in den trostlosen Zustand und sammelte die Geschwister wieder. Als die Gemeinde zu leben begann, tauchten ungebetene Ratgeber auf. Sie gaben sich als „besonders geistlich" aus und zeigten sich als in „besonderer Weise vom Herrn berufen". In Wirklichkeit aber brachten sie Unfrieden und Verwirrung in die Gemeinde. Einige ließen sich sogar überreden und verließen mit den Verführern die Versammlung. Gott sei Dank, kamen die meisten von ihnen wieder zurück. Das zeigt deutlich, wie wichtig ein guter Hirtendienst ist!

## 25. August

Niemand kann zwei Herren dienen: entweder er wird den einen hassen und den anderen lieben, oder er wird dem einen anhangen und den andern verachten.
Matthäus 6,24

Wer nicht vollkommen mit Blindheit geschlagen ist, kann auf Schritt und Tritt erfahren, dass die Bibel Gottes Wort ist, somit ewige Gültigkeit hat, – also auch heute noch. Das lässt sich an dem oben erwähnten Schriftwort und dem Leben der Familie Stepanow deutlich nachweisen. Aus Unvorsichtigkeit erlitt Stepanows Tochter Natascha bei der Geburt einen Wirbelsäulenschaden und kann weder Beine noch Arme bewegen, noch nicht einmal sprechen, nur Laute von sich geben. Diese werden von den Eltern und Bekannten aber verstanden. Natascha ist jedoch intelligent, hört und versteht alles.

Nach der Geburt wurde den Eltern geraten, sich von dem Kind loszusagen, da es nicht lebensfähig sei. Das taten die Stepanows aber nicht. Sie kämpften um ihr Kind, wollten es am Leben erhalten. Später lernte Natascha lesen und schreiben. Dann besuchte eine gläubige Nachbarin Nataschas Mutter und schenkte ihr christliche Bücher und eine Bibel.

Die Eltern zeigten kein Interesse daran, dafür aber Natascha. Sie las alle Bücher und forschte in der Bibel. Dann äußerte sie den Wunsch, eine Versammlung mitzuerleben. Die Verkündigungen gefielen ihr und sie kam zum Glauben. Jetzt erfuhr sie von den Eltern Ablehnung. Jedes Mal, wenn sie betrunken waren, schlug der Vater Natascha auf den Kopf, da er die einzige Körperstelle war, an der sie Schmerz verspürte. Doch Natascha wurde nicht alleingelassen.

Die Gemeindegliedern besuchen sie täglich, und beten mit ihr darum, dass die Eltern zum Glauben finden möchten, weil Natascha nur dadurch von ihrer Not befreit werden kann.

Dieser ist mir ein auserwähltes Rüstzeug,
dass er meinen Namen trage vor die Heiden.
Apostelgeschichte 9,15

Das wurde über den Apostel Paulus gesagt, als ihn der Herr noch nicht in Dienst gestellt hatte. Von daher passen diese Worte auch zu Nikolai Wassin. Als Kind hörte er von seinen ungläubigen Eltern nur Gruselgeschichten über die Christen. Später sah er bei seinen orthodoxen Verwandten eine Ikone, vor die während der häufigen Familienstreitigkeiten ein Vorhang gezogen wurde. So kam er zu dem Schluss: die Christen sind Heuchler.

Doch immer wieder wurde Nikolai in kritische Situationen geführt, in denen die Erkenntnis reifte: Es muss jemand geben, der alles lenkt! Wie sonst war es zu erklären, dass der von einem Betrunkenen gesteuerte Lkw Zentimeter vor Nikolai zu stehen kam. Warum zischte eine Kugel, die ihn treffen sollte, knapp an ihm vorbei? Wie war es möglich, dass eine schwere Krankheit ihn nicht vollkommen lähmte, sondern, dass er eines Morgens erwachte und gesund war?

Natürlich erlebte er auch anderes: Seine Ehe ging in die Brüche, er zog nach Jakutien, weil er seinen Schwierigkeiten entfliehen wollte, und sah sich noch größeren Problemen gegenübergestellt. – Warum war das so? Weshalb bekam er nichts in den Griff?

Dann kamen Missionare in die Siedlung und Nikolai ließ sich zu ihren Versammlungen einladen. Plötzlich stiegen die Fragen in ihm auf: „Woher nehmen diese Männer den Mut, in unserer kaputten Gesellschaft offen von Gott zu reden? Warum verzichten sie auf ein eigenes, geregeltes Leben und kommen zu uns in die nördliche Wildnis? Sie denken auch ganz anders, und in ihren Augen leuchtet Anteilnahme!" – Nach einer Abendveranstaltung sprach Nikolai mit einem der Männer. (Fortsetzung nächster Tag.)

Dieser ist mir ein auserwähltes Rüstzeug,
dass er meinen Namen trage vor Heiden.
Apostelgeschichte 9,15 –
(Fortsetzung vom Vortag)

Nach dem Gespräch mit dem Missionar traf Nikolai die wichtigste Entscheidung seines Lebens: er bekehrte sich. Sofort ging er mit des Herrn Hilfe daran, seine Ehe wieder in Ordnung zu bringen. Das Flugzeug, das ihn zu seiner von ihm getrennt lebenden Frau bringen sollte, flog für seine Begriffe viel zu langsam. Wie erbeten, willigte die Frau in sein Versöhnungsangebot ein, zog wieder zu ihm und bekehrte sich ebenfalls.

Drei Jahre später wurde Nikolai zum Gemeindeältesten in Chandyga berufen. Kurze Zeit später geschah etwas Unerwartetes: Seine Frau erlitt einen Schlaganfall. Die Ärzte waren sich einig, dass ein Klimawechsel notwendig sei. So zog Nikolai von Jakutien nach Chakassien. Hier war das Klima für seine Frau erträglicher und die geistliche Not riesengroß. Während der kommunistischen Herrschaft war Chakassien ein Verbannungsort für Kriminelle, was die hier lebende Generation stark geprägt hatte. Außerdem stellte sich der zunehmend volkstümlich werdende Schamanismus dem Christentum entgegen. Doch, wie sich bald zeigte, wollte der Herr Bruder Nikolai genau hierher haben.

Sein bisheriges Leben mit allen Höhen und Tiefen war nur Vorbereitung für den Dienst gewesen, den er hier tun sollte. Er war, ohne daraufhin gearbeitet zu haben, mit einem Mal Missionar. Er lud zum gemeinsamen Lesen der Bibel in seine Wohnung ein und einige Leute kamen. Aus diesem Kreis entstand schließlich eine Gemeinde, deren Glieder, vom Heiligen Geist getrieben, nun unterwegs waren, um die Frohe Botschaft in ihr Volk zu tragen.

Lässt auch du dich führen, um Werkzeug in der Hand des Herrn sein zu können?

Aber das ist meine Freude, dass ich mich zu Gott halte
und meine Zuversicht setze auf Gott den Herrn,
dass ich verkündige all dein Tun.
Psalm 73,28

Thia wohnte mit ihren beiden Kindern in einem estnischen Dorf nahe Puru, einem Stadtteil von Kochtla-Jarwe, und hatte manche Not zu ertragen. Als Hilfsgüter aus Deutschland eingetroffen waren, die in der Stadt verschenkt wurden, luden die Christen sie ein, sich doch einige Sachen zu holen. Thia schämte sich aber, die Einladung anzunehmen. „Die Hilfsgüter sind nur für Christen", dachte sie.

So ging das einige Male. Dann nahm sie die Einladung doch an und ging mit ihrer Tochter nach Puru. Sie wurde reich beschenkt und nahm sich vor, sich durch drei Gottesdienstbesuche bei den Christen zu bedanken. Aber schon nach dem ersten Besuch war es für sie keine Überwindung mehr, zum Gottesdienst zu gehen. Es zog sie einfach hin, immer und immer wieder. Nach einem halben Jahr verreiste Thia für zwei Wochen. Als sie zurückkam, ging sie sofort wieder in die Gemeinde und war überrascht, wie sie empfangen wurde.

„Wie geht es dir? Wir haben dich vermisst!" wurde ihr immer wieder gesagt. – „Was sind das für Leute?" fragte sich Thia. „Ich war nur zwei Wochen weg, und sie kümmern sich so um mich. Meine eigene Mutter hat sich jahrelang nicht um mich gekümmert..."

Thia begann in der Bibel zu lesen und zu beten. Sie merkte, wie Gott immer mehr Einfluss in ihrem Leben gewann. Die Dorfleute hielten sie für durchgedreht, als sie in der Saat- und Erntezeit sonntags die Arbeit liegen ließ und einen einstündigen Fußmarsch zum Gottesdienst auf sich nahm. Doch die Gemeinschaft mit den Gläubigen gab ihr so viel Freude, dass sie nichts zurückhalten konnte. Mit ihrer Arbeit wurde sie dennoch fertig.

Ich bin der Herr, dein Arzt.
2. Mose 15,26

Seine Ausbildung zum Lehrer für Weltgeschichte und der Kommunistischen Partei, erhielt Benjamin Zygankow an der Universität Tartu. Er war ein guter Pädagoge und hätte sicher eine Karriere gemacht. Er hätte – wenn da nicht der Alkohol gewesen wäre. Benjamin sprach ihm so zu, dass er abhängig wurde und seine beruflichen Pflichten nicht mehr ordnungsgemäß erfüllte. Verständlicherweise ließen die Schwierigkeiten nicht lange auf sich warten. Er wurde als hoffnungsloser Fall eingestuft, seine Frau und seine Kinder verließen ihn.

In seiner Verlassenheit und Hoffnungslosigkeit, stieß er auf Christen. Sie sagten ihm, dass es bei Gott keine hoffnungslosen Fälle gebe. Gott, der Himmel und Erde geschaffen habe, könne auch Alkoholiker frei machen, wenn sie wirklich frei werden wollten.

Benjamin wollte, und die Glaubensgeschwister erklärten ihm den Heilsweg. Benjamin bekehrte sich und wurde ein gehorsamer Nachfolger des Herrn. Als er nach dreißigjähriger Abhängigkeit vom Alkohol frei war, war er überglücklich. Wähend eines Besuchs bei seinen alten Freunden sah er Wein auf dem Tisch stehen und spürte: Die Flaschen haben keine Macht mehr über mich! Der Herr, mein Arzt, hat mich geheilt!

Jetzt bat Benjamin den Herrn darum, dass auch das Verhältnis zu seiner Familie wieder heil werde. Dann war er eines Tages im Wald unterwegs. Er achtete nicht auf das Pärchen, das ihm entgegenkam und ging achtlos an den beiden vorüber. Da rief es hinter ihm her: „Ich bin dein Sohn!“ Benjamin blieb abrupt stehen, drehte sich um – und nach wenigen Worten lagen sich die beiden weinend in den Armen. Damit war von dem großen Arzt, auch die heiß ersehnte Heilung der Familienbande eingeleitet worden.

Die Hand unseres Gottes ist zum Besten
über allen, die ihn suchen.
Esra 8,22

Ist das wirklich so? Sind wir davon überzeugt, dass Gott seine Hand zum Besten über den Gläubigen hält? Oder ist es nicht vielmehr so, dass wir diesem Wort zustimmen, so lange alles nach unseren Vorstellungen läuft, dass wir allerdings sehr bald Bedenken, ja sogar Zweifel anmelden, wenn unsere Pläne mal durchkreuzt werden?

Viktor Michailowitsch aus Tscherkassy, erging es jedenfalls so. Im Winter, als es stürmte und schneite und es keine Freude war, sich draußen aufzuhalten, betete er immer wieder: „Herr schenke es, dass ich im Sommer noch gesund bin und die Kraft habe, evangelisieren zu können. Ich werde dann, auch wenn mein Fahrrad schon alt ist, durch die Dörfer radeln und den Menschen die Frohe Botschaft in Wort und Schrift weitergeben." – Viktor freute sich echt darauf, für den Herrn unterwegs sein zu können.

Doch dann, als es wärmer wurde, schmolz nicht nur der Schnee, sondern eines Tages war auch Viktors Fahrrad weg. Ein böser Mensch hatte es ihm gestohlen. Viktors Enttäuschung war riesengroß, er konnte nicht verstehen, dass Gott, an dem alles vorbei musste, es zugelassen hatte, dass ihm das Rad gestohlen wurde. Er verstand es vor allem deshalb nicht, weil er das Fahrrad in der Hauptsache ja nicht für seine Zwecke, sondern für die Verbreitung des Evangeliums nutzen wollte. Wollte Gott das nicht haben? Das konnte nicht sein!

Wochen später erhielt Viktor die Antwort auf sein Fragen. Von unserem Missionswerk kamen einige Fahrräder nach Tscherkassy, von denen Viktor eines erhielt, das wesentlich besser war als das seine. Nun konnte er zugeben, dass sein Rad den Sommer nur schwerlich überstanden hätte.

Die Angst meines Herzens ist groß;
führe mich aus meinen Nöten!
Psalm 25,17

Popowka zählte zu Pawels Missionsgebiet. Sein erster Besuch in diesem Ort lag schon Jahre zurück. Damals war er in den Sommermonaten mit seinem Fahrrad hier gewesen, hatte Traktate verteilt und mit den Leuten Gespräche über den Glauben geführt. Die Botschaft war auf fruchtbaren Boden gefallen. Es entstand eine Gemeinde, die Pawel von seinem 20 km entfernt liegenden Wohnort aus betreute.

In den Sommermonaten bereitete ihm das keine Schwierigkeiten, er fuhr mit seinem Rad an einem Tag hin und zurück. Im Winter gestaltete sich die Versorgung der Gemeinde in Popowka schwieriger, da weder Pawel noch sonst jemand in der Gemeinde ein Auto besaß. Doch wurde es jedes Mal so geführt, dass Pawel per Anhalter nach Popowka und wieder zurückkam. Schließlich wurde ihm das zur Selbstverständlichkeit, und nach einem Abendgottesdienst im Winter lehnte er das Angebot der Geschwister ab, bei ihnen zu übernachten.

„Ich finde ja wieder ein Auto", dachte er überlegen. Doch an diesem Abend, der ziemlich kalt war, nahm ihn kein Auto mit. „Herr, ich bin doch dein Diener!" betete Pawel. „Warum lässt Du mich allein? Lass mich in der Winterkälte doch nicht erfrieren...!"

Doch Pawel erfror nicht. Als er weiter ging, wurde ihm wärmer. Mit einem Mal musste er auch nicht mehr an sein „Missgeschick" denken, sondern an die erste Frau, die sich in Popowka bekehrte. Nacheinander dachte er an alle in der Gemeinde zum Glauben Gekommenen. Als Pawel nach dreieinhalb Stunden zu Hause ankam, lag ein Lächeln auf seinen Zügen. Sein Rücken und seine Füße schmerzten, doch sein Herz jubelte und der Herr hatte ihn etwas Wesentliches gelehrt. Weißt du was das war?

Betet allezeit mit Bitten und Flehen im Geist und wachet dazu mit allem Anhalten und Flehen, für alle Heiligen.
Epheser 6,18

Alex befand sich mit dem Missions-Lkw auf dem Rückweg von Georgien. Er hatte Hilfsgüter dorthin gebracht und freute sich darüber, dass alles ohne Zwischenfall vonstatten gegangen war. Jetzt, auf der Serpentinenstraße durch die Berge, fuhr er in einer Lkw-Kolonne und hatte viel Zeit zum Nachdenken. Plötzlich schreckte er auf. Ein längeres Stück vor ihm fuhr ein Lkw in einer scharfen Kehre geradeaus und durchbrach die Leitplanke. Der Anhänger, weil er sich quergestellt hatte, blieb zum Glück auf der Fahrbahn und verhinderte so den Absturz in die Tiefe. Die beiden folgenden Lkw kamen ebenfalls ins Schleudern und verhinderten ihren Absturz dadurch, dass sie gegen den Felsen fuhren.

„Warum setzt man solche Leute ans Lenkrad, die in den Bergen nicht zu fahren verstehen!“ dachte Alex und meinte zufrieden, dass ihm das nicht passieren werde. Doch plötzlich merkte er, dass Öl auf der Straße war und sein und sein Lastzug, der im leeren Zustand noch immer 15 Tonnen wog, ihm nicht mehr gehorchte. Er sah sich schon in das Durcheinander vor ihm hineinfahren. Er trat, obwohl er wusste, dass er dadurch alles noch schlimmer machte, auf die Bremse und schrie verzweifelt: „Herr hilf!“

Da, wie von unsichtbarer Hand gehalten, blieb sein Lkw wenige Zentimeter vor den verunglückten Lastwagen stehen. Erstaunt fragten deren Fahrer, wie ihm das gelungen sei. – „Dieser Lkw dient Gott!“ erklärte er.

Da klingelte Alexs Handy. Seine Frau rief an: „Unser Kleiner hat uns eben zusammengerufen. Er wollte, dass wir für dich beten. Wir haben es getan. Ist bei dir alles in Ordnung?“ – „Danke, ja“, erwiderte Alex.

## 2. September

Himmel und Erde werden vergehen;
aber meine Worte werden nicht vergehen.
Matthäus 24,35

Eine Glaubenskonferenz in Russland näherte sich ihrem Ende. Da wurde unter den Versammelten ein alter Mann entdeckt, der sich während des laufenden Vortrags immer wieder auf den rechten Oberschenkel schlug und etwas vor sich hin murmelte. Die Brüder in seiner Nähe vernahmen schließlich die Worte: „Das hat sich gelohnt! – Das hat sich gelohnt!“

„Was hat sich gelohnt?“ fragte einige Zeit später ein Bruder. – Da erzählte der alte Mann, dass er mit seiner Frau in einem entlegenen Dorf wohne. Als sie von der Glaubenskonferenz hörten, sei ihnen aufs Herz gelegt worden, diese zu besuchen. Doch sie hätten das Geld für die Fahrt und die Nebenkosten nicht gehabt. Kurz entschlossen, hätten sie die einzige Kuh verkauft, deren Milch ihre wichtigste Nahrungsquelle gewesen sei. Nun vertrauten sie darauf, dass der Herr ihnen weiter helfen werde. Aber sie trauerten der Kuh nicht nach. Ihr Einsatz habe sich gelohnt. Was ihnen auf der Konferenz gegeben worden sei, sei mit Geld nicht zu bezahlen. Sie hätten eine irdische Kuh für das ewig gültige Wort Gottes, das ihnen ewiges Leben in der Herrlichkeit beim Herrn gebe, eingetauscht.

Als diese Geschichte auf der Konferenz bekannte wurde, legten die Teilnehmer spontan so viel Geld zusammen, dass sich der alte Bruder eine andere Kuh kaufen konnte. Bleibt die Frage an uns: wieviel ist uns das ewig gültige Wort Gottes wert? Was wären wir bereit dafür einzusetzen? Wäre uns schon weniger als eine Kuh zu viel? Wie hoch dürfte der Einsatz sein, dass wir uns noch vor Freude auf die Schenkel klopfen und bekennen könnten: „Es hat sich gelohnt?“

Saulus schnaubte noch mit Drohen
und Morden wider die Jünger des Herrn.
Apostelgeschichte 9,1

Während Saulus noch schnaubte, hatte der Herr schon die Weichen so gestellt, dass aus ihm ein Paulus wurde. Ähnlich verhielt es sich auch bei einem jungen kirgisischen Mann. Aus Wut darüber, dass seine Frau zum Glauben an den Herrn Jesus gekommen war, versuchte er, in betrunkenem Zustand, die Haustüre des Missionars Aman einzutreten. Dabei schrie er immer wieder: „Kommt raus! Ich schlachte euch alle ab!"

Aman war in dieser Nacht nicht zu Hause und seine Frau geriet mit den Kindern in große Aufregung. Zum Glück war aber Amans jüngster Bruder zugegen. Er öffnete die Tür und ging nach draußen. In voller Lautstärke brüllte der Mann: „Da ist er ja!" – Dann wandte er sich seiner Frau zu, die er schon tüchtig verprügelt hatte, und fragte: „Sag's, war er es, der dir den Kopf verdreht hat? Sag's, sonst bring ich euch beide um!" – Wieder schlug er auf seine Frau ein und sprang schließlich mit einem Messer in der Hand auf Amans Bruder zu. Der konnte sich gerade noch ins Haus retten.

Am nächsten Tag kam Aman von der Missionsreise zurück und besuchte den Mann. Beide konnten gut miteinander reden. Der Mann gestand, dass er nichts gegen den Glauben habe, er sei nur von seinen Arbeitskollegen aufgehetzt gewesen.

„Meine Frau", sagte er schließlich, „ist ganz anders geworden seit sie an Jesus glaubt. Sie hat mir sogar vergeben, dass ich sie geschlagen habe. Ich muss selbst einmal zu euch kommen, wenn ich darf." – Natürlich durfte er. Er blieb sogar, tat nach einiger Zeit Buße und ist als treuer Nachfolger Jesu in seiner Umgebung nun selbst als Missionar tätig. Durch sein Zeugnis kamen auch Leute zum Glauben.

Meine Gedanken sind nicht eure Gedanken,
und eure Wege sind nicht meine Wege, spricht der Herr.
Jesaja 55,8

Ja, Gottes Gedanken und Wege kommen uns sehr verschlungen vor; dennoch, am Ende sind sie gerade. Das wird auch am Leben der Maria aus der Karpatenregion Werchowina deutlich. Bruder Peter Nastasijtschuk hatte wie jeden Freitag seine mobile Klapptischbücherei an einem Supermarkt in Tschernowzy aufgebaut. Da kam Maria und fragte ihn: „Haben Sie auch ein Buch darüber, wie man glücklich heiratet?“ – Sie ahnte nicht im Entferntesten, dass sie mit ihrer Frage die Missionierung der Werchowina mit einer Größe von über 100 Quadratkilometern eingeleitet hatte.

Bruder Peter gab Maria ein Neues Testament. Sie suchte sich noch weitere Bücher aus und nahm sie mit nach Hause. Als ihre Mutter die in Kontakt mit den Zeugen Jehovas gekommen war, an ihrer Lehre aber Zweifel bekommen hatte, diese Bücher in die Hände bekam, sagte sie: „Das ist es, was ich suche!“

Wenig später suchten Marias Eltern Bruder Peter auf und baten ihn, auch in ihrer Gegend eine Klapptischbücherei zu gründen. Er tat es und das Evangelium nahm seinen Lauf durch die Werchowina. Die Leute wussten zwar von Jesus, doch ihr Glaube an Ihn beschränkte sich weitgehend auf den täglichen Gruß: „Slawa Jisusu Christu.“ (Preis sei Jesus Christus.) und die darauf folgende Antwort: „Slawa naveki Bogu.“ (Ehre sei Gott auf ewig.)

Was wurde aus Maria? Ihre Ehe war nicht glücklich. Sie dachte zu sehr ans Heiraten und zu spät an den Rat der Bibel. Erst nach der Hochzeit kam sie zum Glauben.

Daraus lässt sich ersehen, dass der bloße Besitz des Wortes Gottes zu einem erlösten und sinnvollen Leben nicht ausreicht. Es muss gehört und dann auch befolgt werden.

Ihre Sinne wurden verstockt. Denn bis auf den heutigen Tag bleibt diese Decke unaufgedeckt über dem alten Testament, wenn sie es lesen, weil sie nur in Christus abgetan wird.

2. Korinther 3,14

Wie das ist, wenn diese Decke durch den Herrn Jesus abgetan wird, das durfte Michail Stachursky aus Kiew erleben. Durch sein Zeugnis kam sein Arbeitskollege Waldemar Wainer, ein Jude, zum Glauben an Christus und wurde ein treuer Nachfolger des Herrn. Michail musste jedoch dafür büßen, er bekam vom Betrieb gekündigt. Dennoch, obwohl es ihm damals noch nicht bewusst war, hatte er durch seine Verkündigung am Arbeitsplatz den Grundstein zur ersten „Messianischen Gemeinde" in der Ukraine gelegt.

Nach seinem Beweggrund gefragt, erklärte Michail: „Ich wusste, dass das Evangelium einmal durch die Juden zu uns Heiden gekommen war. Sollten wir, Christen aus den Heiden, heute nicht dafür sorgen, dass die Frohe Botschaft den immer noch auf den Erlöser wartenden Juden gebracht wird?"

Waldemar begann sofort unter den Juden in Kiew zu missionieren und gründete hier die messianische Gemeinde „Israels Hoffnung". Kaum war das geschehen, erhielt er die Möglichkeit nach Israel auszuwandern. Eine verführerische Situation!

Waldemar berichtet: „Ich betete: Herr, wo willst du mich gebrauchen? Danach traf ich Missionare, die mir in meinem Fragen zur Klarheit verhalfen. Seitdem sehe ich meinen Dienst in der Verkündigung des Evangeliums unter meinen Volksgenossen in der Ukraine."

Waldemars Dienst wurde gesegnet. Eines Tages erschien sogar Oleg, der große Christenhasser, der die Triebfeder für Michails Kündigung zu verantworten hatte, in der Gemeinde und bekehrte sich. Solche Wunder tut unser Gott!

Er aber, der Gott des Friedens, heilige euch durch und durch, und euer Geist ganz samt Seele und Leib müsse bewahrt werden unversehrt, unsträflich auf die Ankunft unseres Herrn Jesus Christus.

1. Thessalonicher 5,23

Als gläubiger Christ fand der Chirurg Lewan Achalmosulischwili bald heraus, dass die Menschen nicht nur medizinische, sondern auch geistliche Hilfe brauchten, letztere sogar vordringlicher als die erste. Deshalb verließ er das staatliche Krankenhaus, erwarb in Gurdshani (Ost-Georgien) ein Badehaus und baute es zu einer christlichen Klinik um.

Hier betreute er, wie es in dem vorangestellten Wort aus dem 1. Thessalonicher-Brief gesagt wird, die Menschen ganzheitlich, nach Geist, Seele und Leib. Der Leib, wie in Gottes Wort festgehalten, stand nicht an erster Stelle. Deshalb wurde in diesem Haus auch von medizinischer Evangelisation gesprochen. Wie die geschah, soll an zwei Beispielen verdeutlicht werden.

Als eine Mutter mit ihrer verheirateten Tochter, die unter schwerer Neurose litt, in der Klinik erschien, brachte Dr. Lewan, nach gründlicher Untersuchung, das Gespräch auf Gott. Da Mutter und Tochter sich aufgeschlossen zeigten, betete Lewan mit ihnen. Eine Woche später kam die Tochter und erzählte, ihr gehe es wesentlich besser, und sie schloss sich einer Gemeinde an. Dann wurden Lewan und seine Frau zu einer krebskranken Mutter gerufen, die unter Depressionen litt und sich das Leben nehmen wollte. Das Ärztepaar betreute sie medizinisch, kniete aber jedes Mal am Bett nieder und befahl die Kranke der Gnade Gottes an. Nach Tagen verschwanden die Depressionen, die Mutter bekehrte sich und konnte in tiefem Frieden diese Erde verlassen. Sie wusste, dass sie heim ins Vaterhaus ging. Das war auch der Trost ihrer inzwischen gläubig gewordenen Familie.

Es spricht eine Stimme: Predige!
Jesaja 40,6

Hier wird die vordringlichste Aufgabe genannt, wozu wir die Stimme erhielten. Gewiss, sie ist uns auch zur gegenseitigen Verständigung geschenkt, aber nicht ausschließlich, wie das oft gesehen und praktiziert wird. Was kommt auch dabei heraus, wenn die Stimme nur so genutzt wird?

Es werden täglich viele Worte gemacht, aber helfen sie der gefallenen Welt? Eindeutig nicht! Ein ungetrübter Blick in unsere Umgebung wird uns das zeigen. Deshalb lässt uns Gott in den Sprüchen 10,19 sagen: „Wo viel Worte sind, da geht's ohne Sünde nicht ab." – Deshalb sollten wir anstatt viele Worte untereinander zu machen, predigen, die Botschaft der erlösenden Versöhnung in diese Welt tragen. Dazu gibt es viele Möglichkeiten. Eine davon zeigte die Gemeinde in Charkow auf.

In den Sommermonaten gehen Geschwister täglich an zwei Spielplätze der Stadt. Sie singen mit den Kindern, spielen mit ihnen, vor allem aber erzählen sie ihnen Geschichten aus der Bibel. Die Kinder machen dabei eifrig mit. Selbst bei einem Wetter, das aus menschlicher Sicht nicht gerade ideal zum Spielplatzbesuch ist, sind die Kinder da.

Natürlich wird das Geschehen auf dem Spielplatz von den Eltern der Kinder beobachtet. Einige bleiben dabei auf Distanz, und bekommen somit nicht viel mit. Bei den anderen konnte mit zunehmender Dauer ein wachsendes Interesse an Gottes Wort festgestellt werden. Einige wollten es sogar während der Wintermonate hören. Für sie wurde eine besondere Bibelstunde im Gemeindehaus eingerichtet.

Wäre das auch etwas für deine Gemeinde? Denke daran: uns ist die Aufgabe des Predigens gegeben. Gott möchte, dass allen Menschen geholfen werde, sie sollen die Wahrheit kennenlernen!

Gehet hin zu den verlorenen Schafen
aus dem Hause Israel.
Matthäus 10,6

Saids Kindheit und Jugendzeit war von häufigen Krankheiten überschattet. Oft musste er sogar ins Krankenhaus überwiesen werden. Das, so befremdlich es auf den ersten Blick auch erscheinen mag, lag aber in Gottes Plan.

Eines Tages kamen Christen in das Krankenhaus, zeigten den Film „Jesus" und überreichten den Patienten Traktate. Unter diesen Patienten befand sich auch Said. Durch den Film und das Lesen der Traktate ging ihm mit einem Mal auf: „Das ist es, was du brauchst! Danach hast du dich schon lange gesehnt."

Ohne viel über den christlichen Glauben zu wissen, begann Said zu dem ihm unbekannten Gott zu beten. Einige Zeit später kam er in die Hauptstadt Jakutsk und besuchte eine orthodoxe Kirche. In seiner Vorstellung war das ein heiliges Zentrum. Doch es erstaunte ihn sehr, dass hier Leute sagten, sie glaubten an Gott, den Schöpfer Himmels und der Erde, gleichzeitig aber von Menschen gemachte Bilder verehrten und küssten. Enttäuscht wandte er sich ab.

Später kam er in Batagaj in eine Gemeinde wiedergeborener Christen. Hier fand er, dass die Liebe Gottes und die Nachfolge des Herrn Jesus sinnvoll gelehrt und gelebt wurde. Said bekehrte sich und wurde Mitglied dieser Gemeinde. Schon bald wurde ihm aufs Herz gelegt, für die Verbreitung des Evangeliums aktiv zu werden und er überlegte, als Missionar in die weite Welt zu gehen. Da stieß er auf den Bericht, dass Jesus bei der Aussendung zu seinen Jüngern gesagt hatte, sie sollten zunächst in Judäa bleiben. Hier gäbe es genug zu tun.

Ist auch uns klar, dass wir zunächst in unserer Umgebung zu wirken haben? -

Mir ist geholfen. Nun ist mein Herz fröhlich,
und ich will ihm danken mit meinem Lied.
Psalm 28,7

Die Jakutin Ksenia war eine Meisterin im Anfertigen nationaler Schmuckstücke. Bei ihrer Arbeit sang sie stets lange Lieder. Sie sang sehr gerne und lebte dabei richtig auf. Über die Liedtexte dachte sie aber nie richtig nach.

Dann kam Ksenias Freundin Soja zum Glauben an den Herrn Jesus und eröffnete ihr eines Tages: „Weißt du auch, dass du mit deinen Liedern die Dämonen der Sonne, des Wassers, des Feuers, des Windes und noch viele andere bösen Geister mehr verehrst?"

Ksenia ließ sich das sagen und dachte darüber nach. Sie hatte schon seit längerem bemerkt, dass mit der Freundin eine Veränderung vorgegangen war, die sie sich nicht erklären konnte. Soja brauchte keinen Alkohol mehr zu trinken und keine Pfeife mehr zu rauchen, um froh zu sein. Vor allem aber beeindruckte Ksenia, wie Soja über die Zukunft sprach. Sie hatte vor dem Sterben keine Angst mehr. Das war etwas Gewaltiges, wo in Jakutien jedes neugeborene Kind beweint und beklagt wird, weil es vielen Krankheiten und letztlich dem Tod ausgesetzt ist. Aus diesem Grund verzehren auch viele Männer und Frauen große Alkoholmengen.

Dann, als Soja wieder einmal zu Ksenia kam, wurde sie mit Fragen bestürmt. Schließlich betete Soja mit der Freundin und Ksenia sah sich unwillkürlich um. Die Freundin sprach so, als sei Jesus mit ihnen im Zimmer. Ksenia fand das schön, dass man so mit der unsichtbaren Macht in Berührung kommen konnte. Sie äußerte den Wunsch so wie Soja zu werden, und bekehrte sich nach Tagen.

Seitdem verkündigt sie überall mit ihrer klangvollen Stimme, mit der sie früher die Dämonen ehrte, die frohe Botschaft im Lied.

Wahrlich, ich sage euch: Wenn ihr nicht
umkehret und werdet wie die Kinder,
so werdet ihr nicht ins Himmelreich kommen.
Matthäus 18,3

„Mutti, kauf mir doch bitte ein Spielzeug."

„Mein Kleines du weißt doch, dass Papa fast seine ganze Invalidenrente für die hungrigen Straßenkinder braucht, die zu ihm in die Sonntagsschule kommen. Uns reicht das Geld nur für das Notwendigste zum Essen. Du kannst aber zu Gott beten. Vielleicht schenkt Er dir ein Spielzeug." – Die Mutter hoffte, ihre Vierjährige damit zufriedengestellt zu haben. Doch die Kleine wollte wissen: „Mutti, wie wird uns Gott das Geld geben, wo der Himmel doch so weit oben ist?"

Die Mutter wollte das Kind nicht enttäuschen und ihr fiel keine bessere Antwort ein, als die: „Gott kann alles. Er kann zu jemand sage: In der Ukraine wohnt ein kleines Mädchen, das von Spielzeug träumt. Seine Eltern haben aber kein Geld dafür. Dann wird dieser Jemand zu uns kommen."

„Mutti, woher wird dieser Jemand kommen?" – „Das weiß ich nicht. Aber Gott weiß es." – „Gut, Mutti, ich werde dafür beten."

Die Mutter atmete auf und dachte, die Kleine würde die Sache bald vergessen. Doch Tage später fragte das Mädchen: „Mutti, warum schickt uns Gott kein Geld? Ich bitte Ihn doch darum." – Verlegen antwortete die Mutter: „Er wird noch keine Zeit haben. Er muss erst noch andere Kinder beschenken."

Die Kleine betete weiter. Tage später erhielt die Familie zwei Geldüberweisungen aus Deutschland. Eine für die Arbeit an den Straßenkindern und eine für das kleine Mädchen. Letztere kam von zwei Kindern, die aus den „Missions-Nachrichten" vom Wunsch der Kleinen erfahren und ihre Ersparnisse geopfert hatten. Das Gebet der Kleinen war erhört und die Mutter beschämt.

## 11. September

Herr, strecke deine Hand aus, dass... Wunder geschehen durch den Namen deines heiligen Knechtes Jesus.

Apostelgeschichte 4,30

„Ich habe mich geirrt. Ich hätte nie gedacht, dass Ihre Arbeit einen solchen Erfolg haben könnte“, bekannte der leitende Offizier eines Charkower Straflager zu Viktor Dudka, nachdem er in der Haftanstalt einige Zeit das Evangelium verkündigt hatte. „Es tut mir leid, dass ich Sie früher so hart abgewiesen habe.“

Noch bevor Viktor etwas entgegnen konnte, erklärte der für die Erziehung der Häftlinge zuständige Offizier: „Bei dem Schwerverbrecher Igor haben wir alle Möglichkeiten der Erziehung versucht, doch ohne Erfolg. Als er schwer an Tuberkulose erkrankte, freuten wir uns. Wir dachten: Endlich werden wir diesen unverbesserlichen Halunken los. Doch das Ungeheuer starb nicht, aber durch Ihre Verkündigung hat es sich in ein Lamm verwandelt. Jetzt bin ich überzeugt, dass es Gott gibt, und dass Er hinter Ihnen steht.“

Viktor freute sich vor allem über den letzten Satz. So blieb es ihm erspart, dem leitenden Offizier zu widersprechen, der alles zu sehr an Viktors Person festgemacht hatte. Tage später sagte ein alter Gefängnisaufseher zu Viktor: „Vor Jahren habe ich in dieser Haftanstalt die verurteilten Christen vor die Häftlinge gestellt, um sie von den Kriminellen verspotten zu lassen. Erklären Sie mir, was hier heute vorgeht? Ich verstehe gar nichts mehr!“

Viktor, der selbst über das Gefängnispersonal ins Staunen gekommen war, weil die Personen, die ihm heute freundlich begegneten, die gleichen waren, die ihn vor Jahren noch barsch verjagt hatten, gab dem alten Aufseher bereitwillig Antwort. Er legte von der in Jesus Christus erschienenen und Heil bringenden Gnade ein eindrückliches Zeugnis ab.

Es sollen sich schämen und zum Spott werden, die mir nach dem Leben trachten; es sollen zurückweichen und zuschanden werden, die mein Unglück wollen.
Psalm 35,4

Akyl gehörte einer Straßenbande an, die wegen ihrer Brutalität weithin gefürchtet war. Wegen ihres unmäßigen Alkoholeinflusses war die Bande gefühllos geworden und nahm es in Kauf, dass ihre Opfer Verkrüppelungen davon trugen oder sogar den Tod fanden. Von daher hatte Akyl viele Feinde. Die taten sich eines Tages zusammen, lauerten ihm auf und schlugen ihn bewusstlos. Nachdem Akyl sich an ihnen gerächt hatte, war ihm klar: „Wenn das so weitergeht, schlage ich sie, oder sie mich tot."

Auch die Familie hatte unter Akyls Brutalität zu leiden. Seine Frau Bermet wurde oft geschlagen und mit den Kindern aus dem Haus gejagt. Ob es mitten in der Nacht oder im Winter war, interessierte Akyl nicht. Dann kam sein jüngerer Bruder zum Glauben an den Herrn Jesus. Da Akyl stolz auf seine Zugehörigkeit zum Islam war und von anderen Moslems noch aufgehetzt wurde, überlegte er, wie er seinem Bruder eine ordentliche Lektion erteilen könnte.

Schon bald hatte er eine Idee. Er ging zu seinem Bruder und verlangte von ihm Geld für Schnaps. Der Bruder wusste: in der Verantwortung vor meinem Herrn kann ich das nicht tun. Doch wie sollte er aus dieser Lage herauskommen? Er betete im Stillen das oben angeführte Psalmwort und sagte zu Akyl: „Wie kann ich dir, meinem lieben Bruder, Geld für ein Getränk geben, das weder eine Kuh, noch ein Hund oder ein Pferd trinken? Setz dich zu mir an den Tisch, ich will dir meine Bruderliebe auf andere Art erweisen."

Das brachte Akyl zum Nachdenken. Dümmer als eine Kuh wollte er ja nicht sein und kam nach Monaten selbst zum Glauben.

Es sollen sich schämen und zum Spott werden, die mir nach dem Leben trachten; es sollen zurückweichen und zuschanden werden, die mein Unglück wollen.

Psalm 35, 4 (Fortsetzung)

Als Akyl ein brennender Zeuge des Herrn geworden war, wurde er bald einem harten Kampf mit vielen Versuchungen ausgesetzt. Besonders traf es ihn, als ihn seine Frau verließ und mit den Kindern zu ihren Eltern zog. Sie tat diesen Schritt – obwohl in Kirgisien eine Frau ihren Mann nicht verlassen darf. Doch die Schande und der Spott wegen Akyls Glauben waren ihr eine zu große Last.

„Lieber hättest du mich weiter verprügeln sollen als gläubig werden!" sagte sie und ließ sich später scheiden. Der Kampf mit der Einsamkeit, dem Schmerz über den Verlust seiner Frau und den Kindern dauerte über ein Jahr. Dann wurde Bermet krank und brach vor Akyls Geduld innerlich zusammen. Jetzt konnte sie der Bitte ihrer Kinder nicht mehr widerstehen: „Mami, lass uns doch wieder zu Papi gehen, er liebt uns doch immer noch sehr."

Nur zögernd und ängstlich vollzog sie diesen Schritt, weil ihr die Verwandten eingeredet hatten, dass Akyl sich nicht geändert habe und wieder gewalttätig werde. Doch sie hatten sich getäuscht. Akyl und Bermet lebten nun in Harmonie zusammen und heirateten auch wieder. Jetzt tobten die ehemaligen Kumpel von Akyl in besonderer Weise. Sie kamen mit dem Verlangen zu ihm: „Gib uns Geld für Schnaps, oder wir schlagen dich zusammen!" – Akyl schrie im Stillen zum Herrn, und ihm kam die Idee: „Ihr bekommt das Geld, wenn jeder von euch die schwere Eisenstange in meinem Hof hochstemmt." – Die stark angetrunkenen Männer schafften das nicht, sagten, alles sei nur ein Scherz gewesen und verschwanden. Von da an hatte Akyl seine Ruhe vor ihnen.

## 14. September

Der Herr Zebaoth hat's beschlossen, wer will's wehren?
Und seine Hand ist ausgestreckt, wer will sie wenden?
Jesaja 14,27

Bruder Tescherkasski wurde es aufs Herz gelegt, das Evangelium in Puru, einem Stadtteil von Kochtla-Jarwe/Estland, bekanntzumachen. Auf der Suche nach einem geeigneten Versammlungsort wandte er sich an den Bürgermeister und bekam einen Kellerraum zugewiesen. Als Tescherkasski diesen Raum in Augenschein nahm, dachte er: „Wir sollen verhöhnt werden!" – Der Keller war total vergammelt, weil er den Obdachlosen jahrelang als Toilette gedient hatte. Das einzig Gute an diesem Keller war, dass er sich im Zentrum der Stadt befand.

Tescherkasski ging mit den Seinen daran, den Raum zu säubern und zu renovieren. Doch den beißenden Geruch bekam man nicht ganz weg. Er war noch da, als zur ersten Zusammenkunft geladen wurde. Es roch ihn aber kein Außenstehender, weil wochenlang kein Gast seinen Fuß über die Schwelle setzte. Bruder Tescherkasski kamen Zweifel. War der Keller zu verrufen oder fand Gott an seinem Dienst keinen Gefallen?

Tescherkasski dachte ans Aufgeben. Da schlug seine Tochter zu Beginn eines neu angesetzten Gottesdienstes vor: „Lasst uns singen!" – Obwohl es ihnen schwerfiel, befolgten sie den Vorschlag. Plötzlich ging die Tür auf und ein Fremder kam herein. Damit war der Bann gebrochen. Von Mal zu Mal kamen mehr Leute. Der Keller wurde zu klein, und man zog in eine Wohnung. Bald fasste auch sie die Besucher nicht mehr, und man führte Sonntags zwei Versammlungen durch.

Tescherkasski lernte daraus, dass auch Gläubige zur Reifung auf die Probe gestellt werden können. Doch wo der Herr seine Hand ausgestreckt hat, kann sie niemand wenden, sie wird Menschen ziehen!

## 15. September

Das Wort, das aus meinem Munde geht,...
wird nicht wieder leer zu mir zurückkommen,
sondern wird tun, was mir gefällt, und ihm
wird gelingen, wozu ich es sende.

Jesaja 55,11

In Tscheboksary, einer Stadt in Tschuwaschien an dem Fluss Wolga, gibt es viele schwer erziehbare Kinder. Die Schuld ist aber nicht bei den Jungen und Mädchen zu suchen, sondern bei den Eltern. Einige von ihnen sind Alkoholiker, andere Drogensüchtige, wieder andere bewegen sich im kriminellen Milieu. Um die Not der Kinder zu beheben, richtete die Stadt eine Aufnahmestelle für schwer Erziehbare ein.

Drei Jahre später schrieb die Leiterin in einem Bericht: „Ich glaubte so sehr, dass die Methoden der Pädagogik und Psychologie bei der Erziehung dieser Kinder erfolgreich sein würden. Ich bat mehrere von den besten, hochqualifizierten Spezialisten um Hilfe, doch das Ergebnis meiner äußersten Bemühungen ist gleich Null. Jetzt sind wir am Ende."

Eine Glaubensschwester, die den Bericht las, wandte sich an die Leiterin der Aufnahmestelle mit der Frage: „Wollen Sie es nicht bei den Kindern einmal mit Gottes Wort versuchen?" – Die Leiterin war damit einverstanden und die örtliche Gemeinde führte in der Aufnahmestelle wöchentlich zwei Stunden Bibelunterricht durch.

Sergej, der früher die Bemühungen seiner Erzieher verspottete, wurde einer der eifrigsten Zuhörer und erklärte: „So etwas hat uns noch niemand erzählt. Von allen Erziehern haben wir nur gehört: ‚Du musst gut sein!' – Doch jetzt sind wir freiwillige Jünger des Herrn Jesus. Mein Ziel ist es, im Haus für Ordnung zu sorgen."

Worauf setzt du bei der Kindererziehung? Vertraust du der Pädagogik und Psychologie oder dem Wort dessen, der den Menschen schuf und ihn folglich am besten kennt?

Und seine Jünger fragten ihn und sprachen:
Meister, wer hat gesündigt: dieser oder seine Eltern,
dass er ist blind geboren? Jesus antwortete: Es hat weder
dieser gesündigt, noch seine Eltern, sondern es sollen
die Werke Gottes offenbar werden an ihm.

Johannes 9,2-3

Dieses Gespräch zeigt uns, dass nicht jedes Leiden auf vorausgegangene Schuld zurückzuführen ist. Auch bei Sokro, einem taubstummen Jungen aus Znori in Georgien, war das so. An ihm sollten die Werke Gottes offenbar werden. Seine Schwägerin Maja kam aber erst, wie viele Menschen in seiner Umgebung, ziemlich spät darauf.

Zunächst tat Maja es nur leid, dass sie sich mit Sokro nicht verständigen konnte, und erlernte ihm zuliebe die Gebärdensprache. Jetzt, so dachte sie, würde der Junge froh und zufrieden sein. Da stellte man bei Sokro einen schweren Herzfehler fest, womit alle Pläne seines jungen Lebens durchkreuzt wurden. Sokro wurde depressiv und böse.

Dann kam Maja zum Glauben und hörte vom himmlischen Vaterhaus, in dem alle Krankheiten aufhören werden. Das, Maja war fest überzeugt, würde auch ihren jungen Schwager froh und glücklich machen. Doch schon nach ihrem ersten Bemühen, ihm Gottes Liebe zu erklären, verflog ihre Hoffnung.

Sokro überhäufte sie mit ablehnenden Fragen: „Wenn Gott die Liebe ist, warum liebt Er mich nicht? Warum kann ich nicht hören und sprechen? Weshalb habe gerade ich diesen schlimmen Herzfehler?“

In ihrer Not wandte sich Maja an den Gemeindeleiter. Er besuchte Sokro lange Zeit regelmäßig, und erläuterte ihm den Heilsplan Gottes. Die Besuche des Gemeindeleiters machten die Nachbarn neugierig. Plötzlich besuchten einige von ihnen Sokro, so oft Sandro zu ihm kam. Zu ihrem Erstaunen hörten sie das Evangelium.

## 17. September

Und seine Jünger fragten ihn und sprachen: Meister, wer hat gesündigt, dieser oder seine Eltern, dass er ist blind geboren? Jesus antwortete: Es hat weder dieser gesündigt, noch seine Eltern, sondern es sollen die Werke Gottes offenbar werden an ihm.

Johannes 9,2-3 (Fortsetzung)

Nicht lange und bei jedem Besuch des Gemeindeleiters war das Zimmer mit Zuhörern gefüllt. Vierzig von ihnen trafen eine Entscheidung für den Herrn Jesus. Auch in Sokro's Herzen begann das Eis zu schmelzen. Er besuchte immer öfter die Gottesdienste und bat Maja, neben ihm Platz zu nehmen, um ihm die Predigten zu übersetzen.

Wochen später war zu spüren, dass Gottes Wort an Sokro wirkte. Er begriff plötzlich, dass Gott die Liebe war und seine Aggressivität wandelte sich in Herzenswärme. Er akzeptierte nun Majas Erklärung: „Deine Krankheit ist eine besondere Liebesabsicht Gottes. Du bist vor viel Schmutz bewahrt worden, der über die Zunge und die Ohren das Herz verunreinigt."

Dann war Sokro bereit sich zu bekehren und erklärte vor der Gemeinde: „Ich sah so viele Kranke und Krüppel, dass mir der Gedanke, Gott sei die Liebe, unvorstellbar, ja widerlich erschien. Ich wollte nur noch sterben. Doch, so musste ich denken, wenn die biblischen Berichte von der Hölle stimmen, dann wird deine Zukunft noch schlimmer sein als deine Gegenwart. Da schickte mir Gott in seiner Liebe meine Schwägerin und Glaubensbrüder in den Weg, die mir das Evangelium erklärten. Jetzt bin ich ein glücklicher Mensch. Es ist nicht schlimm, dass ich die Menschenstimmen nicht höre. Dafür höre ich umso deutlicher die Stimme des Herrn Jesus, der mich in seine Nachfolge gerufen hat. Es ist nicht schlimm, dass ich nicht mit Menschen reden kann. Dafür kann ich umso besser mit meinem Herrn reden."

Verwirf die Zucht des Herrn nicht und
sei nicht ungeduldig, wenn er dich zurechtweist.
Sprüche 3,11

Irina war sportlich sehr begabt, und ließ sich mit elterlichem Einverständnis in Akrobatik weiterbilden. Mit dreizehn Jahren hatte sie bereits Profiniveau erreicht und malte sich eine wunderbare Zukunft aus. An Gott, der sie so reich begabt hatte, dachte sie nicht. Sie sah nur, dass sie jung, gesund und kräftig war.

Dann stürzte sie bei einem Training ab und zog sich einen mehrfachen Halswirbelbruch zu. Das Resultat war eine vollständige Lähmung, und Irina musste ihr Leben radikal umstellen. Insgeheim ahnte sie, dass es Gott war, der sie vor dem Tod bewahrt hatte. Doch sie konnte sich nicht darüber freuen, sie fragte stattdessen: Wozu soll das gut sein?

Dann konnte sie wieder die Hände bewegen, und es erwachte die Hoffnung auf weitere Fortschritte. Die blieben jedoch aus. Nach und nach stellten auch die Freundinnen und Freunde ihre Besuche ein, und Irina hatte mit Depressionen und Selbstmordgedanken zu kämpfen.

In ihrer Not wandte sie sich an mehr als zwanzig Heilpraktiker. Doch keiner konnte ihr helfen. Sie rutschte in den Okkultismus, erfuhr unheimliche Belastungen und ihr Gesundheitszustand verschlechterte sich unaufhaltsam. Der letzte Heilpraktiker, den sie aufsuchte, sagte ihr: „Dir kann keiner helfen außer Gott!"

Doch Irina wusste nicht, weshalb Gott ihr helfen sollte. Dann wurde sie eines Tages von einem Christen besucht, der ihr das Evangelium verkündigte. Irina bekehrte sich, spürte, wie die jahrelange Last von ihr abfiel, und ließ alle Magiebücher verbrennen. Ihre Lähmung war geblieben, aber ihr Leben hatte eine neue Ausrichtung erhalten und sie durfte nun Wegweiserin für andere sein.

Der Herr wird dir in allen Dingen Verstand geben.
2. Timotheus 2,7

Wer sich vom Herrn in rechter Weise in Dienst stellen lässt, wird den Verstand erhalten, der zur Bewältigung der anstehenden Aufgaben führt. Diesen Rat konnte der Apostel Paulus seinem treuen Schüler Timotheus nur geben, weil er standhaft war und erfahren hatte, dass ihm in allen Situationen Lösungen gegeben worden waren. Das war aber nicht nur zur Zeit des Apostels Paulus so, sondern hat auch heute noch Gültigkeit; dafür steht die Versammlung in Dergatschi.

Ihren Gemeindegliedern wurde die betrübliche Situation aufs Herz gelegt, dass es in den Orten ihrer Region so wenige Christen gab. Nach eingehendem Gebet wurde ihnen der Gedanke geschenkt, in den umliegenden Dörfern Kurzgottesdienste zu halten.

Wenn ein Gottesdienst nicht länger als eine halbe Stunde dauern werde, sagten sie sich, könnten viele durchführt und Menschen, die bisher kein fundiertes Evangelium zu hören bekamen, einmal angesprochen werden. Außerdem konnte sich jeder, auch im Winter, dreißig Minuten lang draußen aufhalten. Weiter hatten solche Gottesdienste den Vorteil, dass ein Ehepartner, der gegen den Glauben war, nicht bemerkte, wenn der andere an einer Wortverkündigung teilnahm. Er konnte ja denken, der andere sei zu einem Nachbarn oder zum Einkaufen gegangen.

Die Kurzgottesdienste wurden eingeführt und vierzehn Brüder konnten in 120 Orten Dienst tun. Nach zwei Jahren hatten 240 Menschen eine Entscheidung für den Herrn Jesus Christus getroffen, und es entstanden Gemeinden. Neben der Verkündigung boten die Missionare auch praktische Hilfe an. Sie stellten „Burkis“ (Filzstiefel) her, hackten alten Leuten das Holz usw.

Kann der Herr auch dir Verstand zu Taten geben? Bestimmt! Bitte doch mal darum!

Der Herr ist gut und gerecht;
darum weist er Sündern den Weg.
Psalm 25.8

Schon mit sechs Jahren kam Jurij zur Musikschule. Ein Jahr später wurde er in die Charkower Schule für musikalisch hochbegabte Kinder aufgenommen. Es folgte die Musikakademie in Charkow und die Aspirantur in Moskau. Mit neunzehn Jahren nahm er am internationalen Wettbewerb für Akkordeonspieler in Klingenthal (damals DDR) teil und errang den dritten Platz. Nun folgten Einladungen ins Ausland, und im Vergleich zu anderen Sowjetbürgern verdiente er viel Geld.

Er gewann die Ansicht, ein genialer Mensch zu sein. Auf der Bühne wurde er umjubelt und nachher gab es üppige Feiern. An Gott dachte er nicht. Warum auch? Alles was er war, hatte er sich durch seinen Fleiß erarbeitet. Doch langsam begann der Alkohol in seinem Leben eine immer größere Rolle zu spielen.

Mit der Perestrojka wurden die Staatsgelder auch für das philharmonische Orchester Murmansk eingeschränkt, und Jurij war einer der ersten, die entlassen wurden, weil sein Können durch den Wodkagenuss Schaden genommen hatte. Nach einem Zerwürfnis mit dem Vater stand er auf der Straße. Da griff Gott, von dem er bisher nichts hatte wissen wollen, nach ihm, und das geschah so:

Jurij kam an einem Gemeindehaus vorüber und hörte Gesang. Kurz entschlossen betrat er das Haus und wurde trotz seines verkommenen Aussehens und ekelhaften Geruchs nicht hinausgeworfen, sondern angenommen. Das beeindruckte ihn.

Nach einiger Zeit bekehrte er sich, wurde ins Gemeindeorchester aufgenommen und durfte nun wieder musizieren. Doch nicht um menschliche Anerkennung, sondern zur Verherrlichung des Herrn. Jetzt hatte ihn Gott da, wozu er ihm die Gaben gegeben hatte.

Es kamen aber dahin Juden von Antiochien und Ikonion und überredeten das Volk und steinigten Paulus und schleiften ihn zur Stadt hinaus und meinten, er wäre gestorben.
Apostelgeschichte 14,19

Es war schon immer so: Dort, wo das Evangelium klar verkündigt wird, sendet auch der Gegenspieler Gottes seine Boten aus. Warum das so war und ist? Nach dem Zeugnis der Schrift ist der Satan neben Gott die höchste Intelligenz. Er weiß, dass dort, wo das Wort der Bibel deutlich und in Vollmacht verkündigt wird, Menschen zum Glauben an den Herrn Jesus kommen; und diese Menschen gehen ihm verloren. Das möchte er verhindern und stiftet an den Orten, an denen das Evangelium bekannt gemacht wird, eine schreckliche Aufgeregtheit. Nicht selten führt sie dazu, dass den Gottesboten, wie im Falle des Apostels Paulus ersichtlich, nach dem Leben getrachtet wird.

Diese Erfahrung musste auch Peter Nastasijtschuk machen, der als Missionar in dem zentralkarpatischen Kreis Werchowina Dienst tut.

Wieder, wie so oft, war er in Begleitung eines Glaubensbruders mit seinem Wagen unterwegs, um die Frohe Botschaft von der Erlösung durch den Herrn Jesus Christus zu verkündigen. Da trafen sie in einem Dorf auf eine Frau, die heftig winkte. „Die will etwas von mir“, dachte Peter, hielt an und versuchte mit der Frau ins Gespräch zu kommen. Doch sie war betrunken und schlecht zu verstehen.

Da kam auch schon ihr betrunkener Mann mit einem Stein in der Hand angerannt und wollte ihn nach Peter werfen. Zum Glück konnte ihm der Stein von einem Nachbar entrissen werden. Sofort rannte der Mann zu seinem Haus und schrie: „Jetzt hol ich das Beil!“ Bevor er zurückkam, fuhr Peter davon.

Wer aber Ärgernis gibt einem dieser Kleinen,
die an mich glauben, dem wäre besser,
dass ein Mühlstein an seinen Hals gehängt und
er ersäuft würde im Meer, wo es am tiefsten ist.
Matthäus 18,6

Dort, wo der Alkohol ein Laster für die gesamte erwachsene Bevölkerung ist, wo bei jeder Kleinigkeit zu Messern oder Äxten gegriffen wird, wo jedes Mädchen weiß, dass Heirat ihm Prügel und Mißhandlungen vom Ehemann einbringen wird und wo nicht jedes Kind weiß, wer sein echter Vater ist, gelang es Bruder Peter eine christliche Kinderfreizeit durchzuführen. An dieser Freizeit, sie war die erste in dieser Gegend, nahmen 48 Jungen und Mädchen teil.

Eines Abends hörte eine Gruppenleiterin, dass in einem Zimmer geweint wurde. Sie ging hinein und sah, dass alle Mädchen mit tränennassen Gesichtern in ihren Betten saßen. Schon bald erzählten sie der Leiterin, dass sie an den Herrn Jesus glaubten und sich bekehren möchten. – „Dann tut es doch!" sagte die Leiterin mutmachend. Jetzt erfuhr sie weshalb die Mädchen weinten:

Sie hatten Angst vor möglichen bösen Reaktionen ihrer Eltern. Eines der Mädchen erzählte: „ ‚Wenn du gläubig zurückkommen solltest', hat meine Mutter gesagt, ‚zünde ich unser Haus an und bringe mich um.'"

Die Leiterin ging zu Bruder Peter und erzählte ihm das. Der machte sich am nächsten Tag auf den Weg zu dieser Mutter.

„Wissen Sie", verteidigte sich die Frau, „einer meiner Jungen hat sich den Zeugen Jehovas angeschlossen. Ich habe Angst, dass mein Mädchen ebenso wird wie er." – Peter konnte die Frau beruhigen. Sie gestand ihm: „Ich lese bereits in der Bibel und stimme in Vielem mit ihnen überein."

Diese Nachricht nahmen die Kinder, die für Peter und die Frau gebetet hatten, mit großer Freude auf.

## 23. September

Also auch, sage ich euch, wird Freude sein
vor den Engeln Gottes über einen Sünder, der Buße tut.
Lukas 15,10

Als die Ärztin Marina erfuhr, dass in den Karpaten eine christliche Kinderfreizeit durchgeführt werden sollte, zu der über einhundert Anmeldungen vorlägen, erwachte in ihr der Wunsch, daran teilzunehmen. Sie wandte sich an den Leiter und bot ihm an, die ärztliche Versorgung der Kinder kostenlos zu übernehmen. In Wahrheit war das aber nicht der Grund, weshalb sie mit den Kindern in die Karpaten ziehen wollte. Es drängte sie zu erfahren, wie eine Freizeit christlich durchgeführt werde. Außerdem wollte sie die frische Bergluft genießen. Der Freizeitleiter nahm ihr Angebot mit Freuden an.

Schon im Verlauf des ersten Gottesdienstes, der von den Kindern mitgestaltet wurde, bekehrte sich Marina. Die Frohe Botschaft legte sich wie Balsam auf ihr müdes Herz. Anschließend bekannte sie:

„Schon seit fünf Jahren suche ich Gott. Das Suchen begann schon während meines Universitätsstudiums. Doch ich fand niemand, der meinen geistlichen Durst stillen konnte. Meine Heirat brachte mir kein Glück. Hätte ich früher von Jesus erfahren, wäre mein Leben bestimmt anders verlaufen."

Danach gefragt, was den Ausschlag zu ihrer Bekehrung gegeben habe, erklärte Marina: „Die klare Botschaft war ein wesentlicher Punkt. Doch die Lieder der Kinder, die begeistert von Gott sangen, waren für mich die stärkste Predigt. Am liebsten würde ich für immer in dieser Gemeinschaft bleiben."

Am Nachmittag erfuhr Marina, dass sich mit ihr noch zweiunddreißig Kinder bekehrt hatten. „Wenn sich die Engel im Himmel schon über einen Sünder freuen, der Buße tut", sagte sie, „wie groß muss diesmal der Jubel gewesen sein!"

Lasset uns aber Gutes tun und nicht müde werden; denn zu seiner Zeit werden wir auch ernten, wenn wir nicht ablassen.
Galater 6,9

Trotz seiner Jugend kannte sich Manutschar schon gut in der Bibel aus und verkündigte ein klares, den Menschen zu Herzen gehendes Wort. Das erkannte auch die Gemeinde in Dilikauri (Georgien) sehr bald und setzte ihn als Evangelisten ein. Geboren wurde Manutschar in Tbilissi, als Sohn wohlhabender Eltern. Er studierte Jura und Ökonomie.

Jeden Sommer kam er zu seiner Großmutter nach Dilikauri. Hier joggte er jeden Morgen mit einigen jungen Männern, badete im Bergfluss und beschäftigte sich anschließend mit der Bibel. Nach Jahren kam er bei der Betrachtung des Evangeliums nach Johannes zum Glauben. Das missfiel seinen orthodoxen Eltern, und sie beschimpften ihn als einen Verräter des väterlichen Glaubens.

Bald danach lernte Manutschar ein junges Mädchen mit Namen Nestan kennen, das sich durch sein Zeugnis bekehrte. Jetzt lernte er sie lieben und versprach ihr die Ehe. Das war für seine Eltern eine Unmöglichkeit. Sie machten Manutschars Glauben dafür verantwortlich, dass er ein Dorfmädchen ohne Hochschulbildung heiraten wollte, und jagten ihn mit der Erklärung aus dem Haus: „Du bist erst wieder unser Sohn, wenn du zum orthodoxen Glauben zurückkehrst!“

Doch Manutschar kehrte nicht mehr zurück. Seine Großmutter vererbte ihm ihr ärmliches Anwesen und der Ertrag der kleinen Landwirtschaft reichte gerade so zum Lebensunterhalt aus. Doch Manutschar resignierte nicht. Er studierte eifrig seine Bibel und war ein aktiver Missionar seiner Gemeinde. Er wusste, dass er das nicht hätte sein können, wenn er seinen Eltern gefolgt und seinen Beruf ausgeübt hätte. Wärst auch du dazu bereit?

## 25. September

Und er sprach zu ihnen:
... habt ihr auch je Mangel gehabt? Sie sprachen: Nie.
Lukas 22,35

Diese Worte sind den Reden des Herrn Jesus entnommen, als er seine Jünger ausgesandt hatte, ohne ihnen die sonst üblichen Utensilien mit auf den Weg zu geben. Dennoch sagen die Jünger, dass sie nie Mangel hatten! Wie kamen sie zu dieser Aussage, wo doch feststand, dass sie vieles nicht hatten, was andere besaßen?

Bei der Behandlung dieser Frage kommt es darauf an, was einem wichtig ist! Die Jünger konnten trotz allem was sie nicht hatten, dennoch zufrieden sein, weil ihnen die Zuneigung des Herrn Jesus wichtig war und die hatten sie!

War diese Haltung aber nur bei den damaligen Jüngern zu finden? Nein, sie ist bei allen wahrhaft Gläubigen, auch in unseren Tagen, vorhanden! Das zeigt ein Gespräch mit einer kinderreichen Mutter aus der Ostukraine sehr deutlich.

„Wie geht es euch nach den ausgiebigen Regenfällen der letzten Wochen?“ wurde sie gefragt.

„Gut, wir leiden keine Not“, lautete die Antwort. „Unser Gemüsegarten ist zwar nur noch Matsch und von dem Gesäten ist keine Spur mehr zu sehen. Doch wir klagen nicht. Anderen Orts hat es so geregnet, dass Häuser weggeschwemmt wurden. Wir haben unser Haus noch. Es wäre eine Sünde, wenn wir klagen würden!“

„Ist mit dem Garten gar nichts mehr los?“

„Doch, wir haben Mais gesät. Wenn der Herr will, werden wir den ernten können.“

„Wie geht es euch sonst?“ – „Wir haben große Freude, weil sich unsere zweite Tochter für den Herrn Jesus entschieden hat!“

Hättest du in dieser Situation auch solche Antworten geben können? Wenn ja, wären sie auch echt gewesen?

## 26. September

Jesus spricht: Ich bin der Weg
und die Wahrheit und das Leben;
niemand kommt zum Vater denn durch mich.
Johannes 14,6

Nach einer Predigerkonferenz war Omari von dem Gehörten noch ganz erfüllt. Kaum hatte er mit anderen Brüdern im Wartesaal des Bahnhofs Platz genommen, schmiedete er Pläne, wie er seine Missionstätigkeit in Zukunft gestalten wollte.

Plötzlich war der Gedanke da: „Eine bessere Möglichkcit zum Evangelisieren wie hier gibt es gar nicht! Die meisten der hier wartenden Menschen haben nicht die blasseste Ahnung davon, dass Gott ihnen durch seinen Sohn Jesus Christus das ewige Leben anbietet!"

Omari betete im Stillen um Kraft. Dann trat er in die Mitte des Saales und rief: „Wer von Ihnen die wichtigste Frage des Lebens richtig beantwortet, bekommt von mir ein Geschenk!"

Die Leute wurden neugierig und wandten sich ihm zu. „Wir sind alle unterwegs", fuhr Omari fort. „Der eine reist nach Moskau, der andere nach Kiew oder Odessa. All diese Wege sind kurz, und wir werden schon bald das Ende der Reise erreicht haben. Auch unser irdischer Weg ist begrenzt, irgendwann wird er ein Ende finden. Nach dem eintretenden Tod kommen wir in einen Zustand, der niemals mehr enden wird. Es gibt zwei Ewigkeiten: eine bei Gott, wo Seligkeit und Friede herrschen; die andere ist die Hölle, wo Qual und Heulen niemals enden. Ich denke, niemand möchte in die zweite Ewigkeit kommen. Und jetzt meine Frage: Wie kommt man in die erste Ewigkeit?"

Die Leute im Wartesaal dachten angestrengt nach. – „Man muss ehrlich leben", sagten die einen. – „Man muss gute Werke tun", die anderen – „Man muss getauft sein." – „Man muss Jesus gehorchen." Und so weiter.

Wie hättest du geantwortet?

## 27. September

Jesus spricht: Ich bin der Weg
und die Wahrheit und das Leben;
niemand kommt zum Vater denn durch mich.

Johannes 14, 6

(Fortsetzung)

Omari fand, dass die Antwort, man müsse dem Herrn Jesus gehorchen, die beste war. Sie kam von einer Frau, und er schenkte ihr ein wertvolles christliches Buch. Dann fuhr er fort: „Alle Menschen auf dieser Erde müssen die Frage beantworten: Wie komme ich in die erste Ewigkeit? Diese Frage muss richtig beantwortet werden, weil davon die Zukunft eines jeden abhängt. Die richtige Antwort kann uns aber nur Gott selbst geben. Also müssen wir die Bibel, die Gottes Wort ist, befragen.

In ihr erklärt der Herr Jesus Christus, der Sohn des lebendigen Gottes: ‚Ich bin der Weg und die Wahrheit und das Leben; niemand kommt zum Vater denn durch mich.' – Damit steht fest: wer in die erste Ewigkeit, den Himmel, kommen möchte, kommt an dem Herrn Jesus Christus nicht vorbei!"

Während Omari noch den Heilsweg erklärte, trat ein junger Mann an seine Seite, sah ihn Mitleid erregend an und fragte: „Wie soll ich nach deinen Worten nun weiter leben?"

„Stiehl doch! Hier auf dem Bahnhof gibt es genug Möglichkeiten", schrie ihm ein anderer zu. Der junge Mann wollte es tun, und Omari hatte Mühe, ihn davon abzuhalten. Schließlich erzählte der Mann, dass er vor kurzem aus der Haft entlassen wurde, in die ihn eine junge Frau gebracht hatte. Jetzt wollte er zu ihr fahren und ihr aus Rache die Ohren abschneiden. Als er die Frau beschrieb, wusste Omari: „Die kenne ich. Sie ist inzwischen gläubig geworden und gehört einer Gemeinde in Odessa an."

Omari machte dem Mann klar, dass er so nie in die erste Ewigkeit kommen werde. Als Omari später nach Odessa kam, besuchte er die Frau. Der Mann war bei ihr gewesen, hatte ihr aber kein Leid angetan.

Das ist gewisslich wahr und ein teuer wertes Wort,
dass Christus Jesus gekommen ist in die Welt,
die Sünder selig zu machen.
1. Timotheus 1,15

Die Witterungsverhältnisse sind oft ein Gradmesser dafür, wie viel einem das Wort Gottes wert ist. Wenn der Gang zu einer Gemeindeveranstaltung ansteht, sind ein paar Regentropfen oft schon ein Hinderungsgrund. Weltliche Veranstaltungen werden dagegen auch dann noch besucht, wenn es nur so kübelt.

Bei Michail Trubtschik aus Jakutien verhielt es sich anders. Er wusste, dass das Evangelium das Wertvollste auf dieser Erde ist, denn er selbst hatte erfahren, dass nur dadurch Menschen aus ihren Bindungen befreit werden und ewiges Leben erhalten konnten. Von daher war er mit seinem russischen Geländewagen selbst bei Minus 40°C und mehr in weit entfernte Orte unterwegs, um die Frohe Botschaft zu verkündigen. Selbst Schneegestöber vermochten ihn nicht zurückzuhalten.

So berichtet Michail von einer Fahrt, bei der er wegen hoher Schneeverwehungen nicht ständig auf dem zugefrorenen Fluss bleiben konnte und auf die Uferböschungen ausweichen musste: „An einem der Hänge platze ein Hinterreifen und unser Wagen kippte fast um. Ich montierte das Reserverad. Etwa 22 km vor unserem Ziel hatten wir wieder einen Platten. Diesmal war ich gezwungen, den Reifen zu montieren.

Mit dem Benzinbrenner wärmte ich den Gummi, meine Hände und Knie auf. Immerhin war die Temperatur auf Minus 43°C abgesunken. Nach eineinhalb Stunden, gegen 22 Uhr, war das Rad wieder platt. Doch wir kamen noch bis in den Hof der Glaubensgeschwister und konnten uns gegen 2 Uhr zu Bett begeben. Mit besonderer Dankbarkeit verkündigten wir am nächsten Tag das Wort."

Wärst auch du dazu in der Lage?

Denk an deinen Schöpfer in deiner Jugend,
ehe die bösen Tage kommen und die Jahre sich nahen,
da du wirst sagen: „Sie gefallen mir nicht."
Prediger 12,1

Das Thermometer zeigte Minus 10°C an, als sich das Missionsteam aus Dergatschi zum Einsatz auf den Weg machte. Am Zielort verteilten die Brüder Einladungen zu einer evangelistischen Veranstaltung. Dabei wurden sie auf eine Frau aufmerksam, die ein kleines Kind auf dem Arm trug und ein etwa zehnjähriges Mädchen an der Hand führte.

Ein Bruder fragte die Frau, wohin sie unterwegs sei. Sie nannte den Namen eines Ortes, der 10 km entfernt lag. Der Bruder erbot sich, die Frau mit seinem Auto nach Hause zu bringen. Bevor diese mit den Kindern einstieg, zeigte sie die Straße hinunter zu einem taumelnden Mann. „Das ist mein Igor. Könnten Sie den auch noch mitnehmen?" – Der Bruder nickte, obwohl der Mann furchtbar nach Alkohol roch.

Als die vier ausstiegen, sagte der Bruder zur Frau: „Ich schenke Ihnen ein Neues Testament." – Die Frau nahm es und bat: „Kommt doch auch zu uns und predigt Gottes Wort!" – Der Bruder versprach es und legte zu dem Testament ein Päckchen Einladungen.

Als das Missionsteam später den Ort besuchte, erzählte die kleine Nadja, dass der Papa im Testament lese und nicht mehr trinke. Von den Besuchern der Evangelisation erfuhren die Brüder, dass Nadja mit den Einladungen von Haus zu Haus gegangen sei, mit den Leuten gesprochen habe und nun die „kleine Predigerin" genannt werde.

Ohne das oben erwähnte Schriftwort zu kennen, hatte es Nadja in die Tat umgesetzt. Oh, dass doch noch viele ihrem Beispiel folgen möchten, und das Tätigwerden für den Herrn nicht ins Alter verschieben, wo sie dann meistens nicht mehr können.

Er nimmt den Häuptern des Volks im Lande
den Mut und führt sie irre, wo kein Weg ist,
dass sie in der Finsternis tappen ohne Licht,
und macht sie irre wie die Trunkenen.
Hiob 12,24-25

Wenn der Herr die Führer eines Volkes irre macht, ist das ein Gericht darüber, dass Seinem Wort nicht gehorcht wurde. Und wenn die Führer irre sind, wird es im Volk viele Verführte geben.

Immer wieder stieß das von Alexander geleitete Missionsteam, das unter den Udmurten arbeitet, die zwischen Wolga und Ural beheimatet sind, auf diese Tatsache.

Als Beispiel dafür steht das Dorf Urom. Hierher wurde das Team von einer Frau geladen. Beim ersten Besuch führte Team vor dem Haus der Frau eine Versammlung durch. Beim zweiten wurde ihm, auf Betreiben der Schuldirektorin, die Schulkantine zur Verfügung gestellt. Doch leichter war der Dienst dadurch nicht geworden.

Als Alexander eine Frau einlud und fragte: „Möchten Sie etwas von Gott hören?" – antwortete sie in barschem Ton: „Nein! Ich bin orthodox!" – Wie, eine orthodoxe Frau will nichts von Gott hören?

Der Hausmeister der Schule war auch orthodox und musste erst den „Vater Sergij" fragen, ob er zu der Versammlung gehen dürfe. Natürlich kam der Hausmeister nicht.

Dem Team war das klar, weil der „Vater" seine „Kinder" zwang, die von Alexander erhaltenen Testamente zu verbrennen.

„Vater Sergij" hatte aber nichts dagegen, dass viele seiner „Kinder" einen Hausaltar hatten auf dem sie den Götzen opferten.

Solches Verhalten dürfte uns nicht unbekannt sein. Von höherer Warte kann man mit allen und allem auskommen, nur nicht mit überzeugten Christen.

## 1. Oktober

Und er (Jesus) herzte sie und
legte die Hände auf sie und segnete sie.
Markus 10,16

Als einige Mitarbeiter unseres Missionswerkes eine Internatsschule für Waisenkinder in Russland besuchten, stellten ihnen die Erzieher eine Gruppe der kleinsten Hausbewohner vor. Sie schauten die Mitarbeiter mit großen, fragenden Augen an und schienen, wie sich bald zeigte, nichts Außergewöhnliches zu erwarten: nur ein bisschen Liebe, ein paar anerkennende Worte und ein Streicheln über das Haar.

Die Mitarbeiter mussten an das im Evangelium nach Markus geschilderte Verhalten des Herrn Jesus denken, der die Kinder geherzt und gesegnet hatte; und sie strichen den Kleinen zärtlich über das Haar. Dann wurden die Kinder zu den Tischen geführt, auf denen die Mitarbeiter Kleider ausgebreitet hatten, aus denen sich die kleinen Hausbewohner Sachen aussuchen durften, die sie ihrer Ansicht nach brauchten. Dabei erteilten sie den Erwachsenen eine Lektion.

Die Kinder griffen nicht nach den schicken Pullovern und Jacken, auch nicht nach festlichen Kleidern, sondern nach den praktischsten Sachen.

Ein sechsjähriger Junge erklärte: „Ich wasche und bügle meine Kleider selbst. Das erfordert sehr viel Zeit und Seife. Deshalb sind mir dunkle Kleider lieber. An ihnen sieht man den Schmutz nicht so schnell."

Dann gestalteten die Mitarbeiter einen Gottesdienst, übergaben der Internatsbücherei christliche Kinderbücher und stellten sich den Fragen der Kleinen. Es war rührend, was die Kinder über den Inhalt der Bibel wissen wollten. Dann durften sich die Kleinen Bücher ausleihen und ein Mädchen, das sich eine Kinderbibel genommen hatte, drückte diese fest an seine Brust, wie etwas sehr Wertvolles, womit es auch Recht hatte...

Also lasst euer Licht leuchten vor den Leuten,
dass sie eure guten Werke sehen
und euren Vater im Himmel preisen.
Matthäus 5,16

Im Blick auf die wunderbaren Führungen unseres Herrn schrieb der Dichter Paul Gerhardt in einem seiner vielen Lieder: „Weg hast Du allerwegen, an Mitteln fehlt Dir's nicht; Dein Tun ist lauter Segen, Dein Gang ist lauter Licht."

Das durfte in besonderer Weise die Gemeinde in Puru erfahren. Sie war froh, dass sie mit Hilfe unseres Missionswerkes das große Gebäude eines ehemaligen Restaurants erwerben konnte. Doch kaum war es ihr Eigentum, ergaben sich enorme Probleme mit dem Dach: Es war undicht. Und bei den häufigen Regenfällen im Baltikum drang das Wasser durch Decken und Wände. Was tun? Es fehlte an Geld und Material!

Wir berichteten von diesem Problem in unseren Nachrichten, und der Herr führte es so, dass es einer deutschen Gemeinde aufs Herz gelegt wurde, in Puru zu helfen. Nach einer Informationsfahrt kam eine Arbeitermannschaft nach Puru und brachte auch das nötige Baumaterial mit. Obwohl es manchmal stark regnete, gingen die Arbeiten schnell voran und wurden so zur Evangelisation für die ganze Stadt.

Überall wurde voll Anerkennung von den Gläubigen gesprochen. So wurde einer Glaubensschwester beim Einkaufen gesagt: „Sie haben da erstaunliche Dacharbeiter. Die machen keine Raucherpausen und trinken nicht auf jedes angenagelte Brett. Wo habt ihr diese Leute her? Können sie unsere Männer nicht umerziehen?" – Die Schwester konnte ein eindrückliches Zeugnis für den Herrn ablegen.

Das neue Dach war wie eine leuchtende Kerze in der Stadt. Einige Leute ließen sich dadurch den Weg in die Gemeinde zeigen. Und die Gläubigen dachten an die oben angeführten Worte ihres Herrn aus der Bergpredigt.

In dem Namen Jesu sollen sich beugen
aller derer Knie, die im Himmel und auf Erden sind.
Philipper 2,10

Was zur Zeit der sowjetischen Diktatur für niemand in den kühnsten Träumen vorstellbar gewesen wäre, geschah nach der Perestrojka in Belaja Zerkow (Ukraine). Die gleiche Polizei, die noch wenige Jahre vorher Gottesdienste auf brutalste Weise auflöste und Prediger in Straflager brachte, stoppte nun den Verkehr, damit 70 junge Christen sich in zwei Gruppen mit ihren Fahrrädern auf Evangelisationstour begeben konnten. Obendrein wurde jede Gruppe noch von der Polizei eskortiert. Dadurch erweckten die jungen Christen bei ihrem Erscheinen in den Dörfern sofort große Aufmerksamkeit, was ihrem Dienst zugute kam.

In Teresino, wo der Abendgottesdienst vor dem Dorfklub durchgeführt wurde, sagten die Leute: „Früher kamen nur solche Leute wie Fidel Kastro aus Kuba oder Kho-Schi-Min aus Vietnam mit Polizeibegleitung in unser Dorf. Jetzt sind es die Christen."

Auf ihren Einladungsgängen von Haus zu Haus sagte den Jugendlichen eine alte Frau: „Wie soll ich zu euch kommen können! Ich hatte in den beiden letzten Tagen nichts zu Essen und bin zu schwach."

Sofort gaben ihr die Jugendlichen von ihren eigenen Rationen ab und hackten Holz, damit sie ihren Ofen wieder anfeuern konnte. Trotzdem blieben einige ältere Dorfbewohner misstrauisch. – „Gesungen und gesprochen haben die Jungen gut", sagten sie. „Doch lasst uns erstmal sehen, wie viel Dreck sie hinterlassen werden." – Sie waren es gewohnt, dass nach Jugendveranstaltungen Müllberge herumlagen. Diesmal war es anders. Die Christen beseitigten nicht nur ihren Müll, sondern auch den, den andere liegengelassen hatten. „Diesen jungen Menschen muss man glauben", sagten die Leute jetzt.

Sie riefen: ... Kreuzige, kreuzige ihn! Pilatus sprach zum dritten Mal: Was hat denn dieser Übles getan? Ich finde nichts an ihm, was den Tod verdient hätte; darum will ich ihn züchtigen und losgeben. Aber mit großem Geschrei forderten sie, dass er gekreuzigt würde... Und Pilatus urteilte, dass ihre Bitte geschähe.

Lukas 23,21-24

So wie damals der Sohn Gottes grundlos dem Tod ausgeliefert wurde, wurden das durch die Jahrtausende hindurch auch Seine treuen Nachfolger. Selbst heute verfährt man noch so mit ihnen. Ja, dieses grundlose Töten der Gläubigen wird erst ein Ende haben, wenn der Herr wiederkommt und die Seinen von dieser Erde zu sich nimmt.

Von manchen Orten scheint, was die Verfolgung der Gläubigen anbetrifft, geradezu ein Zwang auszugehen. Als Beispiel dafür könnte Rybinsk stehen, das 300 km nördlich von Moskau an dem gleichnamigen See liegt, der der größte künstliche See der Welt ist. Seine Staumauer wurde von 1936 bis 1941, größtenteils von Häftlingen mit Kreuzhacken und Schubkarren errichtet.

Unter den Inhaftierten befanden sich sehr viele Christen. Für die meisten von ihnen wurde diese Staumauer zur letzten Ruhestätte. Wenn ein Häftling zusammenbrach, wurde er an Ort und Stelle mit Beton zugeschüttet. Dabei waren manche noch gar nicht tot.

Die gläubige Gemeinde in Rybinsk zählt heute 130 Mitglieder und ist sehr missionarisch. Aber die Ablehnung um des Herrn Jesu willen hat hier noch nicht aufgehört. Das junge Missionsehepaar Roman und Ljudmila, muss das immer wieder erfahren. Ihnen wurden schon 14 Mal die Fensterscheiben eingeschlagen. Die Hetze, die früher vom Staat ausging, wird heute von der orthodoxen Kirche betrieben. Doch Roman und Ljudmila tun ihren Dienst in Treue weiter.

Wer den Sohn leugnet, der hat auch den Vater nicht; wer den Sohn bekennt, der hat auch den Vater.
1. Johannes 2,23

Lässt dich dieses Wort kalt? Ist es dir egal, ob du den Vater hast oder nicht? Wenn es dir gleichgültig ist, bringst du dich um sehr viel Segen!

Den Tarnopolskijs aus der Ukraine war das nicht egal. Sie hatten Gott durch den Herrn Jesus Christus zum Vater und erfuhren viele Segnungen. Das schwarze Mädchen, von dem unsere Betrachtung am 2. Januar handelte, wurde von Vadim und Nadja Tarnopolskij aufgenommen. Obwohl es im Internat als schwachsinnig abgestempelt wurde, war es, dank der Hilfe des Herrn und den Bemühungen von Nadja, nach zwei Jahren in seiner Klasse die zweitbeste im Vorlesen unbekannter Texte!

Neben zwei eigenen Söhnen und dem schwarzen Mädchen nahmen die Tarnopolskijs noch sechs weitere Kinder auf, die alle mit gravierenden Lernschwächen behaftet waren und in einer Sonderschule untergebracht werden sollten. Doch Nadja wehrte sich energisch dagegen, und mit dem Beistand des Herrn gelang es ihr, die Kinder so zu fördern, dass sie auf der „normalen Schule“ einigermaßen zurechtkamen.

Gegen Ende eines jeden Jahres gab der ukrainische Präsident einen Empfang für Familien, die Waisenkinder aufgenommen hatten. Auch Vadim und Nadja wurden dazu Ende eines Jahres geladen und bekamen vom Staat als Dankeschön einen russischen Kleinbus geschenkt.

Bei der Schlüsselübergabe schenkte Vadim dem Präsidenten eine ukrainische Bibel mit den Worten: „Sie stehen an der Spitze des Staates und benötigen viel Weisheit, um richtige Entscheidungen zu treffen. Die Bibel ist die Grundlage der Weisheit.“

Der Präsident nahm die Bibel dankend an. Stehst auch du so im Segen, dass du in der Öffentlichkeit Bibeln verschenken kannst?

Siehe, auch jetzt noch ist mein Zeuge im Himmel,
und mein Fürsprecher ist in der Höhe.
Hiob 16,19

Nach ihrer Entlassung berichteten einige inhaftierte ausländische Glaubensgeschwister, dass sie von den kommunistischen Untersuchungsrichtern in einen solchen Geisteszustand versetzt worden seien, dass sie, wäre es von ihnen verlangt worden, unterschrieben hätten, die Wolga würde Heu fressen und die Kuh in das Kaspische Meer münden...

Pjotr Rumatschik brachten die Untersuchungsrichter aber nicht so weit. Er gab in seinem Schlusswort ein klares Zeugnis: „Die verlesene Anklageschrift muss die einer anderen Person sein. Was darin zum Ausdruck kam, betrifft mich nicht... Ich kann nur sagen, dass noch kein Staat, der mit administrativen und juristischen Maßnahmen das Christentum ausrotten wollte, sein Ziel erreicht hat. Das Christentum hat bis heute alle Unterdrückungsmaßnahmen überlebt. Das Wort Gottes ist trotz aller Verfolgungsarten lebendig wirksam und breitet sich auch in unserem Land aus. Im Laufe der Jahrtausende mussten sich die Christen immer wieder die Frage stellen: ‚Was sollen wir tun? Das, was Gott in seinem Wort, der Bibel, sagt oder das, was die Starken dieser Welt verlangen?' Die wahren Christen gaben dem Wort Gottes den Vorzug..."

Hier wurde Pjotr unterbrochen: „Angeklagter, Sie sind nicht im Gottesdienst. Sie stehen vor Gericht! Also werden Sie sachlich!"

Pjotr fuhr unbeirrt fort: „...Meinem Herrn wurden schwerere Verbrechen zur Last gelegt als mir. Er wurde ans Kreuz gebracht, mir steht nur das Gefängnis bevor... Meine Rede möchte ich mit einem Wort aus der Bibel beenden: ‚Siehe, mein Zeuge ist im Himmel. Der mich kennt, ist in der Höhe.' – Das letzte Urteil über mich wird also mein Herr sprechen!"

Weißt du das auch?

Der Herr hat Großes an uns getan;
des sind wir fröhlich.
Psalm 126,3

Dieses Psalmwort kam Helene Tiessen in den Sinn, als sie nach zweijähriger Gefängnishaft wieder in Freiheit war. Doch wie kann ein Mensch fröhlich sein und von großen Taten Gott reden, wenn er Jahre hinter Gefängnismauern verbrachte?

Würde jemand nach zweijähriger Reise, auf der er die Schönheiten der Welt bewundern konnte, in einen solchen Ruf ausbrechen, wäre das verständlich, – aber so? – Dennoch, Helene tat es und sie konnte es tun, weil sie auf dem gesunden Fundament des Glaubens stand. Für sie, die man wegen ihres treuen Glaubens eingesperrt hatte, war die Haft keine verlorene Zeit, sondern ein Reifungsprozess.

Im Gefängnis stand sie der Frage gegenüber: „Reicht es dir, nichts als nur den Herrn zu haben?“ – Sie erfuhr in besonderer Weise die liebende Hand des Herrn Jesus. Er ließ ihre Seele nie ganz verzagen, sondern stärkte sie immer wieder zur rechten Zeit. Er war ihr sehr gnädig und rechnete ihr ihre Fehltritte nicht zu. Auch, und das nicht zuletzt, konnte sie Zeugnis für Ihn sein.

Dann, als Helene entlassen wurde, stellte sie fest, dass sie noch etwas gelernt hatte. Ihr war nichts mehr selbstverständlich, sie hatte zu allem eine neue Einstellung bekommen. Es war für sie etwas Schönes, wieder einmal den Regen auf ihrer Haut zu spüren. Er erinnerte sie an die Segensströme, die der Herr auf seine Kinder ausgießt. Sie freute sich über die frische Luft, das grüne Gras, die bunten Blumen und den wunderbaren Gesang der Vögel. Auch die Gemeinschaft mit den Glaubensgeschwistern in der Gemeinde hatte für sie eine neue Dimension bekommen.

Frage: muss Gott auch uns erst so wie Helene führen, damit wir eine neue Einstellung bekommen?

Betrachtet den, der so großen Widerspruch von den Sündern gegen sich erduldet hat, damit ihr nicht ermüdet, indem ihr in euren Seelen ermattet.
Hebräer 12,3

Viele Menschen wären gerne berühmt. Doch berühmt zu sein ist nicht immer vorteilhaft. Schon gar nicht, wenn man in einem totalitären Staat lebt, wie die ehemalige Sowjetunion einer war, und bei seinen Organen die Berühmtheit eines „unverbesserlichen Sektierers" erlangt hat. Auch für jene, die Verbindung zu solchen „Berühmtheiten" hielten, war das nicht von Vorteil.

Diese Erfahrung musste auch Valentin machen, der sich in Nadja, die Tochter eines „unverbesserlichen Sektierers", verliebt hatte. An der Hochzeit im Garten von Valentins Opa, konnte der Schwiegervater nicht teilnehmen, da er wieder einmal verhaftet worden war. Kaum hatte der Pastor mit der Predigt in dem aufgestellten Zelt begonnen, tauchten Milizionäre auf und verlangten, das Zelt abzubrechen. Die Hochzeit könnte nur fortgesetzt werden, erklärten sie, wenn nicht über Gottes Wort gepredigt werde.

Nach kurzer Beratung beschlossen die Brüder, die Hochzeit christlich fortzusetzen, obwohl ein leises Zagen an ihren Herzen nagte. Doch der Blick auf ihren Herrn, der stärkeren Widerspruch erfahren hatte, als sie ihn erfuhren, ließ sie standhaft bleiben.

Augenblicke später zogen die Milizionäre, ohne die Hochzeit „auf den Kopf gestellt" zu haben, wieder ab. Doch damit war Valentin noch nicht aus der Schusslinie der Machthaber. Als sein Schwiegervater aus der Haft entlassen wurde, beobachtete man Valentin noch schärfer und sperrte ihn ein Jahr später sogar ein. Valentin verzagte aber nicht, weil er den Blick auf den Herrn gerichtet hielt.

Hab ich dir's nicht mannigfach aufgeschrieben als Rat und Erkenntnis, um dir kundzutun zuverlässige Worte der Wahrheit, damit du rechte Antwort bringen könnest dem, der dich gesandt hat?
Sprüche 22,20-21

Jewgenij fragte sich schon in jungen Jahren: „Warum lebe ich eigentlich?" – Beeinflusst durch eine gewisse Art der Poesie meinte er, zum Genießen geboren zu sein und er genoss das Leben auch in vollen Zügen. Doch der Durst seiner Seele wurde nicht gestillt.

So wandte er sich der Musik zu, die er über alles liebte. Doch eines Tages las er die Worte des Komponisten Wagner: „Die Musik kann kein Ziel sein, sie ist nur ein Mittel, um das Ziel zu beschreiben." Jewgenij musste ihm zustimmen. Auch seinen Seelendurst vermochte die Musik nicht zu stillen. Was war denn das geheimnisvolle Ziel? Hatte sein Leben ein Ziel?

Er musste verneinen und stürzte sich in die Wissenschaft, um die Antwort auf die quälende Frage nach der Wahrheit zu finden. Die Antwort, die er fand, war vernichtend: „Die Wahrheit ist ein Grenzwert, zu dem die Menschheit strebt, den sie aber nie erreichen kann."

Während seines Studiums auf dem Konservatorium wurde er durch einen Kommilitonen wachgerüttelt. Dieser hatte sein Diplom mit Auszeichnung bestanden. Bei der Abschlussfeier zog er sich zurück und sprang im 3. Stock aus einem Fenster. In seiner Tasche fand man einen Zettel mit den Worten: „Und das ist alles, was ihr mir versprochen habt?"

Jewgenij erschrak zutiefst darüber, dachte an seine gläubigen Eltern und griff wieder zur Bibel. In ihr stieß er auf die oben erwähnten Worte und fand bald die Antwort auf seine Frage nach der Wahrheit, sie lautete: Jesus Christus!

Das Wort vom Kreuz ist eine Torheit denen,
die verloren werden; uns aber,
die wir selig werden, ist's eine Gotteskraft.
1. Korinther 1,18

Wenn den Menschen voll bewusst wäre, dass ihre Ablehnung der Botschaft vom Kreuz ein Zeichen dafür sei, dass sie verloren gehen, würden sie auf ihrem Weg umkehren. Wer geht denn schon bewusst in das ewige Verderben! Doch, und das ist besonders traurig, lassen sich verschiedene Gläubige von denen bestimmen, die das Heil in dem Herrn Jesus nicht haben.

Wladimir, der zum Wehrdienst gezogen worden war und die Ausbildung fernab von seiner Heimat machen musste, gehörte nicht zu denen, die sich von den Ungläubigen bestimmen ließen. Ihn schmerzte vielmehr die Trennung von den Glaubensgeschwistern und der Gemeinde.

„Eines Abends", so berichtet"lag ich wie üblich in meinem Kasernenbett. Das Licht war ausgeschaltet, und wir hatten den Befehl zu schlafen. In dem Raum lagen 60 Soldaten. Ich konnte lange nicht einschlafen, meine Gedanken wanderten nach Hause. Ich erinnerte mich der Gemeinschaft mit den Gläubigen, die ich jetzt ein Jahr lang entbehren musste. Eine heiße Sehnsucht erfüllte mich und ich betete im Stillen:

‚Herr, wann werde ich wieder einmal Dein Wort hören, wann komme ich wieder in Gemeinschaft mit Deinen Kindern...?' Plötzlich wurde ich durch eine Männerstimme unterbrochen. Ich lauschte gespannt und hörte, dass jemand predigte. Ich stieg aus dem Bett, ging der Stimme nach und kam zu einem Soldaten, der auf seinem Transistor im Kurzwellenbereich auf eine christliche Sendung gestoßen war. Ich bat den Kameraden, mir das Radio für kurze Zeit zu überlassen. Er tat es und ich kroch mit dem Gerät unter die Bettdecke, um die Botschaft und die Lieder zu hören und wurde gestärkt."

Wachet und betet, dass ihr nicht in Anfechtung fallet!
Matthäus 26,41

Im Alltag ist es für jeden klar: Wenn die Kaffeemaschine, der Rasierapparat oder das Auto nicht funktioniert, ist es ratsam, sich an den Hersteller zu wenden, weil der am besten Bescheid weiß. Nur wenn bei uns selbst etwas in Schieflage geraten ist, denken wir meistens noch nicht einmal daran, uns an unseren Hersteller zu wenden. Dabei könnte Er unsere Mängel leicht beheben, manche würden erst gar nicht auftreten, wenn wir uns schon gleich nach Seinem Wort, der Bibel, richten würden.

Die heute so weit verbreitete Anfechtung würde uns nicht quälen, wenn wir den Rat des Herrn Jesus befolgten: Wachet und betet!

Margarete Klatt, deren Mann wegen seines Glaubens eingesperrt war, wusste das und bat deshalb um Gebetsunterstützung, als die Anfechtung an ihre Herzenstür klopfte. Der Anlass zu diesem Klopfen war die Haftentlassung eines Glaubensbruders aus der Gemeinde. Und dieses Klopfen wurde durch die Bitte der kleinen Tochter noch verstärkt: „Mama, komm Papa suchen!"

Die erforderliche praktische Unterstützung der Glaubensgeschwister achtete Margarete nicht gering. Sie bedankte sich immer wieder für die entgegengebrachte Liebe und das Mitsorgen. Doch das Wesentlichste, die innere Stärke, konnte ihr kein Mensch geben. Die lag allein in den Händen ihres Schöpfers. Und wenn das bei ihr so war, dann war es auch bei Daniel, ihrem geliebten Manne, so.

Deshalb schrieb sie einmal an verschiedene Glaubensgeschwister: „Betet für Daniel, dass er die Möglichkeit erhält, das Wort Gottes zu lesen."

Was hättest du, wenn du an Margaretes Stelle gewesen wärst, für deinen liebsten Menschen erbeten?

Ich aber, weil ich die Wahrheit sage, so glaubet ihr mir nicht.
Johannes 8,45

„Die Wahrheit", sagte jemand, „ist ein herbes Kraut; sie macht jedoch den gesund, der's verdaut." – Also hat der, der die Wahrheit nicht verträgt, geistlich gesehen Verdauungsprobleme, und müsste sich schnellstens in Behandlung begeben. Doch wie bei körperlichen Leiden oft festzustellen, ist es auch bei geistlichen Leiden: sie werden vertuscht!

Das war schon ein Problem, als der Herr Jesus über diese Erde ging, und ist es bis heute geblieben. – Deshalb bekam auch Alexander während eins Verhörs von einem hochgestellten KGB-Offizier gesagt: „Wir haben drei große Probleme: Touristen, Juden und Christen!"

Die Touristen waren in der Sowjetunion zwar willkommen, aber nur wegen der Devisen und weil man meinte, mit den „Herrlichkeiten des Sozialismus" bei ihnen Eindruck schinden zu können.

Doch den „frischen Wind", den sie in den stickigen Polizeistaat brachten, wollte man nicht.

Mit den Juden hatte man das Problem, dass vor allem sie es waren, die sich in der UdSSR für die Verwirklichung der Menschenrechte einsetzten, und Demokratie für alle forderten.

Das schwierigste Problem stellten jedoch die überzeugten Christen dar. Der Kommunismus hatte den Kampf gegen Gott auf seine Fahnen geschrieben, und die überzeugten Christen richteten sich kompromisslos nach der Bibel, dem Wort Gottes!

Schaut man sich die drei Probleme einmal näher an, so hatte der KGB in Wirklichkeit nur ein Problem: die Wahrheit! Er ertrug sie nicht, bekämpfte sie und zerbrach daran.

Hat unser Staat daraus gelernt? Ist bei uns bekannt, dass man nicht auf Dauer ungestraft gegen Gottes Ordnungen leben kann?

Wir haben hier keine bleibende Stadt, sondern die zukünftige suchen wir. So lasset uns nun durch ihn Gott allezeit das Lobopfer bringen.
Hebräer 13,14-15

Viele Menschen verdrängen einfach den Gedanken, dass wir hier keine bleibende Stadt haben. Deshalb tragen sie auch keine Sorge für die bleibende Stadt im Himmel und stehen dann hoffnungslos dem Tod gegenüber, wenn er an die eigene Tür klopft oder ihnen einen lieben Menschen von der Seite reißt.

Der letzte und schlimmste Feind des Menschen kommt oft sehr überraschend. Wie das Anna erfahren musste, deren Mann, Wladimir, mit weiteren zwei Glaubensgeschwistern bei einem Bibeltransport tödlich verunglückte. Als Gläubige verspürte sie zwar Abschiedsschmerz, verfiel aber nicht in Hoffnungslosigkeit.

„Wladimir ist beim Herrn", bekannte sie. „Wir müssen noch durchs Erdental gehen. Uns werden noch viele Schwierigkeiten begegnen, und wir werden noch viele Tränen vergießen, denn wir sind noch nicht in der bleibenden Stadt. – Die Kinder erinnern sich oft an den Vater. Unlängst fragte mich der Älteste, der gerade vier Jahre alt ist: ‚Warum hat uns der Herr Jesus nicht alle zu sich genommen?' Ein andermal: ‚Warum bleibt Vati so lange im Himmel?'

Eines Abends wollte er wissen: ‚Wie ist Vati in den Himmel gekommen und was ist er dort?' – Als ich seine Fragen beantwortet hatte, betete er und schloss mit den Worten: ‚Herr Jesus, bringe uns alle in den Himmel!' – Das war so tröstlich! Mich tröstet auch, dass Wladimir ein großes Verlangen hatte für den Herrn zu wirken, und dass ich ihm dabei kein Hindernis war. Wenn ich es gewesen wäre, wäre das jetzt sehr schwer für mich."

Kannst du das auch sagen: Ich war meinem Mann, meiner Frau, kein Hindernis in der Nachfolge des Herrn?

Es hat euch noch keine denn menschliche
Versuchung betroffen. Aber Gott ist getreu,
der euch nicht lässt versuchen über euer Vermögen,
sondern macht, dass die Versuchung so
ein Ende gewinne, dass ihr's könnet ertragen.
1. Korinther 10,13

Galinas Mann war nach mehrmaligen Verhaftungen als Evangelist in den Untergrund gegangen. Als ihr ältester Sohn Wladimir, der den Herrn Jesus sehr lieb hatte, 19 Jahren alt geworden war, eröffnete er der Mutter, dass auch er in den Untergrund gehen und seinem Herrn dort dienen werde. Die Mutter war bereit, ihn ziehen zu lassen, fragte aber: „Weißt du, mein lieber Sohn, was dich auf diesem Weg erwartet?" – „Ja, Mutti", nickte Wladimir. „Wenn sie mich wirklich fassen, wirst du nicht nur Vater, sondern auch mir Lebensmittel und Kleidung ins Gefängnis bringen. Ich bin bereit."

Ein Jahr später stand er in dieser Prüfung. Er war mit seinem Vater zusammen entdeckt und verhaftet worden. In der Arrestanstalt, in der Wladimir bis zur Überführung in ein reguläres Gefängnis festgehalten wurde, bestand die Möglichkeit, dass Galina mit ihrem Jungen sprechen konnte. So stand sie eines Tages, als Wladimir mit anderen Gefangenen einen Hofrundgang machte, am Zaun.

Der Junge kam zu ihr und sie fragte: „Ist es erträglich hier?" – „Ja, Mutti, es ist erträglich." – „Was bekommt ihr zu essen?" – „Zum Frühstück ein Glas Tee und ein Stückchen Brot; zu Mittag Bouillon und abends wieder ein Glas Tee mit einem Stückchen Brot."

Für Galina war es schwer, das zu hören. Doch sie war sicher, dass der Herr keine Prüfung zulassen würde, die über Wladimirs Kräfte gingen.

Wie dankbar können wir sein, dass wir solchen Prüfungen noch nicht ausgesetzt sind. Würden wir sie bestehen?

Das werden die Frommen sehen und sich freuen,
und aller Bosheit wird das Maul gestopft werden.
Psalm 107,42

Wie freute sich doch der Untersuchungsrichter, als er gegen Ende der Hausdurchsuchung bei Nikolaj Jäger noch auf eine „herrliche Beute“ stieß!

Nein, er hatte keine Geheimdruckerei entdeckt, auch keine christliche Literatur, aber das große Messer, das Nikokaj zum Schlachten seiner Schweine benutzte. Das wusste der Untersuchungsrichter natürlich auch, er wusste auch, dass Nikolaj als Christ dieses Messer nie gegen einen Menschen richten würde, und dass in jedem Haushalt solche Messer vorhanden waren.

Aber in diesem Fall war das Messer etwas Besonderes. Der widerspenstige Christ musste einmal einen gewaltigen Denkzettel verpasst bekommen, und dazu musste nun dieses Messer herhalten.

Zu des Untersuchungsrichters Glück bestätigte auch ein „Sachverständiger“, dass das Messer eine Waffe sei. So wurde Nikolaj verhaftet, und zu sechs Monaten Freiheitsentzug verurteilt.

Lydia, Nikolajs Frau, nahm diesen Schlag sehr gefasst hin. Sie konnte ihrem Mann sogar noch Trost zusprechen. – „Mach dir um uns keine Sorgen“, sagte sie. „Der Herr steht uns bei.“

Ihr selbst war es ein Trost, dass auch ungläubige Nachbarn Nikolajs Verurteilung mit einem Kopfschütteln aufnahmen. Dass ein Schlachtmesser, das nicht zweckentfremdet benutzt worden war, in der Sowjetunion ausreichte, um in ein Straflager zu kommen, verstanden auch sie nicht.

Als Lydia mit den Kindern Nikolaj besuchen wollte, wurden sie nicht zu ihm gelassen. So spazierten sie am Lagerzaun entlang. Plötzlich entdeckten die Kinder den Vater. Der älteste Junge rief ihm zu: „Papa, bete mehr und weine weniger.“ – Dieser Rat war ihm Hilfe.

Gedenke des ganzen Weges, den dich der Herr, dein Gott, geleitet hat... in der Wüste, auf dass er dich demütigte und versuchte, damit kundwürde, was in deinem Herzen wäre, ob du seine Gebote halten würdest oder nicht.

5. Mose 8,2

Damit wir, bildlich gesprochen, zur Besinnung und Einsicht kommen, muss uns Gott oft in die Wüste führen. Auch bei Bruder Kostjutschenko, dem Dirigenten und Vorsitzenden der Revisionskommission in der registrierten Gemeinde von Timaschewsk, war das so. Um die Gefährlichkeit des Weges zu erkennen, den die Gemeinde mit ihrer Registrierung eingeschlagen hatte, musste sie durch Tiefen geführt werden. Diese Führungen wurden mit der staatlichen Anordnung eingeleitet, dass die Versammlungshäuser sich nicht mehr von Wohngebäuden unterscheiden durften, auch im Inneren nicht. So wurde im Versammlungsraum ein Bett, ein Tisch und ein Ofen aufgestellt. Außerdem durften an den Versammlungen keine Kinder mehr teilnehmen.

Eines Tages hatten sich aber doch zwei Mädchen in den Raum geschlichen und krochen unter das Bett. Kurz nach Versammlungsbeginn erschienen einige Behördenvertreter, die das Geschehen offensichtlich durch ein Fenster von außen beobachtet hatten. Freundlich erkundigten sie sich, wie es den Versammelten gehe und fragten: „Verstoßt ihr auch nicht gegen das Gesetz?“ –

„Gott sei Dank, nein“, sagte der Gemeindeleiter. – „Gott sei Dank? Wer steckt denn unter eurem Bett?“

Die Beamten holten die Kinder darunter hervor, und die Glaubensgeschwister schämten sich, dass sie gelogen hatten. Die Gemeinde tat Buße über ihr verkehrtes Verhalten und trennte sich vom falschen Weg. Sie wollte sich nicht mehr von Ungläubigen bestimmen lassen, und die Kinder sollten in den Versammlungen ihren Platz haben.

Lasset uns aufsehen auf Jesus,
den Anfänger und Vollender des Glaubens.
Hebräer 12,2

Peter saß auf seinem Bett und sah nachdenklich zu den Mitgefangenen, die sich in einer Ecke zusammengeschart hatten und Haschisch rauchten. Sollte er seine ganze Gefangenschaft so verbringen? Dass er mit Kriminellen zusammenkommen würde, war ihm von Anfang an klar gewesen. Aber er dachte, ihnen das Evangelium verkündigen zu können. Damit schien es nichts zu werden. Seine bisherigen Versuche waren gescheitert. Keiner wollte von Gott etwas wissen...

Plötzlich schreckte Peter auf. Er wurde von den Kriminellen gerufen. Sie forderten: „Erzähl uns was von Gott!" – Sollte er das tun? Sie waren doch berauscht, und sein Platz war nicht bei den Spöttern. – „Herr, was soll ich machen?" flehte Peter im Stillen. – „Na, kommst du?" kam die Frage aus der Ecke.

Peter erhob sich, ging zu den Männern und sagte: „Ich werde euch von Jesus erzählten: wie er gelitten hat und weshalb er sein Leben gab..." Die Männer hörten schweigend zu und gingen später schweigend auseinander. Hatten sie etwas verstanden?

Plötzlich stand ein junger Mann namens Walera vor ihm und bat, ihm noch mehr von Jesus zu erzählen. Peter tat es. Als Walera sich bekehrte, verlor er seinen „Glanz" als Lagerheld. Doch ihm war der Herr Jesus so groß geworden, dass er auf das Ansehen vor den Menschen verzichten konnte.

Walera geriet aber bald in einen tiefen inneren Konflikt. Er wollte gut sein, sich selbst verändern und scheiterte daran. – „Dass du gut sein willst, ist in Ordnung, doch Veränderung schenkt nur der Herr", erklärte ihm Peter. „Schau auf Ihn. Hab Geduld mit dir. Folge Ihm nach! Er allein vollendet den Glauben!"

Weißt du das auch?

Als sie ihn hinführten, ergriffen sie einen,
Simon von Kyrene, der vom Felde kam, und legten
das Kreuz auf ihn, dass er's Jesus nachtrüge.
Lukas 23,26

Weil er Frau und Kinder vom Verwandtenrat der Gläubigen gut versorgt wusste, war Jakow Skornjakow in der Gefangenschaft sehr getrost. In einem seiner Briefe schrieb er: „Es ist Nacht geworden und ich sitze hier und schreibe an euch, ihr Lieben. Vor mir liegt das wertvolle Geschenk eines Briefes, auf dessen Umschlag die „Betenden Hände" von Albrecht Dürer abgebildet sind.

Obwohl es eine einfache einfarbige Abbildung ist, erstrahlt sie für mich in den schönsten Farben. Betende Hände bringen Leben in die Zellen des Leibes; und aus jedem Wort des Briefes ist der Schlag eines liebenden Herzens zu spüren, die Bereitschaft, das Leid zu erleichtern, mittragen zu wollen.

Ich erinnere mich dabei an unsere Feier zum Wunder der Auferstehung des Herrn. Vorher bedachten wir Seinen Leidensweg bis Golgatha. Die Person des Simon von Kyrene wurde mir besonders wichtig. Keiner der Schaulustigen am Wegesrand, auch keiner der sich herumtreibenden Faulenzer wurde von Gott dazu ausgesondert, dem Herrn beim Kreuztragen zu helfen, sondern ein Mann, der von der Arbeit auf dem Felde müde geworden war.

So, meine geliebten Freunde aus dem Verwandtenrat der Gefangenen, handelt auch ihr. Der Simon von Kyrene hat euch ein gutes Beispiel gegeben. Ihr tragt dazu bei, dass die Last unseres Kreuzes leichter wird..."

Auch heute noch sucht Gott Leute, die sich wie Simon von Kyrene aussondern lassen. Könntest vielleicht gerade du ein solcher Mensch sein? Prüfe dich. Sei wachsam, dass du den Auftrag nicht überhörst.

Bleibe als Fremdling in diesem Lande,
und ich will mit dir sein und dich segnen.
1. Mose 26,3

Schon bei der Ankunft auf dieser Welt war sie unerwünscht. Man setzte sie an einem Bahndamm aus. Wenig später wurde sie gefunden, in ein Kinderheim gebracht und erhielt den Namen Nadeshda (Hoffnung). Da sich keine Angehörigen meldeten, blieb das Mädchen im Heim, absolvierte die Schule und erlernte den Beruf eines Drehers. Anschließend arbeitete sie in Selenodolsk in einem Betrieb und freundete sich mit einer gläubigen Familie an.

In ihr wurde sie zum ersten Mal in ihrem Leben geliebt und spürte, was Nestwärme war. Sie besuchte mit der Familie die Gottesdienste der Gemeinde und bekehrte sich schließlich. Die damit verbundene Veränderung ihres Lebens fiel im Arbeiterwohnheim und im Betrieb natürlich auf. Als die Behörden von Nadeshdas Bekehrung erfuhren, gerieten sie in Wut. Es durfte nicht sein, dass ein Mensch, der eine solide sozialistische, atheistische Erziehung genossen hatte, zum Glauben kam.

Die Umstimmungsversuche blieben bei Nadeshda aber ohne Erfolg. Nun wurden ihre Freundinnen aktiviert. Sie sollten das „verlorene Schaf“ wieder zurückzuholen. Doch Nadeshda las ihnen aus dem Neuen Testament vor. Die Mädchen fanden das interessant, holten Nadeshda nicht zurück, sondern neigten sich selbst dem Christentum zu.

Jetzt setzte der Staat seine volle Macht ein. Nadeshdas Wohnung wurde durchsucht und viele Sachen beschlagnahmt. Das schreckte die Menschen in Nadeshdas Umgebung ab. Sie verschlossen sich vor dem Evangelium, und Nadeshda wurde wieder zum Fremdling. Trotzdem blickte sie hoffnungsvoll in die Zukunft, denn diesmal wusste sie: „Ich bin nicht heimatlos geworden, weil ich ein Himmelsbürger bin.“ – Weißt du das auch?

## 20. Oktober

Nehmet, liebe Brüder, zum Vorbild
des Leidens und der Geduld die Propheten,
die geredet haben in dem Namen des Herrn.
Jakobus 5,10

Den grausamen Mord eines sechsjährigen Mädchens in Wolshsk schrieben die sowjetischen Behörden sofort den Christen zu und hetzten die Bevölkerung gegen sie auf. Es wurden sogar Hausdurchsuchungen angeordnet und man behauptete, in den Wohnungen einiger Gläubiger Blutspuren gefunden zu haben.

Nur die Nachbarn, die man als Zeugen hinzuzog, hatten von dem Blut nichts gesehen. Trotzdem wurde die Nachricht weiter verbreitet, dass die Christen die mutmaßlichen Mörder des Mädchens seien. Bei vielen, die sich keine Gedanken darüber machten, dass keiner der angeblichen „Mörder" verhaftet wurde, zeigten die Verdächtigungen auch Wirkung. Sie riefen den Gläubigen Verleumdungen nach, und die Kinder wichen ihnen auf der Straße aus.

Bruder Nikolaj erhielt sogar anonyme Drohbriefe. So hieß es in einem: „Ihr Christen seid alle schuldig an der sadistischen, faschistischen Ermordung des Mädchens. Ihr seid Schakale. Aber ihr werdet der Vergeltung für die Ermordung unschuldiger Kinder nicht entgehen. Wir schärfen die Messer für euch, wir treffen euch schon irgendwo!" – Dem Papier nach zu urteilen, war der Brief in einem Büro verfasst worden.

„Es wundert uns nicht", schrieben die örtlichen Gläubigen in einem offenen Brief an „alle Gläubigen", „dass wir so verleumdet werden. Das ist nichts Neues. Schon die ersten Christen zu Rom beschuldigte man, die Stadt in Brand gesteckt zu haben, dabei waren es die Ankläger selbst. Betet für uns, dass wir stehen können, auch wenn noch weitere Anschuldigungen gegen uns erfunden werden."

Ja, in solchen Lagen heißt es zusammenstehen!

## 21. Oktober

Des Königs Herz ist in der Hand des Herrn
wie Wasserbäche; er lenkt es, wohin er will.
Sprüche 21,1

Als sich die Gefängnistür hinter Abram Hamm schloss, wurde ihm schwer ums Herz. Nein, es reute ihn nicht, dass er für den Herrn Jesus tätig gewesen war, aber er fragte sich, wer jetzt für seine Frau und die neun Kinder sorgen werde. Besonders bitter wurde es für Abram, als er erfuhr, dass wenige Tage nach seiner Verhaftung einer aus den Reihen derer, die sich Christen und Brüder nennen ließen, seine Frau besucht und ihr das Herz durch Vorhaltungen schwer gemacht hatte.

„Wie wirst du mit deinen Kindern zurechtkommen?“ hatte er gefragt. „Wovon willst du leben? Dein Mann hätte nicht ganz so ehrlich zu sein brauchen. Er hätte seine Aussage vor Gericht doch so abschwächen können, dass man ihn zu Hause gelassen hätte.“

„Wenn du nicht anders trösten kannst“, hatte seine Frau geantwortet, „ist es besser, du besuchst uns nicht mehr.“ – Das hatte er auch getan. Seine Befürchtungen traten aber nicht ein. Auch Abrams Sorgen erwiesen sich als Kleinglauben. Gott griff ein und versorgte die Familie auf wunderbare Weise.

Er rührte die Herzen vieler Glaubensgeschwister so an, dass sie nicht nur für Abrams Frau und seine Kinder beteten, sondern sie auch mit materiellen Dingen versorgten. Er gab sogar über Bitten und Verstehen, und der Familie erging es besser als zu der Zeit, da Abram noch in Freiheit war.

Hamms durften erleben was der Dichter Neumark so formulierte: „Man halte nur ein wenig stille und sei doch in sich selbst vergnügt, wie unsers Gottes Gnadenwille, wie sein Allwissenheit es fügt; Gott, der uns sich hat auserwählt, der weiß auch sehr wohl, was uns fehlt.“

Des Königs Herz ist in der Hand des Herrn
wie Wasserbäche; er lenkt es, wohin er will.
Sprüche 21,1
(Fortsetzung)

Nach längerer Gefängnishaft kam Abram Hamm in ein Straflager. Hier war es streng verboten, eine Bibel zu besitzen und über Jesus zu sprechen. Beides wollte Abram aber: er wollte eine Bibel haben und über ihren Inhalt mit den Gefangenen reden. Doch wie sollte er hier in den Besitz von Gottes Wort kommen?

Abram betete darum, obwohl es ziemlich aussichtslos erschien, dass eine Bibel ins Lager gelangen konnte. Doch Gott führte es so, dass es gelang. Jetzt bestand für Abram die Schwierigkeit darin, dass er die deutsche Bibel auch behalten konnte. Da hatte der geschickte Lagerschneider, der erst kurz vorher zum Glauben gefunden hatte, eine Idee. Er nähte für Abram einen Kissenbezug mit einer Innentasche, die mit Druckknöpfen verschlossen wurde. Von außen sah man dem Bezug nicht an, dass eine Bibel in ihm versteckt war; nur wenn man das Kissen betastete, fühlte man, dass sich ein Gegenstand in ihm befand. Dennoch bot das Kissen einige Monate ein sicheres Versteck.

Dann wurde die Baracke durchsucht und Abram sah bei der Rückkehr von der Arbeit, dass sein Kissen aufgeschlitzt war, aber seine Bibel war noch da! Wie war das möglich? Abram fragte den Saalordner. Der erzählte, dass von den drei Wachsoldaten einer ein Kirgise gewesen sei. Bei der Entdeckung der Bibel habe der gesagt: „Wenn uns Kirgisen etwas teuer ist, legen wir es in das Kissen hinein. Also, lassen wir ihm doch das Buch."

Die beiden anderen waren damit einverstanden und so war Abram im Besitz seiner Bibel geblieben. Abram lobte seinen Herrn und dankte ihm dafür, denn er wusste: hier hat Gott Menschenherzen wie Wasserbäche geleitet.

## 23. Oktober

Denn es ist ein unverständiges Volk. Darum erbarmt
sich ihrer auch nicht, der sie gemacht hat;
und der sie geschaffen hat, ist ihnen nicht gnädig.
Jesaja 27,11

Acht Jahre lang versammelten sich die Gläubigen von Dsheskasgan in einem Haus, das in der Linejnaja-Straße stand. Dann, an einem Herbsttag, erschienen ohne Vorankündigung Beamte einer Sowjetbehörde und versiegelten die Eingangstüren. Damit, so dachten sie, seien die Gläubigen ausgesperrt und könnten keine Gottesdienste mehr durchführen.

Doch für die Glaubensgeschwister war das kein Hindernis. Am folgenden Tag trafen sie sich wieder in dem Haus und feierten einen Gottesdienst. Aber schon während des Gebetes erschien die Miliz in Begleitung eines Majors und der stellvertretenden Vorsitzenden der Stadtverwaltung.

Ohne lange zu verhandeln griffen die Milizbeamten die knienden Gläubigen, schleppten sie aus dem Haus und stießen sie auf die Straße. Als sie das Haus auf diese Weise „geräumt" hatten, gingen sie zum zweiten Teil der „Herstellung der sowjetischen Rechtsordnung" über. Sie holten zwei Schülergruppen herbei, gaben ihnen Äxte und schickten sie an die „Arbeit".

Als heranwachsende Marxisten zerschlugen die Jungen zunächst die Bänke, dann gingen sie an die Türen und die Fenster, die einfach aus den Wänden gebrochen wurden. Zum Schluss rissen sie die Dielen heraus und zerhackten sie.

Einer der Beamten sah sich zuletzt auch noch veranlasst, folgende Worte an eine Wand zu schmieren: „Glaubt nicht an Gott, Gott gibt es nicht. Es lebe der sowjetische Verstand!" – Dass dieser Verstand ein verfinsterter war, war dem Milizionär nicht bekannt. Und an dem Unverstand, dem Gott keine Gnade gewährt, zerbrach schließlich das sowjetische System.

## 24. Oktober

Des Menschen Feinde sind seine eigenen Hausgenossen. Ich aber will auf den Herrn schauen und harren auf den Gott meines Heils; mein Gott wird mich erhören.

Micha 7,6-7

Was die Nachfolge des Herrn Jesus kosten kann, erfuhr Ljudmila Schirobokowa in besonderer Weise. Sie hatte Alexej geheiratet und führte, menschlich gesehen, zehn Jahre lang ein glückliches Leben mit ihm. Während dieser Zeit wurden ihnen drei Kinder geboren, zwei Jungen und ein Mädchen.

Dann erkrankte Ljudmilas Mutter schwer, und wurde oft von Gläubigen besucht. Da auch Ljudmila oft bei der kranken Mutter war, kam sie zwangsläufig mit den Gläubigen in Berührung. Sie hörte, was die Christen mit der Mutter sprachen, und sah, wie sie mit ihr umgingen. Das war ganz anders, als das, was sie in ihrer Umgebung erlebte. Sie wurde davon angesprochen, stellte Fragen und kam bald danach zum Glauben.

Alexej nahm die bei seiner Frau zu erkennenden Veränderungen gelassen hin. Doch seine Eltern, später auch seine Freunde, hetzten ihn gegen Ljudmila auf. Daraufhin wirkte er auf sie ein und wollte sie zum Umdenken zwingen. Er wandte alle Methoden an, die ihm nur in den Sinn kamen. Er verprügelt sie, piekste sie mit der Gabel, goss ihr Teig über den Kopf, würgte sie, warf sie in die Badewanne und begoss sie mit kaltem Wasser. Wenn er versuchte, sie zu ermorden, war sie gezwungen im Keller, im Wald oder bei Nachbarn zu schlafen.

Doch Ljudmila blieb ihrem Herrn treu. Sie wollte sich wegen den vergänglichen Leiden nicht die ewige Herrlichkeit im Vaterhaus rauben lassen. Schließlich reichte Alexej die Scheidung ein und bekam die Kinder zugesprochen, die bei der Mutter bleiben wollten. Doch der Herr führte es so, dass sie ein Kind behalten durfte, und sie war zufrieden.

Der nichts mit Gewalt nimmt,
der mit Hungernden sein Brot teilt.
Hesekiel 18,7

Als Bruder Hermann nach Deutschland übergesiedelt war, wurde es ihm aufs Herz gelegt, den notleidenden Glaubensgeschwistern in der Sowjetunion zu helfen. Er fand auch bald einen Freundeskreis, der ihn tatkräftig unterstützte, und er konnte viele Pakete nach Russland schickten.

Hier tauchte eine Schwierigkeit auf: Bruder Hermann war in gewissen russischen Kreisen zu bekannt.

Wenn er nicht Gefahr laufen wollte, dass die Pakete beschlagnahmt wurden, durfte er seinen Namen nicht als Absender angeben. Also suchte er Glaubensgeschwister, die bereit waren, dass ihre Anschrift als Absender verwandt wurden.

Unter den vielen, die sich dazu bereit fanden, war eine jüngere Schwester, die ihre Zusage schon am nächsten Tag wieder zurückzog. Ihre Begründung lautete: „Mir wurde gesagt, es sei Sünde, den Christen im Osten Pakete zu schicken, wenn die kommunistischen Behörden es verboten hätten. Ich möchte Gottes Wort gehorchen und da gehört auch Römer 13 dazu."

Bruder Hermann musste an eine Kinderversammlung denken, die vom KGB aufgespürt worden war. Er sah wieder, wie den Kindern alle Geschenke abgenommen und von den Männern zertreten wurden. Dabei verbot die sowjetische Verfassung nicht, Pakete aus dem Ausland zu empfangen. Die Tatsache, dass die junge Schwester Angst hatte, durch ihr Helfen zu sündigen, war für ihn ein Beweis, dass der Staatssicherheitsdienst im Westen erfolgreicher arbeitete als im Osten.

Bruder Hermann wusste auch, dass nicht gegen Gottes Wort verstoßen wird, wenn der Staat etwas verlangt, was Gottes Willen widerspricht. Und Gott will nicht, dass Hungernden nicht geholfen wird. Er sagt sogar: Teile dein Brot mit dem Hungrigen!

Denn ich weiß wohl, was ich für Gedanken über euch habe, spricht der Herr: Gedanken des Friedens und nicht des Leides, dass ich euch gebe das Ende, des ihr wartet.
Jeremia 29,11

Schon bei der Einkleidung im Straflager ging Igor auf: Sie wollen mich zur Spottfigur machen! Alle Kleidungsstücke, von den Stiefeln bis zur Wattejacke, ließen keinen anderen Schluss zu. Er hatte nur Schuhgröße 39, und musste 43ger Stiefel anziehen. Die Wattejacke war so weit, dass zwei Männer seiner Größe hinein gepasst hätten; außerdem reichten die Ärmel bis zu seinen Knien. Er hätte im Zirkus gut als Clown auftreten können. Die Sympathien und das beifällige Gelächter der Menschen wären auf seiner Seite gewesen. Doch im Lager wirkte er wie eine hässliche Vogelscheuche.

Igor war es zuwider, sich in solcher Kleidung in der Lageröffentlichkeit zu bewegen, doch er musste gehen. „Herr“, fragte er im Stillen, „warum lässt Du das zu?“ – Kaum hatte er seine Baracke betreten, brach schallendes Gelächter los. „Siehe da, der Heilige Vater ist gekommen!“ riefen einige.

Igor wusste: Das ist ein von der Lagerleitung vorbereitetes Spiel. Sie wollen mich demütigen! Plötzlich beugte sich ein älterer Häftling vor und sagte mit gespielter Ehrfurcht: „Ich grüße Sie Heiliger Vater! Sie sind doch Botschafter des Jesus Christus. Sie vertreten die Interessen des Himmels, nicht wahr?“

Igor überhörte den Spott. Die Worte „Botschafter des Jesus Christus“ erinnerten ihn an seine Aufgabe und stärkten ihn so, dass er den Gefangenen freudig eine Bibelstunde halten konnte. Die Spötter waren enttäuscht, dass ihr Spektakel ihn nicht verwirrt hatte. Jetzt wusste Igor, dass Gott wirklich Gedanken des Friedens über ihm hatte und die ganze Haft zu einem guten Ende führen werde.

## 27. Oktober

Wenn Menschen wider dich wüten,
bringt es dir Ehre; und wenn sie noch mehr wüten,
bist du auch noch gerüstet.

Psalm 76,11

Dass Gott Gott bleibt, auch wenn sich die Menschen noch so sehr über Ihn aufregen, war Hauptmann Taranow nicht bekannt. Wäre es ihm bekannt gewesen, hätte er sich vermutlich anders verhalten. So aber regte es ihn auf, dass sich in seiner Einheit ein junger Christ namens Pawel befand.

Taranow redete sich ein, der junge Mann sei eine Bedrohung für die ganze Einheit, und geriet über ihn oft in Wut. Als das wieder einmal geschah, bestellte er Pawel in sein Büro. Sofort wurde der junge Glaubensbruder einer Leibesvisitation unterzogen, und der Hauptmann wurde fündig. Aus einer von Pawels Uniformtaschen zog er ein Buch mit dem Titel „Die Bibel und die Wissenschaft" hervor. Daraufhin explodierte Taranow.

Er kannte dieses Buch. In ihm wurde nachgewiesen, dass die Wissenschaft der Bibel nicht widerspricht, sondern ihre Botschaft sogar noch untermauert, was im Widerspruch zum Programm der KPdSU stand, in dem der Satz zu finden war: „Die kommunistische Partei nutzt die Mittel der gedanklichen Beeinflussung zur Erziehung der Menschen im Geiste des wissenschaftlich-materialistischen Weltverständnisses, um die religiösen Vorurteile der Menschen zu beseitigen."

Pawel versuchte den Hauptmann zu beruhigen. Er verwies darauf, dass die Aufregung schädlich für seine Nerven sei. Das hatte aber keinen Erfolg und der Hauptmann tat Pawel leid. – „Er merkt gar nicht, daß er irrsinnig handelt", musste der Junge denken. „Wenn es Gott nicht gibt, wie er sagt, warum regt er sich dann über Ihn auf? Über Etwas, das es nicht gibt, braucht man sich doch nicht aufzuregen! Oder? – Armer Taranow!"

Erbarmet euch derer, die da zweifeln,
reißet sie aus dem Feuer und rettet sie.
Judas 22-23

Dieses Wort legte der Herr zwei Glaubensbrüdern aus der Ukraine aufs Herz, und sie begaben sich nach Alma-Ata und Frunse. In beiden Städten erläuterten sie den Heilsplan Gottes, und die Zuhörer erkannten, dass es auf der Weltenuhr schon ziemlich spät ist. Es bekehrten sich viele Menschen und lau gewordene Christen wandten sich neu dem Herrn zu.

Im Verlauf der Evangelisation richtete man es so ein, dass die Ungläubigen vorne die besten Plätze erhielten. Sie sollten alles gut verstehen können und keinen weiten Weg haben, wenn sie sich bekehren wollten.

Als dann zur Bekehrung aufgerufen wurde, kamen auch aus den hinteren Reihen welche nach vorne, und der Prediger rief den in den Gängen Stehenden zu: „Leute, macht den Weg frei, ein Mensch kommt zum Herrn Jesus!“

Den Besuchern wurde auch immer wieder gesagt: „Wenn sich jemand bekehren oder beten will, der darf die Predigt oder das Singen unterbrechen. Nichts ist wichtiger, als dass ein Mensch zum Herrn findet.“ – Und an diesem Abend wurden die beiden Prediger vierzig Mal unterbrochen. Besonders bewegend war es, als ein Ehepaar sein Leben dem Herrn übergab.

Die beiden Töchter des Paares standen bereits im Glauben und sangen im Chor mit. Als sie mitbekamen, dass ihre Eltern sich bekehrten, verließen sie spontan das Podest, knieten neben Vater und Mutter nieder und beteten mit ihnen. Anschließend betete eine Mutter für ihre beiden anwesenden, noch ungläubigen Söhne. Augenblicke später knieten die Jungen neben der Mutter und baten den Herrn um Vergebung. Weshalb geschah das? Hatten die Verkündiger sich etwas Besonderes ausgedacht? Nein, sie predigten nur, was geschrieben stand.

Befleißige dich, vor Gott dich zu erzeigen als einen rechtschaffenen und unsträflichen Arbeiter, der da recht austeilt das Wort der Wahrheit.
2. Timotheus 2,15

Dmitrij Sucharew war Kampfflieger der sowjetischen Armee im Range eines Majors und widmete die beste Zeit seines Lebens den Streitkräften. Sechzehn Jahre lang flog er einen Düsenjäger. Dann wurde er an die „Höhere Fliegerschule zu Wasilkow" berufen, um in „Geschichte der Kommunistischen Partei der Sowjetunion" zu unterrichten.

Nach geraumer Zeit kam Galina, Dmitrijs Frau, mit Gläubigen in Berührung, sie besuchte die Versammlungen und bekehrte sich. Das hatte zur Folge, dass Dmitrij nur noch in Kriegsgeschichte unterrichten durfte. Er, der wegen seines tadellosen Dienstes zwanzig Auszeichnungen erhalten hatte, nahm das hin, ohne seiner Frau große Vorhaltungen zu machen. Ja, er kam später selbst zum Glauben und verhielt sich nicht duckmäuserisch. So war seine Bekehrung an der Schule bald bekannt, und es begannen unschöne Repressalien gegen ihn. Doch Dmitrij erwies sich nun als rechtschaffener Arbeiter im Reich Gottes und ließ sich die Verbreitung des Evangeliums nicht verbieten.

Die entsprechende Reaktion des Staates ließ nicht lange auf sich warten. Man wies ihn in die psychiatrische Abteilung des militärischen Bezirksspitals ein. Dank des tapferen Einsatzes seiner Frau konnte er nach siebzehn Tagen aber schon wieder entlassen werden. Wenig später wurde er aus dem Militärdienst entlassen. Begründung: Für den Dienst ungeeignet!

Was wahres Christsein innerhalb kurzer Zeit doch nicht alles bewirken kann! Nur gut, dass sich der himmlische Vater nicht nach menschlichen Urteilen richtet. Sein Urteil über Dmitrij wird ein hohes Lob enthalten! Das reicht.

Selig seid ihr, so euch die Menschen hassen
und euch ausstoßen und schelten euch
und verwerfen euren Namen als einen bösen
um des Menschensohnes willen.
Lukas 6,22

„Wissen Sie auch, dass Sie dabei sind, die Worte des Herrn Jesus zu erfüllen?" fragte Bruder Skornjakow, als ihm die Richterin das Wort erteilte; und er zitierte das oben erwähnte Bibelwort. Die Richterin verstand nicht, und Skornjakow erklärte: „Ich werde während des gesamten Prozesses mit ‚Verbrecher' angeredet, dabei bin ich noch gar nicht verurteilt. Also ist das widerrechtlich, und das trifft meine menschlichen Gefühle. Aber als Christ freue ich mich, denn Sie zeigen mir, dass ich auf der Seite des Herrn stehe und somit auf dem rechten Weg bin."

Die Richterin ermahnte ihn und verlangte, nur zur Sache zu sprechen. – „Es tut mir leid, dass ich immer wieder Ihren Ärger dadurch hervorrufe, dass ich die Worte ‚Christus' und ‚Evangelium' gebrauche", fuhr Bruder Skornjakow fort. „Aber wie soll ich die Tätigkeit eines Evangelisten anders beschreiben?" – Das konnte ihm die Richterin auch nicht sagen und Skornjakow sprach in seiner Weise weiter.

„Neben der antisowjetischen Propaganda wird mir zur Last gelegt, dass ich für die Kinder eine Sonntagsschule eingerichtet habe. Das stimmt und ich stehe dazu. Wir Gläubigen haben unsere Kinder nicht zur Welt gebracht, damit aus ihnen Gottesleugner gemacht werden. Wir wollen sie im Glauben an den Herrn Jesus Christus erziehen. Und gegen den Staat sind wir auch nicht, sonst würden wir nicht treu unserer Arbeit nachgehen, aus der der Staat Gewinn zieht."

Zum Schluss wurde Bruder Skornjakow zu fünf Jahren Haft in Straflagern mit strengem Regine verurteilt.

Hättest du an seiner Stelle auch so stehen können?

Mein Sohn, wandle den Weg nicht mit ihnen, halte deinen Fuß fern von ihrem Pfad; denn ihre Füße laufen zum Bösen und eilen, Blut zu vergießen.
Sprüche 1,15-16

Viktor hatte erst spät zum Glauben gefunden. Peter, sein drittes von sieben Kindern, war damals schon zwölf Jahre alt. Da es in Viktors Heimatdorf keine Gemeinde gab, zog er mit seiner Familie in einen anderen Ort, in dem eine Versammlung vorhanden war. Hier kamen die Kinder nacheinander zum Glauben, nur Peter nicht. Lag es daran, dass Viktor nicht immer ein gutes Vorbild als Vater gewesen war?

Als Peter älter wurde, beschritt er den „breiten Weg". Er bemühte sich zwar, seinen Eltern weiterhin gehorsam zu sein, kam aber oft betrunken nach Hause. Viktor sah in Peters Freundeskreis die Hauptursache dafür; er befürchtete sogar, dass sein Junge von dem KGB als geheimer Agent angeworben werden könnte. Viktor wusste, dass Peter dem Staatssicherheitsdienst wichtige Informationen hätte zuspielen können, da zuhause oft über die Gemeinde und so gesprochen wurde.

Schließlich suchte Viktor das Gespräch mit dem Jungen, der sich tief verletzt fühlte, da er „seinem sozialistischen Vaterland" nichts Schlechtes zutraute. Doch während seines Militärdienstes erlebte er einige Enttäuschungen. Als Peter wieder zurückkam, wurde er tatsächlich vom KGB angesprochen.

Als der Offizier meinte, Peter schon als Agent gewonnen zu haben, kam es zu einer harten Auseinandersetzung zwischen ihnen. Peter stellte nun fest, dass sein Vater keine Hetze betrieben, sondern nur die Wahrheit gesagt hatte. Die Füße dieser Leute liefen wirklich zum Bösen. Er gab dem Offizier eine Absage und wandte sich dem Glauben zu. Als Viktor das erfuhr, war sein Herz voller Freude und Dankbarkeit.

## 1. November

Ich habe mehr gearbeitet, ich bin öfter gefangen gewesen, ich habe mehr Schläge erlitten, ich bin oft in Todesnöten gewesen...

2. Korinther 11,23

Der eifrigste Botschafter, den sich der Herr berief, war zweifellos der Apostel Paulus. Ist es, aus menschlicher Sicht, deshalb nicht unverständlich, dass er so viel leiden musste? Hätte er nicht Anerkennung und Ehre verdient gehabt?

Ja, natürlich! Doch hätte da nicht einer vor ihm geehrt werden müssen? Selbstverständlich: der Herr Jesus! Aber Er erhielt die Ehre nicht, obwohl Er nicht für sich selbst, sondern für die Menschen ans Kreuz ging! Ja, im Reich Gottes ist das so: da müssen jene, die am meisten tun, auch am meisten leiden.

Das konnte auch Bruder Peter Wiens bestätigten. Zwei Mal wurde er auf offener Straße von KGB-Leuten aufgegriffen und kilometerweit in den Wald verschleppt, wo man ihn, nach tüchtigem Verprügeln, dann allein zurückließ. Ein anderes Mal schlug man Bruder Wiens auf der Straße mit einem Gummiknüppel bewusstlos. Unter den Schlägen und Tritten der Männer kam er wieder zu sich und schrie laut. Als Passanten aufmerksam wurden, ließen die Männer etwas von ihm ab. Einer jedoch versuchte noch, Peter einen Gegenstand in den Magen oder ins Herz zu stoßen, was ihm wegen Bruder Wiens heftiger Gegenwehr nicht gelang.

Das sind nur einige der vielen Attacken, die auf den Bruder verübt wurden. Wenn das der Lohn für eifrige Arbeiter im Reich Gottes ist, dann ist es nicht verwunderlich, dass so viele nichts tun. Doch den Drückebergern sagt Gottes Wort: Es ist eine Ehre, vom Herrn für würdig befunden zu werden, für Ihn zu leiden. Deshalb sah sich der Apostel Paulus nicht als bemitleidenswerten Menschen, und auch alle wahrhaftigen Zeugen nach ihm sahen sich nicht so.

Wir können's ja nicht lassen,
dass wir nicht reden sollten von dem,
was wir gesehen und gehört haben.
Apostelgeschichte 4,20

Gennadij war zum Gericht gefahren, wo drei Glaubensbrüder abgeurteilt werden sollten, und machte sich einige Notizen. Plötzlich rief jemand aus dem Saal: „Hier werden konspirative Aufzeichnungen gemacht. Das Gericht muss diese Angelegenheit klären." Kurz danach wurde Gennadij aus dem Saal geführt. Auf der Milizstation stellte man seine Personalien fest und verspottete seinen christlichen Glauben.

„Ab jetzt bist die von der Gerichtsverhandlung ausgeschlossen", sagte man ihm. Gennadij wollte die weite Reise nicht umsonst gemacht haben, er war am Nachmittag wieder im Saal und wurde erneut hinausgeführt. Am zweiten Verhandlungstag ließ man ihn mit anderen Jugendlichen erst gar nicht in den Saal hinein. Daraufhin stellten sich die Jungen an die Fenster und verfolgten die Verhandlung von draußen mit. Als sie vertrieben wurden, stellten sie sich unweit des Gerichtsgebäudes zusammen und sangen Glaubenslieder.

Jetzt wurde Gennadij wieder gefasst und zur Milizstation gebracht. Hier sollte er die Erklärung unterschreiben, dass er nicht mehr an der Verhandlung teilnehmen und dem Glauben abschwören werde. Das lehnte er ab und wurde von zwei Männern mit Fäusten geschlagen.

Daraufhin verpflichtete er sich, den Saal nicht mehr zu betreten, und einer der Männer sagte: „Ich schreibe noch dazu, dass du Christus abgeschworen hast." – „Das können Sie tun. Der Herr Jesus weiß doch, dass ich Ihm nicht untreu geworden bin!" sagte Gennadij und wurde wieder verprügelt.

„Ich bin bereit für Jesus zu sterben", schrie er nun laut. Die Männer ließen von ihm ab und schickten ihn nach Hause. Aber den Herrn hatte er nicht verleugnet.

Ein einziger Bösewicht verdirbt viel Gutes.
Prediger 9,18

Wie schwach muss eine Gesellschaft sein, wenn sie selbst Kinder wegen ihres Glaubens misshandelt! Es zeugt schon nicht von Stärke, wenn ein System erwachsene Gläubige nicht in Ruhe lassen kann, sie sogar zu beseitigen sucht; aber Kinder wegen ihres Glaubens an den Herrn Jesus zu quälen, ist der Gipfel der Schwäche.

Trotzdem wurde in der vergangenen UdSSR nicht davor zurückgeschreckt, Kinder zum Verleugnen ihres christlichen Glaubens zu nötigen. Zu diesem Zweck fanden in einer der Schulen von Simferropol antireligiöse Vorträge statt, die von Lektor Moskwitin gestaltet wurden. Er wusste seine Reden so vorzutragen, dass seine jungen Zuhörer mitgerissen wurden und Hass gegen die Gläubigen empfanden, der zu Aussprüchen führte wie: „Man sollte sie aufhängen!“

Moskwitin nahm sich deshalb aber nicht zurück. Im Gegenteil. Er ging dazu über, Gläubige mit Namen zu nennen. Besonders hatte er es auf die Familie Dubowik abgesehen, deren Sohn in die erwähnte Schule ging. Als Folge wurde der Junge von anderen Schülern angegriffen und so verprügelt, dass er mit einer Gehirnerschütterung in ein Krankenhaus eingeliefert werden musste.

Die Mutter des Jungen ging der Sache nach und fand heraus, dass der stellvertretende Schuldirektor und die Klassenlehrer bei der Prügelei zugegen waren, aber nicht eingegriffen hatten. Zu ihrer Entschuldigung brachten die Lehrer vor: „Wir haben die Schüler nicht angestiftet, den Jungen zu verprügeln.“

So einfach kann man es sich machen, wenn man die Macht auf seiner Seite weiß! Doch der allmächtige Gott wird auch solche „Mächtigen“ zur Verantwortung ziehen. – Tun wir also das Unsere, dass bei uns kein Simferopol entsteht!

## 4. November

Du bist auch einer von denen,
denn deine Sprache verrät dich.
Matthäus 26,73

Der brutalen Freiheitsberaubung und Einlieferung in eine psychiatrische Klinik, als moderner Folterkammer der ehemaligen Sowjetunion, konnte sich Galina Rytikowa, Christin und Mutter von neun Kindern, nur durch Flucht entziehen. Sie tat es, nachdem sie vom „Bevollmächtigten für religiöse Angelegenheiten“ mehrfach bedroht, dreimal von einer Mitarbeiterin der Klinik besucht und aufgefordert worden war, doch mit ihr zu kommen und sich im Krankenhaus untersuchen zu lassen.

Nach ihrer letzten Verweigerung begab sich Galina sofort mit ihren drei jüngsten Kindern auf die Flucht. Sechs ihrer Kinder ließ sie bei der Großmutter zurück. Schon einen Tag nach Galinas Untertauchen fuhr ein Krankenwagen mit drei Frauen am Haus der Rytikowas vor, man wollte die „Patientin“ abholen. Als ihnen gesagt wurde, dass Galina nicht mehr hier zu Hause sei, stellten die „Besucherinnen“ das ganze Haus auf den Kopf. Doch zu ihrem Verdruss mussten sie ohne die Gesuchte wieder abziehen.

Neben ihrem Mann, der schon seit längerem in den Untergrund gegangen war, wurde nun auch Galina vom KGB auf eine besondere Liste gesetzt. Wenig später wurde Alexandra Melaschtschenko von Vertretern der Sowjetmacht besucht und mit drei bis fünf Jahren Freiheitsentzug bedroht. Ihr Verbrechen: sie hatte Telegramme an Breschnew, Kossygin und den Gesundheitsminister geschickt und darum gebeten, die Verfolgung der Rytikowas einzustellen. Sofort war sie in eine ähnliche Situation geraten wie einst Petrus im Hof des hohenpriesterlichen Palastes. Doch im Gegensatz zu Petrus, der den Herrn verleugnete, stand sie zu den Glaubensgeschwistern. Hättest du das auch getan?

Ohne Zweifel, Gott tut niemals Unrecht,
und der Allmächtige beugt das Recht nicht.
Hiob 34,12

Wirklich? Stimmt dieses Schriftwort wirklich? Gibt es im Leben vielleicht doch Situationen, in denen Gottes Gerechtigkeit versagt? War die Lage von Sergejewa nicht eine solche?

Schon kurz nach ihrer Entscheidung für den Herrn Jesus setzten die Probleme ein. Ihr Mann, der vom Glauben zwar nichts wissen wollte, dachte zunächst nicht daran, sich von ihr zu trennen. Doch dann bedrängten ihn die örtlichen Behörden, und er reichte die Scheidung ein. Bei der entsprechenden Verhandlung sprach das Volksgericht dem Vater sogar das Erziehungsrecht der beiden Kinder zu.

Nur weil sie glaubte, so das Urteil, besaß Sergejewa plötzlich nicht mehr die Fähigkeit, Kinder zu erziehen. Doch schon bald stellte sich heraus, dass der Vater mit der Erziehung der Kinder überfordert war. Er vernachlässigte sie so, dass sie oft sehr krank und in Kliniken untergebracht waren. Von Zeit zu Zeit kamen sie auch in Kinderheime, nur nicht zu ihrer Mutter. Durfte sie die Kinder einmal besuchen, baten Ljudmila und Jurij: „Mama, komm doch bitte wieder zu uns, wir warten so sehr auf dich!“

Sergejewa zerriss es fast das Herz. – Wo blieb da Gottes Gerechtigkeit? Warum ließ Er all das zu? – In ihrer Not vertraute sie sich Brüdern und Schwestern an und durfte durch ihre Hilfe erkennen, dass Gott an dem Unrecht nicht Schuld hatte. Die Schuld trugen allein jene Menschen, die sich nicht nach Gottes Wort richteten, das solches Vorgehen verurteilt.

„Warum bringt Er sie nicht dazu, anders zu handeln?“ fragte Sergejewa. – „Weil Er den freien Willen des Menschen akzeptiert und niemand zum Guten noch zum Bösen zwingt“, sagte man ihr.

Dein Wort ist meinem Munde süßer als Honig.
Psalm 119,103

Wie kam der König David dazu, Gottes Wort als süß zu bezeichnen, wo es heute für Viele etwas Schreckliches ist? Ganz einfach: David lebte mit Gott und erlebte somit Sein gnädiges Führen. Die Gnade des Herrn ist auch heute noch erfahrbar, aber nur wenn man mit Ihm lebt. Dafür steht Johann Janzen als Zeuge.

Während seiner Straflagerzeit herrschte in Norilsk Wohnungsmangel, und die Gefangenen zweier Lager mussten mit Hochdruck Häuser bauen. So kamen die Gläubigen der beiden Lager auf den Baustellen zusammen und versammelten sich immer wieder an einem geheimen Ort zu gesegneten Erbauungsstunden. Die Brüder aus dem Nachbarlager verfügten über eine Bibel und andere geistliche Literatur. Johann und seine Brüder hatten plötzlich den Wunsch, auch solche Predigten lesen zu können. Sie baten die Brüder des anderen Lagers, ihnen von ihrer Literatur abzugeben, und eines Tages hatten sie ein Heft mit Predigten bei sich, das Johann in sein Lager bringen sollte.

Während sie abends zur Kontrolle anstanden, betete Johann, der sich als letzter in der Reihe gestellt hatte, weil er dachte, dass die Kontrolle am Schluss nicht mehr so genau sein werde: „Herr hilf, bewahre das Heft, das wir so gerne lesen wollen!“

In diesem Moment wurde vom Tor aus gerufen, dass die hinteren Männer nach vorne zu einem zweiten Kontrolleur kommen sollten. Plötzlich war Johann der Erste. Doch der Soldat sagte zu ihm: „Geh, Alter, wer sucht denn noch was bei dir!“ – Hier hatte Gott eingegriffen, und die Brüder in Johanns Lager besaßen nun auch Erbauungspredigten. Johann musste denken: „So wird es auch am himmlischen Tor sein: die wahrhaft Gläubigen werden einfach durchgelassen!“

Wirst du dabei sein?

## 7. November

Und bat um Briefe nach Damaskus... auf dass, wenn er etliche von der neuen Lehre fände, Männer und Frauen, er sie gebunden führte nach Jerusalem.

Apostelgeschichte 9,2

Schon der Apostel Paulus, als er noch der Saulus war, versuchte vergeblich die Gemeinde des Herrn zu zerstören. Nach ihm haben das Gleiche noch viele versucht, und es ebenfalls nicht geschafft. In diese Reihe gliedern sich auch die Machthaber der gewesenen UdSSR ein.

Der Gemeinde in Rostow am Don machten sie es besonders schwer. Zeitweise waren bis zu 107 ihrer Gemeindeglieder in kurzzeitiger Haft. Die Druschinniki (freiwillige Hilfspolizisten) fingen die Glaubensgeschwister schon auf der Straße zum Versammlungshaus ab und steckten sie gewaltsam in Busse, an denen Plakate mit der Aufschrift „WILLKOMMEN“ angebracht waren.

So wurden sie zur Milizstation gebracht, wo die totale Willkür herrschte. Von jedem Aufgegriffenen wurde eine Akte mit erlogenen Anschuldigungen angelegt. Man dichtete den Gläubigen Mordanschläge gegen Polizeibeamte an oder organisierten Menschenauflauf. Außerdem wurden sie der Auflehnung gegen die Staatsgewalt und des mutwilligen Versteckens vor der Miliz bezichtigt.

Ein achtzehnjähriger Glaubensbruder wurde sogar schlimm verprügelt, nur weil er die Verpflichtung verweigerte, nicht mehr an christlichen Versammlungen teilzunehmen. Eine siebenundsechzigjährige Großmutter wurde verurteilt, weil sie nicht bereit war, sich eine Fernsehsendung anzuschauen. Andere wurden geschlagen, weil sie im Empfangsraum des Gefängnisses sich als Christen begrüßt und gemeinsam gebetet hatten.

Doch, wie andere wahre Gemeinden, blieb die in Rostow bestehen, während das System ihrer Verfolger längst zusammengebrochen ist. Dank dem Herrn!

Wie wird ein junger Mann
seinen Weg unsträflich gehen?
Wenn er sich hält an deine Worte.
Psalm 119,9

Deshalb war das Bibelbuch David Klassen so wertvoll. Auch als er ins Straflager gesteckt wurde, war er darauf aus, in den Besitz von Gottes Wort zu kommen. Wie glücklich schätzte er sich, als er ein kleines, aus Amerika stammendes Neues Testament erhielt.

Um in Ruhe darin lesen zu können, dachte er sich mit den Gläubigen seiner Baracke einen Plan aus. Wenn die einen im Testament lasen, standen andere vor der Tür und hielten nach Wachposten Ausschau. Hatten sie welche entdeckt, riefen sie eine Parole, die nur den Glaubensbrüdern bekannt war.

Eines Tages saßen David und Nikolaj Chrapow in der Bracke zusammen. Nikolaj trank Tee und David las in dem kleinen Testament. Da wurde ein Wachposten gemeldet. Doch David war so begierig auf das Wort, das die Richtschnur seines Lebens war, dass er nicht sofort mit dem Lesen aufhörte. Plötzlich erschrak er. Der Wachposten sah zur Tür herein und David ließ das Testament im Ärmel seiner Wattejacke verschwinden.

„Herr“, betete er im Stillen, „es ist Dein Wort, bewahre es! Ich möchte es behalten!“ Der Wachmann kam auf David zu, bückte sich und klopfte Davids Hosentaschen ab. In diesem Moment ließ David das Testament aus dem Ärmel in die Hand rutschen und schleuderte es weg. Ein anderer nahm es unauffällig an sich und verließ den Raum.

„Wo hast du das Buch? Ich habe doch gesehen, dass du gelesen hast!“ sagte der Wachposten zum Schluss. David gab ihm zur Antwort: „Deine Sache ist es zu suchen, und meine Sache ist es, zu verstecken.“

Der Wachposten wurde sehr böse, aber er fand das Neue Testament nicht. Als er gegangen war, dankten David und seine Glaubensbrüder dem Herrn, dass sie das Testament behalten durften.

Mein Wort und meine Predigt geschah nicht
mit überredenden Worten menschlicher Weisheit,
sondern in Erweisung des Geistes und der Kraft.
1. Korinther 2,4

Schon der Apostel Paulus musste sich mit dem Vorwurf auseinandersetzen, dass er die Menschen zum Glauben an den Herrn Jesus überrede. Dieser Vorwurf ist bis auf den heutigen Tag nicht verstummt. Er kam damals und kommt auch heute noch nur von Leuten, die selbst nicht im Glauben stehen. Wären sie gläubig, wüssten sie, dass kein Mensch durch Überreden zum Glauben kommt.

Echter Glaube ist nur durch Bekehrung möglich, die allein Gott durch die Kraft des Heiligen Geistes schafft. Der Heilige Geist wird aber nur dort wirksam, wo das ganze Wort Gottes in Reinheit verkündigt wird. Aus diesem Grund bat die Gemeindejugend aus Rostow am Don Gott um Möglichkeiten zur Evangelisation in ihrer atheistischen Stadt. Großveranstaltungen wurden ihnen unter der kommunistischen Herrschaft nicht genehmigt, aber es ergaben sich viele Möglichkeiten zu Gesprächen.

So wurde an den Baustellen und in den Betrieben der Stadt plötzlich davon gesprochen, dass man zum Herrn Jesus kommen müsse, wenn man Gott nicht als Richter, sondern als liebendem Vater begegnen möchte. Schon nach kurzer Zeit gingen einige Leute mit den Gläubigen auf die Knie.

Auch die verhafteten Christen beteten offen in den Zellen und knieten in Gegenwart der Verbrecher nieder. In den Bussen, mit denen sie zur Arbeit gebracht wurden, sangen sie Lieder zur Ehre des Herrn. Viele Menschen, die noch nie etwas von der Gemeinde des auferstandenen Herrn gehört hatten, erlebten nun lebendige Christen. Auch das war in der Sowjetunion möglich, wenn auch nicht ungefährlich.

Wie steht es bei uns mit solchem Verhalten, wo es ungefährlich ist?

In seinem Namen soll Buße und Vergebung der Sünden verkündigt werden unter allen Völkern.
Lukas 24,47

Nach ihrer Verurteilung war Katja in eine Gefängniszelle zu neununddreißig Frauen gesperrt worden. Unter ihnen befand sich eine Glaubensschwester, mit der sie sich zusammentat. Mit ihr ging sie auch zur Arbeit.

Eines Tages bekamen sie eine schlimme Tätigkeit zugewiesen. Man stellte sie an einen Platz, der von Wasser überflutet und Zugluft ausgesetzt war. Wie nicht anders zu erwarten, zogen sich Katja und ihre Glaubensschwester eine tüchtige Erkältung zu. Bei der Glaubensschwester verschlimmerten sich auch noch die vorhandenen Zahnschmerzen. Die Tabletten, die sie zur Schmerzlinderung bei sich hatte, nahm man ihr weg und gestand ihr keine ärztliche Behandlung zu. Katja hatte unter Kopfschmerzen und Fieber zu leiden und durfte mit der Glaubensschwester in der Zelle bleiben.

Im Verlauf des Tages wurden mehrere Frauen in den Raum gebracht, die sich alle verschiedener Verbrechen schuldig gemacht hatten. Trotz ihrer Beschwerden ging Katja auf, dass hier eine wunderbare Gelegenheit zur Evangelisation gegeben war, und sie verkündigte den Frauen die Botschaft der Buße und Sündenvergebung.

Als Katja später entlassen wurde, fragte sie die Frauen: „Habe ich euch beleidigt? Ist eine unzufrieden mit mir gewesen? Sagt es mir!“ Doch alle bedankten sich dafür, dass ihnen die Botschaft gesagt wurde und baten Katja, einmal wieder zu ihnen zu kommen. Katja versprach es und nahm sich vor, draußen schon am nächsten Sonntag zum Gottesdienst zu gehen. „Dann werde ich bestimmt wieder verhaftet und kann in eurer Mitte sein.“ – Katja besuchte den Gottesdienst, wurde aber nicht verhaftet und war etwas traurig darüber.

Ein böser Mensch bringt Böses hervor
aus dem bösen Schatz seines Herzens.
Matthäus 12,35

Für die Gemeinde in Rostow am Don war es bedrückend, dass die Straße zu ihrem Versammlungshaus von der Miliz gesperrt war. Doch die Glaubensgeschwister wussten, dass die Beamten nicht anders handeln konnten. Sie konnten nur das zeigen, was sie hatten. Der unbekehrte Mensch, so sagt es das Wort aus dem Matthäusevangelium, hat ein böses Herz, und kann nur Böses tun. Das tut er oft auch sehr gründlich.

So griffen die Beamten alle Gläubigen auf, die zum Gemeindehaus wollten, und brachten sie mit Bussen zur Milizstation. Auch Igor wurde aufgegriffen. Nach seinem Verhör brachte man ihn mit etwa sechzig Glaubensgeschwistern in das komfortable Leninzimmer der Milizstation, wo ein antireligiöser Vortrag vom Stapel gelassen wurde.

Anschließend saßen sie untätig herum und warteten darauf, was weiter mit ihnen geschehen werde. Da fiel Igors Blick auf ein Klavier in der Saalecke, und ihm kam der Gedanke: „Wenn sie uns schon nicht in das Gemeindehaus lassen und hierher gebracht haben, so werden wir hier zur Ehre des Herrn musizieren."

Er wandte sich an den Oberleutnant, der sie bewachte, und fragte: „Würden Sie mir erlauben, auf dem Klavier zu spielen?" – Der Leutnant erlaubte es. Eine Weile später fragte er: „Dürfte ich auch singen?" – Er durfte auch das und sang von der Liebe des Herrn, die ihn aus der Gottesferne zum Glauben geführt hatte.

Beim dritten Lied kam ein Hauptmann herein, nannte Igor einen „Radaubruder" und erklärte: „Du bekommst sofort fünfzehn Tage Haft!"

Seltsamerweise hatte Igor keine Angst, sondern empfand sogar Freude. Freude darüber, dass er für Christus leiden durfte. Wäre das auch bei uns so gewesen?

Denn wer da bittet, der empfängt.
Matthäus 7,8

Biblischer Glaube beinhaltet auch die Dankbarkeit für alles Empfangene, – auch wenn es sich um etwas Unerwünschtes handelt, – denn Gott macht keine Fehler. Diese Erfahrung machte David auf einer Reise zu seinen Kusinen. Am Bahnhof kam durch den Lautsprecher, dass sein Zug einige Stunden Verspätung hätte. Wie alle Reisenden, war auch er nicht erfreut darüber. Er konnte nicht verstehen, weshalb die Verspätung gerade heute sein musste, wo er verreisen wollte.

Endlich am Zielbahnhof angekommen, ärgerte sich David, dass es so spät geworden war. Mit raschen Schritten versuchte er zu den Kusinen zu kommen. Plötzlich hörte er eine Frau seufzen: „Wie ist der Koffer doch so schwer!“

Er hob den Kopf und sah zwei Frauen, die sich mit ihrem schweren Gepäck abmühten. Sofort kam David der Gedanke: „Geh hin und biete ihnen deine Hilfe an!“ – Doch er verspürte keine Lust dazu. „Nimm einen anderen Weg“, überlegte er, „um den Frauen nicht zu begegnen.“ – „Was du denkst, ist nicht in Ordnung!“ sagte er sich schließlich und bot den Frauen seine Hilfe an, die sie auch gerne annahmen. Unterwegs erzählten sie ihm, dass in Koffern Lebensmittel für ihre inhaftierten Männer seien.

„Man lässt uns einfach nicht zu ihnen, obwohl sie schon einige Tage im Gefängnis sitzen“, teilten sie mit und die andere fügte hinzu: „Heute Morgen habe ich geweint, weil ich wusste, dass ich den schweren Koffer wieder nach Hause schleppen müsste. Mein Kind sagte mir: ‚Weine nicht, Mama, ich bete darum, dass Gott dir einen Mann zum Tragen schickt. Jetzt sind sie gekommen.‘“ – Nun wusste David auch, weshalb sein Zug so spät gegangen war.

Ich verkündige Gerechtigkeit in der großen Gemeinde.
Siehe, ich will mir meinen Mund nicht stopfen lassen;
Herr, das weißt du.
Psalm 40,10

Bei einer Jugendveranstaltung in Dedowsk griffen die Behörden, zum Erstaunen der Glaubensgeschwister, nicht ein, obwohl an beiden Tagen Beamte anwesend waren. Das Treffen war so gesegnet, dass sich vierzig Jugendliche zu Christus bekehrten. Außerdem gaben viele dem himmlischen Vater die Ihm gebührende Ehre für die Wohltaten, die Er an den Gläubigen und an der ganzen Welt tut.

Wenige Tage nach der Veranstaltung holten die Behörden ihre Gehässigkeiten aber nach und bedachten die Ortsgemeinde mit einer massiven Verfolgung. Den Glaubensgeschwistern Ryshuk, bei denen das Jugendtreffen stattgefunden hatte, wurde sogar mit Verhaftung, Wegnahme der Kinder und Konfiszierung des Hauses gedroht. Ferner wurde ihnen streng verboten, auf ihrem Grundstück und in ihrem Haus keine weiteren christlichen Veranstaltungen mehr durchzuführen.

Kurz entschlossen traf sich die Gemeinde in einem anderen Haus, das eines Sonntags von Milizionären in Zivil umstellt wurde. Die Gläubigen konnten noch nicht einmal auf den Hof des Anwesens gelangen. Nach kurzer Besprechung stellten sich die Gläubigen auf der Straße zusammen und sangen christliche Lieder.

Während sich die Beamten auf die Singenden konzentrierten, stiegen einige Brüder durch die Fenster in das Haus und beteten. Schließlich sahen die Milizionäre ein, dass sie die Gläubigen hier nicht in den Griff bekamen, zogen ab und der Gottesdienst konnte, wenn auch mit Verspätung, beginnen.

Hätte unser Gottvertrauen ausgereicht, um so wie diese Geschwister zu handeln? Wenn nicht, dann sollten wir das ändern.

Den Unschuldigen und den, der im Recht ist,
sollst du nicht töten; denn ich
lasse den Schuldigen nicht Recht haben.
2. Mose 23,7

In Schtschutschinsk war, wie in jedem Jahr am 1. Mai, ein Jugendtreffen angesetzt. Schon am Vortag trafen die ersten auswärtigen Jungendlichen ein. Fünfunddreißig von ihnen wurden von den Geschwistern Siemens aufgenommen. Doch der Hausherr staunte nicht schlecht, als in den späten Nachmittagsstunden sein Haus von Milizbeamten umstellt wurde. Einige begehrten sogar Einlass.

Bruder Siemens erkundigte sich nach dem Grund des Überfalls und wollte die Erlaubnis des Staatsanwaltes zur Hausdurchsuchung sehen. Die konnte ihm nicht gezeigt werden, und er ließ die Miliz nicht ein. Da die Beamten auch nicht abrückten, entstand eine Belagerung des Hauses.

Die Jugendlichen begannen zu beten und christliche Lieder zu singen. Das beeindruckte die Polizisten, einige fanden an den Liedern sogar Gefallen. Kurz vor Mitternacht erschien der Chef der örtlichen Miliz, zeigte Bruder Siemens seinen Ausweis, und wurde in das Haus gelassen. Hier notierte er die Namen aller Anwesenden und hob die Blockade des Hauses auf.

Aus Sicherheitsgründen beschlossen die leitenden Brüder, das Jugendtreffen am nächsten Tag schon um sieben Uhr und an einem anderen als dem geplanten Ort beginnen zu lassen. Das war auch gut so, denn gegen zwölf Uhr erschien die Miliz und umstellte das Haus. Weil das Treffen schon zu Ende war, erklärten die Jugendlichen, sie würden nur noch essen. Damit sei dann die Zusammenkunft auch zu Ende.

„Aber wir kommen erst nach dem Essen nach draußen", sagten sie. „Wir essen aber erst, wenn ihr weg seid. Wenn ihr uns überfallt, melden wir alles in den Westen."

Die Miliz zog sich zurück.

Der Herr ist mein Hirte,
mir wird nichts mangeln!
Psalm 23,1

Die prägendsten Glaubenserfahrungen werden in den dunklen Stunden des Lebens gemacht. Auch bei dem Evangelisten Jakob Esau war das so. Als er zu fünfundzwanzig Jahren Haft in Straflagern mit strengem Regime verurteilt wurde, steckte man ihn zunächst für ein Jahr in das berüchtigte Hungerlager Taischet.

Schon nach einigen Wochen hatte er Mühe, seine Norm zu erfüllen, zumal es schwerste Arbeit an der Eisenbahnstrecke Taischet-Bratsk zu verrichten galt. Im Gegensatz zu anderen Häftlingen wurde Jakob auch nur spärlich mit Lebensmittelpaketen von seinen Eltern unterstützt, da sie sehr arm waren.

Schließlich war er so schwach, dass er kaum noch gehen konnte. Als wieder ein Postwagen angekommen war, machte er sich am Abend noch nicht einmal die Mühe, zum Lagerbüro zu gehen, um die ausgehängte Liste derer zu besehen, für die Pakete angekommen waren. – „Für mich ist ja doch keines dabei“, sagte er sich, ging in seine Baracke und setzte sich auf seine Pritsche.

Mit einem Mal kam der Postmeister und fragte: „Warum holen Sie Ihr Paket nicht ab?“ – Jakob schleppte sich zum Büro und bekam ein Paket von einer alten russischen Glaubensschwester ausgehändigt, der es Gott aufs Herz gelegt hatte, ihm gerade zu diesem Zeitpunkt ein Lebensmittelpaket zu schicken.

Durch die erhaltenen Köstlichkeiten kam Jakob wieder etwas zu Kräften und verstand den 1. Vers des 23. Psalms auf besondere Weise. „Es ist gut den Herrn zum Hirten zu haben“, sagte er sich. „Er behebt schon hier unseren Mangel. Ganz gewiss sorgt Er aber dafür, dass wir heim ins Vaterhaus kommen und dort niemals mehr Mangel haben!“

# 16. November

Des Gerechten Gebet vermag viel,
wenn es ernstlich ist.
Jakobus 5,16

Aus diesem Wort darf nicht geschlossen werden, dass Gott in der Verfügungsgewalt der Gläubigen steht. Gott behält sich noch immer vor, wann Er gibt und nimmt und segnet. Diese Erfahrung musste auch die Gemeinde in Temirtau machen, als sie ein zweitägiges Jugendtreffen ausrichtete. Alles war gut geplant und es war auch viel gebetet worden, und dennoch geschah am ersten Tag nichts. Von den vielen unbekehrten Jugendlichen, die gekommen waren, ging keiner nach vorne und übergab sein Leben dem Herrn. Die Gemeinde war enttäuscht.

Mit einer gewaltigen Enttäuschung begann auch der zweite Tag. Der eingeladene Evangelist konnte aus gesundheitlichen Gründen nicht kommen. Also predigte ein Bruder aus den eigenen Reihen und man war sicher, dass solche Improvisation schon gar nicht von Gott gesegnet werde.

Doch man hatte sich getäuscht, an diesem Tag bekehrten sich einige. Besonders bewegend war das Gebet eines Jungen, der mit seinem Bruder und seiner Schwester zu dem Treffen gekommen war. Nachdem er sein Leben dem Herrn Jesus übergeben hatte, betete er innig für seine Schwester. Kurze Zeit spater kam die Schwester nach vorne und bekehrte sich.

Der Junge stand auf, dankte dem Herrn dafür und betete nun für seinen Bruder, der schon bald nach Beginn des Treffens den Raum verlassen hatte und sich irgendwo herumdrückte. Doch gegen Ende der Veranstaltung kam der Bruder wieder zurück, ging auch nach vorne und übergab sein Leben dem Herrn. Sofort stellten sich der Bruder und die Schwester an seine Seite und dankten mit ihm zusammen für die ihnen widerfahrene Gnade.

Dieses Erlebnis stärkte kraftvoll alle Versammelten. Sie lobten und priesen Gott unter Tränen.

Die mit Tränen säen,
werden mit Freuden ernten.
Psalm 126,5

Nina wurde in einem christlichen Elternhaus in Russland geboren. Schon von Kindesbeinen an lebte sie heimat- und ruhelos. Von ihrem Vater war sie oft lange Zeit getrennt, da er entweder in einem Straflager oder untergetaucht war. Sie selbst wurde zahlreichen Verhören unterzogen und dabei ausgelacht und verspottet. Und alles geschah nur, weil ihre Eltern den Herrn Jesus liebten und ihm treu blieben.

„Ich kann mich nicht daran erinnern, dass unsere Familie jemals ruhig zusammengelebt hätte", schrieb sie einmal. „Oft mussten wir nachts zu anderen Leuten gehen, wenn wir Vater sehen wollten. War er einmal zu Hause, wurden wir Kinder tagsüber auf die Straße geschickt. Wir mussten aufpassen, dass sich unserem Haus keine verdächtigen Personen oder Fahrzeuge näherten. Trotzdem war Vaters Anwesenheit jedes Mal ein Feiertag für uns. Alle Nöte von uns Kindern milderte Mutter mit ihrer Liebe und christlichen Güte.

Dann kam sie eines Tages nicht mehr von der Arbeit nach Hause, der Herr hatte sie heimgeholt. Das war ein schwerer schlag für uns. Vater lag zu dieser Zeit im Krankenhaus. Zwei Jahre später ging auch er heim. Ich stand als Achtzehnjährige mit meinen drei kleineren Geschwistern allein da und versuchte ihnen, in Sinne der Eltern, den Herrn Jesus lieb zu machen.

Geistlich und materiell wurden wir von der Gemeinde gut unterstützt. Ich konnte alles nur mit Gottes Hilfe und dem Blick auf meine wunderbare Zukunft im Herrn tragen. Als man mir die jüngste Schwester wegnehmen und in ein Heim stecken wollte, weil ich sie christlich erzog, dachte ich an das Wort aus Matthäus 2,13 und schickte das fünfjährige Lenchen schweren Herzens in den Untergrund." – So tolerant ist die Welt.

Werfet euer Vertrauen nicht weg,
welches eine große Belohnung hat.
Hebräer 10,35

Wie notvoll kann doch die Ungewissheit sein! Sie kann zur totalen Verunsicherung führen. Wenn das schon bei Erwachsenen so ist, wie viel mehr erst bei Kindern! Ihre Herzen werden so verängstigt, dass sie krank werden können.

Das zeigte sich auch bei dem kleinen Oleg Korowin, als seine Eltern kurz nacheinander starben. Er war so verstört, dass er sich von niemandem trösten ließ, außer von seiner Großmutter und seiner Tante Natascha, die ihn schon wie eine Mutter betreut hatte, als ihre Schwester noch im Krankenbett lag.

Der Kummer trieb den kleinen Jungen sogar jeden Tag zum Friedhof, wo er sich am Grab der Eltern ausheulte. Oleg stellte seine Friedhofsbesuche erst ein, als er hörte, dass man ihn von Tante Natascha und der Großmutter wegholen und in ein Internat stecken wollte, weil beide Christinnen seien. Seine Verängstigung ging soweit, dass er das Haus noch nicht einmal zum Spielen verließ. Er fürchtete, von der Straße weg verschleppt zu werden. Ja, er zuckte jedes Mal erschreckt zusammen, wenn ein Auto am Haus vorbeifuhr und schrie: „Jetzt kommen sie und holen mich ab!“

Tante Natascha sagte immer wieder tröstend zu ihm: „Bleib ganz ruhig, mein Junge. Vertraue auf den Herrn Jesus, er wird dich damit belohnen, dass du bei uns bleiben darfst, denn auch die so stark erscheinenden Männer können nur das tun, was Er zulässt.“

Oleg nickte und bemühte sich, die Worte der Tante anzunehmen, aber es gelang ihm nicht ganz. Doch dann kam eine positive Nachricht und Oleg schrie: „Ich darf bei euch wohnen bleiben! Tante, du hast Recht, man kann dem Herrn Jesus voll vertrauen!“

Hast auch du dich schon zu solchem Vertrauen durchgerungen? –

Und als er solches sagte,
mussten sich schämen alle,
die ihm zuwider gewesen waren.
Lukas 13,17

Wenn in der Gemeinde in Luzk (Westukraine) von „unserem Wort“ gesprochen wurde, wusste jeder, dass die Stelle aus Hebräer 13,14 gemeint war: „Wir haben hier keine bleibende Stadt, sondern die zukünftige suchen wir.“

In der Tat, dic Gcmeinde hatte keine bleibende Stätte wo sie sich treffen konnte. Hatte sie eine gefunden, tauchte schon bald danach die Miliz auf und vertrieb sie wieder. Die so genannten „Ordnungshüter“ der Sowjetunion gingen dabei nicht zimperlich mit den Gläubigen um. Sie stürmten lärmend in die Gebetsversammlungen hinein, stießen die Betenden in den Rücken und rissen ihnen die Bibeln oder die Liederbücher aus den Händen.

Als die Glaubensgeschwister von Luzk wieder einmal zu einer Gebetsgemeinschaft zusammengekommen waren und auf dem Boden knieten, kam plötzlich ein Unterleutnant der örtlichen Miliz hereingestürmt.

„Was ist hier los?“ schrie er. Niemand gab ihm Antwort. – „Hört sofort mit dem Beten auf!“ schrie er befehlend. Doch die Gläubigen ließen sich nicht beirren und beteten weiter. Da drängte der Unterleutnant in die Mitte des Raumes und schrie: „Guten Abend!“

Man beachtete ihn auch jetzt nicht. Da ging er zu einem knienden Bruder und wollte ihm die Bibel aus der Hand reißen, was ihm aber nicht gelang. Sofort wandte er sich einem alten, fünfundsiebzigjährigen Bruder zu und ließ an ihm seine Wut aus. Als er die Bibel des alten Mannes in Händen hielt, beendete die Gemeinde ihr Gebet, und einige fragten den Unterleutnant: „Wo haben Sie die taktlosen Manieren gelernt? Bei Ihren Eltern?“

Jetzt schämte sich der Mann.

Wir haben allenthalben Trübsal, aber wir ängsten uns nicht. Uns ist bange, aber wir verzagen nicht. Wir leiden Verfolgung, aber wir werden nicht verlassen. Wir werden unterdrückt, aber wir kommen nicht um.

2. Korinther 4,8-9

Als Abram Wiebe das entsprechende Alter erreicht hatte, wurde er zur sowjetischen Armee gezogen. Aus Gewissensgründen konnte er als Christ den geforderten Eid auf die Sowjetunion nicht leisten. Dadurch fiel er bei den Vorgesetzten in Ungnade.

Der Beauftragte für politische Bildung hatte sich etwas ganz Besonderes ausgedacht: er forderte die Soldaten auf, ihm bei Abrams Erziehung behilflich zu sein. Das ließen die sich nicht zweimal sagen, und führten ihren Auftrag mit unbeschreiblicher Brutalität durch, da sie bei ihren Vorgesetzten ja nichts anderes gesehen hatten, und sie konnten sicher sein, dass sie von ihnen wegen keiner Untat belangt wurden.

Einer der Soldaten, der vor seiner Dienstzeit wegen eines Verbrechens im Gefängnis gesessen hatte, tat sich bei Abrams „Erziehung" besonders hervor. Er piekste ihn so lange mit einem Messer, bis das Blut kam; er schlug ihm beim Öffnen der Tür die eiserne Klinke so heftig gegen die Brust, dass Abram zu Boden ging und vor Schmerzen zu sterben wünschte. Der Grobian trat ihm sogar in den Bauch, in den Rücken und ins Gesicht.

Eines Tages wurde der Unhold aus unerfindlichen Gründen versetzt und gab, wie er sagte, Wiebe zum Abschied ein „Andenken". Das bestand darin, dass er ihn um 1,45 Uhr weckte, und zwei Stunden lang verprügelte. – „Wenn du das überlebst", meinte die Bestie, „weiß ich, dass es Gott gibt."

Wiebe überlebte und der Tyrann wusste, dass es Gott gibt, aber er zog keine Konsequenzen daraus. Somit war sein Wissen nutzlos!

Wenn wir mit Gott versöhnt sind durch den Tod
seines Sohnes, als wir noch Feinde waren,
um wie viel mehr werden wir selig werden
durch sein Leben, nachdem wir nun versöhnt sind!

Römer 5,10

Als Bruder Steffen zum Glauben gekommen war, sah er das folgende Erlebnis in einem anderen Licht, als zu dem Zeitpunkt seines Geschehens. Als Deutschstämmiger floh er gegen Ende des Zweiten Weltkrieges vor der heranrückenden sowjetischen Armee aus seiner russischen Heimat. Doch in Polen wurde er von der Sowjetarmee eingeholt und wieder nach Russland, aber nicht in seine Heimat, sondern in ein Lager gebracht, in dem es sehr wenig zu essen gab.

Schließlich wurde bekannt, dass man willens sei, die älteren Männer sterben zu lassen. Die jüngeren wollte man am Leben erhalten und ein Handwerk erlernen lassen. Steffen und sein Freund entschieden sich für den Anstreicherberuf. Eines Tages bekamen sie eine Arbeit in der Küche zugewiesen. Und weil sie hier so gut verpflegt wurden, hielten sie sich recht lange bei der Arbeit. Außer ihren Kochgeschirren brachten sie schließlich noch andere Gefäße mit, die sie gefüllt bekamen und konnten so auch noch anderen den Hunger stillen.

Dann kam das Angebot: „Einer von euch kann als ständige Küchenhilfe beschäftigt werden.“ – Steffen verzichtete zu Gunsten seines Freundes darauf, erhielt von diesem aber die Zusage: „Ich werde dich weiter mit Lebensmittel versorgen.“ – Der Freund hielt sein Versprechen und Steffen konnte in einer Fabrik tatkräftig arbeiten. Als er später zum Glauben fand, ging ihm auf: Gott hat schon für dich gesorgt, als du noch sein Feind warst, und er wurde sehr dankbar.

Hast du auch schon bedacht, dass Er die Grundlage deiner Erlösung schuf, schon bevor du dich bekehrt hattest?

## 22. November

Sie aber wurden noch ungestümer und sprachen:
Er wiegelt das Volk auf damit,
dass er lehrt hin und her im ganzen Land.
Lukas 23,5

Diese Anschuldigung stammt von den Schriftgelehrten, als sie den Herrn Jesus zur Aburteilung vor Pilatus stellten. Es gefiel ihnen nicht, dass Er hin und her im Land lehrte. Das ist bis auf den heutigen Tag so geblieben.

Überall, wo wiedergeborene Gläubige, die nach 1. Korinther 12 der Leib des Herrn sind, zu lehren beginnen, regt sich Widerstand. Das gefällt den Gläubigen oft nicht, ist aber eine normale Sache. Der Herr Jesus sagte nämlich, dass seine Nachfolger in dieser Welt so behandelt werden, wie Er behandelt wurde.

Diese Erfahrung musste auch der Busfahrer Jakob Maier machen, der auf der Strecke Tiraspol – Slobodseja eingesetzt war. Alle Versuche, Jakob dazu zu bringen, das Evangelium nicht mehr weiterzusagen, schlugen fehl. Dann, in einer Nacht Mitte September, passierte folgendes: Jakob fuhr seine Strecke wie gewohnt und hatte fünf Fahrgäste im Bus. Auf freier Straße kam ihm ein Pkw entgegen, aus dem, als sie fast auf gleicher Höhe waren, auf ihn geschossen wurde. Doch der Herr schenkte Bewahrung. Weder Jakob noch seine Fahrgäste wurden getroffen.

Jakob erstattete sofort Anzeige. Er konnte zu dem Pkw genaue Angaben machen und hatte zum Hergang des Geschehens fünf Zeugen. Also hätte es keine Schwierigkeit sein dürfen, den oder die Täter zu fassen. Aber es geschah nichts. Als Jakob sich an übergeordnete Behörden wandte, kam Bewegung in die Sache. Die Bewegung war aber Dergestalt, dass Jakob zu drei Monaten Führerscheinentzug verurteilt wurde.

Begründung: „Sie haben eine schwerwiegende Lüge verbreitet.“

Was wahrhaftig ist, was ehrbar, was gerecht, was rein, was lieblich, was wohl lautet, ist etwa eine Tugend, ist etwa ein Lob, dem denket nach! Was ihr auch gelernt und empfangen und gehört und gesehen habt an mir, das tut; so wird der Gott des Friedens mit euch sein.

Phiipper 4,8-9

Wieder einmal war ein Lkw unseres Missionswerkes mit Hilfsgütern nach Georgien unterwegs. An der Grenze zu Ossetien wurde er von Mafiosi angehalten, die Schmiergeld verlangten. – „Wenn du zahlst, kannst du sofort durchfahren!" sagten sie dem Fahrer. Der weigerte sich aber, weil er das Geld den notleidenden Glaubensgeschwistern geben sollte, und bot den Mafiosi Traktate an, die sie nicht haben wollten, sondern sie spottend wegwarfen.

Was sollte unser Fahrer tun? Doch bezahlen? – Andere Lkw-Fahrer taten das und fuhren davon. Da fiel unserem Fahrer ein Mann auf, der nicht so gehässig blickte wie die anderen. Er bat ihn zur Seite und fragte: „Hast du schon einmal für Gott etwas Gutes getan?" – Der Mann wurde verlegen und unser Fahrer fuhr fort: „Dann tu jetzt etwas Gutes für Ihn und lass mich mit der humanitären Hilfe weiterfahren. Gott wird es dir vergelten. Die paar Euro, die ich euch geben würde, sind nichts im Vergleich zu dem Segen Gottes, der über dich kommen wird. Ich bete auch für dich!"

„Bete auch für die anderen", sagte der Mann und gab unserem Fahrer freie Fahrt. An der georgischen Grenze wiederholte sich das gleiche Spiel: Es sollte gezahlt werden und unser Fahrer weigerte sich. Beim Prüfen der Begleitpapiere las der Mann den eingetragenen Namen und gab dem Fahrer zu verstehen, dass er den Empfänger der Güter als Ältesten der Gemeinde in Tbilissi kenne. Sofort durfte der Lkw weiterfahren.

Haben wir auch einen solch guten Ruf? –

Sein Wort habt ihr nicht in euch wohnen;
denn ihr glaubet dem nicht, den er gesandt hat.
Johannes 5,38

Dafür, dass die Weitergabe christlicher Literatur nicht unterschätzt werden darf, steht Nikolaj Scheiko. Er war Alkoholiker und wurde als „hoffnungsloser Fall“ gehandelt.

Dann schenkte man ihm das Buch mit dem Titel „Bis zum letzten Tropfen“, das er auch las. Während des lesens wurde ihm die ganze Größe des Herrn Jesus gezeigt. Er erfuhr weiter, wie dieser Herr ihn aus dem Loch seiner Abhängigkeit ziehen wollte.

Nikolaj gab seinen Widerstand auf, ließ sich ziehen und wurde vom Alkohol frei. Während seines Entziehungsprozesses besuchte er die orthodoxe Kirche. Darüber schrieb er folgendes: „Ich hielt alle ihre Vorschriften, aber ich verspürte keine Kraft und kam nicht weiter. Die Priester wussten mir nichts besseres zu sagen, als dass ich immer wieder bei ihnen beichten, die Heiligen anbeten und vor den Ikonen, diesen Heiligenbildern, Kerzen anzünden sollte. Diese Rituale sind aber nichts wert. Ich bekomme dadurch keine Hilfe und keine Antwort auf meine Fragen...“

Schließlich machte man Nikolaj auf unser Missionswerk aufmerksam, und er schrieb: „Bitte schickt mir eine Bibel und Bücher, aus denen ich Weiteres über Gott, den Herrn Jesus, die Gemeinde, das Gebet und das Christwerden erfahren kann...“

Nikolajs Bitte wurde erfüllt und er schrieb wieder: „Schickt auch meinem Vater eine Bibel. Er hat die Veränderungen in meinem Leben gesehen, und möchte auch den Weg zu Gott finden...“ Nikolaj und sein Vater hatten erkannt, dass das Wort Gottes in keinem Menschen automatisch vorhanden ist, sondern dass die Voraussetzung für die persönliche Aufnahme des Wortes der Glaube an den Herrn Jesus ist.

Sondern arbeite und schaffe mit seinen Händen etwas Gutes, auf dass er habe, zu geben dem Bedürftigen.
Epheser 4,28

Zu den Menschen, die dieses Schriftwort voll in die Tat umgesetzt haben, zählt Bruder Gerhard. Man wird schwerlich eine Region in den GUS-Staaten finden, in der bei den Gläubigen nicht sein Name bekannt ist. Von Brest bis Wladiwostok schickte er Glaubensgeschwistern mit Bibeln und christlichen Büchern gefüllte Pakete.

Bruder Gerhard wurde im Altai (Sibirien) geboren, übergab sein Leben schon früh dem Herrn und diente ihm voller Hingabe. Das brachte ihn während der Zeit der Christenverfolgung zweimal vor Gericht.

Als er nach Deutschland kam, stellte er sich der Gemeindegründung aktiv zur Verfügung. Ungeachtet seiner Herzkrankheit übernahm er weitere Aufgaben. Nach der Wende verschickte er aber vor allem Bibeln und christliche Literatur. Sich selbst und seiner großen Familie, die neben ihm und seiner Frau aus siebzehn Kindern bestand, sagte er immer wieder: „Gott hat uns hier so viel gegeben, damit wir es an Notleidende weitergeben. Geben ist seliger als Nehmen!“

Einmal bekam Gerhard an seinem Geburtstag von den Kindern Geld für einen Mantel geschenkt. Als die Kinder Monate später nach dem Mantel fragten, sagte Gerhard lächelnd: „Der ist in Russland. Es freuen sich viele Glaubensgeschwister über Bibeln und Bücher.“

Wenn Gerhard gefragt wurde, was man ihm schenken sollte, kam jedes Mal die Antwort: „Christliche Literatur und Briefmarken!“ – Kurz bevor ihn sein Herr heimrief, verfügte Gerhard: „Legt mir keine Kränze aufs Grab. Schickt dafür christliche Bücher in die GUS-Staaten.“

Nun die Frage an uns: Für wen oder was arbeiten wir? Ist es uns ein Anliegen, dass Menschen aus der Gottesferne gerettet werden?

Um deinetwillen...
sind wir geachtet wie Schlachtschafe.
Psalm 44,23

Solche Worte sind nicht angenehm. Uns wäre lieber, nicht mit Schlachtschafen verglichen zu werden. Wir hätten es gerne, wenn voller Hochachtung von uns gesprochen würde, wenn wir zumindest mit einem mächtigen Tier, wie dem Löwen, verglichen würden.

Nur, das würde nicht der Wirklichkeit entsprechen. Das Wort Gottes, die Bibel, ist ein realistisches Buch, sie zeigt unseren wahren Stand auf und ihre Feststellung lässt sich überprüfen. Jeder, der dem Herrn treu nachfolgt, wird früher oder später darauf stoßen, dass er von der Welt wie ein Schlachtschaf geachtet wird.

Die Glaubensgeschwister der kirgisischen Gemeinde in Naryn mussten auf sehr drastische Weise diese Erfahrung machen. Als Buken, die erst vor wenigen Jahren zum Glauben gekommen war, mit vierundvierzig Jahren vom Herrn heimgerufen wurde, begann ein großer Streit um ihre Beerdigung. Die Mullahs der Stadt verboten es, Buken auf dem städtischen Friedhof beizusetzen. Obwohl der nicht der Moschee gehörte, übten die Muslime auf den Bürgermeister Druck aus. Für sie war auf einem Friedhof, auf dem Muslime bestattet waren, für Christen kein Platz. Ihrer Ansicht nach sollten die Christen neben der städtischen Mülldeponie ihre letzte Ruhestätte finden.

Nach langwierigen Verhandlungen, bei denen die Christen bedroht, beschimpft und tätlich angegriffen wurden, gab man ihnen schweren Herzens jenes Grundstück zum Friedhof, um das schon einige Zeit gebetet worden war. Wie gut ist es in solchen Augenblicken zu wissen, dass wir vom Herrn nicht als Schlachtschafe angesehen werden, sondern als Gottes Kinder, für die im Vaterhaus eine Wohnung bereitet ist. Daran ändert auch die Gehässigkeit von Menschen nichts.

Da sprach Jesus zu ihnen: So gebet dem Kaiser, was des Kaisers ist, und Gott, was Gottes ist!
Markus 12,17

Anfang der vierziger Jahre des vorigen Jahrhunderts gab es in dem russischen Dorf Kurschino eine Erweckung, aus der eine größere Gemeinde hervorging. Sie besaß sogar ein zweistöckiges Haus. Doch als unter dem machtbessenen Menschen Stalin die Repressalien immer heftiger wurden, begann die Gemeinde zu zerbröckeln, und schließlich erlosch in Kurschino das geistliche Leben ganz.

Doch nach der Perestrojka lebte es wieder auf. Für die evangelistischen Einsätze wurde den Gläubigen sogar das Gebäude des Dorfklubs zur Verfügung gestellt. Die Lokalregierung erteilte zwar ein ausdrückliches Verbot, doch die bürgerliche Verwaltung von Kurschino widersetzte sich bewusst dieser Anweisung von oben.

„Wir haben einmal erfahren, wie schlimm es ist, ohne Gott zu leben, und wie schrecklich es ist, ohne Gott zu sterben", sagten einige Vertreter der Bürger. „Jetzt haben wir verstanden und werden nicht mehr zulassen, dass Gott aus unserem Ort vertrieben wird."

Bestimmt war den Kommunalpolitikern nicht bewusst, dass sie in diesem Punkt nach dem Willen des Herrn Jesus handelten, den Er in den oben erwähnten Worten zum Ausdruck bringt. Doch die Glaubensgeschwister freuten sich darüber und priesen den Herrn.

Was können wir aus dieser Geschichte lernen? Wohl etwas ganz Entscheidendes: wir müssen darum beten, dass uns mehr Politiker geschenkt werden, die erkennen, dass es ohne Gott in die Dunkelheit geht, aber mit Ihm in das Licht. In das Licht, das mit dem Herrn Jesus Christus in dieser Welt zu leuchten begonnen hat.

Die Welt kann euch nicht hassen.
Mich aber hassen sie, denn ich bezeuge ihr,
dass ihre Werke böse sind.
Johannes 7,7

Können wir uns vorstellen, dass der Herr diese Worte, die Er seinen Jüngern auf dem Weg zum Laubhüttenfest in Jerusalem sagte, auch zu uns gesagt haben könnte? – Nein? Warum nicht? – Weil wir von der Welt schon abgelehnt werden?

Gut. Doch seit wann werden wir das? – Erst seit wir uns bekehrten, seit wir den Herrn Jesus in unser Leben aufnahmen! Folglich werden tatsächlich nicht wir, sondern der Herr abgelehnt. Würden wir Ihn aus unseren Leben streichen, nähme uns die Welt wieder mit offenen Armen auf!

Bleiben wir mit Seiner Hilfe Ihm aber treu, werden wir ebenso gehasst werden wie Er; auch wenn wir noch so viele „gute Werke" tun.

Das musste auch der schwedische Missionar Levi Martensson erfahren, der in Russland seinen Dienst tat. Levi wurde es aufs Herz gelegt, den Kleinvölkern das Evangelium zu bringen. So lernte er außer Russisch die Sprachen der Adygejer und Kabardiner und übersetzte beiden Völkern die Bibel. Durch Levis Hilfe wurden auch mehrere Kinder, die in ihren Ländern als unheilbar galten, erfolgreich im Ausland operiert.

Trotzdem waren die Würdenträger des Islam wütend auf ihn, weil einige Moslems zum Glauben an den auferstandenen Herrn fanden. Den Würdenträgern wäre es wohl lieber gewesen, wenn die Kinder krank und die Erwachsenen Moslems geblieben wären. Auch die orthodoxe Kirche war über Levi verärgert; und in den staatlichen Medien wurde er als „ausländischer Spion" beschimpft. Dann, als Levi wieder einmal von einem Heimaturlaub nach Russland kam, machte man ihm den Prozess, weil er sich angeblich einen Tag zu spät zurückgemeldet hatte. Das Urteil lautete: Ausweisung – und los war man ihn!

Siehe, Kinder sind eine Gabe des Herrn,
und Leibesfrucht ist ein Geschenk.
Psalm 127,3

Sage mir, wie du mit Geschenken umgehst, und ich sage dir, wie du zu denen stehst, die dich beschenkten. Das Geschenk eines lieben Freundes wird in Ehren gehalten, das eines Menschen, der mir nicht liegt, wird gleichgültig behandeln.

Was auf Menschen zutrifft, trifft erst recht auf Gott zu. Wer sich in Wahrheit selbst erkannt hat und wer wirklich weiß, wer Gott ist, und dann noch einen Blick dafür hat, wie gnädig Er trotzdem mit einem umgeht, der kann nicht mehr anders, der muss sich vor Ihm beugen und Ihn anbeten.

Selbstverständlich wird er dann auch mit allem, was er von Gott geschenkt bekommt, verantwortungsvoll umgehen, es pfleglich behandeln. Ganz besonders trifft das auf das Geschenk der Kinder zu. Im Ernst wird wohl niemand behaupten, dass jemand verantwortungsvoll mit seinen Kindern umgeht, wenn er sie sich selbst überlässt. Ein Geschenk, das man in die Ecke stellt und sich nicht oder wenig darum kümmert, ist für einen ein überflüssiges Geschenk. Und wieviel Kinder sind heute überflüssige Geschenke?

Bei einer Evangelisation in Pskow, einer Stadt im Nordwesten Russlands, stießen die Brüder auf ein Heim mit schwer erziehbaren Kindern, die von keiner der üblichen Schulen aufgenommen wurden. Der Heimleiter sagte: „Dies hier ist die letzte Station, bevor sie endgültig in die Kriminalität abrutschen. Doch ich sage: Wir sind keine Schule für schwierige Kinder, sondern für Kinder mit schwierigen Eltern!“

Damit hatte er den Nagel auf den Kopf getroffen. Doch trifft das nur für Russland zu? – Die Kinder waren dankbar für die Liebe, die ihnen die Brüder entgegenbrachten und hörten das Evangelium gerne.

Wahrlich, das ist Gott, unser Gott
für immer und ewig. Er ist's, der uns führet.
Psalm 48,15

Während eines missionarischen Einsatzes in Krutinka, nordwestlich von Omsk, gelangte ein Foto in Nikolais Hände. Er betrachtete die darauf abgebildete Gruppe sehr genau, konnte aber niemand erkennen. – Ihm wurde gesagt, dieses Bild sei vor neun Jahren aufgenommen worden, als ein Missionsteam aus Deutschland im Ort die Frohe Botschaft von der Erlösung durch Herrn Jesus Christus in aller Klarheit verkündigt habe. Leider hätte aber niemand eine persönliche Entscheidung getroffen, zumindest nicht öffentlich.

Nikolai hätte die Aufnahme gerne einem darauf abgebildeten Menschen geschenkt. Doch wo sollte er die Leute finden? Ein Jahr später zog Nikolai mit seiner Familie nach Krutinka, um missionarisch tätig zu sein. Der Herr segnete den Dienst, und nach verhältnismäßig kurzer Zeit hatten sich fünfzehn Leute bekehrt und zu einer Gemeinde zusammengefunden. Erfreulicherweise hatten alle Gemeindeglieder die gleiche missionarische Einstellung wie Nikolai und waren oft singend und verkündigend in den Straßen und auf den Plätzen der Stadt unterwegs.

Eines Tages standen sie wieder in einer Straße und Nikolai verkündigte das Evangelium, während sich allmählich eine feste Zuhörergruppe bildete, die ernsthaftes Interesse an Gottes Wort zeigte. Nicht lange und Nikolai kamen viele Gesichter bekannt vor. Wo hatte er sie nur gesehen?

Plötzlich erinnerte er sich an das Foto und wusste Bescheid. Der Dienst der Brüder aus Deutschland war doch nicht vergebens gewesen. Der von ihnen ausgestreute Same des Wortes Gottes keimte in diesen Herzen und die Leute schlossen sich der Gemeinde an. So führt unser Gott!

Ich gebe ihnen das ewige Leben...
und niemand wird sie aus meiner Hand reißen.
Johannes 10,28

Diese Worte unseres Herrn rief Pastor Schepel von der Gemeinde in Tscherkassy am Dnjepr, den neu getauften Gemeindegliedern zu. Er, der wegen seines kompromisslosen Dienstes während der kommunistischen Gewaltherrschaft mehrere Jahre im Gefängnis verbrachte, hatte diese Worte mit Bedacht gewählt. Für ihn stand fest, dass mit dem Zusammenbruch des kommunistischen Systems der Böse noch nicht aus der Welt geschafft war, sondern weiter wie „ein brüllender Löwe" umherging und nach „Beute" suchte.

Seine Vorliebe galt den Neubekehrten. Ihnen brüllt er besonders laut in die Ohren, um sie zu erschrecken. Denn der Schreck lähmt, und Lahme sind leicht zu Fall zu bringen. Die Gefallenen wiederum bewegen sich nicht von der Stelle, können dem Herrn Jesus nicht nachfolgen!

Vor diesem Hintergrund rief Pastor Schepel den Neugetauften, – die von der Gemeinde mit Blumensträußen beglückwünscht wurden, – das oben angeführte Wort des Herrn zu und erklärte:

„Macht euch nur ja keine falschen Hoffnungen. Die Welt wird euch keine Blumen schenken. Der Fürst dieser Welt, dem die unbekehrten Menschen, ohne es zu wissen, dienen, wird sich bemühen, euch für das sündige Leben zurück zu gewinnen. Doch denkt daran, dass ihr mit uns Dem dient, der in allem das letzte Wort spricht, weil Er die Macht im Himmel und auf Erden hat. Haltet euch treu zu Ihm, Er wird euch wie uns Mut und Kraft zum Stehen und zur Nachfolge geben."

Können auch wir ein solches Zeugnis ablegen? Wenn nicht, liegt es nicht am Herrn, sondern an uns. Er hat das Seine getan, wir das unsere dann offensichtlich noch nicht.

Siehe, wie fein und lieblich ist's,
wenn Brüder einträchtig beieinander wohnen!
Psalm 133,1

Auf der Suche nach besseren Verdienstmöglichkeiten kam Ivan Bratan mit seiner Frau Galina nach Dshetysaj in Südkasachstan. Hier begegnete er einigen Christen, die ihm ein Traktat mit evangelistischem Inhalt überreichten. Und obwohl er sich nicht bekehrte, musste er immer wieder über dessen Inhalt nachdenken. Erst fünf Jahre später übergab er in Moldawien sein Leben dem Herrn und fand Ruhe für seine Seele. Kurze Zeit später bekehrte sich auch seine Frau Galina. Da beide zehn Kinder zu ernähren hatten, beschloss Iwan, sich selbständig zu machen. – Die Sache lief gut an und versprach, den Lebensunterhalt der Bratans reichlich zu sichern.

Da besuchte Iwan eine Missionskonferenz und hörte den Ruf in den vollzeitlichen Dienst. Ohne lange zu zögern gab er seinen gerade in Gang gekommenen Handwerksbetrieb auf und folgte dem Ruf.

Zehn Jahre später bestand in Dshetysaj eine lebendige Gemeinde und in zwölf Nachbarorten waren kleinere Gemeinden oder Hauskreise vorhanden. Auf der anderen Seite kamen Bestrebungen in Gang, aus Kasachstan einen moslemischen Staat zu machen. Das hatte zur Folge, dass Iwan von Behörden und privatleuten gewaltigen Widerstand erfuhr. So sagte ein Milizbeamter zu ihm: „Es ist wohl an der Zeit, dass dir der Sauerstoffhahn zugedreht wird!"

Iwan lächelte in seiner freundlichen Art und meinte: „Ja, du würdest das schon längst getan haben, aber der Hahn ist für dich nicht erreichbar!" In dieser Zeit zeigte sich, dass „Bratan" nicht nur „Bruderherz" heißt, sondern, dass er auch ein Bruder war. Und diese Bruderschaft trug in der Gemeinde segensreiche Früchte.

Der Herr hilft den Gerechten,
er ist ihre Stärke in der Not.
Psalm 37,39

Unter Stalin erlebten die Gläubigen in der Sowjetunion eine besonders schwere Zeit. So wurde Steffen schon mit sechs Jahren Zeuge einer schlimmen Hausdurchsuchung. Vollkommen überraschend waren einige „Aktivisten“ in seinem Elternhaus erschienen, hatten alles auf den Kopf gestellt und die Essenvorräte mitgenommen. Steffen war total verstört, weil die Aktivisten erst vor zwei Wochen in Elternhaus gewesen waren und damals den Vater mitgenommen hatten. Steffen sah wieder, wie der Vater zu ihm ans Bett gekommen war und ihm zum Abschied eine Handvoll Sonnenblumenkerne gegeben hatte, wohl das Einzige was er noch besaß.

Dann war eine Hungersnot gekommen und über Steffen, seine Mutter und seine Geschwister war großes Elend hereingebrochen. Die Mutter war vor Hunger sogar dick angeschwollen.

Da hatte sie auch noch die Nachricht vom Tod des Vaters erreicht. Allem zum Trotz hatte Mutter abends die Vorhänge zugezogen, den Kindern aus der Bibel vorgelesen und ihnen von Christen erzählt, die um des Evangeliums Willen leiden, manche sogar, wie ihr Vater, sterben mussten. Damals hatte Steffen beschlossen, dem Herrn Jesus immer treu zu bleiben.

Als er eines Abends bemerkte, dass der Mutter Tränen über die Wangen rollten, fragte er: „Weinst du wegen Vaters Tod?“ – „Nein, aus Sorge um euch Kinder, weil in dieser schrecklichen Zeit das Wort Gottes nicht mehr rein gepredigt wird“, war die Antwort.

Wäre das auch unsere Sorge gewesen?

Kurz danach ging die Hungersnot zu Ende und die Mutter sowie ihre fünf Kinder blieben am Leben.

Wir müssen durch viel Trübsal
in das Reich Gottes gehen.
Apostelgeschichte 14,22

Das ist wahr. Wir können dem Herrn aber nur danken, dass er nicht allen seinen Kindern die gleiche Schwere der Trübsal zugedacht hat. Schon in der Schrift waren nicht alle Gottesmänner ein Hiob, und heute sind nicht alle ein Deinega.

Dieser Bruder war ein treuer und wahrhaftiger Christ. Er scheute sich nicht, das Wort vom Kreuz überall zu verkündigen, wo sich eine Gelegenheit dazu bot. Als der Parteifunktionär der Kolchose erfuhr, dass Deinega gläubig war, führte er harte Gespräche mit ihm. Weil der Bruder aber nicht „einsichtig" war, wurde ihm eine sehr schlechte Arbeitsstelle zugewiesen. Auch das konnte ihn nicht umstimmen. Dann, an einem Sommertag, während Deinega mit seiner Frau auf der Arbeit war, erschien der Parteifunktionär mit der Miliz – und sie rissen mit einem schweren Trecker das kleine Haus des Glaubensbruders ab. Tage später bekam er sogar eine Rechnung und musste die Abbruchkosten seines Hauses bezahlen.

Weil die Schikanen auch jetzt noch kein Ende nahmen, gab Deinega sein Staatsbürgerrecht ab und bat um Auswanderung. Dann, an einem Abend im Herbst, kam Deigena nicht wie gewohnt um 21 Uhr von der Arbeit nach Hause. Seine Frau und die Kinder ahnten nichts Gutes. Leider bewahrheitete sich ihre Ahnung.

Als der Schwiegersohn am nächsten Morgen zur Arbeit wollte, sah er Deinega neben der Bushaltestelle liegen. Man hatte ihn auf sehr üble Weise ermordet. Die Seinen schmerzte das sehr. Doch in allem Leid war es ihnen Trost, dass der Vater im Glauben gestanden hatte, man ihm somit nur das irdische, aber nicht das ewige Leben genommen hatte. Er war nun im himmlischen Vaterhaus.

## 5. Dezember

Ein reiner und unbefleckter Gottesdienst vor Gott, dem Vater, ist der: die Waisen und Witwen in ihrer Trübsal besuchen und sich selbst von der Welt unbefleckt halten.

Jakobus 1,27

In diesem Wort, das vom Bruder des Herrn Jesus stammt, ruht eine Zuversicht und Zufriedenheit, die nur ein bekehrter Mensch erfahren kann. Folglich sind echte Zuversicht und Zufriedenheit ohne Bekehrung nicht zu haben. Das wird auch am Beispiel von Tatjana Hilscher deutlich. Sie, eine alleinstehende Frau mit zwei Kindern, fühlte sich unwohl und gleichzeitig gedrängt, etwas „Gutes“ zu tun.

So nahm sie zu den eigenen Kindern noch fünf Waisen auf. Später stockte sie noch auf, bis sie zwanzig Kinder hatte. Nun kam auf sie das Problem des Lebensunterhalts der „Großfamilie“ zu, vor allem, weil im Land eine wirtschaftlich schwierige Situation herrschte.

Dem Rat von Kennern folgend, zog Tatjana mit ihren Kindern von Omsk nach Kaliningrad (Königsberg). Hier sollte es besser sein. Dem war aber nicht so. In Omsk hatte sie neben allen Entbehrungen zumindest noch eine vom Staat bezahlte Wohnung, und vom Sozialamt erhielt sie eine kleine finanzielle Unterstützung. Das fiel hier fort, obwohl ihr die Behörden etwas anderes sagten.

Was sie erhielt, waren Lobeshymnen in der lokalen Presse und ein hoher Orden. Das half ihr wirtschaftlich aber nicht weiter, eine Hilfe war es aber trotzdem. Sie und ihre Kinder erfuhren die Fragwürdigkeit alles Irdischen, und eine Sehnsucht nach dem Himmlischen erwachte in ihnen. Die Kinder hatten eine gute irdische Mutter und ahnten, dass ihnen noch der gute Vater im Himmel fehlte.

Warum, so bleibt zu fragen, müssen wir Menschen immer erst zu einem Tiefpunkt geführt werden, bis wir umzudenken beginnen?

Und Nathanael sprach zu ihm: Was kann von Nazareth Gutes kommen? Philippus spricht zu ihm: Komm und sieh!

Johannes 1,46

Das hat der gefallene Mensch so an sich: Jeder, der etwas anderes lehrt und tut, als das, „was man schon immer so getan hat", kann nur ein Bösewicht sein und muss abgelehnt werden. Besonders heftig wird die Ablehnung, wenn der „Bösewicht" liebgewordene Glaubensvorstellungen in Frage stellt.

Das war bei dem Herrn Jesus schon so, wie wir aus den vorangestellten Worten ersehen können, die einem Gespräch zwischen Phlippus und Nathanael entnommen sind. In Anlehnung an die oben gestellte Frage wählte der Evangelist Sandro Kheviashvili für einen seiner Vorträge den Titel: „Was kann aus Georgien Gutes kommen?"

„Während Nathaniel, der im Blick auf den Herrn Jesus danach fragte, was aus Nazareth Gutes kommen könne, sich gewaltig täuschte", erklärte Sandro. „So wird sich der, der die Frage stellt, was aus Georgien Gutes kommen könne, nicht täuschen."

Bruder Sandro wies auf die Grausamkeiten im Lande hin und berichtete von einem beunruhigenden Überfall auf eine Versammlung gläubiger Christen, den ein orthodoxer Priester mit der Behauptung organisiert hatte, das Kreuz sei ein orthodoxes Zeichen, das die Evangeliums Christen nicht an ihrem Gemeindehaus haben dürften. Nachdem unser Missionswerk dem Gesundheitsministerium von Westgeorgien ein Militärspital des Deutschen Zivilschutzes geschenkt hatte, änderte sich die Stimmung.

„Nur mit dem Herrn Jesus kann auch aus Georgien etwas Gutes kommen", schloss Bruder Sandro seinen Vortrag. – Das trifft auch auf alle Länder zu.

Ich sage euch die Wahrheit:
wenn ich nicht hingehe, so kommt
der Tröster nicht zu euch. Wenn ich aber gehe,
will ich ihn zu euch senden.
Johannes 16,7

„Ich muss weggehen, damit ihr mich besser verstehen könnt", bringt der Herr Jesus mit diesen Worten zum Ausdruck. „Das ist nicht logisch. Wenn sich jemand von einem entfernt, ist er schlechter zu verstehen!" sagte ein Mann zu Bruder Poliktin.

„Im Normalfall hast du Recht", entgegnete dieser, „aber nicht bei unserem Herrn. Bei Ihm läuft es anders."

In den Blick des anderen trat die Aufforderung: „Dann klär mich auf!" – Bruder Poliktin überlegte kurz und sagte: „Ich will versuchen, diese Sache dir in zwei Bildern näher zu bringen: Stell dir einen mit Wasser gefüllten Kochtopf vor. Wenn du das Wasser in ihm eine ganze Zeit auf dem Herd kochen lässt, ist der Topf mit einem Mal leer. Doch wo ist das Wasser hin? Hat es sich in Nichts aufgelöst? Nein, es ist als Dampf im ganzen Raum. So ist es auch beim Herrn Jesus. Er ging weg, weil Er in der Gestalt eines Menschen immer nur an einem Platz auf dieser Erde sein konnte. Aber indem er zum Vater aufstieg, konnte er den Tröster, den Heiligen Geist, senden, der überall gleichzeitig sein kann."

Das leuchtete dem Mann ein und Bruder Politkin brachte sein zweites Bild: „Wann können wir den Wert unserer Freunde am Besten einschätzen: wenn sie uns nahe oder wenn sie uns ferne sind? In unserer Nähe reden wohl alle zu unserem Gefallen, in der Ferne sieht das anders aus. Wer da noch zu uns steht, dass ist ein echter Freund! Auch das ist bei dem Herrn Jesus so. Er ging zum Vater, um für uns einzutreten, wenn der Satan mit Anschuldigungen kommt!"

Nun hatte der andere das Wort des Herrn verstanden und freute sich darüber.

## 8. Dezember

Ich liebe deine Gebote mehr als Gold.
Psalm 119,127

Es gab erstaunte Gesichter, als die Kindergruppenleiter verschiedener ukrainischer Gemeinden auf den Gedanken kamen, ein „Psalmfest“ durchzuführen. Waren die Psalmen ein Buch für Kinder? Die Gruppenleiter meinten das.

„Die Bibel“, so argumentierten sie, „ist allen Menschen, den Großen und den Kleinen, gegeben. Also darf kein Buch vor keinem ausgeklammert werden. Es kommt nur darauf an, wie es wiedergegeben wird. Und die Wiedergabe muss man sich schenken lassen.“

Wer an dem Fest teilnehmen wollte, so hatten die Leiter festgelegt, musste zu zehn vorgegebenen Themen aus den Psalmen je zehn Verse auswendig aufsagen können. Außerdem hatten die Bewerber etwas zu basteln, das mit dem Leben des Königs David in Verbindung stand. Trotz dieser Bedingungen kamen fünfzig Kinder zusammen. Sie hatten sich für die beiden Festtage das Motto gewählt:

„Ich liebe Deine Gebote mehr als Gold!“

Nachdem die Kinder in Gruppen eingeteilt worden waren, erhielten sie die Aufgabe, über Psalmen nach ihrer Wahl Gedichte und zu den Gedichten Melodien zu schreiben. Auch das Imitieren der Musikinstrumente des Königs David war für die Kinder nicht leicht. Natürlich zählten auch Wanderungen zu dem Programm. Obwohl am Schluss einige Fragen offen blieben, bezeugten die Kinder:

„Uns hat alles gefallen. Wir wussten ja nicht, dass die Bibel so interessant ist. Jetzt haben wir begriffen, dass man in ihr forschen muss...“

Haben wir das auch schon begriffen – und setzten wir das Begriffene dann auch in die Tat um? – Begriffenes hilft nur dann, wenn es getan wird!

Da redete Jesus abermals zu ihnen und sprach:
Ich bin das Licht der Welt. Wer mir nachfolgt,
der wird nicht wandeln in der Finsternis,
sondern wird das Licht des Lebens haben.
Johannes 8,12

Wir wissen es alle: Ohne Licht ist auf dieser Erde kein Leben möglich. Das ist so, weil Gott es so eingerichtet hat. Schon bevor Er die Pflanzen, die Tiere und den Menschen schuf, sprach Er das schöpferische Wort: „Es werde Licht!“ – Und wie für das natürliche Leben, so ist das Licht auch für das geistliche Leben dringend erforderlich.

In diesem Zusammenhang wurde Bruder Alfred, der in der Sowjetunion als Bergmann arbeitete, ein Grubenunglück zum Gleichnis. Er berichtet, wie fünf Bergleute durch herabstürzende Gesteinsmassen in ihrem Stollen eingeschlossen wurden.

Nach vier Tagen hatte man mittels eines Bohrlochs eine Verbindung zu ihnen hergestellt. Obwohl die Männer von Hunger und Durst gequält wurden und die Verletzten dringend versorgt werden mussten, kam von den fünf Eingeschlossenen aber als erstes die Bitte: „Gebt uns Licht!“

„Wie diese Bergleute im Stollen“, berichtet Alfred weiter, „sind wir alle von der Sünde eingeschlossen. Unsere Seelen sind hungrig, durstig und verletzt. Der Herr Jesus bringt uns alles, was wir brauchen. Er sagt: ‚Ich bin das Brot des Lebens... ‚Ich bin das Wasser des Lebens... ‚Ich bin dein Arzt und Helfer... Vor allem aber hat Er uns das Licht gebracht!...“

Keiner bräuchte nun mehr in der Finsternis stehen, jeder könnte froh und glücklich, zufrieden und dankbar sein. Aber in der Vergangenheit wie in der Gegenwart, lehnten und lehnen die meisten Menschen dieses Licht ab. Warum? Weil ihre Werke böse sind und nicht erkannt werden sollen, wie die Schrift sagt.

Ich schreie zum Herrn mit meiner Stimme,
ich flehe zum Herrn mit meiner Stimme. Ich schütte meine Klage vor ihm aus und zeige an vor ihm meine Not.

Psalm 142,2-3

Es war Waldemars erste Bootsfahrt in diesem Frühjahr. Der sibirische Winter war wieder streng und lang gewesen und hatte den Jenissej, der an der Polarlinie über 5 km breit ist, mit einer dicken Eisdecke überzogen. Die war jetzt aufgebrochen und ihre mächtigen Schollen waren den Fluss hinunter getrieben. Nichts deutete mehr auf eine Gefahr hin. So brachen Waldemar und sein Freund in getrennten Booten zum jenseitigen Flussufer auf, um in den ausgedehnten Wäldern zu jagen.

Plötzlich wurde Waldemar durch dumpfes Getöse aus seinen Gedanken gerissen. Er sah auf und meinte, das Blut gerinne ihm in den Adern. Aus einem Nebenfluss, bei dem die Eisdecke später aufgebrochen war, kamen riesige Eisschollen und überzogen den Jenissej. Sofort war sich Waldemar der Aussichtslosigkeit seiner Lage bewusst. Hier war seine Erfahrung völlig bedeutungslos. Er saß mit seinem Freund in der Falle, und ihm kamen die Worte seines verstorbenen Vaters in den Sinn: „Ohne Gott kann man leben, aber ohne Gott zu sterben ist schrecklich!"

Gleichzeitig erinnerte er sich, dass seine Mutter eine eifrige Beterin war und er schrie in seiner Todesnot zu dem Gott seiner Eltern. Plötzlich wurde sein Herz von einer ihm unbekannten Ruhe erfüllt und er sah gelassen auf die Eisblöcke, die ihn und den Freund bald zermalmen würden. – Doch mit einem Mal befand er sich mit seinem zusammengedrückten Boot am Ufer. Er lief zum nächsten Hügel und sah, dass auch der Freund ans Ufer gedrückt worden war.

„Es gibt Gott wirklich!" jubelte Waldemars Herz, und er übergab sein Leben dem Herrn.

So lasset uns nun Fleiß tun, hineinzukommen
zu dieser Ruhe, auf dass nicht jemand zu Fall
komme in gleichem Ungehorsam.
Hebräer 4,11

Alexander, Julian, Valentina und Lydia, die als Missionsteam in der jakutischen Stadt Deputatskij arbeiteten, wussten, dass das Bekennen des Glaubens eine, aber das Ausleben des Glaubens eine andere Sache war. Für sie stand auch fest, dass gelebter Glaube sich am deutlichsten in der Ruhe zeigte, da der in Sünde lebende Mensch, wie Kain, unstet und flüchtig ist. In dieser Ruhe steht der Gläubige aber nicht automatisch, wie unser Text sagt. Er muss sich überwinden, Fleiß aufbringen, um hineinzukommen.

In dieser Beziehung wurde das Missionsteam zum ersten Mal auf die Probe gestellt, als während der Polarnacht das Elektrizitätswerk der Stadt ausbrannte. Alles war dunkel, und es gab kein Wasser mehr. Da aus der örtlichen Zentralheizung das Wasser nicht schnell genug abgelassen werden konnte, waren die Rohre schon kurze Zeit später aufgefroren, und die Menschen wurden mit Flugzeugen in andere Siedlungen gebracht.

Zu den wenigen, die sich nicht ausfliegen ließen, zählten Alexander und Julian. Sie halfen bei der Beseitigung der Schäden eifrig mit und waren dadurch ein gutes Zeugnis für ihren Herrn. Auch als in einem folgenden Winter das Heizmaterial knapp zu werden drohte und Panik in der Stadt ausbrach, blieben die vier ruhig und trugen zur Befriedung der Bevölkerung bei.

„Könnt ihr den ganzen Winter ruhig bleiben?“ wurden sie gefragt und antworteten: „Ja. Gottes Ruhe reicht nicht nur für den langen jakutischen Winter, sondern für die noch viel längere Ewigkeit.“

Wie ist es um unsere Ruhe bestellt? -

Sie versprechen ihnen Freiheit, obwohl sie selbst Knechte des Verderbens sind. Denn von wem jemand überwunden ist, dessen Knecht ist er geworden.

2. Petrus 2,19

„Dass ich Missionar bin, liegt an meinem Großvater“, erklärte Michail. „Mit ihm kam der biblisch fundierte Glaube in unsere Familie. Das hätte Großvater aber am wenigsten für möglich gehalten. Er gehörte der orthodoxen Kirche an, und hörte in ihr nichts von Wiedergeburt. Er las auch nicht in der Bibel, sondern küsste sie nur, wenn sie ihm vom Priester vorgehalten wurde.

Die Bibelworte, die er während der Liturgie hörte, verstand er nicht, da sie in der altslawischen Sprache gesprochen wurden. Schließlich wählte man meinen Großvater zum Küster, da er organisatorisch begabt war. Dass er trank und ein Faustheld war, störte niemand. Dann kamen deutsche Missionare in unsere Gegend, und es entstanden so genannte „Stundisten-Versammlungen“. In ihnen wurde in der Schrift geforscht, von Bekehrung und Wiedergeburt gesprochen.

Über die Stundisten-Besucher wurde viel und negativ geredet. Schließlich schloss man sie aus der Kirche aus. Mein Großvater ging zunächst gegen diese Leute. Er gründete sogar die Gruppe ‚Eiferer für die Väterlehre‘. Sie bewaffnete sich mit Schlagstocken und marschierte in die ‚Versammlung‘ eines Nachbarortes. Es kam jedoch anders als die Eiferer gedacht hatten. Kaum hatten sie den Raum betreten, sah mein Großvater, dass der Prediger die gleiche Bibel hatte, die er verehrte und küsste. Unsicher blieb er mit seinen Leuten stehen. Nach wenigen Augenblicken bekamen sie Plätze angeboten. Sie setzten sich und am Schluss der Versammlung bekehrte sich mein Großvater. Er war damit der erste wiedergeborene Christ in unserem Ort.“

So vertrage dich nun mit Gott und mache Frieden; daraus wird dir viel Gutes kommen.
Hiob 22,21

Mit achtzehn Jahren legte Michail seine Sünden unter dem Kreuz ab und übergab sein Leben dem Herrn Jesus. Wenig später wurde er zum Militärdienst einberufen und in den Fernen Osten geschickt. Für Michail gab es keinen Zweifel, das war eine Folge seines Glaubens, und er hatte mit dem Groll zu kämpfen.

Dann erinnerte er sich daran, dass er Frieden mit Gott hatte und ihm somit nichts eigentlich Böses, sondern nur Gutes widerfahren konnte, gleich wo die irdischen Machthaber ihn auch hinstecken würden.

Schon bald fand Michail zu seinem Erstaunen heraus, dass an seinem, in der unvorstellbaren Weite Ost-Russlands gelegenen Dienstort, eine große christliche Gemeinde vorhanden war. Die Mehrheit ihrer Mitglieder waren Deutsche, die man hierher verbannt hatte.

Im Nachhinein bekannte Michail: „Wenn ich diese Begegnung nicht gehabt hätte, wäre ich wohl nie Missionar geworden. Meine Erlebnisse im Osten und mit den verschleppten deutschen Gläubigen, ließen den Entschluss in mir reifen, in die Mission zu gehen. Mir stellte sich zwar vieles in den Weg. So wollte mich mein Vater nicht gehen lassen, doch der Ruf des Herrn war so stark, dass ich nicht zu Hause bleiben konnte. Auf meinen Reisen durch den Fernen Osten bot sich mir ein trauriges Bild. Ich traf nirgends auf eine Gemeinde, nur hin und wieder auf einsam lebende alte Frauen.

In Birobidshan an der chinesischen Grenze ließ ich mich nieder. Hier traf ich auf Gläubige, die wie ich ihre Heimat verlassen hatten. Nach viereinhalb Jahren unseres Wirkens ließ der Herr die Gemeinde von fünfzehn auf einhundertzwanzig Mitglieder wachsen.

Da er noch redete, kamen etliche aus dem Hause
des Obersten der Synagoge und sprachen:
Deine Tochter ist gestorben; was bemühst du weiter den
Meister? Jesus aber hörte mit an, was da gesagt ward, und
sprach zu dem Obersten: Fürchte dich nicht, glaube nur!
Markus 5,35-36

Jahre später zog Michail mit einem körperlich behinderten Glaubensbruder durch weite Teile der Halbinsel Tschukotka im Hohen Norden. Wo sie auch hinkamen, fanden sie keine Gemeinde. Michail taten die Menschen leid. Ihre Not war mit Händen zu greifen, aber sie hatten niemand, der sie zu dem führte, der sie von ihren seelischen Belastungen und Bindungen befreien konnte. Dort, wo seines Erachtens die Lage am Schlimmsten war, ließ er sich mit dem Glaubensbruder nieder.

Schon nach etwas mehr als einem Jahr war eine Gemeinde von vierundvierzig Leuten entstanden, die sich alle bekehrt und durch die Glaubenstaufe öffentlich zu dem Herrn Jesus bekannt hatten. An dieser Stelle betonte Michail immer wieder: „Das geschah natürlich nicht aufgrund unserer Leistungen. Der Herr hatte uns ganz einfach zur rechten Zeit an diesen Ort geführt..."

Dann kam ein neubekehrter Mann zu Michail und fragte traurig: „Warum bist du nicht ein Jahr früher gekommen? Wärst du früher gekommen, ich bin sicher, meine Familie wäre nicht in die Brüche gegangen."

Michail fühlte mit dem Mann, dachte aber an die Geschichte der Tochter des Jairus und sagte: „Unser Herr kann auch in scheinbar ausweglosen Situationen helfen. Vertraue nur!" –

Das Vertrauen wurde belohnt. Der Bruder fand wieder mit seiner Familie zusammen, weil der Herr die Wunden, die sie sich gegenseitig geschlagen hatten, heilte.

So sind wir viele ein Leib in Christus,
aber untereinander ist einer des anderen Glied.
Römer 12,5

Michail hörte einmal, wie ein Glaubensbruder von einem Gottesdienstbesucher gefragte wurde: „Lebt der Herr Jesus heute noch auf dieser Erde?" – Der Glaubensbruder überlegte einen Augenblick und sagte: „Leiblich nicht. Er kam in diese Welt, um eine große Aufgabe zu erfüllen. Als Er sie erfüllt hatte, fuhr Er gen Himmel."

Hättest du diese Aussage so stehen lassen? Michail schaltete sich in dieses Gespräch ein und erklärte: „Diese Antwort ist richtig, aber nicht vollständig. Nach Seiner Himmelfahrt hat der Herr Jesus, durch die Sendung des Heiligen Geistes, am ersten Pfingstfest in dieser Weltgeschichte, Seine Gemeinde ins Leben gerufen. Und diese Gemeinde ist nach der Schrift bis zur Wiederkunft des Herrn, Sein Leib auf dieser Erde. Das geht aus Römer 12,5 hervor, besonders deutlich aber aus dem 12. Kapitel des 1. Korintherbriefes.

Bis dahin hat Er Seinem Leib namens Gemeinde große Aufgaben übertragen. So wie Er während Seiner Erdenzeit ständig unterwegs war, um den Menschen das Evangelium zu bringen, sie zur Umkehr zu rufen, ihnen den Weg ins himmlische Vaterhaus zu zeigen, hat dies nun die Gemeinde als Sein Leib zu tun. Gleichzeitig, weil alle Brüder und Schwestern untereinander Glieder an diesem Leib sind, haben sie sich auch gegenseitig zu dienen, damit kein Glied krank wird und abstirbt..."

Unter diesem Aspekt wird heute die Gemeinde kaum noch gesehen. In ihr geht man sehr freizügig miteinander um, was zum Verlust der Vollmacht führt. Damit verbunden ist, dass die Welt Gottes Wort nicht mehr glaubwürdig erfährt. Ist das vor Gott zu verantworten?

Und er sprach zu ihnen: Gehet hin in alle Welt
und predigt das Evangelium aller Kreatur.
Markus 16,15

Drei Jahre nachdem in Pskow, das 260 km südwestlich von St. Petersburg liegt, eine Gemeinde entstanden war, zählte diese fünfundvierzig Mitglieder. Keine besonders große Zahl, aber die Glaubensgeschwister nahmen den Missionsauftrag unseres Herrn ernst und entwickelten eine rege Aktivität.

Im Blick auf die vielen Kleinstädte und Dörfer im Gebiet von Pskow, in denen bis dahin das Wort Gottes noch unbekannt war, gründeten die Gemeindeglieder ein eigenes Missionswerk, dem sie den Namen „Guter Hirte" gaben.

Mit diesem Werk, so betonten sie im Gründungsprotokoll, „...soll die evangelistische und die wohltätige Arbeit fruchtbarer gestaltet werden..." – Daneben wurden von der Gemeinde in der Nachbarstadt Ostrow und in der stadtnahen Siedlung Nejolowo Gottesdienste durchgeführt.

Außerdem boten die Glaubensgeschwister über den „Guten Hirten" Bibelfernkurse für Kinder an, die von mehreren hundert Kindern aus dem gesamten Gebiet genutzt wurden. Diese Arbeit erforderte sehr viel Zeit und Kraft. Doch die Geschwister taten sie mit Freude. Sie verteilten außerdem Traktate und Neue Testamente.

Sie hätten gerne noch mehr getan, aber ihnen fehlten häufig die finanziellen Mittel dazu. Deshalb waren sie sehr dankbar, als der Herr es so führte, dass ihnen die Stadt die Miete für den Versammlungsraum erließ und sie das Geld für missionarische Zwecke zur Verfügung hatten.

Frage: Was könnten wir im Rahmen des Missionsbefehls unseres Herrn noch alles tun?

Lass dich nicht vom Bösen überwinden,
sondern überwinde das Böse mit Gutem.
Römer 12,21

Die Gemeinde in der Bawarskaja-Straße in Charkow war so gewachsen, das die leitenden Brüder eine Teilung vorschlugen. Diese wurde von den Gemeindegliedern auch angenommen. Da sich bei den regelmäßigen evangelistischen Veranstaltungen im Kulturpalast des Stadtteiles Saltowka viele Menschen bekehrt hatten, schlug man vor, in diesem Stadtteil ein Gemeindehaus zu bauen.

Nach eingehendem Gebet wurde auch ein entsprechendes Grundstück gefunden, und die Brüder gingen daran, die im Wege stehenden Bäume zu fällen. Da erhob eine alte Nachbarsfrau Einspruch. Sie war strikt gegen den Bau des Gebetshauses, weil das von der Gemeinde erworbene Grundstück mit dem darauf stehenden Gebäude ihren Eltern gehört hatte. Durch die vorgenommenen Veränderungen der Brüder, waren negative Gefühle in ihr aufgekommen.

Unter den Geschwistern machte sich eine gewisse Verärgerung breit, dass nicht weiter gearbeitet werden konnte. Da kam ein Hilfstransport unseres Missionswerkes in der Gemeinde an. Neben den notleidenden Menschen der näheren Umgebung, versorgte man auch die Nachbarn des Baugrundstückes mit Reis, Mehl, Kleidungsstücken, christlichen Büchern und Traktaten.

Das beeindruckte die Nachbarn stark, auch jene alte Frau zog ihren Einspruch zurück, besuchte später sogar die Gottesdienste und bekehrte sich.

Als man ihr Verrat am orthodoxen Glauben vorwarf, entgegnete sie: „Wen habe ich denn verraten? – Gott nicht! Er ist jetzt sogar in meinen Hof gekommen!“

## 18. Dezember

Vor dir ist Freude die Fülle und Wonne
zu deiner Rechten ewiglich.
Psalm 16,11

Wenn es um die Freude und Wonne im Herrn geht, wird meistens an die Zeit nach diesem Erdenleben gedacht. Das ist nicht falsch, wir sind dann für ewig in der Freude und Wonne des Herrn. Dennoch müssen wir uns hüten, der Freude und Wonne den Anstrich zu geben, als seien sie Vertröstungen auf das Jenseits. Das sind sie nicht, wir dürfen sie auch schon hier zur Stärkung unseres Glaubens genießen und gleichzeitig Freudenboten sein.

Das praktizierte in schöner Weise die Gemeinde in Tschernowzy. Als sie die Möglichkeit erhielt, zu dem Internat in Porubne an der rumänischen Grenze zu kommen, machte sie davon sofort Gebrauch. Ein ganzer Lastzug humanitärer Güter, der von unserem Missionswerk kam, wurde von ihnen zu dem Internat dirigiert. Hier angekommen, sprach die Ankunft des Lkw's sich bald herum. Auch der Anlass seines Kommens wurde schnell bekannt. Nun geschah etwas, mit dem die Gemeindeglieder nicht gerechnet hatten. Die Schulleiter brachen den Unterricht ab und erschienen mit den freudig erregten Kindern vor dem Internatsgebäude.

Diese Gelegenheit nutzten die Gläubigen und verkündigten die Frohe Botschaft, die von Kindern und Lehrern bereitwillig aufgenommen wurde. – „Die Sachen, die wir euch jetzt schenken werden“, sagten die Glaubensgeschwister, „haben die Christen im Westen als Dank für das große Geschenk gespendet, das Gott ihnen in dem Herrn Jesus Christus machte.“

Jetzt zeigte sich, dass die Freude ein „Echo-Wort“ ist, denn die Freude, die den Kindern bereitet wurde, kam als Freude auf die Gläubigen zurück.

Willst du froh werden? Bereite anderen Freude!

## 19. Dezember

Welcher dünkt dich, der unter diesen dreien der Nächste ist gewesen dem, der unter die Räuber gefallen war? Er sprach: Der die Barmherzigkeit an ihm tat. Da sprach Jesus zu ihm: So gehe hin und tue desgleichen!

Lukas 10,36-37

Neben den neun eigenen, haben Aleksej und Dina Grizaj im Laufe der Jahre insgesamt noch 36 Pflegekinder in ihrem Haus aufgenommen. Unter diesen Kindern befindet sich Tanja. Von ihr erzählte Aleksej: „Als sie noch klein war, lebte sie in unserem Dorf mit ihrer Mutter, einer Alkoholikerin, zusammen. Von der wurde sie gezwungen, an belebten Straßen zu betteln. Eines Tages prahlte die Frau sogar damit, dass sie eine Stelle gefunden hätte, die ihr für das Mädchen viel Geld versprochen hatte. Als nachgefragt wurde, was das für eine Stelle sei, kam heraus, dass das Kind als Organspenderin benutzt werden sollte. Zu diesem schrecklichen Handel kam es aber nicht, weil die Frau plötzlich an einer Lungenentzündung starb.

Zunächst lebte Tanja bei Nachbarn, die sie aus materiellen Gründen aber nicht für immer behalten konnten. So brachten sie das Mädchen zu uns. Wir hatten aber kurz vorher beschlossen, keine Kinder mehr aufzunehmen, da hauptsächlich für meine Frau die Belastung sehr groß war. Dennoch wurden wir über Tanja nicht ruhig. Was, wenn Gott es haben wollte, dass wir dieses Kind aufnehmen sollten?

Ich schob meiner Frau die Entscheidung zu, weil sie die Hauptlast zu tragen hatte. Doch sie kam zu keinem Ergebnis. Schließlich wurden wir eins, die Entscheidung dem Herrn zu überlassen. – ‚Falls es Sein Wille ist, dass wir das Kind aufnehmen sollen‘, sagten wir uns, ‚dann soll Er die Behörden dazu bewegen, dass sie der Aufnahme bei uns zustimmen.‘

Schon einen Tag nach der Antragstellung hielten wir die Bewilligung in Händen. So ist Tanja doch unser Kind geworden!“

Das Geringe vor der Welt und das Verachtete
hat Gott erwählt, – das da nichts ist, –
damit er zunichte mache, was etwas ist.
1. Korinther 1,28

Nein, zu den von der Welt anerkannten Persönlichkeiten zählte Marfa Skurlatova nicht. Sie strebte auch nicht danach, von der Welt geehrt zu werden. Ihr genügte die Gewissheit, von Gott erwählt zu sein. Dadurch lebte sie in einer wunderbaren inneren Freiheit und brauchte nicht um die Anerkennung von Menschen zu buhlen. Umso mehr freute sie sich aber, wenn Gott ihr zeigte, dass Er sie erwählt hatte und als Werkzeug gebrauchte. Das geschah in ihrem irdischen Leben vierzig Mal.

Vierzig Menschen durfte sie durch die Hilfe des Heiligen Geistes zum Herrn führen! Unter ihnen war ein Oberstleutnant, der militärische Rettungsboote in der Ostsee befehligte.

Besonders gerne dachte Marfa an den ehemaligen chronischen Alkoholiker Vadim Grigorjew.

Er war wegen seines kranken Kindes mit ihr in Verbindung gekommen und zwar durch einen Arzt, der ihm geraten hatte, dem Kind Ziegenmilch zu geben. Auf der Suche nach dieser Milch war Vadim auf Marfa gestoßen. Als er mit roter Nase und zitternden Händen vor ihr stand, tat er ihr so leid, dass sie ihm die erste Milch schenkte. Bei seinen weiteren Besuchen sprach sie mit ihm über Gott. Er sah die Sinnlosigkeit seines Lebens ein, tat Buße, kam in die Gemeinde und wurde von der Alkoholsucht frei.

Nach der Perestrojka kam die Heilsarmee nach St. Petersburg. Vadim schloss sich ihr an, war sehr aktiv und wurde nach einiger Zeit Leiter der St. Petersburger Abteilung. Den Kontakt zu seiner geistlichen Mutter verlor er, so lange sie lebte, jedoch nie.

Denn so spricht Gott der Herr:
...Wenn ihr umkehrtet und stille bliebet,
so würde euch geholfen; durch Stillesein und Hoffen,
würdet ihr stark sein. Aber ihr wollt nicht.
Jesaja 30,15

Als Andrej Sagwosdkin fünfzehn Jahre alt war, kam ihm die Vorstellung, dass nach dem Tod unendliche Leere und Finsternis sein würden. Davor fürchtete er sich und suchte nach Möglichkeiten, die ein langes Leben versprachen. Die Kontaktaufnahme zu UFOS und einer Höheren Intelligenz erschienen ihm als viel versprechender Weg.

Andrej, der damals noch die Gehörlosenschule besuchte, begann eifrig in diese Richtung zu forschen. Nach seiner Ausbildung als Kunsttischler erkrankte er schwer und wurde sehr unruhig. Seine Versuche, mit Außerirdischen in Kontakt zu kommen, halfen ihm nicht weiter. Dann, als er wieder gesund war und arbeitete, las er in einer Zeitung, dass es keine Höhere Intelligenz, sondern Gott gibt, als Schöpfer von allem, der dem Menschen eine unsterbliche Seele gegeben hat. Weiter erfuhr er, dass es eine Hölle und ein Paradies gibt.

Sofort begann er nach Gott zu suchen und fragte eines Tages seine Mutter: „Warum hat Gott es zugelassen, dass ich krank bin?“ – „Er hat Kranke besonders lieb“, antwortete sie. – Ungeduldig suchte Andrej weiter nach Gott. Er machte viele leidvolle Erfahrungen und fand keine Ruhe. Dann traf er einen ihm bekannten Gehörlosen, der zum Glauben gefunden hatte. Dieser machte ihm den Herrn Jesus lieb und lud ihn zu den Gottesdiensten ein.

Nach einigem Zögern ging Andrej mit. Wochen später bekehrte er sich, wurde ruhig, und bekannte: „Ich habe die Antwort gefunden. Gott hat meine Krankheit zugelassen, um mich geistlich zu heilen.“

Ja, so handelt unser Herr!

Wir wissen aber, dass der Sohn Gottes gekommen ist und hat uns einen Sinn dafür gegeben, dass wir erkennen den Wahrhaftigen. Und wir sind in dem Wahrhaftigen, in seinem Sohn Jesus Christus. Dieser ist der wahrhaftige Gott und das ewige Leben.

1. Johannes 5,20

Natalia wurde in Moskau geboren, und später besuchte sie dort die Schule für Schwerhörige. Mit dreizehn Jahren begann sie zu fragen: „Wozu lebe ich? Was erwartet mich in der Zukunft?“

Sie kannte Gott nicht, und die Evolutionslehre war für sie maßgebend. Doch sie verstand nicht, dass der Mensch noch sterben musste, wo er sich doch von ganzem Herzen danach sehnte, für immer zu leben und glücklich zu sein. Tiere, so wurde gelehrt, waren doch in der Lage, sich zu verwandeln. Zum Beispiel der Ameisenbär. Er war früher ein normaler Bär, der gerne Ameisen fraß. Dafür war seine stumpfe Schnauze schlecht geeignet, und auf persönlichen Antrieb hin entwickelte sich sein Rüssel.

Nur bei dem Mensch und seiner Sehnsucht nach ewigem Leben und Glück tat sich in dieser Beziehung nichts. Er musste weiterhin sterben. Und vor dem Tod hatte Natalia Angst; diese versuchte sie durch Vergnügungen zu unterdrücken. Dann wurde sie in eine bewusst christliche Gemeinde eingeladen. Sie war erstaunt, dass so viele Gehörlose da waren, denen die Predigt in die Gebärdensprache übersetzt wurde und deren Gesichter strahlten. So wollte sie auch sein. Doch erst nach Wochen erkannte sie sich als Sünderin und begriff, dass die Sünde es war, die sie nicht froh werden ließ. Sie tat Buße, bekehrte sich und der Friede Gottes kam in ihr Herz. Jetzt war sie glücklich und hatte die Gewissheit, dass sie das gesuchte ewige Leben gefunden hatte, dass sie leben würde, auch wenn sie starb.

Da er aber sich nicht überzeugen ließ, schwiegen wir und sprachen: Des Herrn Wille geschehe.
Apostelgeschichte 21,14

Als Michail Tkatsch aus Tscherjomuschki, einem Stadtteil von Odessa, zum Glauben gekommen war, machte sich die Gemeinde in der Kernstadt Gedanken darüber, wie sie die Frohe Botschaft von Jesus Christus in Odessa noch weiter verbreiten könnte. Kurz entschlossen schlug Michail vor, in seinem Stadtteil mit Gottesdiensten zu beginnen.

Da Tscherjomuschki wegen seiner hohen Kriminalitätsrate weithin bekannt war, fragten sich die Gemeindeältesten: „Ist das ein geeigneter Stadtteil zur Einrichtung eines Gottesdienstes?“ – Ihre diesbezüglichen Bedenken überging Michail.

Die Ältesten wussten nicht, wie sie den Neubekehrten von seinem Plan abbringen sollten und sagten ihm: „Suche einen passenden Raum. Wenn du ihn findest, werden wir in deinem Stadtteil Gottesdienste durchführen.“

Eine Woche später kam Michail freudestrahlend an und erklärte: „Es ist ein Raum gefunden!“

So konnte im Herbst in der Aula einer Schule in Tscherjomuschki die erste evangelistische Versammlung stattfinden. Sie war und wurde weiterhin gut besucht. Dennoch gestaltete sich die Gemeindearbeit anfänglich sehr schwierig, weil die meisten Gemeindeglieder aus totaler geistlicher Finsternis kamen und viel Seelsorge brauchten. Mit ihnen musste wie mit kleinen Kindern umgegangen werden. Dann wurden neben den Gottesdiensten noch Bibelstunden eingerichtet.

Kurze Zeit später war die Besucherzahl so angestiegen, dass eine eigenständige Gemeinde gegründet wurde, in der reges Leben herrscht. Ein Zeichen, dass sie von Gott gewollt war.

Denn uns ist ein Kind geboren,
ein Sohn ist uns gegeben, und die Herrschaft
ruht auf seiner Schulter; und er heißt... Friedefürst.
Jesaja 9,5

Eine Gemeinde hatte sich zur Weihnachtsfeier zusammengefunden. Dem Gemeindeleiter brannte es schon lange auf der Seele, dass einige Geschwister im Unfrieden miteinander lebten. Sie stritten zwar nicht offen miteinander, aber sie pflegten auch keine Gemeinschaft, zumindest keine, wie sie unter Gliedern am Leib des Herrn Jesus sein sollte. Es war eine unsichtbare Wand zwischen ihnen vorhanden, die man nicht angreifen und zum Einsturz bringen konnte, die aber eine ungute Auswirkung auf das Zusammenleben in der Gemeinde hatte.

So sagte der Gemeindeleiter in seiner Ansprache zu Beginn der Feier: „Sicher seid ihr alle mit mir einverstanden, dass Weihnachten ein Fest der Versöhnung und des Friedens ist, weil wir an ihm an die Geburt des Herrn Jesus denken, der gekommen ist, um Versöhnung zu schaffen und Frieden zu machen. Beides haben wir als Christen auch zu praktizieren.

Deshalb schlage ich vor, dass wir eine Gedenkminute einlegen. In ihr soll jeder darüber nachdenken, über wen er sich in letzter Zeit geärgert hat, wem er Unrecht getan hat, wen er, aus welchem Grund auch immer, nicht leiden kann. Jeder, dem etwas aufgeht, kann sich anschließend einem Seelsorger anvertrauen, damit Frieden geschaffen werden kann. Erst wenn das geschehen ist, können wir richtig und gemeinsam Weihnachten feiern."

Zunächst waren einige Geschwister erstaunt. Aber dann sahen sie die Notwendigkeit dieser Anregung ein. Es kam auch zu einigen Gesprächen, und hinterher konnte in der Gemeinde, im geistlichen Sinn, wieder frei durchgeatmet werden.

Wäre das auch etwas für dich?

Das Volk, das in Finsternis saß, hat ein großes
Licht gesehen; und die da saßen am Ort und Schatten
des Todes, denen ist ein Licht aufgegangen.

Matthäus 4,16

„Wir können heute wissen, weshalb Gott die Hirten auf Bethlehems Fluren zu Zeugen der Geburt Seines Sohnes machte", sagte Peter Tkatschenko einmal. „Uns ist bekannt, dass der Herr Jesus später von sich selbst sagte, dass er ein Hirte sei und dass er den Jünger Petrus als Hirten einsetzte, als Er sagte: ‚Weide meine Schafe.' – Deshalb wurden auch schon in den ersten Gemeinden entsprechend begabte Brüder als ‚Hirten' eingesetzt. So ist es bis auf den heutigen Tag geblieben und man kann sehen, wo ein guter und wo ein schlechter Hirte seinen Dienst tut. Bei einem guten Hirten ist die Gemeinde in Ordnung, bei einem schlechten geht es in ihr drunter und drüber..."

Dankbar wusste Bruder Peter davon zu berichten, dass die unabhängigen Gemeinden in der ehemaligen Sowjetunion meistens von guten Hirten geführt wurden. Sie stellten sich vor die ihnen anvertrauten Gemeinden und sprachen ihnen Mut zu, wo nach menschlicher Beurteilung es nichts mehr zu hoffen gab. In ihren Herzen lebte die Hoffnung auf eine freie Verkündigung des Evangeliums in Russland, und diese Hoffnung pflanzten sie in den Gemeinden.

Als bei einem Transport christlicher Literatur zwei Brüder aus der Gemeinde festgenommen wurden, sagte der ermittelnde Staatsanwalt zu einem der leitenden Brüder: „Denkt ihr wirklich, die Sowjetmacht werde ihr Verhalten gegenüber euch Gläubigen jemals ändern?" – „Ja, denn Gott sitzt im Regiment!" antwortete der Bruder. – „Nein! Das wird niemals geschehen!" behauptete der Staatsanwalt. – Wer von beiden recht behielt, wissen wir längst...

Es sollen nicht die Kinder den Eltern
Schätze sammeln, sondern die Eltern den Kindern.
2. Korinther 12,14

„Für viele Zeitgenossen ist Weihnachten nur noch ein Fest der Gaben und Geschenke“, schrieb Viktor vor Jahren. „Ich erinnere mich immer wieder an das Ereignis, als ich mit sieben Glaubensgeschwistern nach Anadyr auf der Halbinsel Tschukotka flog, um der dortigen christlichen Gemeinde im evangelistischen Dienst zu helfen. Uns wurden viele Möglichkeiten geboten, davon zu erzählen, dass der größte Wunsch unseres Herrn Jesus Christus darin bestand, Sünder vom ewigen Tod zu erretten.

Die Einsätze im städtischen Krankenhaus, im Altenheim, in Kasernen und in einem Kinderheim waren beeindruckend und frohmachend. Dann äußerten wir den Wunsch, in einem staatlichen Waisenheim eine Kinderstunde durchführen zu dürfen. Die Leitung war damit einverstanden. Bei unserem Erscheinen empfingen uns als erste die Kinder.

Wir kamen schnell mit ihnen ins Gespräch. Sie sagten „Papa“ zu einem jeden von uns und baten darum, dass wir sie streichelten. Das war für mich eine Situation, die mir fast das Herz zerriss. Ich fragte einen Jungen nach seinen Eltern. Er erzählte: „Mein Vater ist umgebracht worden und meine Mutter ist bei einem Unfall umgekommen...“

Diese Kinder hatten keine Eltern mehr, die ihnen etwas geben konnten, also versuchten wir während der Stunden, die wir mit ihnen zusammen waren, „Papa“ zu sein. Wir konnten ihnen nur Süßigkeiten geben, die sie dankbar annahmen. Dann erzählten wir ihnen von dem himmlischen Vater, der sie immer lieben werde, auch wenn wir wieder fortgegangen seien. ‚Er kann und wird euch helfen, wenn ihr euch an Ihn wendet‘, diesen Trost nahmen sie dankbar an.“

Das Werk habe ich vollbracht,
das du mir gegeben hast, dass ich es tun sollte.
Johannes 17,4

Vor Jahren, als Viktor um des Herrn Jesu willen in einem georgischen Straflager saß, machte ihm der Herr klar, wie wichtig es ist, von Ihm gebraucht zu werden. Schon in der ersten Woche seines Lageraufenthaltes sprach ihn ein Verbrecher an und konnte nicht verbergen, dass ihn etwas bedrückte.

„Du", sagte der Mann, „ich bete schon einige Monate zu Gott, Er möchte einen Christen ins Lager schicken, der mir den Glauben erklären kann. Du musst wissen, ich war in Todesgefahr. Es schien für mich keine Hilfe mehr zu geben. Da wandte ich mich an Gott und Er rettete mich! Das brachte mich zum Nachdenken."

Die Worte des Mannes gingen Viktor durchs Herz. „Herr", dachte er, „Du hast mich zur Gebetserhörung eines Suchenden ausersehen? Dein Wille soll geschehen!"

„Bitte verzeih mir, Viktor", bat der Verbrecher. „Ich wusste ja nicht, dass Gott dich schicken würde und deine fünf Kinder deswegen zwei Jahre lang ohne Vater sein werden."

Auch Viktor sah das so, aber er musste nicht verzagen. Er sah auch, dass ihn der Herr Jesus in Seinen Dienst gestellt und er somit Aufgaben zu erfüllen hatte, gleich welcher Art sie waren. Das war für Viktor die größte Ehre, die er sich vorstellen konnte; gleichzeitig war er sich aber bewusst, dass er dieser Berufung nicht würdig war. Dennoch hieß seine Aufgabe Treue, und er wollte auch treu sein.

Ihm war bewusst: Unsere Erlösung kam nur dadurch zustande, dass der Herr Jesus das Ihm aufgetragene Werk vollbrachte. Also wollte auch Viktor das ihm aufgetragene Werk vollbringen, damit der Verbrecher zum Glauben finden konnte.

## 28. Dezember

Ich will bauen meine Gemeinde, und die Pforten der Hölle sollen sie nicht überwältigen.
Matthäus 16,18

Als dem Evangelisationsteam und Orchester von Bruder Puschkow ein Bus zur Verfügung gestellt wurde, war es beweglicher geworden und führte wesentlich mehr Veranstaltungen durch. Die Glaubensgeschwister waren auch froh und dankbar, dass sie in Nikolaj einen gläubigen Busfahrer fanden.

Nikolaj war erst vor fünf Jahren zum Glauben gekommen und brannte darauf, dem Herrn zu dienen. Dabei wurde er von seiner Frau unterstützt, obwohl sie während der häufigen Abwesenheit von Nikolaj mit den fünf Kindern allein zurechtzukommen hatte. – Doch schon vor dem ersten Einsatz wurden Nikolaj und seine Frau einer harten Prüfung unterzogen. Die Frau wurde plötzlich, aus unerklärlichen Gründen, besinnungslos und musste ins Krankenhaus eingeliefert werden. Was sollte Nikolaj tun? Zu Hause bleiben?

„Nein, Nikolaj! Um Gottes Willen nein, lass den Dienst nicht ausfallen", sagte sie, als er sie im Krankenhaus besuchte. „Fahre, der Herr wird uns nicht verlassen und durchtragen."

Im Vertrauen auf den Herrn fuhr Nikolaj los, und der Herr segnete den Dienst dieser sich aufopfernden Seelen. – So konnten sie in Kalinowka, dem Geburtsort von Nikita Chruschtschow, einen Gottesdienst in der Schule durchführen. Dabei erinnerten sich die Glaubensgeschwister an die Äußerung des gottlosen Führers: „Ich werde euch bald den letzten Gläubigen im Fernsehen zeigen!" – Jetzt, Jahre später, war Chruschtschow nicht mehr, aber die Gläubigen evangelisierten in einem öffentlichen Gebäude seines Heimatdorfes!

Hier bestätigte sich in aller Deutlichkeit das oben erwähnte Schriftwort!

Das Volk, das im Finstern wandelt,
sieht ein großes Licht, und über denen,
die da wohnen im finstern Lande, scheint es hell.

Jesaja 9,1

Es war schon lange dunkel, als sich die Brüder von ihrem missionarischen Einsatz auf den Weg zu ihrer Unterkunft machten. Sie sprachen über ihre Eindrücke des Tages und planten weitere missionarische Einsätze in den umliegenden Dörfern, sofern der Herr die Möglichkeiten dazu schenken werde.

Bei ihrem Gastgeber wurde das versprochene festliche Essen, das so genannte „Beschparmak" aufgetragen. Es war ein ungewöhnliches Abendessen, in einer für den Mitarbeiter unseres Missionswerkes ungewohnten Kultur.

Er als der Ehrengast bekam, zu seiner Überraschung, den Kopf des Schafes aufgetischt. Obwohl sich Viktor heldenhaft mühte, hatte er, zur Belustigung der übrigen Tischgäste, doch seine liebe Not, das Fleisch vom Kopf ab und auf den Teller zu bekommen.

Die ärmlichen Lebensverhältnisse der kirgisischen Hirten, die im Winter mit den Tieren im kalten Stall leben mussten, stimmten Viktor traurig. Er konnte sich gut vorstellen, dass der Herr Jesus unter ähnlichen Gegebenheiten diese Welt betreten hatte. Die ersten Zeugen des Weltenretters waren solche Menschen wie die kirgisischen Hirten.

Als Viktor kurz vor Weihnachten wieder nach Deutschland kam, sah er viele Lichter, Lichter an Bäumen und Häusern. Alles war so hell und festlich.

Doch er wusste nicht, wo es in Wirklichkeit heller war: In dem in Licht getauchten Deutschland, oder bei den kirgisischen Hirten im dunklen, kalten Stall, die die Frohe Botschaft von Jesus Christus als dem Erlöser bereitwillig aufnahmen.

Jede Rebe,... die da Frucht bringt,
wird er reinigen, dass sie mehr Frucht bringe.
Johannes 15,2

Wenn unser Evangelist David Klassen auf dieses Wort zu sprechen kam, erzählte er jedes Mal eine Begebenheit, die eine sehr gute Auslegung dieses Wortes ist.

„Ich kannte einen Glaubensbruder", so begann er, „der hatte einen Weinstock gepflanzt. Dieser Stock wuchs wunderbar und rankte sich prachtvoll an der Hauswand empor. Er hatte aber einen entscheidenden Fehler: Er trug keine und wenn, dann nur wenige Früchte.

Dann musste an der betreffenden Hauswand eine Ausbesserung vorgenommen werden. Da der Glaubensbruder sie selbst nicht ausführen konnte, bestellte er einen Handwerker, der kurze Zeit später mit seinen Gesellen anrückte.

Ohne lange zu fragen, benutzen die Männer den Weinstock als Leiter, um die Reparaturarbeiten durchführen zu können. Dabei richteten sie den wunderschönen Stock furchtbar zu. Sie knickten Reben und traten eine Menge sogar ab. Am Schluss stand der Weinstock wie ein gerupftes Huhn da, weil die Handwerker auch eine Menge Laub abgestreift hatten.

Das missfiel dem Glaubensbruder sehr. Er sprach sogar von ‚Barbarei'.

Dann aber geschah das Wunder. Der so furchtbar zugerichtete Weinstock trug im nächsten Jahr wunderschöne Trauben!

Mir wurde das zum Gleichnis. Auch bei uns muss wohl, wenn wir keine oder nur sehr wenige Früchte bringen, vieles weggebrochen werden, bevor Frucht entstehen kann, so wie der Herr sie nach unserer Begabung von uns erwartet."

Diese werden seinen Auftrag wahrnehmen
und die nicht im Stich lassen, die dem Tode nahe sind.
Sprüche 24,11

Auch die Gemeinde in Kiew hatte zum Jahresende einen Wunsch. Er sah allerdings anders aus, als die Wünsche, die allgemein von den Menschen am Silvestertag so geäußert werden. Sie wünschten sich, dass sie im neuen Jahr mit der Hilfe des Herrn in das nördlich von Kiew gelegene Gebiet die biblische Heilsbotschaft tragen könnten. Hier gab es noch viele Kleinstädte und Dörfer, in die das Evangelium noch nicht gekommen war. Das lag daran, dass die Feindseligkeiten gegenüber den Gläubigen während der Christenverfolgung in der UdSSR hier besonders groß waren. Heute hat der Gegenspieler Gottes eine andere Waffe parat, um die Evangelisierung dieses Gebietes unmöglich zu machen. In dem Gebiet nördlich von Kiew liegt nämlich Tschernobyl, wo immer noch Menschen an den Folgen der Havarie sterben.

Die Kiewer Glaubensgeschwister waren sich der Gefahr bewusst, in die sie sich bei der Befolgung des Missionsbefehls begaben. Sie konnten ebenfalls verstrahlt werden. Doch hatten sie eine andere Wahl, wenn sie den Menschen dort die Heilsbotschaft von der Erlösung durch das Blut des Herrn Jesus Christus bringen wollten? – Nein! Sie hatten mit dem Leidensweg der Verstrahlung zu rechnen, wenn sie dem Herrn gehorsam nachfolgen wollten. Natürlich, so legten die Brüder fest, sollte nur gehen, wer den Herrn von ganzem Herzen liebte und von Ihm den Auftrag hatte, dort die Herde zu weiden. Der dornige Weg durfte kein Hinderungsgrund sein.

Für einige Brüder war er es auch nicht. Sie liebten den Herrn so, dass sie Seinem Ruf gehorchten. Nicht jeder muss nach Tschernobyl. Sind wir aber bereit, bei uns in Gegenden zu gehen, in die wir am liebsten nicht gehen würden?

# TEXT-VERZEICHNIS

## Nach Bibelstellen sortiert:

## Nach Datum sortiert:

25.02 1. Petrus 2, 21
26.02 Sprüche 16, 18
27.02 Markus 8, 34
28.02 Markus 13, 13
29.02 4. Mose 13, 33 - 14, 1

1.03 1. Timotheus 2, 1
2.03 5. Mose 6, 16
3.03 Johannes 21, 16
4.03 Johannes 21, 18
5.03 Johannes 12, 40
6.03 Lukas 12, 11-12
7.03 Römer 15, 14
8.03 Matthäus 24, 23-24
9.03 Psalm 73, 19
10.03 Römer 14, 8
11.03 Nehemia 8, 10
12.03 Lukas 14, 28
13.03 2. Korinther 11, 26
14.03 1. Mose 50, 20
15.03 3. Johannes 4
16.03 Matthäus 16, 25
17.03 1. Petrus 3, 14
18.03 1. Petrus 4, 4-5
19.03 Sprüche 10, 24
20.03 Jesaja 38, 17
21.03 1. Mose 19, 9
22.03 2. Mose 3, 10
23.03 Johannes 13, 35
24.03 Galater 1, 10
25.03 Matthäus 5, 47
26.03 Matthäus 10, 28
27.03 1. Petrus 1, 22-23
28.03 Psalm 143, 10
29.03 Johannes 17, 24
30.03 Matthäus 10, 37
31.03 Hebräer 4, 9

1.04 Psalm 73, 23-24
2.04 Jeremia 15, 16
3.04 Johannes 15, 25
4.04 Jesaja 5, 20
5.04 Hiob 2, 10
6.04 Sprüche 23, 26
7.04 Hesekiel 13, 20
8.04 Römer 13, 1
9.04 Hosea 7, 13
10.04 Jesaja 53, 12
11.04 2. Timotheus 4, 7
12.04 Johannes 8, 32
13.04 2. Timotheus 4, 7-8
14.04 Römer 8, 36-37
15.04 Lukas 12, 4
16.04 Psalm 18, 50
17.04 Kolosser 3, 17
18.04 2. Timotheus 3, 12
19.04 Sprüche 7, 17
20.04 Johannes 18, 23
21.04 Lukas 6, 23
22.04 Psalm 140, 2-3
23.04 Psalm 27, 12-13
24.04 Sprüche 24, 19-20
25.04 Matthäus 6, 33
26.04 Jeremia 18, 19
27.04 Römer 8, 17
28.04 Apostelgeschichte 9, 4
29.04 Apostelgeschichte 9, 5-6
30.04 Psalm 4, 8

1.05 Matthäus 10, 19
2.05 Hosea 8, 7
3.05 Johannes 14, 27
4.05 2. Korinther 3, 3
5.05 Römer 15, 9
6.05 Psalm 43, 1
7.05 Apostelgeschichte 16, 9
8.05 2. Korinther 2, 14
9.05 Galater 5, 13
10.05 Johannes 13, 34
11.05 Jesaja 55, 9
12.05 Apostelgeschichte 4, 19-20
13.05 Apostelgeschichte 17, 26-28
14.05 Psalm 23, 4
15.05 Psalm 46, 2
16.05 Psalm 37, 5
17.05 Epheser 3, 20
18.05 Jesaja 62, 6
19.05 Jesaja 42, 16
20.05 Apostelgeschichte 1, 8
21.05 Habakuk 2, 4
22.05 Psalm 73, 25
23.05 Römer 12, 2
24.05 Psalm 119, 105
25.05 1. Korinther 12, 26-27

26.05 Psalm 40, 4
27.05 Matthäus 16, 24
28.05 Epheser 5, 19
29.05 Psalm 13, 6
30.05 1. Johannes 2, 15-17
31.05 Markus 3, 21

1.06 Matthäus 05, 11
2.06 Jeremia 48, 26
3.06 Kolosser 01, 16
4.06 Psalm 73, 15
5.06 Psalm 1, 3
6.06 Matthäus 7, 15
7.06 Apostelgeschichte 8, 36-37
8.06 Offenbarung 2, 26
9.06 1. Timotheus 5, 4
10.06 Jesaja 41, 10
11.06 Markus 10, 14
12.06 Apostelgeschichte 16, 25
13.06 Epheser 5, 20
14.06 Johannes 18, 38
15.06 Sprüche 15, 13
16.06 Hebräer 11, 16
17.06 Matthäus 10, 12-13
18.06 Apostelgeschichte 10, 33
19.06 Amos 8, 11
20.06 Offenbarung 3, 21
21.06 Hebräer 3, 13
22.06 Johannes 7, 12
23.06 Psalm 139, 5
24.06 Psalm 33, 18-19
25.06 Philipper 1, 16
26.06 Judas 20
27.06 Jesaja 55, 5
28.06 Lukas 17, 17
29.06 Johannes 15, 20
30.06 Römer 10, 14

1.07 2. Korinther 5, 20
2.07 Johannes 7, 38
3.07 Psalm 119, 91
4.07 Römer 10,17
5.07 1. Korinther 6, 20
6.07 2. Samuel 14, 14
7.07 Römer 8, 10
8.07 Lukas 3, 14
9.07 Lukas 10, 16
10.07 2. Korinther 2, 15
11.07 Lukas 12, 48
12.07 Sprüche 16, 9
13.07 Johannes 6, 44
14.07 Apostelgeschichte 20, 36
15.07 1. Timotheus 4, 12
16.07 Psalm 4, 4
17.07 Matthäus 9, 37-38
18.07 1. Korinther 10, 6
19.07 Markus 10, 29
20.07 Jakobus 5, 20
21.07 Jesaja 35, 4
22.07 Matthäus 7, 16
23.07 Psalm 31, 24
24.07 Johannes 16, 20
25.07 Psalm 145, 18-19
26.07 Jakobus 5, 15
27.07 Philipper 2, 15
28.07 Psalm 40, 6
29.07 Johannes 05, 39
30.07 Psalm 72, 11
31.07 Haggai 2, 8

1.08 Johannes 6, 47-48
2.08 Matthäus 7, 7
3.08 1. Petrus 4, 10
4.08 Psalm 3, 9
5.08 Offenbarung 3, 8
6.08 Johannes 10, 11-12
7.08 1. Mose 3, 7 u. 21
8.08 2. Mose 20, 15
9.08 Matthäus 21, 22
10.08 Matthäus 10, 36
11.08 Kolosser 4, 3
12.08 Sprüche 21, 2
13.08 Psalm 31, 16
14.08 Psalm 50, 11
15.08 Psalm 148, 8
16.08 Römer 2, 9
17.08 Apostelgeschichte 4, 26-28
18.08 1. Petrus 4, 12-13
19.08 1. Korinther 9, 23
20.08 Apostelgeschichte 7, 50
21.08 Offenbarung 15, 3
22.08 1. Könige 18, 37
23.08 Prediger 4, 6
24.08 Matthäus 9, 36

25.08 Matthäus 6, 24
26.08 Apostelgeschichte 9, 15
27.08 Apostelgeschichte 09, 15 (Forts.)
28.08 Psalm 73, 28
29.08 2. Mose 15, 26
30.08 Esra 8, 22
31.08 Psalm 25, 17

1.09 Epheser 6, 18
2.09 Matthäus 24, 35
3.09 Apostelgeschichte 9, 10
4.09 Jesaja 55, 8
5.09 2. Korinther 3, 14
6.09 1. Thessalonicher 5, 23
7.09 Jesaja 40, 6
8.09 Matthäus 10, 6
9.09 Psalm 28, 7
10.09 Matthäus 18, 3
11.09 Apostelgeschichte 4, 30
12.09 Psalm 35, 4
13.09 Psalm 35, 4 (Forts.)
14.09 Jesaja 14, 27
15.09 Jesaja 55, 11
16.09 Johannes 9, 2-3
17.09 Johannes 9, 2-3 (Forts.)
18.09 Sprüche 3, 11
19.09 2. Timotheus 2, 7
20.09 Psalm 25, 8
21.09 Apostelgeschichte 14, 19
22.09 Matthäus 18, 6
23.09 Lukas 15, 10
24.09 Galater 6, 9
25.09 Lukas 22, 35
26.09 Johannes 14, 6
27.09 Johannes 14, 6 (Forts.)
28.09 1. Timotheus 1, 15
29.09 Prediger 12, 1
30.09 Hiob 12, 24-25

1.10 Markus 10, 16
2.10 Matthäus 05, 16
3.10 Philipper 2, 10
4.10 Lukas 23, 21-24
5.10 1. Johannes 2, 23
6.10 Hiob 16, 19
7.10 Psalm 126, 3
8.10 Hebräer 12, 3
9.10 Sprüche 22, 20-21
10.10 1. Korinther 1, 18
11.10 Matthäus 26, 41
12.10 Johannes 8, 45
13.10 Hebräer 13, 14-15
14.10 1. Korinther 10, 13
15.10 Psalm 107, 42
16.10 5. Mose 08, 2
17.10 Hebräer 12, 2
18.10 Lukas 23, 26
19.10 1. Mose 26, 3
20.10 Jakobus 5, 10
21.10 Sprüche 21, 1
22.10 Sprüche 21, 1 (Forts.)
23.10 Jesaja 27, 11
24.10 Micha 7, 6-7
25.10 Hesekiel 18, 7
26.10 Jeremia 29, 11
27.10 Psalm 76, 11
28.10 Judas 22-23
29.10 2. Timotheus 2, 15
30.10 Lukas 6, 22
31.10 Sprüche 1, 15-16

1.11 2. Korinther 11, 23
2.11 Apostelgeschichte 4, 20
3.11 Prediger 9, 18
4.11 Matthäus 26, 73
5.11 Hiob 34, 12
6.11 Psalm 119, 103
7.11 Apostelgeschichte 9, 20
8.11 Psalm 119, 9
9.11 1. Korinther 2, 4
10.11 Lukas 24, 47
11.11 Matthäus 12, 35
12.11 Matthäus 07,8
13.11 Psalm 40, 10
14.11 2. Mose 23, 7
15.11 Psalm 23, 1
16.11 Jakobus 5, 16
17.11 Psalm 126, 5
18.11 Hebräer 10, 35
19.11 Lukas 13, 17
20.11 2. Korinther 4, 8-9
21.11 Römer 5, 10
22.11 Lukas 23, 5

| | |
|---|---|
| 23.11 | Philipper 4, 8-9 |
| 24.11 | Johannes 5, 38 |
| 25.11 | Epheser 4, 28 |
| 26.11 | Psalm 44, 23 |
| 27.11 | Markus 12, 17 |
| 28.11 | Johannes 7, 7 |
| 29.11 | Psalm 127, 3 |
| 30.11 | Psalm 48, 15 |
| 1.12 | Johannes 10, 28 |
| 2.12 | Psalm 133, 1 |
| 3.12 | Psalm 37, 39 |
| 4.12 | Apostelgeschichte 14, 22 |
| 5.12 | Jakobus 1, 27 |
| 6.12 | Johannes 1, 46 |
| 7.12 | Johannes 16, 7 |
| 8.12 | Psalm 119, 127 |
| 9.12 | Johannes 8, 12 |
| 10.12 | Psalm 142, 2-3 |
| 11.12 | Hebräer 4, 11 |
| 12.12 | 2. Petrus 2, 19 |
| 13.12 | Hiob 22, 21 |
| 14.12 | Markus 5, 35-36 |
| 15.12 | Römer 12, 5 |
| 16.12 | Markus 16, 15 |
| 17.12 | Römer 12, 21 |
| 18.12 | Psalm 16, 11 |
| 19.12 | Lukas 10, 36-37 |
| 20.12 | 1. Korinther 1, 28 |
| 21.12 | Jesaja 30, 15 |
| 22.12 | 1. Johannes 5, 20 |
| 23.12 | Apostelgeschichte 21, 14 |
| 24.12 | Jesaja 9, 5 |
| 25.12 | Matthäus 4, 16 |
| 26.12 | 2. Korinther 12, 14 |
| 27.12 | Johannes 17, 4 |
| 28.12 | Matthäus 16, 18 |
| 29.12 | Jesaja 9, 1 |
| 30.12 | Johannes 15, 2 |
| 31.12 | Sprüche 24, 11 |